文学即人学

诺贝尔文学奖百年群星闪耀时

汪兆骞 ——

著

中国出版集团　现代出版社

图书在版编目（CIP）数据

文学即人学：诺贝尔文学奖百年群星闪耀时 / 汪兆骞著 . 一北京：
现代出版社，2018.11（2020.3 重印）
ISBN 978-7-5143-7288-5

Ⅰ . ①文 … Ⅱ . ①汪 … Ⅲ . ①诺贝尔文学奖 - 作家 - 列传 - 世界
Ⅳ . ① K815.6

中国版本图书馆 CIP 数据核字 (2018) 第 204792 号

文学即人学：诺贝尔文学奖百年群星闪耀时

著　　者：汪兆骞
责任编辑：张　霆　姚冬霞
出版发行：现代出版社
通信地址：北京市安定门外安华里 504 号
邮政编码：100011
电　　话：010—64262325　010—64245264（传真）
网　　址：www.1980xd.com
电子邮箱：xiandai@vip.sina.com
印　　刷：三河市宏盛印务有限公司
开　　本：710×1000mm　1/16
印　　张：32.5
字　　数：510 千字
版　　次：2018 年 11 月第 1 版　2020 年 3 月第 2 次印刷
书　　号：ISBN 978-7-5143-7288-5
定　　价：79.80 元

目录

001 | 第一百一十二届（2019 年）：彼得·汉德克

008 | 第一百一十一届（2018 年）：奥尔加·托卡尔丘克

015 | 第一百一十届（2017 年）：石黑一雄

022 | 第一百零九届（2016 年）：鲍勃·迪伦

030 | 第一百零八届（2015 年）：斯韦特兰娜·亚历山德罗夫娜·阿列克谢耶维奇

036 | 第一百零七届（2014 年）：帕特里克·莫迪亚诺

041 | 第一百零六届（2013 年）：艾丽丝·门罗

046 | 第一百零五届（2012 年）：莫言

055 | 第一百零四届（2011 年）：托马斯·特朗斯特罗姆

059 | 第一百零三届（2010 年）：马里奥·巴尔加斯·略萨

064 | 第一百零二届（2009 年）：赫塔·米勒

067 | 第一百零一届（2008 年）：勒·克莱齐奥

071 | 第一百届（2007 年）：多丽丝·莱辛

075 | 第九十九届（2006 年）：奥尔罕·帕慕克

080 | 第九十八届（2005 年）：哈罗德·品特

084 | 第九十七届（2004 年）：埃尔弗里德·耶利内克

088 | 第九十六届（2003 年）：约翰·马克斯韦尔·库切

093 | 第九十五届（2002 年）：凯尔泰斯·伊姆雷

098 | 第九十四届（2001 年）：维·苏·奈保尔

103 | 第九十二届（1999 年）：君特·格拉斯

108 | 第九十一届（1998 年）：若泽·萨拉马戈

112 | 第九十届（1997 年）：达里奥·福

117 | 第八十九届（1996 年）：维斯瓦娃·辛波丝卡

121 | 第八十八届（1995 年）：谢默斯·希尼

126 | 第八十七届（1994 年）：大江健三郎

132 | 第八十六届（1993 年）：托尼·莫里森

136 | 第八十五届（1992 年）：德里克·沃尔科特

141 | 第八十四届（1991 年）：纳丁·戈迪默

144 | 第八十三届（1990 年）：奥可塔维奥·帕斯

148 | 第八十二届（1989 年）：卡米洛·何塞·塞拉

152 | 第八十一届（1988 年）：纳吉布·马哈富兹

156 | 第八十届（1987 年）：约瑟夫·布罗茨基

161 | 第七十九届（1986 年）：沃莱·索因卡

164 | 第七十八届（1985 年）：克洛德·西蒙

168 | 第七十七届（1984 年）：雅罗斯拉夫·塞弗尔特

172 | 第七十六届（1983 年）：威廉·戈尔丁

176 | 第七十五届（1982 年）：马尔克斯

181 | 第七十四届（1981 年）：埃利亚斯·卡内蒂

186 | 第七十三届（1980 年）：切斯拉夫·米沃什

191 | 第七十二届（1979 年）：奥德修斯·埃里蒂斯

196 | 第七十一届（1978 年）：艾萨克·巴什维斯·辛格

200 | 第七十届（1977 年）：阿莱克桑德雷·梅洛

203 | 第六十九届（1976 年）：索尔·贝娄

208 | 第六十八届（1975 年）：埃乌杰尼奥·蒙塔莱

212 | 第六十七届（1974 年）：埃温特·约翰逊 / 哈里·马丁逊

220 | 第六十六届（1973 年）：帕特里克·怀特

224 | 第六十五届（1972 年）：海因里希·伯尔

228 | 第六十四届（1971 年）：巴勃鲁·聂鲁达

232 | 第六十三届（1970 年）：索尔仁尼琴

237 | 第六十二届（1969 年）：贝克特

242 | 第六十一届（1968 年）：川端康成

249 | 第六十届（1967 年）：米格尔·安赫尔·阿斯图里亚斯

255 | 第五十九届（1966 年）：萨缪尔·约瑟夫·阿格农 / 奈莉·萨克斯

262 | 第五十八届（1965 年）：肖洛霍夫

266 | 第五十七届（1964 年）：让－保尔·萨特

271 | 第五十六届（1963 年）：乔治·塞菲里斯

276 | 第五十五届（1962 年）：约翰·斯坦贝克

280 | 第五十四届（1961 年）：伊沃·安德里奇

284 | 第五十三届（1960 年）：圣－琼·佩斯

288 | 第五十二届（1959 年）：萨瓦多尔·夸西莫多

293 | 第五十一届（1958 年）：鲍里斯·帕斯捷尔纳克

299 | 第五十届（1957 年）：阿尔贝·加缪

303 | 第四十九届（1956 年）：胡安·拉蒙·希梅内斯

308 | 第四十八届（1955 年）：赫尔多尔·奇里扬·拉克斯内斯斯

312 | 第四十七届（1954 年）：欧内斯特·海明威

318 | 第四十六届（1953 年）：温斯顿·丘吉尔

322 | 第四十五届（1952 年）：弗朗索瓦·莫利亚克

326 | 第四十四届（1951 年）：帕尔·费比安·拉格克维斯特

330 | 第四十三届（1950 年）：威廉·罗素

334 | 第四十二届（1949 年）：威廉·福克纳

339 | 第四十一届（1948 年）：艾略特

345 | 第四十届（1947 年）：安德烈·纪德

350 | 第三十九届（1946 年）：赫尔曼·黑塞

354 | 第三十八届（1945 年）：加夫列拉·米斯特拉尔

359 | 第三十七届（1944 年）：约翰内斯·扬森

363 | 第三十六届（1939 年）：弗兰斯·西兰帕

366 | 第三十五届（1938 年）：赛珍珠

371 | 第三十四届（1937 年）：加尔

375 | 第三十三届（1936 年）：尤金·奥尼尔

379 | 第三十二届（1934 年）：路伊吉·皮兰德娄

383 | 第三十一届（1933 年）：蒲宁

387 | 第三十届（1932 年）：约翰·高尔斯华绥

392 | 第二十九届（1931 年）：埃利克·卡尔费尔德

395 | 第二十八届（1930 年）：辛克莱·刘易斯

399 | 第二十七届（1929 年）：保尔·托马斯·曼

404 | 第二十六届（1928 年）：西格里德·温塞特

408 | 第二十五届（1927 年）：亨利·柏格森

412 | 第二十四届（1926 年）：格拉齐娅·黛莱达

416 | 第二十三届（1925 年）：乔治·萧伯纳

421 | 第二十二届（1924 年）：弗拉迪斯拉夫·莱蒙特

424 | 第二十一届（1923 年）：叶芝

429 | 第二十届（1922 年）：哈辛特·马丁内斯

432 | 第十九届（1921 年）：阿纳托尔·法朗士

436 | 第十八届（1920 年）：克努特·汉姆生

440 | 第十七届（1919 年）：卡尔·施皮特勒

444 | 第十六届（1917 年）：卡尔·阿道尔夫·耶勒鲁普 / 亨利克·彭托皮丹

450 | 第十五届（1916 年）：魏尔纳·冯·海登斯塔姆

454 | 第十四届（1915 年）：罗曼·罗兰

459 | 第十三届（1913 年）：泰戈尔

464 | 第十二届（1912 年）：盖尔哈特·霍普特曼

468 | 第十一届（1911 年）：莫里斯·梅特林克

471 | 第十届（1910 年）：保尔·海塞

474 | 第九届（1909 年）：拉格勒芙

477 | 第八届（1908 年）：鲁道夫·欧肯

480 | 第七届（1907 年）：吉卜林

484 | 第六届（1906 年）：乔祖埃·卡尔杜齐

487 | 第五届（1905 年）：亨利克·显克维支

491 | 第四届（1904 年）：弗雷德里克·米斯特拉尔 / 何塞·埃切加赖

496 | 第三届（1903 年）：比昂斯滕·比昂松

499 | 第二届（1902 年）：特奥多尔·蒙森

502 | 第一届（1901 年）：苏利·普吕多姆

506 | 跋　关于诺贝尔文学奖

第一百一十二届（2019年）

彼得·汉德克

获 奖 者： 彼得·汉德克（Peter Handke，1942—　），奥地利人，小说家、杂文家、戏剧电影家。

获奖理由： 富有语言学才能的、有影响力的著作探索了人类经验的外围及特异性。

获奖作品：《骂观众》《无欲的悲歌》、四部曲《缓慢的归乡》《偷水果的女孩——行往内陆之地》等戏剧和小说。

大凡每届诺贝尔文学奖宣布获奖者时，总会引起争论，而2019年将该奖颁给彼得·汉德克的消息甫一公布，简直掀起一场轩然大波。西方学界和媒体纷纷发声批评，如具有广泛影响的《华盛顿邮报》就声称："这个决定让该奖回归充满争议和不受欢迎。"

"美国笔会"主席、作家珍妮弗·伊根，在诺贝尔文学奖公布当天，便发表声明，反对将诺贝尔文学奖颁给"一名不断对记录详尽的战争罪行提出质疑的作家（彼得·汉德克）"，表示"我们反对这一决定"。许多西方知名作家、哲学家、历史学家，也都支持珍妮弗·伊根的观点，认为将诺贝尔文学奖授予一个"否认种族灭绝的人"是很可耻的。

对此，彼得·汉德克却不屑一顾。因为他知道，并不是所有人都讨厌自己，很多人对他的作品如数家珍，认为其文学成就早在十年前就应该获得诺贝尔文学奖。十五年前，他的同胞，奥地利女作家埃尔弗里德·耶利内克获得诺贝尔文学奖时，就说过："彼得·汉德克是活着的经典，他比我更有资格获奖。"中国的戏剧家孟京辉对他也推崇备至。

获得诺贝尔文学奖之后，他兴奋得一天粒米未沾，热情地打开巴黎郊区小镇寓所的柴扉，兴高采烈地接受法新社等西方几大媒体的采访。他说，觉得意外，因为西方媒体深深批评自己所谓"政治不正确"，所以他对获奖感到诧异和震惊，并同时表示瑞典文学院选择自己是"非常勇敢"的决定。

在被问到如何评价另一位诺贝尔文学奖得主时，他说："她是谁？我不认识她。"这与托卡尔丘克对他的尊崇大相径庭。沉浸于喜悦中的他，或许忘记2014年自己曾公开呼吁废除诺贝尔文学奖，说这是文学中的错误典范。又过了两年，彼得·汉德克来华访问时，鲍勃·迪伦摘得诺贝尔文学桂冠。他对此颇有微词："鲍勃·迪伦确实很伟大，但他的歌词，没有音乐的话，什么都不是。"接着，他尖刻地批评道："诺贝尔文学奖评委会这个决定是反对阅读，甚至是对文学的侮辱。"

作家的性格、人生和命运，往往是其文学作品的底色。彼得·汉德克的正义、自信、偏激、善变、冷漠、傲慢和桀骜不羁的复杂性格，不仅和谐统一于一身，还深深烙印在其作品中。性格即命运，性格同样是文学。

彼得·汉德克，1942年出生在奥地利格里芬一个贫寒的铁路员工之家。他十九岁考进格拉茨大学，主修法律。他曾想当牧师，命运让他成了作家。大学时，他开始搞创作，写了小说《大黄蜂》。

1966年，他二十四岁时，以颠覆性的剧作《骂观众》引起轰动和争议。该剧以反戏剧审美传统而别开生面。它既无布景幕布，也无场次，空荡荡的舞台上，只有四个无名无姓的人，毫无由头地如疯子般破口谩骂台下的观众，直到收场。被骂的观众目瞪口呆，又欢喜异常。

《骂观众》这部戏剧，是汉德克较早被译介到中国的作品。2016年10月，在妻子的鼓励下，七十四岁的汉德克到中国访问，因他心中还惦着未完成的小说，此行他有时就有些心神不宁。在上海与读者见面时，读者向他提了不少问题，他埋怨读者总是抓住《骂观众》的缺陷滔滔不绝，不高兴地说："我是一个具有诗意的作家，但是带着一些戏剧性倾向。"

1965年，汉德克完成小说《大黄蜂》，到法兰克福谈出版事宜时，与女演员施瓦茨邂逅。二十三岁，从未谈过恋爱的汉德克，用《大黄蜂》和《骂观众》的稿酬，购屋，置办家具，携手施瓦茨步入婚姻殿堂。两人很快就有了女儿阿米娜。但因性格和价值观不同，六年后，汉德克获"毕希纳文学奖"一个月后，这对才子佳人劳燕分飞。

十七年后，汉德克的剧作《问题游戏》在维也纳皇家剧院公演，他又与演员索菲·赛敏相识，深深地被其美丽的风韵打动，两人谈笑甚欢，相见恨晚。1990年夏，两人搬进巴黎近郊新置办的房子同居。索菲·赛敏怀孕了，欣喜若狂的汉德克与她登记领证，但没有举行婚礼。婚后，两人举案齐眉，甜蜜地生活。有时，索菲·赛敏还在他的戏剧里出演一个角色。两人还经常穿情侣装到世界各地旅游度假。讲到这段婚姻，汉德克幸福地说："我们两人，既各自独立，又相互扶持，这是我们最喜爱的安静岁月。"

1967年，彼得·汉德克又以《卡斯帕》重返戏剧舞台。《卡斯帕》成为德语戏剧中被排演次数最多的剧本，被戏剧界誉为与1969年诺贝尔文学奖得主、法国剧作家贝克特的《等待戈多》同等辉煌的剧作。这让汉德克赢得了"说话剧"与反语言规训大师的称号。这一年，他二十五岁。

就在《卡斯帕》首演当天，法国巴黎街头发生了大学生学潮。于是，欧洲媒体和批评界认为，《卡斯帕》就像为法国巴黎的学生运动写的一样。对这种牵强附会的舆论，彼得·汉德克并不认同。他认为追求现实主义的文学，对现实无能为力。他还坚持文学艺术的独立性，反对文学作品直接为政治服务。

初登文坛的汉德克，初生牛犊不怕虎，看不惯德语作家的陈词滥调和写作的旧规陋习，曾到美国，闯"四七社"在普林斯顿大学开研讨会的现场，当着君特·格拉斯等享誉世界文坛的老前辈，痛斥其作品和理论的陈腐谬误，举座皆惊。

1971年底，彼得·汉德克的斯洛文尼亚母亲自杀，他悲痛欲绝，写下小说《无欲的悲歌》，叙述了其母的生与死。所有人类的普遍主题，都可成为文学的主题。汉德克的这部小说，蕴含了一种质询社会暴力的深刻内容，并试图在表现社会和人生真实经历中寻找自我，借以消解现实生存的困惑。小说在当时的德语世界，产生了广泛影响，成为20世纪70年代"新主体性"文学的代表作。后来，汉德克将其同时间创作的同类寻找自我的"新主体性"小说《左撇子女人》改编成同名电影，曾获得戛纳电影节最佳影片提名。

1979年，彼得·汉德克从居住了多年的法国巴黎，回到奥地利的萨尔茨堡，过起了远离尘嚣的离群索居、潜心创作的寂寞生活。他的四部曲《缓慢的归乡》就诞生在这一时期，表现了生存缩小和缺失，主体与世界的冲突，以及寻找自我，仍是其叙述核心。

进入20世纪80年代，深居简出、陷入一种自我封闭的自我世界之汉德克，却创作了一批对现实生存深切反思的作品：《铅笔的故事》《痛苦的中国人》《去往第九王国》《一个作家的下午》《试论疲倦》《试论成功的日子》……这些作品的主调是世界无所适从、价值体系礼崩乐毁、文学叙事陷入困境等。

1995年底，汉德克有了一次塞尔维亚之旅。当年他在《南德意志报》发表游记，谈他观察到的和切身体验到的南斯拉夫解体后的现状。后来，他的足迹又遍及波斯尼亚和黑塞哥维那的斯雷布雷尼察，他将所见所闻写进游记《冬日之旅之夏日补遗》里。次年，他又写了游记《多瑙河、萨瓦河、摩拉瓦河和德里纳河冬日之行或给予塞尔维亚的正义》。该游记发表"之后的四周，一片死寂，而后骂声一片"，犹如游记的题目一样悠长。因为游记与西方媒体关于塞尔维亚铺天盖地的报道存在极大的观念反差，甚至针锋相对。汉德克对西方媒体集体声势浩大的攻击并不惊讶，更没有放弃反击。

西方媒体声势浩大地声讨米勒舍维奇屠杀人民的暴行，却对北约派飞机轰炸南斯拉夫，致使成千上万的无辜百姓失去家园或丧生的事实熟视无睹。这使汉德克非常愤慨，他要发出自己的声音，他还身体力行地进行抗议，以朗读形式宣布自己的观点。他在20世纪末冒着北约的袭击从塞尔维亚去到科索沃。同年，他将南斯拉夫的境况写进剧本《独木舟之行或者关于战争电影的戏剧》里，剧本在维也纳皇家剧院首演。同时，他还将自己三十一岁时获得的德国文坛最高奖项毕希纳奖退还给德国，以示抗议。

更让全世界震惊的是，汉德克于 2006 年 3 月 18 日，赶到东欧，堂而皇之地出现在前南联盟总统米勒舍维奇的葬礼现场，为死者掬一把眼泪。此举遭到西方媒体更猛烈的攻击，汉德克落得个"米勒舍维奇政权的同路人"的罪名。

对此，汉德克如此回答："我不知道他们为什么反对我。我第一个站出来说，我们应该听听塞尔维亚的声音。""他们（西方媒体）的报道是听从了一边倒的政治家的摆布。"

汉德克获得诺贝尔文学奖之后，对西方媒体说，瑞典文学院做出的这个选择"非常勇敢"，他感到"就好像我是清白的"，这纯属他个人的揣测和推断。他获得诺贝尔文学奖，仅仅是文学层面的，他不属于任何政党，绝非政治作家，是他的具有巨大艺术魅力的作品打动了瑞典文学院。

在汉德克看来，当下价值体系的崩溃和叙述危机，使文学表现陷入困境。但，事实是他创作了大量优秀的文学作品。

汉德克在访问中国时提到的《偷水果的女孩——行往内陆之地》，是他的第九部长篇小说，2017 年底其德语版发行。汉德克自视甚高，声称这是自己的"史诗终篇"。可见，起码对汉德克来说，文学表现并没有"陷入困境"。

《偷水果的女孩——行往内陆之地》讲的是行走的故事。一个夏日，小说的叙述者赤脚行走在芳草萋萋的田野里时，不巧被一只蜜蜂蜇了脚趾。他认为这是一种启示，自己该踏上旅程了。他告别了巴黎郊区沙维尔镇那栋老房子，乘坐火车向皮卡第进发。在火车站，他遇到了本书真正的主角"偷水果的女孩"，与她共同踏上寻亲的旅程。途中，女主人公与昔日的同窗不期而遇，同赴从 21 世纪现代社会跨进丛林的童话世界之旅。他们参加了一次热闹的露天博览会，在会上与小狗、公鸡、病猫成为朋友。她穿过茂密的灌木林，在清澈的河流里游泳嬉戏。她还搭救了一个要寻短见的忧郁青年和一个送披萨的小伙儿。他带着他们到镇上的小旅舍过夜，一起看足球赛，冷清的小旅舍因他们而有了些生气……

小说没有惊心动魄、起伏跌宕的故事情节，也没有人物清晰的命运轨迹，但作家对生活有细致的观察和丰富的体验，他"富有语言学才能"，能带着读者"在空白之中万花筒般地行走"，表达自己对世界、对社会、对人性的哲学思考。正如他自己所说，"我绝不写跟人雷同的东西"，小说赋予了向另一个边缘走去的行者"一份凛然的尊严"。这是汉德克式的，不可能是别人的。

《偷水果的女孩——行往内陆之地》中提到足球，不禁让人想起他的早期作品《守门员面对罚点球时的焦虑》。守门员名叫约瑟夫·布洛赫，他无端被解雇，为生存漫无边际地在社会上流浪。又是生存问题，让他与社会格格不入并产生仇恨。在一个小饭店，他遇到一个女招待，与她发生一夜情，又无端地杀害了她。小说从现实中发现矛盾和冲突，并将之汇集起来，展现生活和人性的丰富性，证明人生有着无法回避的深刻和困惑，这是小说本质。但是，汉德克的小说，以杀人表现主人公与世界的格格不入，就有些极端化，很像他自己的某些极端化。被谋杀的卡斯帕、杀人的约瑟夫·布洛赫，频频出现在他的作品中，不是为了从人类的暗部去发现光明力量，并给人以力量，仅仅为表现自由且充满幻想的"我"，在这个对年青人不友善的世界中，选择以死的方式得到解脱，这与文学的真正理想大格局相去甚远。所以他的作品只是为我们提供了一种新的天才的文本，而难以成为经典。

彼得·汉德克于 2016 年访华，尽管有些不尽如人意，但他对中国文化的喜爱是众所周知的。他曾说："文学不应该用石头直接堆积起来，也不是雕刻出来，所以不是固体的，而更多应该是水，是空气。我特别喜欢读《老子》这本书，还有庄子，所以我对里面关于水的论述是很有感触的……我觉得老舍非常有趣，而且非常好，就像一个编年史的作家，就像是一个史学家那样精确。他在描写一个个体的编年史，而且在这点上读他的作品真的是很好。我自己也曾经希望成为这样一个编年史的作家，但是也许因为我个人身上主观的色彩太强了……"

从这段话里，我们知道汉德克对中国文化颇感兴趣，但无法与对中国历史文化有深入了解的赛珍珠、托马斯·特朗斯特罗姆、赫尔曼·黑塞、圣－琼－佩斯等诺贝尔文学奖得主相较。1982年冬，汉德克读了《水浒传》的译本，对书中的江湖世界缺乏了解，只见各色人物打打杀杀，深为书中的不少人死去而痛惜。后来，他到各地的中国饭店吃饭，观察中国人的行为举止，酝酿出了一本关于中国的书——《痛苦的中国人》。该书并没有过多的成见或偏见，讲的是对中国人的一些深深的错觉，更多的是叙述"身在故乡却感到格格不入的陌生化生存状态"。这与当时世界上流行的《丑陋的日本人》等文本并不类同。令汉德克没想到的是，《痛苦的中国人》引起了一场风波，这成为西方媒体攻讦中国的话题。中国人乍读也有反感，但细品之后，会发现"文题不符"，内容另有关于社会人生的别样妙趣。他对老庄和老舍了解得也比较肤浅，远不如他对中国名胜和民俗的了解。他到北京游览颐和园，对中国皇家园林建筑的宏伟典雅十分赞赏，他见游人如织，吃惊地问："大家都不上班吗？"在上海，他主动提出要去花鸟市场逛逛，对装在高粱篾儿编成的小笼中的蝈蝈饶有兴趣，认真地观赏。

相较托卡尔丘克，中国出版界较早关注了彼得·汉德克，先后翻译出版了他的《骂观众》《守门员面对罚点球的焦虑》《无欲的悲歌》等九部书。汉德克成为诺贝尔文学奖得主之后，一时洛阳纸贵。和世界其他地区的读者一样，中国读者更关注世界文学的现状将走向何方，下位摘取诺贝尔文学奖桂冠的人又会是谁。

奥尔加·托卡尔丘克

获 奖 者：奥尔加·托卡尔丘克（Olga Tokarczuk，1962— ），波兰女作家、诗人、心理学家和剧作家。

获奖理由：她以具有百科全书式的激情构建的叙事想象力，代表对生活方式多种边界的跨越。

获奖作品：《白天的房子，夜晚的房子》《航班》《太古和其他的时间》等。

接到瑞典文学院获得 2018 年诺贝尔文学奖的通知时，这位第十五位获得诺贝尔文学奖的女性作家托卡尔丘克，正驾车行驶在德国境内。她准备前往北莱因威斯特法伦州的比勒费尔德，出席《雅各布之书》德文译本的发布和推广活动。听到这一消息，她大喜过望。她不得不将车开进服务区，来平复极度激动的心情。一刻钟后，诺贝尔网站采访了她，她兴奋地说，真不知用什么话表达自己此刻激动的感受，并对于能和同是来自欧洲中部的彼得·汉德克同时获奖，她感到"非常自豪"。

在被问到中欧的文学创作与其他地方有何区别时，她认为"这是一个宏大的话题"。她表示，目前"中欧的民主问题出现了问题"，此次诺贝尔文学奖"在一定程度上让我们更加乐观"。我们有话想要对世界说，我们很活跃，有表达自己的能力，"能够给世界带来深刻的启示"。接着，不少媒体也向她表示祝贺，并开玩笑说："但愿车上可以提供香槟酒。"

奥尔加·托卡尔丘克，于1962年在波兰西部苏莱胡夫城呱呱落地。该城在二战前属于德国领土，往前追溯，属于普鲁士王国。1945年德国战败，苏莱胡夫城被划入波兰版图。后来，托卡尔丘克搬到了西里西亚南部的弗洛茨瓦夫市。托卡尔丘克的多部小说——《白天的房子，夜晚的房子》《太古和其他的时间》等——以该市为背景，因此，当得知她荣获诺贝尔文学奖，政府做出了全城市民与托卡尔丘克共享获奖决定——星期天只要带着一本她的书（包括电子版的），就可免费乘公交车。全城因此沉浸在节日般喜气洋洋的氛围里。

1985年，托卡尔丘克从华沙大学心理学系毕业，在精神病院工作并兼任一家心理学杂志的编辑。这一经历对她后来的创作影响颇深。每天与各色病人打交道，耐心听他们各种各样的倾诉，然后认真分析病情，对症治疗，积累了丰富的相关素材。

从少年时期起，天才早慧的托卡尔丘克就喜欢文学，1987年以诗集《镜子里的城市》推开文坛之门，备受波兰文学界瞩目。但真正让她扬名的是1993年出版的小说处女作《古书寻踪》。

《古书寻踪》讲的是17世纪法国几位学识渊博、心怀理想的男人一次探险的故事。他们组成秘密地下团体，成员之一马尔吉组织一次由他率领，有哑巴、妓女等人参加的到西班牙圣山，寻找传说中被上帝从人类手中夺走的远古之书的探险旅程。作者以诗性和富含哲理的语言，使小说气氛神秘，人物怪诞，情节云谲波诡。小说以精微的笔触，刻画人物的生命状态，试图透视人类的理想、怀疑、无奈和不安，来表现人类对自身的探究。一切都带有对理想追寻的色彩，并带有宇宙和神的维度。

匈牙利在评价这部小说时，说它是一部哲学探险小说，是"对永恒的人类哲学问题的哲学性冥思"。中国有句古话："假象过大，则与类相远；逸辞过壮，则与事相违；辩言过理，则与义相失；丽靡过美，则与情相悖。"（晋·挚虞《文章流别论》）评论家显然有溢美之嫌。

托卡尔丘克第二部长篇小说《E.E.》，叙述20世纪20年代，一个出生在日耳曼—波兰家庭，名叫艾尔娜·艾勒茨奈尔的女性的命运。有人说该作隐含了女性主义倾向，有待商榷，但她具有作为精神分析师的深刻的洞察力，以及作家的悲悯情怀和对人性的探究深度，让我们看到托卡尔丘克正走向成熟。

1996 年，托卡尔丘克出版第三部长篇小说《太古和其他的时间》。小说虚构了发生一个在波兰中部乡村的故事。小说以守护村子的四位天使长的视角，讲述了从 1914 年起，村中云集的一群稀奇古怪的人物所经历的半个世纪的痛苦和欢乐的命运变迁，展示了一卷波兰人的悲壮历史图画。这部独具神秘色彩的寻根作品，被视为"蒙着一层面纱的写实"力作。波兰评论家耶日·索斯诺夫赞誉道，作者"从真实的历史碎片中，构架出了一个神话，那是一段包含着秩序的历史，所有的事件，包括那些悲伤的、邪恶的，都有着自己的理由。作家搭建了一个类似曼陀罗的空间，一种方中有圆、完美丰腴的几何想象"。波兰文学界将该小说誉为托卡尔丘克的神秘主义小说代表作。

第二年，《太古和其他的时间》斩获 1997 年波兰"政治护照（文学类）奖"。在接受匈牙利新闻媒体采访时，托卡尔丘克说，"说老实话，《太古和其他的时间》是我最成功的一本书"，这本书既是家族故事、民间传奇，同时也是神话，比较魔幻。该书被列为高中生的必读书目，摆进了图书馆。对此，她风趣地说："从另一个方面来讲，不是个好事，因为孩子们讨厌必读书。"从这一年起，她放弃原来的工作，专心写作。

1998 年，托卡尔丘克的《白天的房子，夜晚的房子》问世。这是由数十个特写、随笔、故事等不同文体、不同风格的短文结集而成的书。书中没有一条贯穿始终的线索，事件也都不在一个时空，其跨度从古代经中世纪，再到现代。作者遣长胡子的圣女、倒错性别的修士、身体里藏着小鸟的酒徒、化身狼人的教师，在日常世俗生活中，纷纷粉墨登场，将历史、现实与神话融为一体，承载着人的生存意义。有人认为这是一部文学品种边缘化的小说。

托卡尔丘克自己说，她是以青蛙的视角写作，并非鸟瞰。她观察世界，惯用微观视角来揭示隐藏在平淡烟火中的不同凡响的事物。《白天的房子，夜晚的房子》获得了波兰权威的文学大奖尼刻奖。

2001 年，托卡尔丘克出版了由十九篇短篇小说组成的集子《一手击多鼓》，大都是手法诡异、怪诞的心理小说。其作品将人物置于日常生活的特殊境遇中，演绎小人物的善良，揭示人性的复杂。

2008 年春，托卡尔丘克应邀到中国访问。北京外国语大学为她举办了专题讲座，她与师生进行了交流。其谦逊、诚挚的风采给人们留下了深刻的印象，中国读者由此对她的作品产生关注。

2009 年，托卡尔丘克写了《让你的犁头碾着死人的白骨前进》一书，是一部有侦探、悬疑元素的犯罪惊悚小说，涉及女权主义和动物权益主题。小说讲的是猎人们不幸地一个接着一个不明不白地死去，人们怀疑是被人或什么东西谋杀了。有一个从事占卜，业余翻译布莱克作品，又乐于与野兽为伍，脾气暴躁，有隐士名号的老女人，决定探索猎人非正常死去的秘密。小说神秘恐怖，被评论家称为"生态与道德惊悚小说"。小说后来被改编为电影《糜骨之壤》，并获得 2017 年柏林电影节奖。

2018 年，凭借小说《航班》(*Bieguni*)（又译"云游"），托卡尔丘克又荣获国际布克文学奖。小说通过一位乘坐飞机旅行的荷兰解剖家的旅行，以及"他对内心过往的审视，串联起了从 17 世纪到现代的一系列故事"（孙若茜语）。小说的主人公与这批云游世界的旅客，开启了任性的时空之旅。有的人途中抛弃患病的孩子，钻进莫斯科的地铁，有的人全世界收集虐待动物的证据，他们各有所忙地不停奔走，探索生存之路，以缓解内心的迷茫与紧张，通向内心的自我。作家以一种缺乏逻辑又无统一情节的方式，以哲学反思、各种碎片化的思想和内心的独白，呈现了我们这个世界的理智和秩序。

布克文学奖委员会主席丽萨·阿壁娜妮西，十分赞赏《航班》，说"托卡尔丘克是一位充满了创作光辉、拥有丰富想象力的作家"，《航班》"有着一种远离传统的叙述方式，我们十分喜欢这种叙述——它从狡黠愉悦的恶作剧过渡到真正的情感肌理，作者有着快速创造角色的能力，角色中又包含着有趣的偏离和思考"。此作为托卡尔丘克赢得诺贝尔文学奖奠定了基础。

2018 年，是托卡尔丘克作品获奖最为丰厚的一年。这一年，她的《雅各布之书》的法译本，获得面向世界优秀作家，特别推崇其作品的文化多样性和语种丰富性的杨·米哈尔斯基文学奖。

《雅各布之书》是一部关于波兰和犹太人历史的小说，叙述的是 18 世纪中叶，犹太青年雅各布·弗朗克，在波尔多传授犹太教的经历。雅各布传播异教，在信仰完整统一的地域，必然造成社会对立和分化，接受犹太教者，视雅各布为神明；坚持原天主教、伊斯兰教的信徒，把雅各布看成异端邪教徒。小说在人们的日常生活中，表现宗教纠纷和矛盾。因此，复杂的社会生活、生存环境，人的衣食住行都得到生动重现。出版社这样推荐《雅各布之书》："这本带有神秘色彩的作品，以史为鉴，重现历史，又以反思的目光审视现实，解读和思考那些决定民族命运走向的历史进程及其细节。作家试图通过此书探究当今波兰在整个欧洲的处境。"小说获得当年尼刻奖的同时，也遭到波兰民族主义者的批评，因为作品涉及波兰历史上的黑暗领域。

有的评论家认为，相较托卡尔丘克的几部重要作品，《雅各布之书》不仅在内容上缺乏新意，其富有个性的哲思、神秘主义、碎片化的艺术风格，也未淋漓尽致地贯穿之。这种批评有些片面化。君不见，好的作家，并不只有一种艺术武器，该书以平实雅致的语言，代替了往日华丽的语言铺张，过去过于注重的文字形式，被自然、随性的更灵性化的书写取代，其高雅巧妙的文字游戏，让读者为之倾倒惊叹。

同在 2018 年，托卡尔丘克又出版了一个新的由小说、散文组成的集子《怪诞故事集》，共有十九个作品。其中的作品，依如集子之名，多为"怪诞"之作。以小说《心脏》为例，主人公曾在中国接受了器官移植手术后，发现看待现实社会的眼光，发生微妙的变化，思考问题的方式也较过往有了差别，便产生有关身份认同的心理障碍。为此，他和妻子一道踏上了前往中国的旅程。另一篇小说，写一位有钱有势的莫诺蒂科斯，经常照顾一个卖 T 恤的小摊。只要他买了一件 T

恤，这一品牌的 T 恤便价格飞涨，且领导时尚潮流。借此，小说揭示权力对社会生活的影响，权力让大众归顺这样深刻的意义，令人深思。波兰文学评论家雅努什·科瓦尔赤克认为，托卡尔丘克这些以瑞典大洪水时代的乌克兰、现代社会的瑞士、遥远的亚洲大陆，以及虚构的人类世界，不同时空为背景的作品，越接近结尾部分，这些故事的文学意趣越浓。《怪诞故事集》获得了 2019 年度尼刻文学奖提名。

迄今为止，托卡尔丘克出版了长篇小说、短篇小说集、散文随笔集总计有十七部之多，被译成二十九种语种，深受世界读者欢迎。托卡尔丘克作品的中译本，大约始于 21 世纪初，先是《一手击多鼓》，接着是《古书寻踪》中的《睁开眼吧，你已经死了》。2010 年其短篇小说《世界上最丑的女人》发表在《大家》杂志上。到了 2017 年，托卡尔丘克代表作《太古和其他的时间》《白天的房子，夜晚的房子》首次在中国出版。

到她获诺贝尔文学奖之前，中国读者很少了解她。在欧洲大陆则大不同。其作品曾两度荣获波兰最高文学奖——尼刻文学奖，四次获得尼刻奖之最受读者欢迎奖，以及国际布克文学奖，最后荣登诺贝尔文学奖殿堂。2015 年荣获诺贝尔文学奖的女作家阿列克谢耶维奇称其为"辉煌壮丽的作家"，实至名归。

同时，托卡尔丘克又是一位女权主义者、素食者，政治投入度较高，市场读者缘很好的复杂的作家。文学追求相似，但作家各自的写作又呈现出了强烈的个性色彩。托卡尔丘克的文学创作很难被归于什么流派，她以自己的哲思、神秘主义、碎片化的独特风格，自成一派。用诺贝尔文学奖的颁奖词概括，便是"她以具有百科全书式的激情构建的叙事想象力，代表了对生活方式多种边界的跨越"。

【附：关于 2018 年诺贝尔文学奖停摆与重启】

2018 年，瑞典文学院一名时任女院士之夫涉嫌性侵、性骚扰及泄露诺贝尔文学奖获奖者姓名等丑闻，致使该院宣布 2018 年度诺贝尔文学奖不予颁发，以挽回公众的信任。这在世界上引起了不大不小的风波，我国的一些专家甚至预言，狂飙后的诺贝尔文学奖，从此进入"保守和现代，历史与未来重复或翻新"的步履艰难谨慎的局面。

这种焦虑，有点杞人忧天的味道。众所周知，诺贝尔文学奖特殊的地位，其公正性、权威性及悠久的历史，使之已经发展出一个复杂而完备的生态，并成为一把拥有独特刻度的标尺，来衡量文学和人类社会。诺贝尔文学奖的影响，不仅关乎世界和历史，也早已渗入了我们的日常生活。

当然，丑闻的确带来了一些震荡，瑞典文学院适时做出必要的调整，七名院士自愿或被迫退位。后来，两名院士重返瑞典文学院。选举产生了新的院士。历来由五名院士组成、负责拟定候选作家名单的"诺贝尔文学委员会"，改由四名院士组成。另外补充了一个由五位文学评论家、文化记者、作家和翻译家组成的专家组，他们拥有拟定名单权，但没有最后投票权。这样的调整，有利于评奖的公正性。

风波烟消云散之后，诺贝尔文学奖自信地回归。2019 年 10 月 10 日，瑞典文学院在古老的斯德哥尔摩瑞典学院大楼宣布，将 2018 年诺贝尔文学奖授予波兰女作家奥尔加·托卡尔丘克，将 2019 年诺贝尔文学奖授予奥地利作家彼得·汉德克（Peter Handke）。这意味着，这两位作家不仅拥有了无上的荣耀，还各自收获了一枚一百七十五克重的金质奖章，一份九百万瑞典克朗的奖金。这也标志着，诺贝尔文学奖继续其辉煌而恒长的旅程。

第一百一十届（2017年）

石黑一雄

获 奖 者：石黑一雄（1954— ），日裔英国作家。

获奖理由：凭借充满强烈情感的小说，揭示我们幻觉之下的深渊。

获奖作品：《远山淡影》《浮世画家》《长日将尽》等小说。

瑞典文学院2017年10月5日宣布，该届诺贝尔文学奖颁给即将六十三岁的日裔英国作家石黑一雄。理由是："凭借充满强烈情感的小说，揭示我们幻觉之下的深渊。"

接听瑞典文学院电话的时候，是下午1时，石黑一雄正在厨房，坐在餐桌前给友人写邮件。接电话后，他并未在意，以为是假消息。因为他知道，自己在该届诺奖中并非是热门人物，博彩公司开出的诺贝尔奖赔率榜上，几乎见不到自己的名字。当确定获奖真实无误，他又觉得如此高的荣耀砸在头上有点荒唐。

当他平静下来，回答媒体的采访时，他说当下仍然有这么多人关注一个严肃文学的奖项，实在令人惊喜。接下来，他饶有兴味地谈道，继他最大的偶像鲍勃·迪伦之后荣获诺奖，是件多么奇妙的事情，从十三岁时起，迪伦一直是他的偶像。

其实，石黑一雄早已在文学疆域享有盛名。他凭借七部长篇和一个短篇小说集，已将世界文坛最有影响力的布克奖、惠特布莱德奖、大英帝国勋章、法国政府文学奖和艺术骑士勋章等奖项和荣誉悉数收入囊中。

而且，因文学的成就，石黑一雄还获得了文学之外的荣耀，他的由英国著名画家爱德华斯创作的一幅肖像，曾被悬挂在英国最负盛名的唐宁街十号。日本天皇访英伦时，石黑作为文化名人，受邀参加国宴，并与英国政坛"铁娘子"撒切尔夫人推杯换盏。

　　有个现象值得一提，瑞典文学院乍一公布石黑一雄获诺奖，日本 NHK 电视台特意中断节目，插播石黑一雄获奖消息，整个日本喜气洋洋。五岁就离开日本，已成为英籍作家的石黑一雄，当然不是日本人，但即便如此，冠以"日裔"已足够日本骄傲。日本的强大，不仅在于经济，更在于开放包容的文化。

　　值得注意的是，拥有日本和英国双重文化背景的石黑一雄，一直以"国际主义作家"自称。他认为，自己虽被称为"英国文坛移民三雄"，但自己与另两位鲁西迪、奈保尔不同，他们的小说总借用印度文学、宗教、历史元素，完成对殖民主义的政治、文化批判，而自己是不以移民或民族认同作为小说题材的亚裔作家。不管世人怎样试图从他的小说中寻找出日本文化的渊源和神髓，或耙梳出英国文化的蛛丝马迹，但石黑一雄本人从来不予认同。作为五岁开始移民的石黑一雄，既没有保留对日本故国的乡愁，也没有深深烙印大英文化，如果有，是作为移民在英伦成长中所遭受的冷遇和疏离的境遇。

　　来到英国，石黑一雄一家人总在计划返回日本生活，但直到今天，他和家人也没回到日本定居。至于在文学上，他从不认祖归宗般特意关注日本文学，他唯一喜欢的作家只有村上春树，因为他的小说很国际化。在英语环境下长大的石黑一雄，在文化上不能脱离英国，但他很少一门心思地专攻英国的莎士比亚、狄更斯、高尔斯华绥，而像读俄国的陀思妥耶夫斯基、托尔斯泰，读法国的罗曼·罗兰一样，关注的是文学。

　　对石黑一雄而言，小说只是一个国际化的文学载体，在日益全球化的当代世界中，他考虑的是，怎样突破地域的疆界，创作出在任何一个文化背景之下对人们都能产生意义的小说。

　　石黑一雄雄心勃勃地说：

这个世界已经变得日益国际化，这是毫无疑问的事实。在过去，对于任何政治、商业、社会变革模式和文艺方面的问题，完全可以进行高水平的讨论，而毋庸参照任何国际相关因素。然而，我们现在早已超越了这个历史阶段。如果小说能够作为一种重要的文学形式进入下一个世纪，那是因为作家们已经成功地把它塑造成为令人信服的国际化文学载体。我的雄心壮志就是要为它做出贡献。

在此我们不讨论文学的民族性与"国际化小说"的是与非，这是一复杂的学术命题。笔者介绍石黑一雄的"国际化小说"，在于肯定他的探索精神。

读石黑一雄的小说，就会发现，在他的小说世界中，其主旋律便是"帝国、阶级、回忆，以及童真的永远消失"。描绘出来，就是人一生下来，就被庞大的社会机器控制，情感被压抑，甚至连人类的本能爱、性与梦想都被剥夺，文学艺术被权力污染，人性被毁灭，人类也走向灭亡的悲剧图景。当然，石黑一雄同时又肯定世界还存在爱的力量，人类的罪恶都将得到救赎。记忆与遗忘、历史与当下、幻想与现实、毁灭与涅槃、绝望和希望交织在一起。这就是瑞典文学院所称，"凭借充满强烈情感的小说，揭示我们幻觉之下的深渊"，还称石黑一雄是"一位伟大正直的作家"。

石黑一雄，于1954年11月8日出生在日本长崎县长崎市新中川町一个知识分子家庭。父亲石黑镇雄，是位海洋学家，母亲名静子。1960年，因父亲受雇的南安普顿国家海洋研究所迁至英国萨里郡的吉尔福德，石黑一雄一家迁居英国。他就读于萨里郡的沃辛县文法学校。中学毕业后，喜欢音乐的石黑一雄到北美旅游，同期自己制作一张样本唱片，发给唱片公司。

1974年，石黑一雄考入肯特大学，四年后毕业时获英国文学和哲学学士学位。经历了一年写作实践，他又进入东安格利亚大学深造，布拉德伯里和安吉拉·卡拉成为他的导师。1980年，石黑一雄以长篇小说《远山淡影》为毕业论文，获得创意写作课程硕士学位。

处女作《远山淡影》于 1982 年出版，该小说讲述在英格兰生活的日本寡妇悦子的故事。第二次世界大战后，悦子随第二任丈夫到英国定居，她有两个女儿。其中完全日本血统那个女儿，因不理解英国文化，选择自杀。悦子在处理其自杀善后事件时，陷入对日本第二次世界大战前后的悠长回忆。小说在过去与现在的时空交叉飞跃中，呈现了一幅幅生活画面。作者很少对这些片段的逻辑联系和事件发展做说明。一位评论家认为，《远山淡影》中，"日本与英国的各种因素，被一张闪烁不定、隐而不见的意象之网笼罩着，被非常坚韧牢固的记忆的丝线牵连在一起。这是对于一位原子弹爆炸之后幸存者噩梦般的回忆，对于内心情绪骚动的极其冷静含蓄的剖析"。《远山淡影》没有完整的故事情节，只有淡淡水墨画般的意象，语言节制、隐抑、低调，令人印象深刻。《远山淡影》一出版，石黑一雄便获温尼弗雷德·霍尔比纪念奖，又被文学杂志《格兰塔》评为英国最优秀的二十名青年作家之一。

　　1986 年，石黑一雄出版《浮世画家》。同《远山淡影》一样，也是通过一位日本画家回忆自己二战从军的经历，意在探讨日本国民对第二次世界大战的态度，是"一幅日本民族性的浮世绘"。小说的主人公是很有天赋的画家小野增二，第二次世界大战期间接受军国主义教育，认为发动侵略战争是一场保卫国家的圣战。他以艺术宣扬军国主义，在政府的推动下，他成了名噪一时的大画家。然而，战争以日本战败结束。在美国的操办下，日本推行"民族化"，人们开始对战争进行反思。小野增二在家庭、艺坛和政界的崇高地位荡然无存，昔日的友人也弃他如敝屣，甚至连自己的爱女也以他的历史为耻辱。小说中，小野增二陷入对过往的回忆中，反思自己的过错和民族的前途。经过痛苦反思，过去的谎言被拆穿，小野增二认识到，原来第二次世界大战中整个日本民族是在为某种荒诞虚幻的理想献身，而自己的艺术正是漂浮在这种虚幻的理想之中——"漂浮世界中的画家"。

　　关于小说主人公小野增二，学界有多种解读，有研究者认定他是一个惯于自欺的人，"具有将自己的愿望和恐惧移位或投射到他人身上的倾向，从而逃避面对自己的感情"；另有学者指出，小野增二有注重浮名、善于伪装的虚浮伪善的一面。还有学者认为，小说中的小野增二，使读者看到了"日本民族性特征之一：

投机性"，并不认同石黑一雄以"国际主义作家"自诩。

《浮世画家》获英国及爱尔兰图书协会颁发的惠特笔奖和英国著名的布克奖提名。同年，石黑一雄双喜临门，与洛娜·麦克杜格尔牵手走进婚姻殿堂。石黑一雄与麦克杜格尔，当年都曾是社会工作者，他们在诺丁山的西伦敦萨仁尼无家可归者慈善团体的会议上相遇。当时石黑一雄是以住宅安置工作者的身份出席会议的。对这桩婚姻，石黑一雄非常珍惜，给予他文学创作最有力支持者，就是妻子。他说："我和洛娜的感情是我最珍贵的财富，在我开始写作之前，我们就认识了。当时，我们都是社会工作者，在伦敦一家慈善组织工作。那时，她把我当成落魄的歌手，憧憬着我们会一起变老，成为老社会工作者。然后我们可怜巴巴的，一起翻看《卫报》的广告栏，找工作。"婚后，他们带着女儿娜奥米，居住在伦敦。

1989年，石黑一雄创作的长篇小说《长日将尽》出版。小说讲的是第二次世界大战在英国发生的故事，以给达灵顿爵爷当管家的史蒂文森之眼，见证了英国贵族的没落。史蒂文森忠于职守，将一生的才智和心血，服务于这位爵爷，看着主子在邪恶之路越陷越深的同时，自己放弃独立思考和对权威盲从，最终自己也堕落，成为邪恶势力的帮凶。

小说中史蒂文森并非没有自我怀疑，并非对达灵顿的"事迹"没有怀疑，史蒂文森回忆的不仅仅是人生之旅，也是对二战时英国的荣光岁月的追忆，更是对自己灵魂的自我反省，力求自我救赎的过程。

《长日将尽》甫一出版，即荣获当年的布克奖。同年，石黑一雄受日本基金会的邀请，使他离开日本近三十年，得以重回一直在思考和想象的故土。多年来，都是父母托人从日本购买教育资料，希望儿子能接受日本文化的影响。但在英语教育环境中，他只能保留下跟家人用日语交流的能力。他的日本之行，在日本媒体引起一场轰动。日本对石黑一雄来说，意味着无忧无虑的童年时光，意味着印在脑海里的故乡的那些人和事，让他想起自己与深爱的祖父朝夕相处的美好岁月。他曾感慨地说："我意识到那是寄托我童年时代唯一的地方，而我再也不能返回那个特别的日本。"日本，对石黑一雄而言，只有记忆，再无乡愁。

1995 年《无法安慰》（又译《无可慰藉》）出版，这是石黑一雄的第四部长篇小说，也是最有争议的作品。小说通过成年之后的主人公的心理活动，力图重构自己失落了的童年。小说主要讲钢琴大师赖德应邀来到欧洲一座城市演出。抵达之后，自己却罹患遗忘症，仿佛生活在梦境里。他不认识的城市陌生人，却仿佛是他童年时打过交道的人，且对他们的身世了如指掌。城市请他来，是希望振兴该城，希望以他美妙的音乐净化城里人的灵魂，拯救已堕落的世界，而且认定他就是引导他们走向光明的领袖。一个失忆的音乐大师的举止，自然让人们大失所望，人们陷入漫漫长夜……赖德并没有为童年的创伤，找到安慰。

将梦境与现实、过去与现在编织在无意识的状态里，于是小说也成了一个冗长的、混乱的噩梦，但这不妨碍石黑一雄获切尔特姆文学艺术奖。

2000 年，石黑一雄的第五部长篇小说《我辈孤雏》（又译《上海孤儿》）问世。该长篇中，石黑一雄把目光转向中国抗日战争前歌舞升平的上海。英国人克里斯多弗·班克斯九岁时，其父母在上海神秘失踪，他被送回英国。后来他从剑桥大学毕业，成为一名侦探，为了解开父母失踪之谜，他重回上海。小说以记忆重寻的方式，追忆克里斯多弗·班克斯童年时代在上海租界生活，然而儿时记忆不再，双亲也不再，这场寻找双亲之旅，构成了一个失落在历史叙述中的伤感的回忆故事。值得关注的是，小说中的主人公，在一种中西文化交流碰撞的租界殖民性语境中，面临自我文化身份的丧失，成为文化上的孤儿。这是否是石黑一雄在为自我画像呢？

2005 年，石黑一雄的第六部长篇小说《别让我走》出版。小说采用了科幻小说的写作形式，将焦点设在一个时间、地点模糊的未来，再一次用回忆写一个有关一座寄宿学校买卖人体器官，探讨伦理与人性的脆弱真相的故事。小说再次入围布克奖最后决选，同时获世界文学奖奖金最高的"欧洲小说奖"。

2015 年，睽违漫长十年之后，石黑一雄又推出自己的第七部长篇小说《被埋葬的记忆》（又译《被埋葬的巨人》）。小说以英国不列颠人与撒克逊人交战的年代为背景，讲述了一对夫妇寻找儿子的回忆之旅。该羁旅穿越了层层叠叠的秘密，通过堆积的无休止的怨恨，试图探问人类记忆、情感与爱的深远博大意义。

研究石黑一雄的学者，把写作《追忆逝水年华》的普鲁斯特和石黑一雄，都视为探索"回忆"主题和失去主题的作家。而石黑一雄认为自己是深受普鲁斯特影响，最擅长记忆、寻根。其实，石黑一雄式的依赖回忆与普鲁斯特那种对往事漫无用心的追忆，有异曲同工之妙，又各有千秋。

阅读石黑一雄的七部长篇，会发现他作品中的主人公，都是一直沉浸在回溯型的叙事结构中，一直喋喋不休、絮絮叨叨地追忆流光逝水般的往昔岁月，并在回忆时，对过往的人和事又都产生新的认识。对于移民作家石黑一雄来讲，"回忆的过程蕴含了记忆，并且记忆伴随着回忆"，它超越了个人回忆层面，还被寄予更深刻的集体记忆层面，民族记忆层面。不过，石黑一雄小说中的人物，既在回忆中追述自己的一生，也在追寻自己存在的文化记忆、身份记忆，以及那些隐藏在背后的历史记忆。石黑一雄的回忆已进入审美经验的一个途径，在回忆中达到心灵的彼岸，在回忆中精神回归家园。总之，石黑一雄的小说中，对回忆机制的描述，对回忆诗学的继承，为读者展开了一个"别样的深邃而迷人的回忆的世界"。

除小说之外，石黑一雄还从事音乐、戏剧、影视剧本的写作。

鲍勃·迪伦

获 奖 者：鲍勃·迪伦（Bob Dylan，1941—　），美国唱作人、艺术家和诗人。

获奖理由：在美国歌曲传统中创造了新的诗性表达。

获奖作品：《答案在风中飘》《时代在变》及《像一块滚石》（歌曲）。

2016 年 10 月 12 日，瑞典文学院公布了第一百零九届诺贝尔文学奖授予美国唱作人、诗人，七十五岁的鲍勃·迪伦，又让入围的日本作家村上春树苦等了一年。很少有人想到这个结果，但没人对此产生质疑，因为迪伦是近十多年知名度最高，拥有听众最多的诺贝尔文学奖得主，有足够的力量，况且，早在 1996 年和 2006 年，他曾两度获得诺贝尔文学奖提名。

鲍勃·迪伦是以创作的大量歌曲本身就是流传甚广的诗歌，摘得诺贝尔文学奖桂冠的。美国诗坛怪杰"垮掉派"诗人艾伦·金斯堡，对迪伦的歌词极为赞赏，称他为"最棒的诗人"。他曾特意写了一封推荐信给瑞典文学院，提名鲍勃·迪伦角逐诺贝尔文学奖，信中说：

虽然迪伦作为一个音乐家而闻名，但如果忽略他在文学上的非凡成就，那么这将是一个巨大的错误。事实上，音乐和诗是联系着的，迪伦先生的作品异常重要地帮助我们恢复了这至关重要的联系。

迪伦的艺术创作中，以"书"的形态出现的极为罕见，只有一本他历时三年，苦苦在打字机上，伴以单调的声音，亲手敲出的回忆录《编年史》，记录了他人生志得意满或消沉彷徨的经历，"让人惊讶"。迪伦与靠书来传播自己的思想和美学观念的作家不同，他是：

> 把诗歌的形式以及关注社会问题的思想融入到音乐当中，他的歌充满激情地表达了对民权、世界和平、环境保护以及其他严重的全球问题的关注。（诺贝尔文学奖评委会的评价）

瑞典文学院在当年 11 月 16 日向世界宣布，他们收到鲍勃·迪伦的信函，因其有其他要事，无法前往斯德哥尔摩领奖，并强调能获奖相当荣幸。因故缺席颁奖会的人绝非迪伦一人，但失去一个世界级歌手领诺贝尔文学奖，错过聆听他可能在金碧辉煌的大厅放声唱歌的机遇，的确让人感到遗憾。

这位自 1988 年 6 月 7 日，在美国加州巡演，以后每年演出一百场，迄今已在世界各地巡回演出近三千场的歌手鲍勃·迪伦，在中国也颇有知名度。七十岁的迪伦于 2011 年 4 月，在台湾、北京、上海、香港连续登台演出。在北京工人体育馆演出，是春风和畅的 4 月 6 日，成千上万的歌迷涌进现场，演出气氛极为火爆。中国听众是从 1994 年美国电影《阿甘正传》中知晓迪伦的，那首飘遍全世界的《答案在风中飘》深深地打动了中国观众，而演唱这首由迪伦创作的歌曲的，正是他曾经的恋人——著名女歌手琼·贝兹。

答案在风中飘
一个男人要走多少条路
才能被称为一个男人
一只白鸽要越过多少海水
才能在沙滩上长眠

炮弹在天上要飞多少次

才能被永远禁止

答案，我的朋友，在风中飘荡

答案在风中飘荡

是啊，一座山要生存多少年

才能被冲向大海

是啊，一些人要生存多少年

才能够获得自由

是啊，一个人能转头多少次

假装他只是没看见

答案，我的朋友，在风中飘荡

是啊，一个人要抬头多少次

才能看见天空

是啊，一个人要有多少耳朵

才能听见人们哭泣

是啊，到底要花费多少生命

他才能知道太多人死亡

答案，我的朋友，在风中飘荡

答案在风中飘荡

是的，敢于追求自由天性的鲍勃·迪伦，一生都在"风中飘荡"，他的歌词在建构自己的价值标准：崇尚个人自由不可侵犯，提倡追求个性和心灵解放，充满激情地表达对民权、世界和平、环境保护及其他严重的全球问题的关注。正像普利策文学奖授给他的理由：

对流行音乐和美国文化产生深刻影响，以及歌词创作中非凡的诗性力量。

他的音乐真正的力量，不在是否对社会有深刻的分析，而是鲍勃·迪伦捕捉到那个时代的集体思绪，道出了人们对时代的困惑和质疑。

笔者曾经采访并为其写过乐评的中国歌手郑钧这样评价迪伦："他让音乐真正变成表达人生观和态度的一个工具。"

中国摇滚之王崔健对迪伦的评语富有哲理且意味深长：

> 鲍勃·迪伦越是不代表谁，他的影响越大，那些总是想代表时代的人，越无法获得持续性的影响，那个时代过去了，他们就过去了。鲍勃·迪伦很低调，他一直在坚持演出，从他的第一首歌到现在，这中间一脉相承的音乐形式，反而给了我们深远的影响。

迪伦在向世界宣布："时代变了，未来属于我们年轻人！"

鲍勃·迪伦的一生斑斓而灿然。他一直被视为20世纪和21世纪初美国最重要、最有影响力的民谣歌手，并被认为是20世纪60年代民权运动的代言人。迪伦的音乐直接或间接影响了同时代和下一代的音乐人。美国最具影响的《时代》杂志，曾选他为21世纪最有影响力的一百人之一。而2016年的鲍勃·迪伦，又成为该届诺贝尔文学奖的新科状元，使他的影响又远远超过音乐版图，他已是登上世界最高的文学殿堂的纪念碑式的人物。

鲍勃·迪伦，于1941年5月24日生于明尼苏达州德卢斯城，原名罗伯特·艾伦·齐默曼。他的祖父母是犹太裔移民，19世纪末从立陶宛和乌克兰移民到美国。他六岁时，全家移居希宾。少年时，他即显音乐天赋，十岁时自学吉他、钢琴、口琴等乐器。他对美术也有天分。高中时，他就组建了自己的乐队。其最早的录音是在1958年，在自己家录制的。

迪伦于1959年前往明尼苏达大学就读，在校期间对民谣产生兴趣。20世纪50年代，摇滚音乐在美国流行起来，他与两个好友组成"金色和弦"摇滚乐队，他任主唱。

大学读了一年，迪伦即退学，留在明尼阿波利斯的民谣圈内演出。

1961年1月的一个夜晚，在纽约格林威治村的麦克杜格尔大街上，一个十六七岁的年轻人，走进临街的一家咖啡馆，对正在为生意冷清发愁的老板罗斯说："先生，我从西部来，我叫鲍勃·迪伦，我想唱几首歌行吗？"罗斯打量了一下面前的年轻人，他有一张圆圆的脸，身着皱巴的西装，打着领带，一只手拎着背包，另一只手握着一把吉他，罗斯同意他唱歌。年轻人走上刚刚空下的小舞台，不紧不慢地从背包取出一个口琴和一个支架，然后一边给吉他调音，一边介绍自己："我一直在各地旅行，现在除了这把吉他和旅行袋，其他一无所有。"他带有浓重南方口音的话和天生活泼的表情，很快就吸引了所有人的目光。接下来的演唱，虽然有些稚嫩，但还是给听者留下了深刻印象。有好几个人愿意为他提供住宿。

自此，艾伦·齐默曼这个名字就被鲍勃·迪伦取代。关于改名，众说纷纭，可靠的是，迪伦一直对自己的身世不满，平庸的犹太家庭与他一心想成为著名流行歌手的身份，太不相配。曾有人推断，迪伦因喜欢著名诗人迪伦·托马斯而改名。

而成名后的迪伦闻之，找来托马斯的诗集，读后说："我俩的风格不一样。"

迪伦闯到纽约时，还是少不更事的青年。这里歌星云集，几乎所有美国主流唱片公司的总部都设在这个金融和文化中心。那时，迪伦表面属于民歌的学究派，但内心有当明星的强烈愿望。他在咖啡店努力唱歌，苦练吉他和口琴。不久，他的口琴技艺自成体系，纽约音乐圈子里谁需要口琴伴奏，都会找他。

在乐坛，要想出人头地，光靠努力是不够的。上苍对这个善良的年轻人给予了眷顾。迪伦到纽约后，举目无亲。当他得知他曾视为偶像的歌星格思里罹患亨廷顿氏症，虽尚能勉强行走，但生活已不能自理，便常到医院看望和帮助前辈。接触久了，格思里喜欢上这个长着娃娃脸的善良的年轻人。他常对人说，"这个孩子会唱歌"。格思里在音乐界影响很大，有他力挺，迪伦的音乐之路充满了希望。鲍勃·迪伦把黑人布鲁斯唱得韵味十足，再加上他在明尼苏达时形成的独特个人风格，会让听众大吃一惊，很快就喜欢上他。比如，他演出时总爱戴一顶很搞笑的灯芯绒小帽走上舞台。然后就用卓别林笨拙的动作给吉他调弦，这时他会说几句看似很随意，却是精心准备的笑话，听众不觉间就对这个长着娃娃脸的歌手产生兴趣，但令全场没想到的是，他会突然以历尽沧桑的粗哑的嗓子，唱起格思里的一首老歌，如天外飞仙般让听众惊讶不已。接着，他又会即兴用口琴吹上一段纯正布鲁斯味道的独奏，听众已如醉如痴。可马上，迪伦又会讲一段笑话，或故意轻松与台下的人闲聊几句。听众兴味正浓时，他却又开始引吭高歌，让听众一直处于兴奋状态，欲罢不能。就这样，迪伦在纽约有了大量的"粉丝"。

在纽约，正式演出要办演出证。迪伦办证时，"格迪斯民歌城"老板坡科，带着他到纽约市的演员工会。办证人一看鲍勃·迪伦的出生证明，便对他说：

"你还不到二十一岁，把你妈叫来！"

迪伦回答："可我没妈。"

"没关系，把你爸找来也行。"

"可我也没爸。"

办证人转身问坡科："他是谁，一个杂种？"

坡科愿出面当迪伦的监护人，演出证办了下来。

这或许是人们编造的笑话，但迪伦生命中总遇贵人相助，却是千真万确的。

有了演出证，迪伦在1961年4月11日的演出颇为成功。但令他没想到的是，几家唱片公司却都将之拒于门外。迪伦只好再到咖啡馆演唱。有一天，他的一位在哥伦比亚唱片公司录音的朋友，缺一个吹口琴的，请他去吹一段。无巧不成书，美国音乐史上最富传奇色彩的音乐制作人哈蒙德，正好在迪伦吹口琴的录音现场。他一听，便断定迪伦是一块璞玉。更富戏剧性的是，此时《纽约时报》有一篇由资深乐评人写的热情称赞迪伦那场演唱会的文章，哈蒙德在尚未听过迪伦演唱的情况下，竟与迪伦签约。就这样，迪伦成了第一位与主流唱片公司签约的新生代男民歌手。据说，曾拒绝过迪伦的前卫公司一位雇员，在自己的抽屉里发现一张自己写的评价迪伦"此人没什么特别之处，没前途"的字条，为自己的眼拙，喝得酩酊大醉。

叙述有些单调乏味，我们可以谈谈鲍勃·迪伦的感情生活，因为这与他的音乐生活关系不浅。

少年时不安心读书的迪伦，爱看电影，电影《无因的反叛》中梳着大背头的叛逆青年，由明星詹姆斯·迪恩扮演，一下子迷住了迪伦。为了模仿迪恩在影片中的装束，他买来黑皮夹克、牛仔裤、高勒皮靴，还求父亲给他买了一辆二手哈雷摩托。迪伦便换上这身新行头，驾着哈雷带着一个名叫埃科的姑娘，在大街上横冲直撞。十五岁的迪伦在众人眼中，是个不良的叛逆少年。那也是他的初恋。

到了 1963 年 8 月 28 日，鲍勃·迪伦在参加著名的大规模民权运动游行——"进军华盛顿"的过程中，与被称为"民谣女皇"的琼·贝兹同行。贝兹在这之前，曾邀请迪伦与她一起巡回演出。这次游行，美国著名民权领袖马丁·路德·金发表了著名的《我有一个梦》的演讲。琼·贝兹与迪伦演唱了 *Only A Pawn In Their Game*（《不过是他们游戏中的小卒子》）等歌曲。他俩逐渐成为人们心目中的民权运动的代言人。是年底，肯尼迪总统被刺杀不久，原本就对"民权运动代言人"很反感的迪伦，在国家紧急民权委员会的一个颁奖会上，带着浑身酒气，质疑了委员会的作用，从此远离了民权运动。但是，"进军华盛顿"游行之后，琼·贝兹和迪伦却双双坠入爱河。但恋情之花仅绽放两年便凋零了。这中间没有背叛，也无抱怨。分手十二年之后，琼·贝兹为纪念与鲍勃·迪伦这段感情，特地谱出一曲《钻石与铁锈》，很快成了琼最富盛名的歌曲。到 1994 年，电影《阿甘正传》里，阿甘女友在酒吧中演唱的歌曲，就是鲍勃·迪伦的《答案在风中飘》，而演唱者，正是琼·贝兹。

后来，琼·贝兹与世界富豪才子乔布斯有过一段恋情，琼比乔布斯大十四岁。那是一段与名气和财富无关的充满浪漫和温情的恋情。最后二人成为一生的挚友。

1965 年 11 月 22 日，刚刚发行专辑《重访 61 号公路》的迪伦，与莎拉·芬登结婚，孕育了三个子女后，于 1977 年 6 月 29 日宣布离异。此前两年，鲍勃·迪伦与琼·贝兹在"滚雷"巡回演出，迪伦发行专辑《轨道上的血》，隔年又发行专辑《欲望》。离婚后，迪伦投入另一次"滚雷"乐队巡回演出。

这段婚姻结束九年之后，1986 年 1 月 31 日，伴唱歌手卡洛琳·邓尼斯为迪伦产下一女，五个月后两人奉女成婚，至 1992 年 10 月离异。这段六年的婚姻，若迪伦的自传《编年史》（2001 年出版）不出，鲜为世人所知。

鲍勃·迪伦有句名言：

　　昔日我曾如此苍老，如今才是风华正茂。

自 21 世纪以来，作为世界级摇滚、民谣大师，唱片总销量已超过一亿张的迪伦，各种荣誉和奖项翩翩而至：2000 年获第七十二届奥斯卡奖最佳原创歌曲奖，2001 年获第五十九届全球奖最佳原创歌曲奖、第四十三届格莱美最佳当代民谣专辑奖，2002 年入第三十届格莱美名人堂，2006 年入第三十四届格莱美名人堂、获第四十八届格莱美最佳当代民谣专辑奖，2008 年获第九十二届普利莱特别荣誉奖，2016 年获第一百零九届诺贝尔文学奖。

这些荣誉"就像夏日的红玫瑰逐日盛开"（迪伦语录）。

鲍勃·迪伦是个天才，天才是没法讨论，也难以复制的。

第一百零八届（2015 年）

斯韦特兰娜·亚历山德罗夫娜·阿列克谢耶维奇

获 奖 者:斯韦特兰娜·亚历山德罗夫娜·阿列克谢耶维奇（Svetlana Alexandrovna Alexievich, 1948— ），白俄罗斯女记者、作家。

获奖理由:她的复调式书写，是对我们时代苦难和勇气的纪念。

获奖作品:《切尔诺贝利的悲鸣》（非虚构文学）。

瑞典文学院新科常务秘书萨拉·邓尼斯女士，于 2015 年 10 月 8 日下午 1 时宣布，白俄罗斯斯韦特兰娜·阿列克谢耶维奇获第一百零八届诺贝尔文学奖，并宣读评委会的授奖词:"她的复调式书写，是对我们时代苦难和勇气的纪念。"

在接受现场媒体采访时，萨拉·邓尼斯评价作家阿列克谢耶维奇说:"在过去的三四十年里，她一直在描绘苏联时期与苏联解体之后的普通人。她所写的不是单纯的历史，也不是仅仅叙述事件，而是写下了一部部情感史，为我们描绘了人们的情感世界……她采访了成百上千的儿童、男人与女人，在她的著作发表之前，我们对这段历史了解很少，至少很少有这种系统的书写。在记录这些事件的同时，她也写下了一段段情感的历史，如果你愿意，也不妨称之为'灵魂的历史'。"

在邓尼斯女士看来，阿列克谢耶维奇的作品，她所叙述的事件，只是为挖掘苏联人民内心借用的一种方式，表达其情感世界而已。

当瑞典文学院通知阿列克谢耶维奇获奖消息时，这位衣着朴实，有着一双灰色眼睛的女作家，正在明斯克极简陋的公寓里，像一般家庭主妇那样，熟练而认真地熨衣裙。听罢，自是不胜欣喜，正如后来接受瑞典电视台采访时所说："我马上就想到了很多伟大的人物，比如伊凡·蒲宁、鲍里斯·帕斯捷尔纳克。"能和这些人物比肩，自然高兴。在被问到那笔可观的奖金做什么时，她马上答道："我只会做一件事：给我买个自由。"过去生活艰苦，她从事记者职业四处奔波，又因《锌皮娃娃兵》得罪当局，2000年被迫离开白俄罗斯，漂泊到意大利、法国、德国和瑞典十二年，经济拮据，可想而知。现在有了钱，可以自由地专心从事文学创作，岂有不喜之理。

阿列克谢耶维奇获得此届诺贝尔文学奖，似早有征兆，早在此奖公布之前，阿列克谢耶维奇就一直稳居英国立博彩公司的赔率榜首，高于同样呼声很高的日本作家村上春树。因此，她金榜题名后，世界文学界并无太大争议。但以非虚构文学获奖，出乎世人预料，距诺贝尔文学奖于1953年颁给英国首相丘吉尔的纪实回忆录《第二次世界大战回忆录》，已过去整整一个甲子零两年。非虚构文学获诺奖的意义，在于很直接地、犀利地、具有真实感地、亲历现场地，报道重大事件的文学，已被纳入纯文学范畴，体现了文学人的担当，给文学注入了更多的人文精神，预示着非虚构文学的可能性。

阿列克谢耶维奇，于1948年5月31日生于苏联乌克兰的斯坦尼斯拉夫（自1962年属弗兰科夫）。父亲为白俄罗斯人，母亲是乌克兰人。父母皆是乡村教师，后举家迁居白俄罗斯。阿列克谢耶维奇中学毕业后，入白俄罗斯国立大学新闻系，期满毕业，曾到当地几家报社任记者，后又到杂志社工作。1975年，她创作的《我离开了农村》，虽然没有公开发表，但作品记录了一些离开乡土者的独白，其纪实风格已见端倪。

1984年，三十九岁的阿列克谢耶维奇，在苏联大型文学期刊《十月》上，发表了以女性的视角审视苏联伟大而艰苦的卫国战争的非虚构文学《战争中没有女人》（后更名为《我是女兵，我是女人》），受到广大读者和评论界的好评。经过战争洗礼的著名作家康德拉耶夫高度称赞了这位名不见经传的作家的作品：用女性独特的心灵，以谈心式的陈述，揭示了战争的残酷，开掘出战争本质的"深深的岩层"。同年11月，苏联最高苏维埃主席团，向这位刚刚闯入文坛的女作家颁发了荣誉勋章。

《战争中没有女人》很快被译成三十五种语言，在十九个国家出版，仅俄文版销量就超过两百万册。

关于《战争中没有女人》，阿列克谢耶维奇在1989年初随苏联作家代表团访问中国时，曾讲述了写这篇作品的经过。据她说，整整四年间，她跑遍了两百多座城市和乡镇，采访过数百名参加过卫国战争的女性，翔实地笔录了她们是怎样如男兵一样冒着敌人的炮火硝烟冲锋陷阵，在冰天雪地背着伤员去疗救。战争胜利了，而这些如花似玉、温柔多情的女性，已被血腥的战争，异化成冷酷寡情的女人。有一次，阿列克谢耶维奇偶遇被她写进《战争中没有女人》的一个女人。女人说，战争结束后，她不敢看肉，肉使她想起枪林弹雨中横飞的人肉。

在阿列克谢耶维奇看来，非虚构文学的生命就是真实。而为了超越时间，超越人的立场和阶级属性的"真实"，是要付出昂贵代价的，尤其是对一个女人。

1991年，阿列克谢耶维奇在俄国《民族友谊》杂志上，又推出了她的新作《锌皮娃娃兵》。作为她的代表作之一，这部作品目的不只在揭露阿富汗战争时，苏联部队犯下的滔天罪行。她在该书中写道，她更在意研究对象是"感情的历程，而不是战争本身的历程"。

1979年12月，为了控制阿富汗，苏联出兵入侵了这个国家，将刚刚当选的奉行民族主义政策的总统阿明逮捕，当夜便处决。阿富汗各派游击队联合起来，共同抵抗苏联入侵军。1989年，在世界正义的舆论压力下，苏联政府在日内瓦签署有关协议后，被迫全部撤出阿富汗。十年的入侵，动用了一百五十多万军队，伤亡五万余人，耗资近五百亿卢布的苏联人，极不光彩地结束了这场没有宣战的不义战争。

《锌皮娃娃兵》就是以此为背景，描写参战的二十岁左右的苏联娃娃兵在阿富汗的经历，以及等待他们回国的父母和妻子的血泪回忆。该作品没有描述，而是从女性的角度，挖掘其心理活动，让读者看到人的灵魂的真景象，从而揭示出造成这场人间悲剧的道德原因。作者的战争观，一目了然：战争就是杀人，反对一切战争。

《锌皮娃娃兵》出版之后，在社会上引起极大的反响，相悖的两极对立的赞誉和诋毁，在世间热闹而激烈地对峙着。

1997年，阿列克谢耶维奇创作的《切尔诺贝利的悲鸣》（又译《我不知道该说什么，关于死亡还是爱情：来自切尔诺贝利的声音》）是悼念一场生态灾难殉难者的挽歌。

1986年4月26日，苏联切尔诺贝利核电站发生爆炸，造成人类有史以来由高科技失控引发的最严重的生态灾难。八吨多放射性物质外泄，使欧洲地区遭受核污染的区域达二十万平方公里。乌克兰、白俄罗斯和俄罗斯遭核污染土地约十四万五千平方公里，受灾人数为六百五十万人，核辐射直接导致二十七万人罹患癌症，其中九万三千人很快死亡。参加救灾的六十万人中，有七万人在五年内死亡。

三十二年过去，为该核电站建立的庞大的普里皮亚季早已成为一座毫无人烟的"鬼城"。虽然如今鸟儿飞来了，但基因已改变。燕子身上有白化的羽毛，它们也正常迁徙，但来年春天，它们却没能飞回来。美国作家艾伦·韦斯曼的《没有我们的世界：如果人类消失，地球将会怎样？》一书，对这场核泄漏灾难有翔实的描述。

切尔诺贝利这一惊天大灾难发生后，苏联当局对内外封锁消息，掩盖事实。

阿列克谢耶维奇同父母都生活在被污染区，母亲突然双目失明，邻居的孩子中，有二百五十多人罹患甲状腺癌。见此情景，因着记者的职业敏感和作家的良知道义，她不能对此沉默。她中断一切，用了整整三年时间，深入灾区，采访幸存者：当地核电厂的工作人员，赶来救援者的妻子，被迫离乡背井的妻子和母亲……从他们的嘴里听到愤怒的声讨、恐惧的叙述，见到坚忍的面容，感到同情和挚爱的情感。

她常常站在第聂伯河上游，望着那座已空无人烟的令人恐怖的"死城"普里皮亚季城，想起果戈里《狄康卡近乡的夜话》一书中对第聂伯河的描写："风和日丽中的第聂伯河多么奇妙，它那充沛的江水舒展地、平稳地流过森林，流过山峦，没有声息，没有喧嚣……"

但如今，一片死亡的寂寥和恐怖笼罩着曾经美丽的河水和森林，她在自己的文中写道："从灾难发生的那一刻，到经历病痛与死亡挣扎，甚至被迫远离家园，生活在这片土地上的人们始终无法理解，那个巨大的、冰冷的核电站为何能如死神般掠走人命。而国家，为何一言不发？"

阿列克谢耶维奇的《切尔诺贝利的悲鸣》，揭露这场惊天生态灾难，呈现这一人类悲剧，是警示世界，这类灾难不要再重演。其间关于死亡还是爱情的主旋律，超越了灾难，是人性的赞歌。但苏联政府对此十分恼火，将之骂成国家的"叛徒"，最后，像1974年驱逐索尔仁尼琴那样，将阿列克谢耶维奇驱逐出境。

迄今，阿列克谢耶维奇已出版五部非虚构文学作品：《战争中没有女人》《最后的见证者》《锌皮娃娃兵》《被死神迷住的人》《切尔诺贝利的悲鸣》。此外，她创作过三个剧本、二十多部纪实影片。

阿列克谢耶维奇的非虚构文学作品，继承了俄罗斯文学的优秀的现实主义传统，作品气势恢宏、厚重大气，又在表现历史与现实、战争与和平、生存与死亡等重大题材时，深刻生动地呈现人性复杂的画景。她继承了俄国文学大师直面历史和用生命写作的良知和道义担当。

苏联作家帕斯捷尔纳克、肖洛霍夫、索尔仁尼琴等对于历史现实的追问所具有的道义力量，也对她深有影响。

阿列克谢耶维奇作为第十四位获诺贝尔文学奖的女作家，"她的复调式书写，是对我们时代苦难和勇气的纪念"。她不仅仅是用自己的笔书写大事件历史，探索苏联和其后时代个体的命运，她更关注的是"我们时代的"人。她作品中的人，没有中心人物，皆是芸芸众生，正是这些个体的人，构成了她要书写的那代人的命运风景。不够宏大，没有哲理和寓意，完全是凭真实的讲述，她说：

> 我不只是记录事件和事实的枯燥历史，而是在写一部人类情感的历史。
> 人们在事件过程中所想的，所理解的，所记忆的。他们相信和不相信的，他

们经历的幻觉、希望和恐惧。不管怎样，在如此众多的真实细节中，这是不可能凭空想象或发明的……

那种认为阿列克谢耶维奇的非虚构讲述，虽诚实、勇敢，但过于直白、单调、乏味的看法，是一种偏见。她作品的强大的感情力量，充盈着诗意且具审美价值。她说"每个时代都有三件大事：怎样杀人，怎样相爱和怎样死亡"，那"怎样相爱"，就是砥砺人心的强大的人性力量。

阿列克谢耶维奇的非虚构文学，具有书写真实的"文献"价值，又是具有诗意和审美价值的一座刺眼刺心的苦难英勇的纪念碑，其意义远远超越文学疆域。

帕特里克·莫迪亚诺

获 奖 者:帕特里克·莫迪亚诺（Jean Patrick Modiano，1945—   ），法国小说家。

获奖理由:唤起了对最不可捉摸的人类命运的记忆。

获奖作品:《八月的星期天》(小说)。

第一百零七届诺贝尔文学奖的新科状元，是法国作家帕特里克·莫迪亚诺。消息一出，令世界文坛大失所望。世界上那么多优秀的作家被人寄以厚望，突然这些被人看好的作家，与诺贝尔文学奖再次失之交臂，而世界文学界、媒体猜测的名单上，几乎无人提到的莫迪亚诺突然金榜题名，成为一匹黑马，怎能不让舆论惊诧？但是，瑞典文学院评委会中的埃斯普马克，一直把"记忆"视为自己重要的文学趣味，并提出"记忆艺术"文学概念，认为莫迪亚诺的文学创作，用记忆艺术引出最难把握的人类命运。莫迪亚诺是通过文学的记忆，让昔日的那个德国纳粹占领法国时期的法国人为了生存如何挣扎甚至反抗的人世，呼之欲出。埃斯普马克的意愿受到尊重。是的，文学具备记忆功能，文学的记忆是把过去的生活世界呈现出来，曹雪芹的《红楼梦》和普鲁斯特的《追忆逝水年华》，均属于"记忆"之作。但与之相比，莫迪亚诺是描述性的，纯正而锋利、简洁而流畅。其结构，不过多揭示人的心理意识层面，而注重对外部环境细节的呈现，让读者有身临其境的现场感，也确实独具匠心、自成一格。

莫迪亚诺在瑞典文学院发表获奖演说时，对自己的"记忆"小说论道：

> 小说和读者之间发生的事情，和冲洗照片的过程很相似，就是数码相机时代之前那种冲洗照片的方法。在暗房里冲洗照片的时候，图像是一点一点才看得见的。当你读一部小说的时候，也会产生类似的化学反应。

但，问题来了。如果莫迪亚诺一生创作了近四十部作品，都像是用一张底片冲出来的，总是回忆过去的历史，总是同一风格，总是重复自己，难道不会让读者产生审美疲劳，味同嚼蜡吗？瑞典一位评论家就说："莫迪亚诺其实是将同一个故事讲了一遍又一遍。"其代表了不少读者和评论家的意见。

此届诺贝尔文学奖结果一出，莫迪亚诺即因此遭到质疑。在2003年，笔者所就职的人民文学出版社与中国外国文学学会联袂主办的"二十一世纪年度最佳外国小说（2003）"评奖活动中，莫迪亚诺的小说《夜半撞车》获奖。借此活动之便，笔者认真阅读了莫迪亚诺的《八月的星期天》和《杜拉·布鲁德》等作品之后，想起杜甫的诗《客至》中的"舍南舍北皆春水，但见群鸥日日来"。天天见鸥来鸥去，索然无味。

那次评奖活动之后，对莫迪亚诺知之甚少的笔者曾就莫迪亚诺"记忆"重复问题，请教过专家，答案各异，笔者不得要领。第一百零七届诺贝尔文学奖评奖过程中，瑞典文学院对此也有不同看法。五院士组成的评委会的主席韦斯特拜利耶，还有评委恩格道尔，就此做出的阐述，语多剀切。前者认为莫迪亚诺的作品就如音乐，主题似乎不变，但总是在不断变奏中流露出新的意韵；后者则将莫迪亚诺的作品比作孪生姐妹，看起来长得像，其实性格可能完全不同。

瑞典文学院新闻公报对该届诺贝尔文学奖得主莫迪亚诺作品做出的阐述，或许更接近真相：

> 莫迪亚诺作品的焦点在于记忆、失忆、身份认同和负疚感。巴黎这个城市经常在文本里出现，几乎可以被当作这些作品里的一个创作参与者。他的

故事经常建构在自传性的基础上，或建立在第二次世界大战德国占领法国时期发生的事件上。他有时候从采访、报刊文章或者他自己多年来收集的笔记里抽取创作的资料。他的一部部小说相互之间都有亲和性，会出现早期的片段后来扩展为小说的情况，或者同样的人物在不同的故事里出现。作者的故里及其历史经常起到把这些故事链接起来的作用。

《八月的星期天》就是莫迪亚诺与"遗忘及失忆症做持续不断的抗争"，"捡拾历史的碎片，只能追寻到断裂的、稍纵即逝而且几乎不可捉摸的人类命运的痕迹"（莫迪亚诺的诺贝尔文学奖获奖演说）的故事。

莫迪亚诺在《暗店街》里写了一个私家侦探，因故患了失忆症，他要找回自己的身世，有一个重要人物的线索却失踪了。

第二次世界大战爆发，德国纳粹大肆屠杀犹太人，他们纷纷逃亡，大约十万犹太难民，逃向中立国瑞士，均被拒绝入境，其中绝大多数犹太人后来惨遭德国纳粹杀害。对此，瑞士民众举行抗议集合，迫使瑞士政府放宽了难民政策，包括犹太人在内的约三十万各国难民获得瑞士临时或永久的庇护。

一个叫居伊·罗朗的人，战时偷越国境求生，因受到极度刺激失忆，被一位好心的私家侦探于特收留，当助理侦探八年。第二次世界大战后，于特年老退休，居伊·罗朗借机走上揭开自己身世之谜的旅程。这并不容易，必须在茫茫人海及各种资料中找到已经逝去的那段有血肉、有情感的人生。但是，他陷入了迷惑的深渊，那些从别人记忆中，从泛着樟脑气的杂志中，或是从模糊的照片中寻找出的人生片段，是自己的人生，还是另一个人的人生呢？

莫迪亚诺以一种"新寓言"派风格写失忆，是为了抗拒我们这时代的"失忆症"。正如埃斯普马克所说，"失忆"已成为当代社会的一个普通而重大的问题。"失忆"意味着"忘记"，笔者忘记是哪位伟人说的了："忘记就意味着背叛。"忘记了德国纳粹的奥斯维辛集中营，历史就会出现新的奥斯维辛集中营。莫迪亚诺的"失忆"文学，有强大的悲悯精神。

帕特里克·莫迪亚诺，于 1945 年 7 月 30 日降生在法国巴黎南郊洛涅·比扬古的一个富商之家。父亲是犹太人，在第二次世界大战期间犹太人四处逃亡之时，从事走私活动，战后活跃在金融界。母亲是比利时籍演员。一个赚钱，一个演戏，疏于对孩子教育，莫迪亚诺与哥哥吕迪相互照顾，吕迪十岁夭折，莫迪亚诺孤独地度过童年。

但莫迪亚诺家境富裕，藏书丰富，他自幼喜欢读书，喜爱文学，十岁无师自通开始写诗，十五岁又对小说感兴趣。1965 年，他中学毕业后入巴黎索邦大学读书，只读一年，因要从事文学创作而辍学。

1968 年，二十三岁的莫迪亚诺发表小说处女作《星形广场》，当年获得罗歇·尼米埃奖。次年，他所创作的《夜巡》又获钻石笔尖奖，三年后发表的小说《环城大道》再获法兰西学院小说大奖。连发三箭，箭箭中的，可谓出手不凡，为法国文坛所惊叹。

1974 年，莫迪亚诺编剧、路易·马尔导演的电影《拉孔布·吕西安》获奥斯卡金像奖，更让他名满法兰西。1975 年，他的小说《凄凉的别墅》获书商奖，1978 年其小说《暗店街》获龚古尔文学奖。

20 世纪 80 年代后，莫迪亚诺创作了《青春狂想曲》（1981）、《往事如烟》（1985），还有《八月的星期天》（1986）。如前面所述，这些作品摒弃了早期创作的主题"寻觅自我"，像《八月的星期天》那样，莫迪亚诺用记忆艺术引出最不可把握的人类命运的宏大主题。20 世纪 90 年代，他依然关注人类现实，创作了《结婚旅行》（1990），写的是一个游客在意大利米兰的酒店里，突然得知他认识的一个女人两天前在这里自杀，于是回巴黎开始去调查的"悬疑"式故事。而其续篇《杜拉·布鲁德》叙述者"我"，把市政厅不愿意给他查阅杜拉档案的工作人员称为"失忆"的保安员。"失忆"成了莫迪亚诺小说的主题。接下来，他创作了《来自遗忘的深处》（1996）和《陌生的人们》（1999）。

法国文学界为褒奖莫迪亚诺的文学创作成就，分别在 1984 年颁给他彼埃尔·摩纳哥基金会奖，在 1996 年授给他法国国家文学大奖。2010 年，法兰西学会颁发了奇诺·德尔杜卡世界奖，以表彰莫迪亚诺文学创作的终身成就。

除了写小说，偶尔参与电影剧本创作，莫迪亚诺还创作了多部童话，如《戴眼镜的小姑娘》。

瑞典文学院认为莫迪亚诺的作品"唤起了对最不可捉摸的人类命运的记忆",所以将这届诺贝尔文学奖的桂冠戴在莫迪亚诺头上。但是,诚如莫迪亚诺自己所说:

　　然而,这也是小说家不可能完成的使命,面对失忆症留下的巨大空白,要让褪去颜色的词语重现——这些词语就像漂浮在海面上的冰山。

第一百零六届（2013年）

艾丽丝·门罗

获 奖 者：艾丽丝·门罗（Alice Ann Munro，1931— ），加拿大女作家。

获奖理由：当代短篇小说的大师。

获奖作品：《逃离》（短篇小说集）。

2013年诺贝尔文学奖评选结果，顺应了文学界的诉求，修正了瑞典文学院的疏忽，在性别上，女性人数增加到十三位，严重的性别失衡得到某些匡正，从地域看，也照顾了欧洲、美国之外的地区，具有文化地理的公正性。总之，此次诺贝尔文学奖，有皆大欢喜的意味。

最高兴的，自然是她的祖国加拿大，门罗获诺贝尔文学奖的消息传出，加拿大第一大报多伦多的《环球邮报》，就用头版头条的新闻和两整版的专题，对门罗的"历史性的突破"进行了隆重的专题报道，欧美著名的评论家异口同声的赞扬，也出现在专题里。同时，蒙特利尔的报纸也以极高规格报道。加拿大广播公司（CEC）第一台用一小时采访了门罗。整个加拿大沉浸在喜悦中。

门罗是只写短篇小说的大家，几乎从未让读者和评论家失望过。她的全部作品由一百五十多篇小说组成的十四部短篇小说集构成。门罗短篇小说的精妙，在于她的创作几乎只专注女性，既擅长发现女性生活中的温暖明丽之色，又精于洞悉女性人生中的灰暗艰涩的光景。她笔触深入女性世界，要揭示人性的秘密而不是女性的隐私。她要捍卫的是人性的尊严，而不是女性的特权。关注女性，而超越性别，重在表现人性，这是门罗小说最具光彩的特质。

这届诺贝尔文学奖颁给了加拿大短篇小说高手艾丽丝·门罗。这是继遥远的1933年，瑞典文学院将诺奖颁给流亡法国的苏俄作家、短篇小说大师蒲宁之后，时隔八十年，再次颁给短篇小说作家。这应该是对短篇小说这一文学样式的充分肯定，也是对短篇小说作家的褒奖。短篇小说"几页中就容纳了一个生命的命运"（韦斯特拜利耶），中国视之为"借一斑而窥全豹"。它不是一幅画之一角，或是一个片段，它本身就是一幅画。鲁迅在《近代世界短篇小说集·小引》中说："在巍峨灿烂的巨大的纪念碑底的文学之旁，短篇小说也依然有着存在的充足权利。不但巨细高低，相依为命，也譬如身入大伽蓝中，但见全体非常宏丽，眩人眼睛，令观者心神飞月，而细看一雕栏一画础，虽细小，所得却更为分明，再以此推及全体，感受遂愈加切实。"此论极为透彻，足以纠正那些轻视短篇小说写作上的困难的人"率尔操觚"的缺点。

门罗在接受《纽约时报》访谈时说："一直希望我能写长篇小说。我认为，不写一部长篇小说，就没有人把你当真正的作家。"包括瑞典文学院，他们在选择作家时，主要看其长篇而抛绣球。很多评论家强调，门罗的短篇小说经常具有长篇小说的情感与文学深度，能给读者长篇一样的感受和冲击。对的，"门罗在每篇故事里，都加入了足够信息，但又不减少小说的张力。这些作品经常构建在人们的误解和幻觉上。她把明显和秘密的事物融合起来，使读者的注意力集中在生命的数不尽的变化形式上，她对每个生命中秘密都做出询问"（韦斯特拜利耶）。所以，门罗只创作短篇，没有长篇，依然可以成为"当代短篇小说的大师"，曾摘取过欧·亨利小说奖。门罗与俄国的契诃夫、美国的欧·亨利等世界短篇大师一样，共享"大师"之尊崇。

艾丽丝·门罗开创了诺贝尔文学奖有史以来非常独特的一次"获奖演说"，因门罗年事已高，且患心脏病，不能到斯德哥尔摩领奖和发表演说，而是由女儿燕妮·门罗，携录有门罗专访的录音带，到诺贝尔演讲厅内播放。专访的录音带中，别出心裁地插入了瑞典女演员帕妮拉·奥古斯朗诵的门罗的短篇小说《信件》。门罗也朗诵了短篇小说《带走》的片段。

在专访中，记者问她："你是否曾经想过你自己会得诺贝尔文学奖呢？"

门罗说："没有，没有！我是一个女人啊！不过我知道，有过女人得过了。我喜欢这个荣誉，我喜欢它，但是我没有那么想过，因为大多数作家可能会低估他们的作品，特别是作品完成之后，你不会到处去对朋友说，我可能得诺贝尔文学奖。"

门罗是个率真、谦和和真性情的小说大师。

《逃离》讲述了相互关联的八个女人逃离生活的故事。二十一岁的已获古典文学硕士学位的朱丽叶，是位拉丁语女教师，喜欢阅读，踏实工作，正在写博士论文。但她的禀性冷漠、重复、漫不经心，不易合群。她的理想似乎并非要成为一名女学者。心中一直纠结于婚姻，如果结婚，那以前十年寒窗所学岂不浪费，倘若不婚，自己会变得孤僻高傲。心情矛盾着，便和只见过一面的导师的外甥有了床笫之欢，后又投到火车上邂逅的渔夫的怀抱。这种逃离并没有给她带来解脱和满足。其实朱丽叶的逃离，不是厌倦这种生活，而是不满意自己的现状，于是企图回到原始状态的生活，摆脱当下的文明生活。

几十年逃离之后，朱丽叶的同居男友在海上遇难，并以当地原始习俗火化入葬。她回到原来生活工作的"文明"世界，重新捧起书本，继续完成那篇未完成的博士论文。

在《匆匆》《沉寂》中，朱丽叶走到另一故事里，其父逃离城市生活，在乡下做农夫。朱丽叶的女儿也弃她而去，到异地过着富足安逸的生活。

《逃离》中八个女性的逃离故事，风格气韵极为统一，人物的生活背景、情感、命运也类似。但，与福克纳类似的长篇并不相同，门罗的每个短小的故事"容纳了一个生命的命运"，每个故事都是一个完整的短篇小说，而福克纳将几个故事连缀起来，才完成一个或几个生命的命运。

门罗的短篇小说世界，其实是我们都熟悉的世界，读她的短篇小说，我们仿佛得到身心的沐浴，洗掉自身的污垢。

艾丽丝·门罗，于1931年7月10日出生在加拿大安大略省的一个小镇，父亲是一个农场主，以饲养家禽为业，母亲是教师。家境还算殷实，并不显贵。门罗的小说，几乎都围绕着这个小镇书写。

门罗从小喜欢读书，上学的路上"我一般来说就都在编故事"。中学毕业后，十八岁的门罗进西安大略大学读新闻与英语。在校读书期间，她当过餐厅服务员、烟草采摘工、图书馆管理员等，在大学时发表第一篇故事《影子的维度》。

第二年，门罗因结婚而中断学业，与丈夫定居在不列颠哥伦比亚省的维多利亚，生下三个女儿，老二生下来不久夭折。夫妻二人还在 1963 年开过门罗图书公司。

只读过两年大学，门罗应该是当代西方女性严肃文学作家中受教育程度最低的一位，值得注意的是，这位迷恋田园生活的草根女作家，其作品却具有一种高雅的气质、深沉的美感和迷人的智慧，将短篇小说变成一门高超的艺术。

1968 年，艾丽丝·门罗的第一部短篇小说集《快乐影子之舞》甫一出版，即受到文坛赞誉，让这位一直默默无闻的人一举成名，并赢得当年加拿大最高文学奖——加拿大总督奖。接着于 1971 年，她又出版了短篇小说集《女孩和女人的生活》，讲述的故事与《快乐影子之舞》相互关联，又各具特色。

1972 年，门罗的婚姻破裂，她带着女儿回到安大略，成为西安大略大学驻校作家。四年后，门罗又与一位地理学家结婚，那年她四十五岁。婚后夫妻移居安大略省克林顿镇外的一个农村，重获田园生活。门罗相夫教子，伏案写作。

1978 年，门罗又一短篇小说集《你认为你是谁》出版，第二次获加拿大总督奖。

1979 年至 1982 年，门罗先后到澳大利亚、中国、斯堪的纳维亚半岛游历。1980 年，她同时成为不列颠哥伦比亚大学与昆士兰大学的驻校作家。

门罗后来又出版了《爱神之舟》（1982）、《仇恨、友情、礼貌、爱情、婚姻》（2001）、《逃离》（2004）、《城堡岩石观景》（2006）和《幸福过度》（2009）等短篇小说集。其中的《城堡岩石观景》获加拿大吉勒文学奖，并入选《纽约时报》年度图书。门罗在获诺奖前，于 2012 年出版短篇小说集《亲爱的生活》。

爱丽丝·门罗一生平淡无奇。有人说让门罗不平凡的其实就是她的平凡。是的，门罗就是以平凡的学历、平凡的人生、平凡的写作，写平凡人的故事，使她的短篇小说达到了不平凡的高度，她也成为"当代短篇小说的大师"。

门罗主要因短篇小说而得名。门罗的小说艺术因精美清晰和具有心理现实主义、写实主义风格而受到称赞……她的文本经常以日常生活描写为特色，但也是决定性的事件，有一种顿悟，能够照亮周围的故事，让存在的问题在闪光中呈现。

——摘自瑞典文学院网站

第一百零五届（2012年）

莫言

获 奖 者：莫言（1955—　），中国作家。

获奖理由：将魔幻现实主义与民间故事、历史与当代社会融合一体。

获奖作品：《丰乳肥臀》（小说）。

自本届诺贝尔文学奖颁给中国作家莫言，海内外至今仍议论纷纷，特别是在中国，看法不同，褒贬对立。除有些议论纯属政治和道德游戏，有不同看法，本属正常。但不可回避的是在热闹的议论中，莫言研究已成为当下的显学。

2013年12月8日，在北京举行的"莫言：全球视野与本土经验"学术研讨会上，学者纷纷充分肯定了莫言的文学成就。张炯总述了莫言创作的三个向度：一是世界文化的视野；二是中国近现代及当代的历史变革；三是民族文化精神及民族文学艺术。对莫言鲜活饱满的艺术感觉和艺术想象，给予了高度赞扬。并提出在多学科、多方法的交叉透视下，莫言的文学道路与文学经验还应在更广阔的世界文学的比较中，去深入认识。白烨对莫言独特艺术风格的形成以及莫言的创作经验进行了解析，并盛赞了莫言小说的人性深度和持续反思精神、历史与个人的互动关系、感觉的丰沛性、语言的粗粝性与形式相得益彰，立足本土而超越本土的普世价值与格局。陈晓明认为，莫言是在20世纪80年代现代派、拉美魔幻现实主义与本土性三者关系紧张的情况下，找到了属于自己的道路。樊星将莫言小说中所表现的中国农民的酒神精神与新文学以来的国民性主题联系起来，认为莫言小说（《红高粱》）弘扬了中华民族刻苦耐劳、酷爱自由、富于革命的精神，在这一点上，莫言的贡献是无可取代的。季红真认为，莫言小说创作虽受西方和拉美文学的影响，但其叙述方式仍然主要是由中国叙事文学的传统滋养出来的。正是中国叙事文学传统，决定了莫言小说居于整体美学风格中心的宗教信仰和宗教情怀。李掖平指出，莫言虽然讲的是中国的乡土故事，但他在民间乡土文化的熏陶和现代意识影响下，形成了一种独立、自由的个性化精神，同时也具有一般意义上现代性精神的光辉和神采（详情可见《"莫言：全球视野与本土经验"学术研讨会综述》）。

　　莫言的大哥管谟贤曾说：莫言获得诺贝尔文学奖，并不说明莫言是中国最好的作家。文学不是体育，孰是最好，实难断定。但正像学者包明德所说，莫言获诺贝尔文学奖，总是好事。莫言靠自己文学作品的主体精神、文学的尊严和文学的品格，走向了世界，助推了文学自由、审美、强壮的品格张扬。在中国当代文学从窒闷、压抑中走出来的历程中，莫言是当代文学创作走向成熟的标志性代表。他的获奖提振了中国文学的自信，提升了文学的热情、阅读的热情，有利于营造更温润的土壤、更宽松的氛围，实现了国人的百年梦想。文化学者张颐武将莫言的文学作品视为"中国制造"，表现出纯文学作为全球高雅文学产品的一部分，已不再是政治性的，这是当代文学里天翻地覆的变化。中国的新文学，已成为全球文化生产的主要部分。莫言成功地将本土经验与现代派技法融合，证明西方现代主义在中国的真正本土化已经完成。中国现代主义（文学）现在登堂入室，已成为全球现代主义不可或缺的一部分。

　　瑞典文学院看中莫言，是因为他的小说包含着容易为世界所接受的关乎人类共同命题的内容及人类性所包含的理想与民间意义，诚如瑞典文学院给莫言的颁奖词：

　　　　将魔幻现实主义与民间故事、历史与当代社会融合一体。

　　瑞典文学院院士、诺贝尔文学奖评委会现任主席韦斯特拜利耶，在为莫言颁奖的典礼上，这样介绍莫言：

> 莫言是一个诗人，一个能撕下那些典型人物宣传广告，而把一个单独生命体从无名的人群中提升起来的诗人。他能用讥笑和嘲讽来抨击历史及其弄虚作假，也鞭笞社会的不幸和政治的虚伪。他用嬉笑怒骂的笔调，讲说不加掩饰的声色犬马，揭示人类本质中最黑暗的种种侧面，好像有意无意，找到的图像却有强烈的象征力量。

诺贝尔文学奖终审评委马悦然点评莫言说："莫言非常会讲故事，太会讲故事了。我喜欢莫言，就是因为他非常会讲故事。"

由此可见，瑞典文学院有自己的独特眼光，读出了莫言小说的精彩、意义和价值。而那些平时不读书或没读懂莫言的人，说些怪话，没什么奇怪，但单纯从意识形态或个人好恶不郑重地写文章批评其小说的弊端，不严肃地、不讲道理来咒骂嘲弄莫言的作品，就实在无趣了。

其实，莫言的作品早就被世界文坛关注，其作品被多种语言翻译，被世界阅读，其独特的审美价值在世界已产生影响。如1994年诺贝尔文学奖得主，日本的大江健三郎，2002年专程到中国采访过莫言后表示："如果继我之后还有亚洲作家获得诺贝尔文学奖的话，我看好莫言。"

十年后，大江健三郎的预言变成事实。

莫言的哥哥管谟贤虽不是小说家和评论家，却深谙莫言的小说，他认为莫言的长篇小说创作质量，不如中、短篇小说，城市题材小说又不如农村题材小说，真是切中肯綮，一针见血。而瑞典文学院，似更注重莫言的长篇，比如韦斯特拜利耶称《丰乳肥臀》是"莫言最奇特的长篇小说"。下面简介《丰乳肥臀》的故事。

丰乳肥臀的上官鲁氏，生养哺育了八个闺女：老大、老二是鲁氏与她亲姑父的私生女；老三是鲁氏与卖鸭的外乡人的私生女；老四是鲁氏与江湖郎中的私生女；老五、老六、老七、老八，分别是与光棍汉、和尚、败兵强奸、瑞典洋牧师的私生女。

在生下八个女儿之后，鲁氏终于与瑞典洋牧师生下男婴金童。

鲁氏的私生女儿，命运各不相同。老大原许配沙月亮，在新中国成立后，被迫嫁给残疾军人，受尽性虐待，后与鸟儿韩相爱而被处决；老二嫁给抗日别动队司令，中弹身亡；老三嫁人后神经错乱，在悬崖练习飞翔坠入深谷摔死；老四为救全家，沦落风尘，当了妓女，在"文化大革命"中被残酷批斗，全身伤口溃烂而死；老五嫁给爆破大队政委，在"文化大革命"中自尽；老六嫁给美国飞行员，婚后次日被俘，后与丈夫同归于尽；老七被卖给白俄女人，在反右运动中暴食而亡；老八为盲女，大饥馑时期，不愿拖累母亲，投河自尽。

中外混血"杂种"金童在姐姐们付出巨大的牺牲下，在母亲的溺爱中，窝囊地苟活着，三十岁时因杀人奸尸，被判十五年徒刑。出狱后，极孝顺的金童疯癫地与鲁氏的几个外孙，不死不活地陪母亲鲁氏走完最后一程，并亲手将母亲掩埋，入土为安。但不久，政府来人逼金童将母亲挖出来。被逼无奈，他背着从土里挖出的老母尸体，跳入沼泽里……

这是一部讴歌勇敢强悍，生命力旺盛，养育了儿女，承载了人生苦难，无私隐忍的伟大母亲的史诗性作品。小说通过丰乳肥臀的上官鲁氏子女构成的庞大家族的不同命运及其与各种社会势力的纠缠，既展示了人性的美丽与丑恶、女性的朴素与屈辱、时代对人的异化，又呈现了20世纪从抗日战争一直到改革开放以后宏阔的历史画卷。

小说的基本审美范畴是塑造人物，即所谓"除了细节的真实之外，再现典型环境中的典型性格"。莫言一直遵循"把好人当坏人写，把坏人当好人写，把自己当罪人写"这一基本创作观念，所以《丰乳肥臀》才呈现了一批性格鲜活的人物群体。

莫言"把人当作人来写"，实际上是秉承了文学是人学，是人道主义的基本命题。"意味着他超越性的观念，引导着他的文学创作的基本原则，站在超阶级、超政治、超善恶的立场，站在全人类的立场，把人作为自己描写的终极性的目的。"（王达敏《〈蛙〉的忏悔意识与伦理悖论》）《丰乳肥臀》里的上官鲁氏，她不断地生育，孩子来自不同的父亲，因为丈夫没有生育能力，作为女性的上官鲁氏，她要获得起码的做人的权利、做女人的尊严，冲破民间伦理的道德原则，忍辱负重与各种男人苟合。可以说，莫言的人道主义这一基本命题贯穿了《丰乳肥臀》。

老哥汪曾祺认为："莫言的长篇小说《丰乳肥臀》是一部严肃的、诚挚的、富有象征意义的作品，对中国的百年历史具有很高的概括性。这是莫言小说的突破，也是对中国当代文学的一次突破。"

瑞典文学院的韦斯特拜利耶，从另一角度评价《丰乳肥臀》：

"在莫言最奇特的长篇小说《丰乳肥臀》中，妇女视角控制全局，而他用尖锐讽刺的细节，描绘了中国 20 世纪 60 年代前后的'大跃进'及大饥荒。这里嘲笑了那种革命的伪科学，用兔子的精子给绵羊做人工授精，而怀疑这种做法的就成了右派，发配流放……

"在莫言作品里，栩栩如生地，一个消失了的农民世界在我们的眼前升起展开，你能感觉到它的鲜活味道，即使是最腥臭的气息，虽然残酷无情让你惊骇，但是两边又排列着快乐的牺牲品……你感到整个人类的生活都能在他笔尖下呈现。"

《丰乳肥臀》的故事情景华丽炫目，细节引人入胜，意象绚烂，想象奇特，语言饱满澎湃，诚如美国《出版者周刊》对《丰乳肥臀》的赞誉："莫言的这部小说是一次感官的盛宴。"

莫言也钟爱这部小说，他曾说过："你可以不看我所有的小说，但你如果要了解我，应该看我的《丰乳肥臀》。"

已经成为显学的莫言研究，在争论不休、褒贬对立的当下，如何拓展莫言研究的学术空间，少些政治攻讦，营造一种和谐的学术研究氛围，似乎很有必要。

莫言，本名管谟业，1955 年 2 月 17 日出生在山东高密东北乡一个农民家庭，其成分是富裕中农。小学五年级时，他因"文化大革命"爆发而辍学，后在农村劳动十年。家中贫困，他却喜欢读书，古今中外，有书即读，手中无书时就看《新华字典》，孤独和饥饿成为其童年最深刻的记忆。

高密东北乡包容着中国的传说和历史，其传统文化以民间故事形态广为流传。这块土地人杰地灵，民族的尚武精神、血性和野性，流荡在乡人血脉之中，深深影响了从这里走出去的作家莫言的文学创作。

1976年，莫言参加中国人民解放军，历任班长、保密员、图务管理员、教员等职。其间，有条件阅读大量文学书籍，所管一千多册各类图书，无不细读。其中有不少哲学和历史书，像黑格尔的《逻辑学》、马克思的《资本论》，皆认真研读。

1979年，莫言与同乡杜勤兰结婚，感情笃深。1981年，莫言双喜临门，一喜短篇小说处女作《春夜雨霏霏》在保定《莲池》杂态上发表，另一喜是爱情的结晶女儿管笑笑出生。

1982年，莫言的短篇小说《丑兵》《为了孩子》先后发表在《莲池》杂志上。同年又有喜事光顾，莫言被提为正排级干部。次年，莫言调往延庆总参三部五局宣传科，任理论干部。

1984年秋，著名军旅作家、长篇小说《我们播种爱情》的作者徐怀中，因欣赏莫言的小说《民间音乐》，破格给他参加考试的机会，让莫言顺利考入自己任主任的解放军艺术学院文学系。这年春天，莫言的短篇小说《岛上的风》《雨中的河》相继在河北的大型文学期刊《长城》上发表。

真正让莫言在文坛崭露头角的中篇小说《透明的红萝卜》，于1985年春发表在《中国作家》杂志上。甫一发表，反响强烈，《中国作家》专门在新侨饭店举行作品研讨会，京城著名作家、评论家出席并热烈发言，充分肯定这篇莫言写自己童年寂寞、荒凉、无人理睬的痛苦经历的小说。笔者也受邀参加该会，印象颇为深刻。

1986年，在文坛小有名气的莫言，从解放军艺术学院文学系毕业。同年，《人民文学》杂志发表了莫言的中篇小说《红高粱》，在文坛引起轰动。后来，莫言又写了与《红高粱》有共同背景、氛围和连续性的几个中篇，1987年，汇集成《红高粱家族》，由解放军文艺出版社出版，极为畅销。该系列小说中，"莫言把寻找民族的文化之根的历史沉思改变为生命强力的自由发泄，历史、自然与人性被一种野性的生活状态胶合在一起"（《中华文学通史》），有一股原始野性的生命强力流荡于其中，既具有家族史的意味，又富有中国小说很少见的审父意识。《红高粱》中，"我爷爷"余占鳌，十六岁杀死与母亲通奸的和尚，流浪后成为土匪，民族危难时刻，他由土匪转向抗日英雄。作者赋野性品格以正面意义，显示出原始生命力和爱国血性才是中华民族最强悍的力量，才是中华民族的生命之根。作品颠覆了鲁迅阿 Q 的所谓"国民性"。

1987 年，莫言的中篇小说《欢乐》发表在《人民文学》。次年，他又出版长篇小说《天堂蒜薹之歌》。美国著名汉学家葛浩文读后，极为震惊，开始翻译莫言小说，将其作品推向世界。

1988 年秋，莫言参加中国作协委托北京师范大学办的研究生班，其间发表讽刺长篇小说《酒国》。1989 年，其小说《白狗秋千架》获台湾《联合报》小说奖。1991 年，莫言从北师大鲁院创作研究生班毕业，获文学硕士学位。

这之后几年，莫言英译本小说集《爆炸》在美国出版，引起热烈反响，《纽约时报》评论道："通过《红高粱》这部小说，莫言把高密东北乡安放在世界文学的版图上。"几年后，莫言的短篇小说集《师傅越来越幽默》又在美国出版，《时代周刊》惊呼："莫言是诺贝尔文学奖的遗珠。"

1995 年，莫言的长篇小说《丰乳肥臀》出版。同年秋，《莫言文集》在作家出版社出版，是年冬，该小说获《大家》杂志首届"大家·红河文学奖"，奖金十万元。

2005 年，莫言发表于 2001 年的长篇小说《檀香刑》全票入围茅盾文学奖初选，但最终遭淘汰。《檀香刑》以德国强行修建胶济铁路，遭到当地农民拼死抵抗为背景，展示中国人民轰轰烈烈的反抗殖民主义霸权的斗争图景。小说在张扬民间英雄勃勃的生命力与行侠仗义、不畏生死的英雄气概的同时，还通过孙丙这一人物，深刻地反映了 19 世纪末 20 世纪初中国社会尖锐的社会矛盾、东西方文化历史的纠结和冲突，以及人性的矛盾复杂、人类灵魂渴望永生的追求，具有超时代、超国界的艺术魅力（武汉大学李晓燕语）。同年，《檀香刑》获意大利尼诺国际文学奖。其评委会赞曰："语言激情澎湃，具有无限丰富的想象空间。"

2011 年，莫言的长篇小说《蛙》获茅盾文学奖。《蛙》是写忏悔的小说。小说的主人公姑姑（据莫言说是其姑姑），是一个根正苗红的贫下中农，经历不凡，医术高超，妙手回春，乃高密东北乡的神医，但在计划生育的国策中，却扮演了夺去两千八百个婴儿性命的"恶魔"。姑姑进入桑榆之年，在良心的感召和梦魇的惊恐之中，经常忏悔，以求自我精神的救赎。

姑姑由神医变成恶魔的跌宕起伏的人生，站在"革命"主场，又被"革命"扭曲人性，善恶集于一身，携带了大量的历史信息。她的忏悔既是天良发现，人性的觉醒，又是负罪赎罪而灵魂复活，与往昔告别的过程。其思想主要来自中国民间伦理中由神秘文化提供的因果报应伦理观念、善的人性力量。可惜的是，《蛙》中姑姑的忏悔，更多的是受人性善和现实伦理引导，缺乏人性新生和灵魂复活的精神力量，这是否与中国的哲学、文学的人道主义先天不足有关？

莫言已创作了十部长篇小说，一百多部中短篇小说，共计五百多万字。作品涉及各种社会形态，塑造了形态各异的众多鲜活人物形象，借此冷静地思考人性、兽性与奴性的关系，拷问故乡土地、拷问自己的灵魂。如同莫言自己所说，认识人类之恶、自我之丑，认识不可克服的弱点和病态各异的悲惨命运，这才构成他要追求的真正的悲悯，对人性解剖后的深厚悲悯，这才是伟大小说要接近的伟大目标。

莫言的表述，与诺贝尔文学奖评委会现任主席韦斯特拜利耶在给莫言颁奖的典礼上的致辞，大相径庭：莫言"他向我们展示一个没有真理，没有理性和没有同情的世界，也是一个人类失去理智、孤立无援和荒诞不经的世界"。

仅仅是因为眼光不同，可以得出不同结论，做出不同的解释吗？笔者大为不解，不得不问。

莫言一直被人误读。著名诗人、杂文家邵燕祥感慨地说，"莫言因一个长篇书名'丰乳肥臀'而遭围攻，竟有同行上书建议开除其军籍"（《北京晚报》2018年5月24日）。

列宁曾写过《一本很有才气的书》一文，给我们以深刻的启示。

一个反对十月革命的白卫军，写了一本小说集《插在革命背上的十二把刀子》。列宁看完这本对十月革命及布尔什维克充满仇恨，"愤恨得几乎要发疯的白卫分子"的小说集后，写了这篇评论。他肯定这是"很有才气的书"。他说，这本书对革命怀有"切齿的仇恨","有的地方写得非常糟",但"有的地方写得非常好","精彩到惊人的程度","真是妙透了","极有才气"。

列宁从他认为极反动的书里，发现"亲身经历过、思考过和感受过"的生活真实，采取了科学的分析态度，采用了历史的、美学的方法，他是正确的，应受到尊重。

我们很需要列宁这样的胸怀和文化自信，至少，我们要对非"白卫分子"的爱国作家和他们的文学作品，比如对莫言和他的作品，最起码不要求全责备，而要高抬贵手。

第一百零四届（2011 年）

托马斯·特朗斯特罗姆

获 奖 者：托马斯·特朗斯特罗姆（Tomas Gösta Tranströmer，1931—2015），瑞典诗人。

获奖理由：他用凝练、透彻的意象，为我们提供了通向现实的新途径。

获奖作品：《穿越森林》（诗）。

这届诺贝尔文学奖宣布授予瑞典八十岁高龄的诗人托马斯·特朗斯特罗姆，没有多少人感到意外，尤其在瑞典，托马斯已家喻户晓。托马斯的文学成就主要是诗歌，他却只是一个业余诗人，并不靠写诗为职业谋生。他在大学主修心理学，毕业后当过青少年管教所的心理医生，后又任政府劳工管理部门的心理学专家。他的职业对他写诗很有影响。如果说心理学从医学视角透视人的心灵世界，那么他的诗歌，即用语言创造图像，将读者引进一个审美的意境，打动人们的心灵。

在瑞典，不同年龄、不同阶层的人都喜读托马斯的诗。与托马斯同拜一师学诗艺的，后任诺贝尔文学奖评委会主席的埃斯普马克，在颁奖仪式上，这样评价托马斯，如果说托马斯的诗歌长处是图像，"我认为这只是一半真相。另一半真相是日常生活中的视野，是通透的人生体验，而那些意象是镶嵌于其中的"。埃斯普马克还说，拉马斯的诗"已经具有越来越大的开放性，已经从他的瑞典地理版图扩展到闪耀的螺旋星座纽约，到了人群熙熙攘攘的上海，他们的跑步让我们沉默的地球旋转。他的诗中并不少见世界政治的闪光。同时，谦逊的图像也更加清晰：'我毕业于遗忘的大学，而且两袖空空，像衣绳上的衬衣。'以这种轻松的权威性语气，特朗斯特罗姆道出了我们中许多人的心声。他在年轻时就说过，我们每个人'都是一扇半开的门，而通向属于人人的房间'。那是我们大家最后的归宿——这个房间容纳所有的瞬间，此刻也容纳了我们全体"。

托马斯的诗，在中国早有译本。2001年，中国出版了托马斯的全集。托马斯也受邀再次访问中国，到云南旅游。其间，中国的诗人众星捧月般围在七十岁的托马斯的周围，并把自己的诗集赠给老诗人。老人把这些诗集带回瑞典，四处请人翻译，意在将中国的诗歌推向世界。老人喜欢中国文化，欣赏中国书法，家里挂着朋友赠送的书法条幅。老人也喜饮中国白酒。中国客人拜访，多以茅台、五粮液相赠，后来与中国友人把酒言欢时，已靠轮椅活动的老诗人，还不忘熟练地弹奏钢琴助兴。

托马斯名满天下，却一直恶盈而好谦，下面的诗句，便让我们看到他个人生命的谦卑态度：

> 我有很低的岸，只要死亡上涨两分来，就能把我淹没。

托马斯的诗打动了瑞典文学院，其中以《穿越森林》品位最高：

> 一个名叫雅伯的沼泽，
> 是夏日时光的地窖。
> 那里光酸化为老年，
> 和带有贫民窟滋味的饮料。
>
> 虚弱的巨人抱在一起，
> 为了不使自己跌倒。
> 断折的白桦挺立着，

像一个腐烂的信条。

我走出森林的底部，
光在树干间出现。
雨飘向我的屋顶，
我是收集印象的檐沟。

森林边空气湿润——
哦，转过身去的大松树。
它把脸深深地埋进地里，
畅饮雨水的影子。

这是一首非常简洁的写景诗，全诗展开了一个极富想象的天空，以众多图像拼接组合成超现实的隐喻，成为内涵丰富的意象，将雅伯的沼泽变成盛夏时光的"地窖"，给读者带来无限的暇想和心灵的愉悦。这"地窖"道出了我们的心声，这"一扇半开的门里"，容纳了所有的瞬间，容纳了我们每个人，并成为我们共同的归宿。

托马斯的诗将读者引入一种审美的意境，如同一股清风，吹进瑞典乃至欧洲的诗坛。

托马斯·特朗斯特罗姆，于1931年4月15日生于斯德哥尔摩。父亲是记者，母亲是教师，其家算是书香门第。父母离异后，他随母亲生活。托马斯在斯德哥尔摩南拉丁学校读书时，这里就有一个青年文学团体。这个团体里聚着一群包括托马斯在内的文学青年。后来成为瑞典文学院诺贝尔文学奖评委会前主席的埃斯普马克，现任的主席韦斯特拜利耶，都曾是这个圈子里的文学青年。托马斯还师从图尔谢，学习写诗。这段经历，对托马斯成为诗人起到奠基作用。

中学毕业后，托马斯想成为自然科学家或考古学家，后还是到斯德哥尔摩大学修心理学。为谋生，他到少年罪犯管教所任心理医生，后又到政府劳工管理部门任心理学专家。

1954年，托马斯出版第一本诗集《诗十七首》。第一首诗的首句，便有独特的意象："醒来是第一次空中跳伞／摆脱那窒息人的涡流……"诗集甫一出版，轰动瑞典诗坛，使他一举成名，文学史家扬·斯坦奎斯特惊呼："一鸣惊人和绝无仅有！"

后来，心理医生、富有名气的诗人托马斯，有幸结识美国诗人罗伯特·勃莱，二人相互欣赏，互相翻译对方诗作，各将对方的诗收入自己的诗集。

1958年，托马斯出版诗集《途中的秘密》，1962年出版《半完成的天空》，1970年出版《看见黑暗》，1989年出版《为死者和生者》等十二部诗集。

1980年，托马斯曾罹患脑出血，一度语言功能受损，后有所恢复。

1996年，坐在轮椅上的六十五岁的托马斯，发表《悲伤吊篮》，其诗已炉火纯青，个性鲜明。他被誉为"欧洲诗坛最杰出的象征主义和超现实主义大诗人"。

除了写诗，托马斯还于1958年和1966年分别出版两部有关自己游历西班牙、巴尔干半岛、非洲和美国的书。

2015年，托马斯再度中风，逝世在他那位于龙马岛上的夏季别墅"蓝房子"里。瑞典最大的报纸《瑞典日报》以头条报道了这一令瑞典人悲痛的噩耗，标题是"一个人民热爱的诗人去世了"。

每当人们去"蓝房子"吊祭诗人托马斯，总会想起他的诗《某人死后》中的诗句："……但是感觉影子比身体更加真实。"

仿佛，老人还在小口咂着中国的茅台或五粮液，微笑着，眯着眼凝望大厅悬挂的中国的书法……

第一百零三届（2010 年）

马里奥·巴尔加斯·略萨

获 奖 者：马里奥·巴尔加斯·略萨（Mario Vargas Llosa，1936—　），拥有秘鲁与西班牙双重国籍的作家。

获奖理由：对权力结构进行了细致的描绘，对个人的抵抗、反抗和失败给予犀利的叙述。

获奖作品：《城市与狗》（小说）。

略萨是位对政治充满热情的作家。正如他声称："小说需要涉及政治，这是让小说变得尖锐而有力的重要武器之一。"略萨对政治的关心，绝不只限于写小说，他对政治的热衷由来已久。早在上大学时，他就参加过秘鲁共产党组织的共产主义学习小组，学习马克思、恩格斯、列宁等人的经典著作。为了掩护自己，略萨在秘鲁共产党内化名阿尔贝托。有趣的是，他写的《城市与狗》中的"诗人"，也叫阿尔贝托，印证了阿尔贝托就是略萨。参加过共产党的诺贝尔文学奖得主不少，像葡萄牙的萨拉马戈、德国的格拉斯、奥地利的耶利内克等，但以这样的身份声势浩大地参加总统竞选者，怕只有略萨。

在 20 世纪 80 年代初，秘鲁总统曾邀请那时名声已隆的略萨担任总理或驻英大使，略萨断然拒绝。并非略萨洁身自好，不愿入仕为官，而是其对权力有更高的觊觎。1987 年，略萨决心参政，回到秘鲁，组建"自由运动组织"，主张全面开放自由市场经济。1989 年，略萨高调和藤森谦角逐任期五年的总统宝位便是证明。天不从人愿，略萨以得票过少而名落孙山。有人说"竞选总统的事，应该是略萨人生中最昏头的一次冲动"，此言差矣，那是他主动参政的一次壮举。从大学时代就参加共产主义学习小组，直到壮年参加总统竞选，怎能说是"冲动"？一位有政治梦想的人，为实现梦想而奋斗，怎能以"昏头"讥笑之？

竞选总统落败，对略萨打击很大。事后，曾有中国年轻学者在拜访他时，提及此事，略萨不胜感慨地说："你很年轻，我受的打击比你多！"可见他对竞选失败一直耿耿于怀。

不应嘲讽略萨竞选总统本身，但说实话，受尼采哲学影响，他视一切闪光的东西为丑陋，否定崇高、神圣，连维也纳和巴黎都市的文化之美都不屑一顾，甚至将米兰·昆德拉、约翰·斯坦贝克这些文学大师贬得粪土不如。略萨从政的确让人浮想联翩。政治和权力上的奋斗，未能让略萨如愿当上总统，但文学成就让他登上文学的圣殿。

略萨参政虽未获得政治权力，但对权力斗争深有体会和研究，为他的小说创作提供了丰富的关于权力斗争的材料和生活场景。所以，瑞典文学院对他的作品有独到的评价："对权力结构进行了细致的描绘。"如对权力结构没有深刻的了解与参与，何来有"细致的描绘"？而略萨小说的真价值，瑞典文学院也看得清楚，即"对个人的抵抗、反抗和失败给予了犀利的叙述"。

1963年，二十七岁的略萨创作的第一部长篇小说《城市与狗》就是揭示在黑暗专制权力统治下，底层百姓艰难痛苦生活的真实社会图景。该小说是略萨根据自己少年时在军校的亲身经历写成，故事围绕着军校的军官和学生展开。"城市"喻秘鲁社会，"狗"暗指军校学员。

在军校，新生入校，要遭受非人的"洗礼"，然后他们结成"圈子"，相互依赖生存。过惯上流社会豪华生活的阿尔贝托，到军校必须与来自底层的学员混居在一个宿舍里。看上去学校管理严格有序，一派肃穆平和，但实际上是高年级欺辱低年级学员，学员们吃喝嫖赌，打架斗殴，考试作弊。阿尔贝托是一个不卑不亢，不欺负弱者，不参与各种堕落行为的理想主义者。

学员里卡多出身贫寒，为了改变命运来到军校，却遭受欺负，被人视为"奴隶"，他曾向阿尔贝托坦露心声，"不想永远在这种压抑的环境中生活"。阿尔贝托很同情他，并告诫他，要在这里生存，"必须像个男子汉，手里要有拳头，明白吗？要么你吃人，要么让人家吃掉"。

在考试前夕，军校发生试卷被偷的惊天动地的大事，于是军校展开调查，严禁学员离校外出。里卡多为了与校外女友幽会，告发了偷试卷者卡瓦，卡瓦被军校开除。

卡瓦的同伙"美洲豹"，开始疯狂报复里卡多，策划在实弹冲锋演练时，射杀了里卡多，里卡多的好友阿尔贝托，秉持正义，向军校检举了"美洲豹"。结果让阿尔贝托大失所望，校方忌惮"美洲豹"的势力，掩盖真相，欲以里卡多"自杀"了结此案。阿尔贝托坚持严惩"美洲豹"，不肯让步。军校阻挠他，逼迫他就范。受牵连的教员甘博亚中尉也因支持阿尔贝托而调离军校。就这样，原本真相清楚的杀人案，被军校掩盖过去。

学员毕业后，开始新的生活，具有讽刺意味的是，杀人犯"美洲豹"居然娶了"奴隶"里卡多的心上人，过上了逍遥自在的日子。

《城市与狗》出版之后，迅速受到国内外读者的欢迎，很快被译成二十多种文字，在世界风行。但发行不久，即受到秘鲁当局的注意，接着下令查禁、销毁。一所军校的广场居然焚烧了一千多本《城市与狗》，直到20世纪80年代，该书才被解禁。

略萨的小说，深受哲学家作家萨特的影响，将其"文学介入社会"的思想和萨特小说那种"允满自由气息和探求真理精神"，还有他的"存在主义"艺术手法，引入小说实践。正是略萨继承了萨特叙事策略，使得《城市与狗》的叙事变化多端。作者以第一人称视角叙述故事，将对话、独白、梦境融为一体，手法绰约多姿，令人眼花缭乱，美不胜收，因此获得"结构写实主义大师"的美誉。

略萨很傲慢，瞧不起一些大师，但他在获得诺贝尔文学奖的演说《献给阅读与虚构的礼赞》中，还是承认："有些作家给了我一些启发，一些作家让我获益良多……让我既对人性深藏的英雄的种子肃然起敬，又在人性的野蛮与凶残面前恐惧战栗。"

你可以不喜欢某些作家，但切莫鄙视他们的作品。

略萨，于 1936 年 3 月 28 日出生在秘鲁亚雷基帕市一个富裕的家庭。略萨出生前数月，父母即离异。他跟随母亲与外祖父一家，移居到玻利维亚的科恰邦巴，度过童年。外祖父拥有一片棉花种植园，略萨生活无忧无虑。

　　十年后，略萨又与母亲重返秘鲁，第一次看到生父。父母破镜重圆，全家到首府利马定居。十一岁时，略萨进天主教中学拉萨叶学校读书，十四岁时被父亲送进一座军事学校就读。他在军校完成舞台剧本《印加王的逃遁》，初显文学天赋，后从军校退学，到一国立中学完成中学学业。

　　1953 年，略萨入国立圣马尔科斯大学修文学和法律，同时供职两家报社。十九岁时，娶大他十岁的舅妈之妹胡丽娅为妻。

　　1957 年，略萨发表短篇小说《领袖》和《祖父》，陆续出版由六个短篇小说合成的集子。次年，他获圣马尔科斯大学语言学学位，并获奖学金，赴西班牙马德里大学深造。

　　1963 年，略萨根据少年在军校读书的经历，出版了第一部长篇小说《城市与狗》，让他声名大噪。1964 年，略萨与姨妈协议离婚，结束了这段婚姻，一年后略萨又迎娶了表妹，后育有两子一女。

　　1965 年，新婚的略萨出版了一部长篇小说《绿房子》，两年后获得首届拉丁美洲的罗慕洛·加列格斯国际小说奖。加西亚·马尔克斯是五年后以《百年孤独》获此奖。略萨双喜临门，风光无限。

　　1971 年，略萨因研究马尔克斯的论文《加西亚·马尔克斯：弑神者的历史》获西班牙马德里大学文学哲学博士学位。此文对马尔克斯获奖起到推荐作用。

　　1973 年，略萨出版长篇小说《潘达雷昂上尉与劳军女郎》，后改编成电影。四年后，他又出版长篇小说《胡丽娅姨妈与作家》。小说甫一出版，立刻引起社会轰动。略萨以他与姨妈的婚姻为题材，他和姨妈都成为小说主角，将他们日常生活的私密、琐事，事无巨细地和盘托出，毫无羞耻之心。这彻底把前妻激怒了，她以牙还牙地写了《作家与胡丽娅姨妈》一书，反唇相讥，揭其老底，令略萨也颜面扫地。姨妈出了恶气，略萨却气急之下，收回早先赠给她的《城市与狗》丰厚的版税，令姨妈损失惨重。

作家不严肃对待文学和人生，其影响会超越文学，使其陷入尴尬境地。略萨为此付出的代价是沉重的。他竞选总统的失败，与此绝对大有干系，选民怎能把票投给一个不着调的候选人呢？

从政之旅，太过坎坷，但他在文化界，却炙手可热。略萨从1977年始，先后到英国剑桥大学、伦敦大学，美国哥伦比亚大学、哈佛大学等执掌教鞭，各地的文学研究机构也请他讲学、研究。

1981年，略萨出版长篇小说《世界末日之战》，同年发表剧本《塔克纳小姐》，1982年创作喜剧《凯蒂与河马》，曾到各地演出。2004年，略萨在牛津大学执教，将部分讲义整理结集成论著《不可能的诱惑》出版。

2010年，略萨因1963年出版的《城市与狗》获得诺贝尔文学奖。让人叹惋的是，《城市与狗》之后，这么多年，略萨没有拿出更好的作品。

第一百零二届（2009 年）

赫塔·米勒

获 奖 者：赫塔·米勒（Herta Müller，1953—   ），罗马尼亚裔德国女
作家。

获奖理由：以诗歌的凝练和散文的率真，描写了一无所有、无所寄托者的
境况。

获奖作品：《呼吸秋千》（小说）。

不管瑞典文学院怎样表示，诺贝尔文学奖只关注文学意义，但是文学的意义经常超越文学本身，而具有文化的、社会的甚至政治意义。诺贝尔文学奖岂能漂白其文化政治意义。这一届诺贝尔文学奖花落赫塔·米勒，就具有不寻常的意义。就在这年诺奖颁发一个月后，欧洲各大城市都举办了纪念柏林墙推倒二十周年活动。二十年前，1989 年，苏联及东欧社会主义国家解体，阻隔东西德政治制度的柏林墙应声倒塌。这是世界历史发生的重大变化。米勒曾经的祖国罗马尼亚的领导人齐奥塞斯库夫妇丧生民众枪下。米勒是 1987 年与丈夫逃离罗马尼亚，流亡到西德，并获德国国籍的。

不前不后，瑞典文学院偏偏在这个对西方具有时代意义和纪念意义的历史节点，将诺贝尔文学奖的桂冠抛给拒绝遗忘，一辈子都"回忆我那些在齐奥塞斯库政权下被杀害的罗马尼亚朋友，把他们写入记忆是我的责任"（米勒语）的叛逃者米勒，难道仅仅是个巧合？

2009 年，那个早就背叛了马克思主义的庞大政治集团垮塌之后，米勒没有像苏联作家索尔仁尼琴那样，经受种种迫害，然后被驱逐出境的苦难。但是有一点是相同的，他们都是因为作品中张扬人道主义精神而获得了诺贝尔文学奖。

公正地讲，瑞典文学院看中帕斯捷尔纳克（《日瓦戈医生》）、索尔仁尼琴（《古拉格群岛》），又相中米勒，与他们拒绝遗忘有极大关系。他们的作品成为读者了解那个时代、那段历史的形象资料，比如米勒的长篇小说《呼吸秋千》。

《呼吸秋千》是具有纪实性的"一次惊心动魄的记忆之旅"。小说以德国诗人奥斯卡·帕斯提奥的命运为模型，结合母亲的流亡经历，呈现了一群德裔罗马尼亚人被流放到苏联的悲惨命运的图景。

1945年夏，第二次世界大战结束。原本无忧无虑的十七岁德裔青年雷奥，正享受同性恋的肉欲欢愉，却在一夜之间与战败的德国一起跌入被逮捕、追杀的恐惧之中。他与八万罗马尼亚德籍公民，被押送到苏联的劳动营。对此，雷奥反而视为一次解脱，轻松上路。

然而，令雷奥始料不及的是，此后整整五年，他一直在没有希望，没有爱，也没有尊严，极度孤独、疲惫、恐惧、饥饿的劳动营里苦度时光。

更让雷奥没想到的是，他好不容易熬过苦役生活，回到家中，却发现那里已没有自己的位置。家人把他当成耻辱，无情冷漠地疏远他，国家、社会更把他视为囚徒而歧视、仇恨他，雷奥就这样孤独地生存着。

有不少人把《呼吸秋千》视为充满政治色彩的小说，而忽略了米勒在小说中，对那些劳动营中的各色人等丰盈而复杂的人性的探索和呈现。小说塑造了这些人物的美丑灵魂和揭示出众生相的命运，并利用"呼吸秋千""饥饿天使"等大量象征和隐喻，"描写了一无所有、无所寄托者的境况"（诺奖颁奖词）。抑或说，正是米勒"以诗歌的凝练和散文的率真"，描绘出人类价值悲剧性地在劳动营中毁灭，引起人们对人性的同情和悲悯。

纵观米勒的小说创作，她不擅长那种追求宏大的历史叙述，也不追求英雄传奇，更不想模仿后现代主义和魔幻想象。其小说中的主人公，多是社会中的芸芸众生。她写的是这些小人物的日常生活，写的是一群"被出卖者""被剥夺者""无家可归者"。我们常在卡夫卡、陀思妥耶夫斯基的作品中见到那些倒霉的小人物。米勒的这种继承是很明显的，她小说中的近现代批判现实主义似乎更浓郁，对人性的肯定也更坚定。很明显，米勒试图用自己的创作，为那些小人物建造自己的家园。

赫塔·米勒，于1953年8月17日出生在罗马尼亚蒂米什县尼特基多夫小镇一个农民的家庭。其父母是那里讲德语的少数民族。其父在希特勒执政时，加入纳粹党卫军，第二次世界大战时为其效力。战争以德国失败告终，苏军占领罗马尼亚后，大量罗马尼亚讲德语的人被流放到苏联。米勒的母亲就被流放到当今乌克兰境内的劳动集中营，劳动了五年，才重返故园。

1973年，二十岁的米勒到蒂米什瓦拉一所大学学习罗马尼亚和德国文学。读书期间，米勒加入了一个讲德语的，由青年作家组织的巴纳特行动小组，秘密反对罗马尼亚领导人齐奥塞斯库的统治。

大学毕业后，米勒到一家工厂当翻译，还当过幼儿园老师，因拒绝和秘密警察合作而失业。1982年，米勒出版了第一部短篇小说集《低地》，反映的是罗马尼亚一个讲德语的村庄的艰难生活。小说出版不久，即被当局审查。两年后，《低地》在西德发表，竟受到德国读者的热烈欢迎。这之后，米勒用罗马尼亚语写了《深重的探戈》一书。鉴于米勒的作品对当局多有批评，常受警察骚扰。她宣布退出罗马尼亚作家协会后，于1987年离开罗马尼亚，移民到西德。

到德国之后，米勒潜心创作，迄今已出版二十二部作品：《心兽》《今天我不愿面对自己》《狐狸那时已是猎人》《呼吸秋千》《人是世上的大野鸡》《低地》《一颗热土豆是一张温暖的床》《镜中恶魔》《国王鞠躬，国王杀人》《托着摩卡杯的苍白男人》等。

作为一个严肃的作家，米勒的作品一直受到全世界读者的持久关注。世界文学界也给过她太多的赞誉，让她获得克莱斯特奖、卡夫卡奖、欧盟文学奖及在世界文学界素有影响的都柏林文学奖。

因其名声，她常受邀参加世界性文学活动。2008年，米勒受邀到瑞典哥德堡书展上发表演说，瑞典文学院一众知名院士皆前往聆听。

果然，次年，米勒荣获诺贝尔文学奖。

第一百零一届（2008 年）

勒·克莱齐奥

获 奖 者：勒·克莱齐奥（Jean-Marie Gustave Le Clézio, 1940—　），法国和毛里求斯双重国籍作家。

获奖理由：新起点、诗歌冒险和感官迷幻类文学的作家，是在现代文明之外对于人性的探索者。

获奖作品：《战争》（小说）。

这不是纯粹的巧合：美国 2007 年有一期《时代》杂志封面，醒目地印着"法国文化的死亡"，但转年，法国、毛里求斯双重国籍作家勒·克莱齐奥就偏偏摘下诺贝尔文学奖桂冠。傲慢的美国人不服，《华盛顿邮报》的编辑约翰森发文说："勒·克莱齐奥在我们这里默默无闻，我从来没有读过他的东西，也不知道他对世界文学有什么意义。"而瑞典文学院院士、评委会五评委之一弗罗斯腾松，"从二十岁开始就喜欢读勒·克莱齐奥的作品"，而且其博士论文也要写他。受其推荐，恩格道尔也多年关注克莱齐奥。有了他们的力挺，再加上学院元老院士埃斯普马克也勉力提携，认定克莱齐奥"是在现代文明之外对于人性的探索者"，其获奖似顺理成章。

瑞典文学院将诺贝尔文学奖颁给勒·克莱齐奥，是否是对《时代》杂志之"法国文化的死亡"的回敬，不得而知，但极有讽刺味道。

得到克莱齐奥获奖的消息后，世界文坛并无太大争议，法国一片欢腾，总统和文化部长立即发公告，发贺信。世人认为此届诺奖皆大欢喜，但且慢，瑞典文学院公布获奖消息当天，克莱齐奥在新闻记者招待会上语出惊人："我的祖国是毛里求斯！"在当天晚上瑞典国家广播电台制作的诺奖特别节目上，克莱齐奥再次明确地表达自己是毛里求斯人，令世人哗然。

事实是，克莱齐奥拥有法国和毛里求斯双重国籍，瑞典文学院只公布："2008年的诺贝尔文学奖颁给法国作家让－玛丽·古斯塔夫·勒·克莱齐奥……"是瑞典文学院有些疏忽，还是暴露出其欧洲中心主义的立场，尚无定论。但克莱齐奥强调自己是毛里求斯人，却可以理解。因为作为作家，克莱齐奥既认同法国文化，也认同毛里求斯文化，同时，涉及作者的文化立场，两种文化观察世界的不同视角，特别是关乎他想走出文明世界，探求文明之外世界的人性的文学实践。他早在1985年出版的自传体小说《寻宝者》中，明确表示自己是毛里求斯作家。如今获得殊荣，应该让毛里求斯也分享这一荣耀。

瑞典文学院对此不公开做出解释，只是在后来的颁奖和宴会上，既请了法国大使，也同时邀请毛里求斯总领事出席，风波平息。

克莱齐奥，是位不断四处漂泊的世界流浪者，一生都在羁旅之中，总是面临"新起点"。他在旅途中不仅穿越辽阔的地理空间，还沉浸于历史的古老文明海洋中，见到与欧洲不同的另类文明的存在，看到另类族群的生活形态，渐渐地疏离于西方主流文明，甚至对其产生质疑。《战争》就隐含着对现代文明的批判。

《战争》中的战争，不是通常刀兵相见、血肉横飞的武装斗争，在这里仅仅是个隐喻。

小说在极其模糊的背景下讲的是一个年轻的B小姐，辞去了报社记者工作，离开了丈夫亨利，像一个幽灵般游荡在一个物质之都。X先生是一个先知、预言家式的人物，是对战争有着清晰认识的坚定战士。B小姐每天都要与城市里的声、光、语言、思想交战，但战争中，她作为弱者，只能逃窜。X则喜欢树木、草坪、石子、女人的头发、动物的眼睛、落在屋顶瓦上的潺潺雨声。他开着摩托车，追逐着人们精神世界的恐慌和困惑。

B小姐与X邂逅，并肩出发，共同作战，最后X道破了这场战争的真相。

小说实际上是营造了一种氛围和感觉，揭示出现代生活的真相。于是，我们也了然克莱齐奥独特的以社会边缘人的角度观察和描述感官接触到的现代生活面貌的艺术特色，也清楚了为什么瑞典文学院的颁奖词说他的小说是"感官迷幻类文学"。

克莱齐奥在表述自己的文学观时说："西方文学已经变得过于死板，过分强调城市性和科技性，妨碍其他表现形式的发表，例如缺少地方特色和情感特色的发展。理性掩盖了人类不可知部分，而正是这种看法促使我转向其他文明。"

《战争》就是"转向其他文明"的尝试。瑞典文学院欣赏这种尝试，但"转向其他文明"，不该以全盘否定主流文明为代价，回到非此即彼的二元论，哲学上是谬误的，文学上也毫无价值。

勒·克莱齐奥，于 1940 年 4 月 13 日在法国南部的尼斯降生。其祖上来自毛里求斯，那里有家族之根。其母亲是法国人，父亲是久居毛里求斯的英国人，曾在军队当军医，二战期间在驻尼日利亚的英军中服役，战后留在那里。1948 年，克莱齐奥随母亲到尼日利亚与父亲团聚。据传，八岁的他在轮船上开始写作。他与母亲在尼日利亚度过两年后，又回到尼斯，两年的非洲生活给他留下深刻的印象，甚至影响了他的一生。他后来写的长篇小说《非洲人》，就是回忆父亲在非洲生活的故事。在非洲，他了解到与欧洲不同的另类文明的存在，而非洲对克莱齐奥的文学是认可的。他说："如果没有非洲，我真不知道自己会成为什么样子。"他获诺奖时，坚称自己也是"毛里求斯"人，道理即在这里。

回到尼斯后，克莱齐奥在英国和法国的大学学语言学和文学，1964 年在埃克斯·普罗旺斯大学获文学硕士学位。在这所大学，他受到从这里走出的学长、曾获诺奖的加缪的影响。克莱齐奥出版于 1963 年的第一部长篇小说《诉讼笔录》，就受到加缪存在主义的影响，甚至让人联想到加缪《局外人》的某些情节。《诉讼笔录》兼有当时法国盛行的新小说派的风格，甫一出版，一年内竟售出十万多册，并获热那多文学奖。笔者有幸一睹尊颜。

1967 年，克莱齐奥出版呼吁世人关注环保问题的小说《泰拉阿马达》。后来出版的《飞行之书》（1969）、《战争》（1970）、《巨人》（1975）等小说，也都涉及环保问题。

到了 20 世纪 70 年代初，克莱齐奥居住在墨西哥和中美洲，他常常远离大都会，深入印第安人的生活中，寻找新的精神。前面说过，他是一个漂泊者，流浪于世界各地。讲到流浪，介绍一下他的婚姻。他二十岁早早地与一位漂亮的波兰姑娘结婚，育有一女。但夫人不愿过居无定所的日子，两人离婚。1975 年，三十五岁的他在巴拿马漂泊中与一摩洛哥女子邂逅并结婚，二人都热衷漂泊，感情甚笃。

1980 年，克莱齐奥出版了小说《沙漠》（又译《荒漠》），广受好评，获法兰西学院奖。

1990 年以后，克莱齐奥又浪迹到美国新墨西哥州的阿尔伯克基和毛里求斯，然后转回尼斯。

法国《读者》杂志曾发起一项调查，克莱齐奥被推为在世的法国最重要的法语作家。

1998 年，克莱齐奥到中国访问。2007 年 1 月 28 日，笔者就职的人民文学出版社颁发"二十一世纪年度最佳外国小说奖·2006 年度"。克莱齐奥获奖，并亲自到北京领奖。笔者有幸一睹尊颜。

六十七岁的法国和毛里求斯双重国籍作家克莱齐奥，衣冠楚楚，笑得极为灿烂。

2008 年，克莱齐奥又获诺贝尔文学奖，更是风度翩翩。

第一百届（2007年）

多丽丝·莱辛

获 奖 者：多丽丝·莱辛（Doris May Lessing，1919—2013），英国女
作家。

获奖理由：她用怀疑、热情、构想的力量来审视一个分裂的文明，其作品
如同一部女性经验的史诗。

获奖作品：《金色笔记》（小说）。

2007年10月11日星期四下午1时，瑞典文学院准时公布，八十八岁的英国
女作家多丽丝·莱辛，获得该届诺贝尔文学奖。得到此消息，特别是听到瑞
典文学院那句"一部女性经验的史诗"时，莱辛惊讶并高兴地叫道："老天爷！
他们真的这么写吗？"

惊讶的不止莱辛本人，还有关注莱辛的那些人。20世纪80年代，莱辛作为
女性主义文学的代表人物，获诺贝尔文学奖的呼声曾很高，连瑞典文学院也常将
其列为预测得奖名单。2004年诺贝尔文学奖获得者、奥地利女作家耶利内克被
问到莱辛时甚至说："我以为莱辛早已得过（诺贝尔文学奖）了。"

登上文坛三十年后，莱辛已至米寿高龄，人老珠黄，几乎无人问津之时，瑞
典文学院才将桂冠戴在面如苍山的莱辛头上，怎不令人惊讶！瑞典文学院常务秘
书恩格道尔对此说了句极富中国味道的话——瓜熟才能蒂落——有些决定需要时
间才能成熟。当然有人反唇相讥：这是熟到快烂了的果子！

莱辛惊讶之后，对一位瑞典的记者说了句粗鲁话："他妈的！我已经把欧洲

所有的文学奖都得过了！"这一年10月初，诺贝尔文学奖公布前一周，余华夫妇到瑞典访问，到芬兰活动时，瑞典文学院的院士马悦然和夫人陈文芬同行。不管莱辛怎么表达她对诺奖的态度，中国作家是向往这个文学圣殿的。马悦然为中国莫言获该奖曾付出努力。

莱辛对瑞典记者那句粗口，是否是对瑞典文学院常常表现的高傲的男权主义的一种不满，不敢贸然揣测，但莱辛的给她带来莫大荣誉的小说《金色笔记》，则是"一部先锋作品，是20世纪审视男女关系的巅峰之作"，其中便有对男权主义的批判。

《金色笔记》，以一篇《自由女性》的小说开篇，穿插了几本主人公安娜的笔记，构成了安娜的人生故事。该故事以安娜的黑、红、黄、蓝、金五种笔记，讲述了她自己人生中各个阶段的人生状态。

安娜是三十出头的有女儿而无丈夫的女作家，凭书籍的版税收入，过上拥有房产的独立自主的生活。不受经济、家务所累，安娜对社会生活常常表现出一种超然态度，她不拿薪水，以自由知识分子身份积极地参加共产党部的工作，讨论理想，甚至殖民主义和种族主义问题。但她虽无生计之忧，却无法摆脱精神上的紧张和焦虑。她又是那种不愿宅在家里做个贤妻良母的妇女。她渴望爱情，渴望能有个温柔的男性臂弯，供她枕靠。她有过寻觅，得到的都是清一色的有妇之夫。这种独特的"女性体验"，让她不得不时刻自我观察和反省。作为作家，莱辛试图描写出更普遍、更深刻的人性。

经济和精神上独立的安娜，不仅在两性婚姻上有烦恼，女儿的叛逆也让她感到困惑不安。女儿没因有作家母亲感到自豪，反因母亲的行为而感到讨厌，她以反其道而抗争，上寄宿学校，摆脱母亲的影响，要做一个传统正常的女人。

安娜的朋友莫莉，其儿子继承了她激进和批判的精神，也继承了她对生活惶恐和疑惑的衣钵。他愤世嫉俗，又极端绝望，甚至企图以自杀逃避这一切，最后导致双目失明。莫莉面临着与安娜同样的困惑和不安。她们关注世界，关注政治和自身的理想，却深深陷入社会的精神和重重矛盾之中，不能自拔。

安娜曾求助一位绰号"大妈"的心理医生，向其倾诉内心的各种忧虑、各式梦境，希望得到医生的心理疏导，走出心理困境。令安娜失望的是，医生只告诉她这是人格分裂的症状，拿不出任何灵丹妙药医治。

失望的安娜只能自我疗治，将内心世界和生活经历分成五个部分，各记录在不同的笔记本上，以探寻最真实的自我。

最终，"自由女性"安娜没能找到自我得意的生活方式。小说结尾，安娜和莫莉总算想到一个权宜的妥协做法：莫莉准备和一个有钱的生意人结婚，儿子可继承这个继父的财富，做一些有益的事情；安娜则准备到夜校，为少年犯讲课，并且决定参加工党。

对这一决定，安娜和莫莉心里有数，自然怀着讥讽、怀疑的态度。

《金色笔记》用怀疑、热情、构想的力量，来审视一个分裂的文明社会，全景式地呈现了现代女性面临着重重考验和困惑的生活和精神图景，真的可称"一部女性经验的史诗"（瑞典文学院评语）。

多丽丝·莱辛，于1919年10月22日诞生于伊朗，原姓泰勒。五岁时，多丽丝·莱辛与父母迁到南罗德西亚（今津巴布韦）一家农场生活。富有神话传说的美丽土地，成了莱辛的幻想家园。因家境贫寒，十六岁时，她就从事社会底层的保姆、接线员、速记员等工作，资助家庭。

清贫的生活并没影响好学的莱辛阅读狄更斯、司汤达、托尔斯泰、陀思妥耶夫斯基等文学大师的作品。畅游在文学广阔的海洋里，莱辛受到文学的熏陶和滋养，并与文学结伴终生。

二十岁时，莱辛和青年法兰克·惠斯顿结婚，这桩婚姻维持了四年，以留下一对儿女宣告结束，时逢第二次世界大战，莱辛对政治产生浓厚兴趣。

1945年，第二次世界大战硝烟熄灭，莱辛又与德国共产党人戈特弗利·莱辛走进婚姻殿堂，可惜，这段婚姻又仅仅维持了四年，留下儿子彼德。

1949年，莱辛携幼子彼德移居英国，抵达英伦时，一贫如洗，除了仅有的一只装一部小说草稿的皮箱。次年，她终于交了好运，那部手稿《野草在唱歌》出版，莱辛一举成名。小说《野草在唱歌》以殖民主义压迫、种族矛盾尖锐的非洲为背景，叙述一个黑人男仆杀死家境困难、心态失衡的白人女主人的故事。文坛开始关注这位女作家。

接着，莱辛乘势耗费十七年陆续出版了五部曲《暴力的孩子们》，它们是《玛莎·奎斯特》（1952）、《良缘》（1954）、《风暴的余波》（1958）、《被陆地围住的》（1965）及最后一部《四门之城》（1969）。五部曲展示了一位在罗德西亚长大的白人青年女性的一生。我们如果没有忘记莱辛童年在罗德西亚度过，当会发现《暴力的孩子们》中的女主角，即便不是作者自己，也有莱辛的影子。

1962年，《金色笔记》出版，让她跻身世界级文学大家行列。

莱辛写过两卷回忆录，记录她从童年到20世纪50年代的生活，亦即由罗德西亚那个充满幻想的孩提时代，写到已在文坛扬名立万的女作家这段漫长的人生经历。有趣的是，第三部回忆录，莱辛却是以小说的形式完成的，取书名为"最甜蜜的梦"，其中有了太多的"构想"，借佛兰西斯与前夫约翰尼的故事，探讨"妇女如何在60年代转错方向"的问题。莱辛的作品没有理顺这一命题，却对60年代女性的行为方式，投了反对票："我不喜欢60年代，我不喜欢女性那时的所说所为，比如像她们吹嘘和多少男人睡过觉。"值得注意的是，她对世界观颇有探求，特别是20世纪60年代后，莱辛在作品中除对重大社会问题关注外，对当代心理学及伊斯兰神秘主义思想兴趣很浓，比如1971年出版的《简述下地狱》和1974年出版的《幸存者回忆录》，前者写关于个人精神失落，后者讨论人类文明前途，多了些形而上的色彩。

莱辛是多变的作家，常常尝试新花样，她曾推出过所谓"太空小说"《南船座中的老人星：档案》，又写什么探索理性与自我领域的"内在空间"小说，后又受伊斯兰"苏菲派"的影响，尝试写科幻小说。为此，诞生了《什卡斯塔》（1979）、《第三、四、五区域间的联姻》（1980）、《天狼星试验》（1981）及《八号行星代表的产生》（1982）等探索小说。论者说，这些小说写出了作家对人类历史和命运的思考与忧虑。

莱辛文学创作不仅多产，而且多样。除小说外，她还创作了诗歌、散文、剧本等。

作为第十一位获诺贝尔文学奖的女作家，莱辛是获奖中年龄最长者，这让人想起杜甫《九日》诗中那句"苦遭白发不相放，羞见黄花无数新"。

2013年11月17日，莱辛在伦敦家中去世，享年九十四岁。

第九十九届（2006 年）

奥尔罕·帕慕克

获 奖 者：奥尔罕·帕慕克（Ferit Orhan Pamuk，1952— ），土耳其作家。

获奖理由：在对故乡城市悲怆灵魂的追踪中，发现了文化冲突与融合的新象征。

获奖作品：《我的名字叫红》（小说）。

2006 年 10 月 12 日，又是星期四下午 1 时，瑞典文学院宣布本届诺贝尔文学奖授予土耳其作家奥尔罕·帕慕克。聚集在大厅的各国媒体一片欢呼，接着整个世界文学界也纷纷叫好。终于，连续几届争吵、质疑的诺奖，有了众望所归、皆大欢喜的结局。

对帕慕克来说，既获殊荣，又得解放。富有正义良知的帕慕克，其作品力求真实、公正，即使对自己热爱的故土，他也从不护短，如对历史上屠杀库尔德族和亚美尼亚的真相，也勇于揭露。有关当局搬出土耳其法律，以"有辱国格"罪名起诉他，虽在国际社会的抗议和欧盟国家的干预下，土耳其法庭被迫宣布撤销了"有辱国格"案，但对帕慕克仍然虎视眈眈，特别是土耳其民族主义极端分子一直放言追杀他。好了，诺贝尔文学奖一公布，土耳其一派欢腾，文化部长也感到莫大荣光，帕慕克已被视为民族英雄。

五十岁出头的帕慕克获奖，具有如下重要意义：改变了诺贝尔文学奖获奖多是花甲之年当道的年龄格局，也让亚洲大陆重要的突厥语系作家第一次获得该奖，突破了以欧美语言主导的局限；同时又如德国作家卡琳·克拉克所说，帕慕克不畏被带上法庭，被投入监狱，敢于表现历史真相，是"有如此品格和勇气的作家"。尽管瑞典文学院只关心一个作家的作品好坏，并不把作家的政治观点和私德作为评奖的标准，但有"品格和勇气的作家"获奖，遵循"公序良俗"的世俗价值，也是文学的重要精神。

至于对他文学的评价，可用瑞典文学院常务秘书恩格道尔在诺贝尔文学奖颁奖典礼上的发言表述。这当然是瑞典文学院对帕慕克文学的评价，他说：

> 你把故乡这座城市转变为一个不可替代的文学领地，可以和陀思妥耶夫斯基的彼得堡、乔伊斯的都柏林或者普鲁斯特的巴黎相比较——一个来自世界各个角落的读者都能体验另一种生活的地方，这种生活像他们自己的生活一样可信，充满了奇异的感觉，而他们可以立刻感觉到这和自己的生活一样奇异。

是的，帕慕克写的是自己的民族、自己的城市、自己的历史，"在对故乡城市悲怆灵魂的追踪中，发现了文化冲突与融合的新象征"（瑞典文学院给帕慕克之颁奖词）。帕慕克表达了他关于不同文明间，完全可以和平相处、共存共荣的哲学思想。

帕慕克的诺贝尔文学奖演讲词题为"我父亲的手提箱"，其中有一句意味深长的话：

> 我写作是因为我从来不能感到快乐，而我写作是为了感到快乐。

2003年，帕慕克出版了长篇小说《我的名字叫红》，果然给他带来快乐，他不仅获得了巨大声誉，还获都柏林文学奖、法国文艺奖和意大利格林札纳·卡佛文学奖，最后又登上文学奖的最高殿堂。

《我的名字叫红》是写16世纪末发生在伊斯坦布尔的缠绵爱情与恐怖仇杀的

故事。

青年黑，回到阔别十二年的故里伊斯坦布尔，投奔姨父家。当年与黑青梅竹马的表妹谢库瑞，在与丈夫失去联系的情况下，带着两个孩子与其父生活在一起。旧时的恋人重逢，两人的爱情之火也重燃起来。然而，一桩谋杀案却接踵而来。事情是这样的。国王苏丹为颂扬自己的功德和帝国的繁荣富强，便命黑的姨父制作一本相关的书籍。受命之后，他请来才华横溢的画家高雅，与他合作一本有十幅插图的装帧精美的图书。黑也参与其中，负责姨父手绘本的编写。然而该书尚未完成，先是细密画家高雅死于谋杀，接着黑的姨父也在家中被害。于是所有参与其事的人都受到怀疑，人人自危，且不相信任何人。

黑与表妹谢库瑞情急之下结了婚，黑担起养家糊口的重任。但谢库瑞并不与黑圆房，提出找到杀父仇人之后，才能开始婚姻生活。

苏丹下令宫廷画师奥斯曼和黑必须在三天内破案。二人在皇家宝库阅览历代细密画的经典之作，逐一拜访每位细密画高手。奥斯曼在皇家宝库中饱览绘画珍品，最后心满意足地刺瞎了自己的双眼，并准确地判断出凶手是谁。

黑得到奥斯曼的信息，又走访三位画师，走向真正的凶手，但为时已晚，早就有准备的凶手，轻易从黑手中夺下匕首，刺向黑。这时突然又杀出了谢库瑞的追求者，与凶手撞个正着，误以为是黑的同伙而将其重创。

真相大白，杀死画师高雅和黑的姨父的凶手，竟是对艺术极端虔诚、画技高超的艺术家橄榄。他崇拜奥斯曼大师，接受其艺术绘画理念，而且坚信自己会成为细密画的魁首而流芳百世。但他发现黑的姨父，除了继承细密画的传统，还向法兰克画派学习，绘画已超过自己，于是失控去杀人。

黑被凶手刺伤，回到家里，妻子谢库瑞兑现了承诺，两人过起幸福的夫妻生活。

岁月如流水，他们的小儿子终于长大成人，竟成了作家。这个叫奥尔罕的作家，将父母的传奇写进小说里。

《我的名字叫红》，看似是在津津乐道地讲一个爱情和谋杀的故事。连帕慕克自己也宣称小说"在描述她（伊斯坦布尔）的街道，她的桥梁，她的人民，她的狗，她的房舍，她的清真寺，她的喷泉，她的奇怪的英雄人物，她的店铺，她的著名人士，她的暗点，她的白天和黑夜，使它们都成为我的一部分，使我拥有这一切"（《我父亲的手提箱》）。他创造了这个世界，一个关于自己民族、关于自己历史的真实的世界。其间，蕴含着深广的宗教和文化，创造了一个多元化的和平世界。

在帕慕克获诺贝尔文学奖时写的新书《伊斯坦布尔：记忆与这个城市》中，他深有感触地写道："伊斯坦布尔的命运就是我的命运：我依附于这个城市，只因他造就了今天的我。"伊斯坦布尔是土耳其历代庞大帝国的首府，不同文明曾在这里碰撞，无数次战争在这里爆发，这里有历史伤痛，又有灿烂的文化，帕慕克把文学之根扎到这里，无异寻到了一座文学宝库。伊斯兰与基督教文明不仅塑造了伊斯坦布尔的精神灵魂，也造就了帕慕克的文学辉煌。对作家来讲，文化比血统重要。

1952年6月7日，奥尔罕·帕慕克出生在伊斯坦布尔一个殷实的西化家庭。父亲是一个建筑商，喜欢文学，热衷写作。帕慕克在《我父亲的手提箱》中说"我父亲有一个很好的书房——共有一千五百多册书籍"，这对一个求知欲很强的孩子来说绰绰有余。他从小接受美国人开办的私立学校的英语教育，高中时开始练习写作，后父母婚变，他随母亲生活。二十三岁时，他放弃大学建筑系，转而从事文学创作。

帕慕克的第一部小说《赛夫得特州长和他的儿子们》，出版于1979年，那年他二十七岁。该小说获得《土耳其日报》小说首奖，奥尔罕·凯马尔小说奖也颁给了他。一出手，即受关注，对帕慕克是一种激励。

1985年，帕慕克出版了历史小说《白色城堡》，引起世界文坛广泛关注。《纽约时报》立刻做出反应，其书评惊呼曰："一位新星正在东方诞生——土耳其作家奥尔罕·帕慕克。"

20世纪90年代后，帕慕克的作品开始转向社会问题，对民主、人权表态发声，这势必涉及对土耳其当局进行批评，引起当局的不满，发展成为"国家公敌"，以致要动用司法，捆住他的手。

2003年，他的《我的名字叫红》发表，改变了帕慕克的命运。他已被世界文坛公认是当代优秀的小说家之一，获世界重要文学奖——都柏林文学奖，还获法国文学奖和意大利林札纳·卡佛文学奖。

后来，帕慕克以自己的文学创作成果，拿奖拿到手软，如欧洲发现奖、美国独立小说奖、德国书业和平奖等。2005年，他的小说《伊斯坦布尔》问世后，即获当年诺贝尔文学奖提名。因瑞典文学院内部争议不休，竟使诺贝尔文学奖十年以来首次推迟一周才公布获奖者名单。即便此届帕慕克名落孙山，但2006年，他还是实至名归地摘得此奖。

获奖之后的帕慕克，陷入"死亡之吻"的百慕大，即大凡获得诺贝尔文学奖的作家，除极少数外，大都再也写不出称得上大师级的作品，真正的文学生命就此与作家割席断袍。对此，库切曾经深有感慨地说："我吃惊地看到，文学名望会带来如此之多的怪诞副产品。你展现的本来不过是文学写作才能，但人们会突然要求你到处去演讲，去谈你对天下大事的看法。"库切跳出了"死亡之吻"，获诺贝尔文学奖之后，佳作连篇。但正值壮年的帕慕克陷进"死亡之吻"，从此再也拿不出像样的东西。地位、荣誉同样异化人。2007年，奥尔罕·帕慕克作为该届评委会出席戛纳电影节，满面春风地走在猩红的地毯上，接受人们的欢呼。

文学世界是公平的，帕慕克凭借其作品，被称为"当代欧洲最核心的三位文学家之一"，但有人将帕慕克与普鲁斯特、托马斯·曼、博尔赫斯等大师相提并论，则有些溢美了。

第九十八届（2005 年）

哈罗德·品特

获 奖 者：哈罗德·品特（Harold Pinter，1930—2008），英国剧作家。

获奖理由：他的戏剧发现了在日常废话掩盖下的惊心动魄之处，并强行打
　　　　　开了压抑者关闭的房间。

获奖作品：《看管人》（剧本）。

莎士比亚在他的名剧《哈姆雷特》中有句名言："人生就是戏剧，世界就是一座大舞台。"其实瑞典文学院诺贝尔文学奖之评选，何尝不是一座舞台，每每上演一出出关于谁获奖的戏剧呢？每一出总是异彩纷呈，结局总是冷门迭出，让人难以预料。

依据常理，英语作家仅仅进入 21 世纪前五年，就有奈保尔和库切，其中犹太人有凯尔泰斯和耶利内克获诺贝尔文学奖了，这一年，总该轮到非英语作家、非犹太人了吧？非也，诺奖桂冠偏偏戴在犹太英国人哈罗德·品特的头上。

经瑞典媒体公布的调查结果，没人知道品特其人，"无人读过其作品，也没有一家瑞典出版社出版过其剧本"。这个"戏剧性的意外"，让瑞典文学院的公正性再次遭到质疑。但听听瑞典文学院的相关解释也便释然：最好的作家并不存在，"真正的作家是特立独行的——他们各有自己的目标、标准和价值，所以评奖有一实用的准则"（摘自瑞典文学院院士拉什·于伦斯坦《记忆，仅仅是记忆》，万之译）。其言是否有说服力，不论。但品特的确是个"特立独行"的戏剧家，得知获

奖消息后，他说："我非常非常感动，这是我从没料想过的事情。"他因刚刚跌了一跤，没有到斯德哥尔摩领奖，但获奖后记者采访摄影，登到世界各大报上。

他录制的获奖演讲词，题为"艺术：真实的政治"，在诺奖颁奖大厅播放："在真与不真之间没有严格区别，在真实与虚假之间也没有。一件事情，不一定非真即假，它可能又真又假。"在讲了他的真与假的艺术观念之后，他自然不会忘记，在此刻嘲讽谴责美国总统布什和英国首相布莱尔发动的攻打伊拉克的战争：

你们要杀多少人，才够资格被称为大规模杀人犯和战争罪犯？

在诺贝尔文学奖颁奖大厅，品特硬要将其变成政治舞台，如此高调批评美英政要，太富戏剧性了！

品特获奖本身也有戏剧性。众所周知，品特戏剧创作最活跃最出彩的时期，是在二十世纪五六十年代，像获诺贝尔文学奖的《看管人》（1960），就诞生在其戏剧创作的黄金时期，作为当时的最佳剧本，赢得过晚会标准戏剧奖和报纸同业公会的专栏奖。其晚些时候的两幕剧《归家》，获百老汇剧评家奖。近四十年过去，品特的戏剧已成明日黄花，但在他宣布封笔的2005年，突然被宣布获诺贝尔文学大奖，成了该奖的一匹老黑马，让世人瞠目结舌，实在富有戏剧性。

但是，看看品特的剧本，比如《看管人》，你会认为瑞典文学院选择品特，并不离谱。

三幕剧《看管人》，以二战后期英国社会现实的普通人生为背景。剧情是这样的。

米克，是一个成功商人，为懒惰而无所事事的哥哥阿斯顿买了一幢被闲置的破房子，该房子只有一间能住，还漏雨。阿斯顿见贫困潦倒、一身坏毛病的老流浪汉戴维斯无家可归，出于同情，让他与自己同住。第二天，阿斯顿抱怨戴维斯晚上说梦话，影响他睡眠，不诚实的老头儿硬说是隔壁之所为。他还趁阿斯顿外出之机，在屋里乱翻，看有无值钱的东西，当他发现一个皮箱，正准备打开时，米克推门进屋，抓了个正着，将欲行窃的戴维斯按倒在地，但他死不承认偷窃。

米克哥哥太懒，就让戴维斯替他看守房子，其实米克见戴维斯人品不端，想借此引诱他现出本相。果然，流浪汉说了阿斯顿很多坏话。

阿斯顿一直很信任老流浪汉，向他诉说自己接受电疗的往事。忘恩负义的戴维斯却一直打各种主意，想成为房子的主人。果然有一天，阿斯顿受不了他的坏毛病，提出让他另找居所，他却反客为主，用刀子顶着阿斯顿的肚子，想把他赶出房子。早就识破戴维斯的米克，推门进来，怒不可遏地指责他存心不良，恩将仇报。戴维斯见状，就摆一副可怜相，乞求哥儿俩让他继续留下来，但还是被赶走了，戴维斯失去了改变生活的机会。

西方剧评家，比如《荒诞派戏剧》的作者马丁·艾斯林，把品特的戏剧归类为"荒诞派戏剧"。这很值得怀疑，荒诞戏剧往往把读者、观众由生活现象引向抽象的哲学思辨，成为"形而上的痛苦"。而品特的戏剧恰恰是把人引向市场生活现实，回到形而下的世俗世界，有"现实主义"精神支撑。当然，品特的戏剧受到贝克特、卡夫卡"荒诞派戏剧"的影响是很明显的。《看管人》是二战后英国伦敦生活的写照。就在一间漏雨的房子里，戴维斯由于自己的过失，失去了居住和改变命运的机会。"房子"被赋予了象征意义，代表荒诞世界上所能把握的仅有一点儿东西。品特对此这么说："两个人待在一间屋子里——我大部分时间都跟屋子里的两个人打交道。幕启，意味着提出一个包含许多可能性的问题。"《看管人》所表现的是两个人因隔绝而产生的矛盾，让人看到世界的荒诞性，同时，该剧强大的悲悯力量，让观众对生活重新深思。

应该感谢品特，他用戏剧"强行打开了压抑者关闭的房间"（瑞典文学院评语），他无力也无意让被困在房间里的人解救出来，而只让你看看真实的人类困境。

品特已经驾鹤仙去，人类还没走出打开的房间。他的戏剧让人类清醒。

1930 年 10 月 10 日，哈罗德·品特出生于伦敦哈克尼一个犹太人之家。九年后的第二次世界大战的阴影，笼罩着他的青少年时代。特别是九岁时伦敦上空的尖声防空警报，让他刻骨铭心。二战经历影响了他后来的文学创作。1948 年，品特到英国皇家艺术学院学习了一段时间，两年后开始以艺名大卫·巴伦登台演出，并从事文学创作，还出版过诗集。他一直关注荒诞派戏剧，与爱尔兰戏剧家贝克特成了忘年交。

1957年，品特创作了第一个剧本《房间》，表现日常生活背后的荒诞。之后的《送菜升降机》（1957）、《生日晚会》（1958）、《看管人》（1960）、《侏儒》（1961）、《搜集证据》（1962）、《茶会》（1964）、《归家》（1965）、《昔日》（1971）和《虚无乡》（1975）等，很多剧本都如《看管人》一样，故事都发生在一间房里，这是现代剧的一种典型空间，也是古典悲剧三一律结构的现代形式。房间，是私人性质的个人空间，有了它，可以遮风挡雨，品特告诉你，这是不可能的，在这个世界上，无人安全。

20世纪70年代后期，品特从编剧、演员成为国立皇家剧院的副导演。他的戏剧创作，趋向于短小精悍，荒诞风格褪色，政治色彩渐浓。这与品特的政治倾向有关。他是位崇尚人权的作家，反对战争。北约空袭塞尔维亚，品特公开发表声明抗议。英国追随美国出兵伊拉克，他与各界名流联名弹劾首相。

2003年，品特以诗集《战争》抗议美英发动伊拉克战争，次年获威尔弗莱德·欧文奖。2005年，品特宣布终止自己的戏剧创作生涯，而恰恰在这一年10月，长达四十年鲜有剧作出炉，渐被人们淡忘的品特，竟然荣获诺贝尔文学奖。并无"荒诞的戏剧"的味道，品特的戏剧成就曾是那么辉煌，单看所获奖项便让人炫目：奥地利文学奖、莎士比亚奖、欧洲文学大奖、皮兰德勒奖、大卫·科恩大不列颠文学奖、劳伦斯·奥利佛奖，以及莫里哀终身成就奖等。

品特因罹患癌症，于2008年12月24日被圣诞老人接到天国去了。他除了给人们留下一笔丰厚的文学遗产，还给人们留下一帧绝妙的人生写照。那是一张他获得诺贝尔文学奖后，登在世界各大报纸头条的照片：脑门上还贴着一块橡皮膏！他一生跌了不少跤，得奖前又摔了一跤。

第九十七届（2004 年）

埃尔弗里德·耶利内克

获 奖 者：埃尔弗里德·耶利内克（Elfriede Jelinek，1946— ），奥地利女小说家、戏剧家。

获奖理由：因为她的小说和戏剧有音乐般的韵律，她的作品以非凡的充满激情的语言揭示了社会上的陈腐现象及其禁锢力的荒诞不经。

获奖作品：《钢琴教师》（小说）。

瑞典文学院总是声称：他们只是关心一个作家的作品好坏，并不把作家的政治观点和私生活作为评奖的标准。马悦然教授一言以蔽之："我们只评判作品。"但，何其难也，这届获奖的耶利内克再次将政治与文学的吊诡游戏，摆在了他们面前，世界舆论大哗，沸反盈天，令其苦不堪言。

在西方，特别是西方的右派看来，耶利内克曾是奥地利共产党党员，不仅锋芒毕露，针砭时弊，还挑战主流文化，被称为"红色女巫"。其作品更是以极露骨的自然主义色情，让读者感到羞愧。

耶利内克在 20 世纪 60 年代，还以激进"左派"的政治身份参加奥地利举行的大选，结果这位被右翼政府宣布为"国家公敌"的年轻的耶利内克落选了，令她十分沮丧和悲哀，她以拒绝自己的戏剧在奥地利公演，不接见任何媒体的方式表达了自己的愤怒。

我们必须弄清，耶利内克当时所处的，是奥地利带有纳粹倾向的极右翼政党非常嚣张的时代。右翼政治有过纳粹的罪恶历史，曾参与过纳粹统治时期对犹太人的杀戮。同时，奥地利与德国不一样，不仅没有对二战的纳粹罪恶历史和反动思想进行深刻的反省和批判，反而文过饰非，为纳粹招魂。比如，在耶利内克竞选时，他们打出的标语是"你要文化，还是要耶利内克"，露骨地打出祭奠纳粹文化之旗。

一个柔弱的女作家，敢于站出来，挑战这个有纳粹灵魂的右翼政权，需要怎样的胆魄和勇气。至于耶利内克的文学作品之优劣高下，不能由文学之外的东西来做结论，以是否写性来判断文学作品更是荒诞不经。《金瓶梅》《查特莱夫人的情人》，都被无端咒骂过，但历史证明它们都是文学经典。不论耶利内克描写过什么，只要她能揭示人性的真相，揭示社会生活本相，并不妨碍她成为优秀的文学家。

当然，瑞典文学院面对奥地利右翼政府的盘诘"你要文化，还是要耶利内克"，最后选择了耶利内克，当然是因她的文学，这需要正义和睿智。

将诺贝尔文学奖颁给耶利内克，自然令奥地利右翼政府大失颜面。在他们看来，此届诺贝尔文学奖，政治意义大于文学意义，只能以沉默掩盖难堪。

耶利内克得知获诺奖消息，出了一口恶气，她表示：此次诺奖不是捧给奥地利的花束，而是向右翼政客扇去的一记响亮耳光。

耶利内克没有出席瑞典文学院为她准备的盛大颁奖会，也没有在金色大厅发表她感慨良多的获奖感言。她只将事先录制好的录像带交到颁奖大会，那里有她题为"边线旁注"的演讲，是一篇讨论写作与人生关系的富有哲理的文笔优雅的散文。

播放她演讲的同时，世界各地媒体关于耶利内克作品对政治偏激和对性爱热衷毫无美感的批评，正传得沸沸扬扬……

是的，关于诺贝尔文学奖颁给耶利内克，是否实至名归，迄今一直众说纷纭。

重读耶利内克的《钢琴教师》，或许能让我们更深入地了解她的文学。

已经四十岁的女钢琴教师埃里卡·科胡特，像"母亲羊水里的一条鱼"，"琥珀中的一只小昆虫"，从小到大一直被母亲形影不离地看管，心理年龄仍是个孩子。母亲在结婚二十年后才生下了埃里卡，为将女儿培育成钢琴家，她承担了一切家务，对女儿照顾得无微不至，不仅每晚为她准备凉开水和水果，而且一直与女儿同床而卧。

像婴儿一样被严格看管的埃里卡像个傀儡，一直被母亲操控，很少接触社会生活，从小到大，没有朋友，既未受到别人的爱，又没爱过别人。但随着年龄的增长，欲望被长期压抑，她表面不动声色，内心却波涛汹涌，于是以自残自虐的变态方式释放压抑的欲望。

后来，一个年轻英俊的学生瓦尔特闯进了她的生活，一切有了转机，两人彼此吸引、相爱，但又被各自的性格牵绊。埃里卡把瓦尔特视为拯救自己的希望，不仅以书信向他坦露自己变态肮脏的内心世界，还让他观看自己收藏的性施虐刑具。她这样做，原本是向瓦尔特发出求救信号，是爱的表露，但还是吓坏了瓦尔特，他只能退缩了。

在埃里卡主动承认自己的过失后，情况又发生转机，瓦尔特重燃爱情之火。埃里卡对瓦尔特的爱不能不打上变态的解脱心灵压抑的深深烙印。瓦尔特认为埃里卡在愚弄他的年幼无知，心灵深受打击。于是他来到埃里卡家中，为了满足她变态的性欲，鞭笞了埃里卡，甚至强奸了她。

受到非人折磨之后，埃里卡从厨房拿了把锋利的刀，藏在身上，走出家门。在人群中，她发现了与一位女郎勾肩搭背、笑逐颜开的瓦尔特。她平静地走过去，站在瓦尔特面前，取出尖刀，同样平静地刺向自己的肩膀，鲜血如注地流出来，她平静地目送瓦尔特的身影消失。

埃里卡是一个人格分裂者，是甘愿受性奴役和性虐待的变态者，难道仅仅是由于母亲赋予她的那种严苛的爱吗？

因《钢琴教师》毫发毕现地呈现血腥的、暴力的、残忍的、露骨的性爱描写，即视其为变态女性心理小说，似过于简单。耶利内克《钢琴教师》的成就，在于她笔下的性爱，力求直抵人性本身，揭示人性真相，揭示社会的本来面目。

在耶利内克笔下，没有一个女性在性过程中是被动的角色或是男性的肉欲和压迫的对象，这实际上是现代西方家庭权力结构，男权女权相对平等的社会权力的缩影。17世纪初，中国明代后期万历年间的第一部文人独创的以家庭生活为题材的长篇小说《金瓶梅》，有大量的性描写，鲁迅在《中国小说史略》中也说"每叙床笫之事"。殊不知，《金瓶梅》写"床笫之事"，表现出当时中国社会女性意识的觉醒、家庭权力结构的变化。所谓"大量的淫秽描写，既使其丧失美学价值，并为后起的淫秽小说开了不良的先例"（人民文学出版社版《中国文学史》）之谬论，可以休矣。与世界文学相比，我们应多些见识和自信。

1946 年 10 月 20 日，埃尔弗里德·耶利内克降生于奥地利米尔茨楚施拉格市一个有捷克与犹太血统的家庭里。家境殷实，父亲是化学家，母亲出身维也纳名门望族。耶利内克从小受音乐熏陶，自幼学习钢琴，后入维也纳音乐学院，专修作曲。其丰厚的音乐素养，赋予她后来的文学创作与众不同的风格。后来她又到维也纳大学学习戏剧和艺术史。在校期间，她热衷学生运动，对政治颇有兴趣。

1967 年，耶利内克发表《利莎的影子》，三年后又推出讽刺小说《我们都是骗子，宝贝！》。这时的作品，既对社会不公提出批评，也挑战主流文化，充满叛逆精神。

二十世纪七八十年代，耶利内克出版了《作为情人的女人》《美妙的年代》和《钢琴教师》等三部长篇小说，让她登上欧洲文坛，征服德语系读者。影响最大的《钢琴教师》被麦克尔·汉内克拍成电影，轰动一时。

20 世纪 90 年代，耶利内克已闻名天下，1998 年获德语文学最高奖希纳文学奖，四年后又获海涅奖、柏林戏剧奖。

备受争议的耶利内克于 2004 年荣获诺贝尔文学奖，又在争议中站到了世界文学之巅。更令人震惊的是，她宣布不到瑞典斯德哥尔摩领奖。她对此的解释，一是身体健康原因，二是心理原因，"不是高兴，而是绝望"。她的如下声明，让我们看到这位在文学中毫不畏惧强权、抗拒大众的极富个性的女作家内心的谦卑和温暖，她说：

　　我从来没有想过能获得诺贝尔奖，或许，这一奖项是应该颁发给另外一位奥地利作家彼杰尔·汉德克的。

第九十六届（2003年）

约翰·马克斯韦尔·库切

获 奖 者：约翰·马克斯韦尔·库切（John Maxwell Coetzee，1940—　），
南非作家。
获奖理由：精准地刻画了众多假面具下的人性本质。
获奖作品：《耻》（又译《耻辱》）（小说）。

$\mathbf{本}$届诺贝尔文学奖公布得也较早，说明瑞典文学院意见一致。世界文学界得
知南非作家约翰·马克斯韦尔·库切"独占花魁"，没有像前几届那样大
惊小怪。曾两次获英语文学界公认的布克奖的库切，虽算不上世界最好的作家，
也称得上非常好的了。况且，瑞典文学院并不在意将诺奖一定颁给所谓的世界第
一的作家。这里不是体育竞赛，按数据决定一切。

　　库切获诺贝尔文学奖算是众望所归了。但他对获不获奖并不十分在意，他一
生悲观、孤僻、低调，不重名利，更看重自己的作品。两次摘得布克奖桂冠，他
都没有去凑热闹，没有接受鲜花和美酒。他决定到瑞典领奖，算是破例，这个面
子他若不给，就真有点自绝于世界之嫌了。尽管他十多年从无笑容，能步入最高
文学殿堂，确实也令他欣慰。

　　库切的作品总要创造一个新的世界，用新的文学技巧形象地表现这个世界，
而这个世界里，城市现代工业文明与农业自然田园文明间充满了冲突和对立，人
性也在这种对立中沉沦。说白了，库切对现存的工业文明总是持怀疑和批判的态

度，对人生也抱有悲观态度。但是，库切的这种悲观，却跨越了狭隘民族、种族的障碍与偏见，直抵人性的最深处，饱含博大忧患意识和对芸芸众生的人文关怀与悲悯。库切作品的悲剧意识和美学意义，也正在于此。

长篇小说《耻》创作于1999年，是库切从内容到寓意都十分丰富的重要作品，体现了库切从怀疑主义视角出发，对历史、殖民主义、现代文明的怀疑和批判，特别是对人性的深挚关切和追问。在艺术手法上，库切运用后现代主义，放弃卡夫卡把人置于自己的寓言里来表现的套路，把自己的寓言放进鲜活的人生里，打破简单地用是与非、好与坏、对与错二重对立的束缚，来表现世界和人性。

《耻》的故事如下。

开普敦大学发生一件丑闻，弄得沸沸扬扬。文学与传播学卢里教授被学生梅拉妮勾引，二人有了床笫之欢。为此，卢里私自改动梅拉妮的旷课记录和成绩。原本梅拉妮并未参加考试，卢里还是给她记了七十分。第一次发生性关系后，他体会到前所未有的激情，并对她动了真情。只是梅拉妮男友的出现，让一切都发生了改变。

校方为挽回声誉，要卢里公开悔过，遭到拒绝。卢里离开学校，到边远的乡下，与独自谋生的女儿露茜一起生活。因多年离散，父女之间难以和睦相处，再加上让大学教授难以接受的事情时有发生，如不得不与他看不起的人打交道，到护狗所去打工等，让卢里很难适应。

但是，发生了一件事，改变了卢里的生活。一大，女儿露茜遭到三个黑人的抢劫和轮奸，施暴者中竟然还有个乳臭未干的孩子，卢里在保护女儿中还受了伤。

受蹂躏的露茜，没有责备三个暴徒，也未诉诸法律。她觉得过去白人在这里做过那么多坏事，罪孽深重，现在轮到他们了，他们有权这么做。

卢里很不理解露茜为什么这做，露茜回答说："你不是想知道我为什么没有向警察告发这件事吗？我告诉你，只是你从此不许再提它。原因就是，发生在我身上的事情，完全属于个人隐私。换个时代，换个地方，人们可能认为这是件与公众有关的事，可是眼下，在这里，这不是。这是我的私事，是我一个人的事，这就是南非。"在那个时代的南非，因种族问题产生了不同的道德标准，是非和正邪已经混淆。所以露茜选择把被强奸当成纯粹的个人隐私。露茜也没有逃避，留了下来，把财产也捐出来。她甚至放弃尊严，做了强奸她的黑人邻居的情妇，以换取对她的保护。面对未来的南非，不计较过去。

强奸案不了了之后，卢里想将这一切创作成歌剧《拜伦在意大利》。后来露茜怀了孕，卢里要写的歌剧，始终在他脑海里盘旋。

他从乡下回到开普敦，听说已当了演员的梅拉妮排的戏已经上演时，忍不住去剧场观看，却被冤家对头梅拉妮的男友发现，斥道："你这类人，一边待着去！"

曾经的殖民主义者闯到南非后，当了这里的主人，压榨奴役着本土黑人，如今乾坤扭转，殖民者及其后代白人"沦落"为必须付出尊严和身体为代价，在黑人的庇护下苟活。尽管对此库切写得很适度，但给人留下太多的思索。

约翰·马克斯韦尔·库切，于 1940 年 2 月 9 日在南非开普敦一个律师家庭降生。父亲是荷兰裔南非律师，母亲是小学教师。后来父亲丢了职位，全家搬到乡下生活，那里成了少年库切的天堂。农场里人少，也没外来人，他不习惯与外人交往，对集体也有距离感，库切的孤僻性格的形成与此有关。

1956 年，十六岁的库切就进了开普敦大学，二十岁以英语文学学士学位和数学学士学位毕业，便去了伦敦放逐自我，闯荡世界。为了生计，他当过电脑软件程序员。

1963 年，库切与朱博结婚。两年后，库切受聘到美国得克萨斯大学当助教兼研究人员，并在那里以写关于贝克特的博士论文获得文学博士学位。1970 年，库切到纽约州立大学布法罗分校任讲师。天不遂人愿，因得不到绿卡，库切被迫回到南非，在母校开普敦大学任英语系教师。

一直在文学之路上跋涉的库切，终于在 1974 年出版了第一部小说集《灰暗的国度》，由《越南课题》和《雅各布·库切纪事》两个中篇组成。前者讲述一个美国心理学家在越战中的经历和对其人生的影响，后者描写一个 18 世纪荷兰殖民者与黑人发生冲突，屠杀一个部落的前前后后的故事。

1977 年，库切的长篇小说《内陆深处》出版，叙述的是一位荷兰裔南非老姑娘玛格达与鳏居老父，在种族隔离的农场过着与世隔绝生活的故事。父亲与黑人工头的妻子偷情，玛格达认为父亲此行径是对白人和自己的背叛，亲手杀了老父。孰料，玛格达被这个工头强奸，自家的农场也落到工头手里。

1980年，库切新出版的长篇小说《等待野蛮人》，让他一步登上世界文坛。小说的名字，取自希腊诗人卡瓦菲写于1904年的一首诗的题目。小说讲述了一个小镇的行政长官如何与当地"野蛮人"友好相处，在同情和救助"野蛮人"时，爱上了他们中间的盲女，而被定为叛国罪的故事。这是一则关于文明世界里的居民往往是真正的"野蛮人"的寓言。

1983年，长篇小说《迈克尔·K的生平和时代》问世。这是库切的又一部成名之作，可视为卡夫卡式风格、贝克特式语言之当代《鲁滨孙漂流记》。小说写迈克尔·K，在南非种族歧视日益激化的背景下，带着老母，到渺无人烟的内陆去生活，备受磨难的故事。

1986年，小说《福》发表，这是库切根据笛福小说《鲁滨孙漂流记》改写的，讲的是现代文明与乡村自然文明的对立关系。1990年，库切出版《铁器时代》，小说写卡伦太太目睹警察杀人，还杀了她的黑人女仆，她没有参加公开的抗议活动，而是"要从我自己心里发出声音"。

1994年，库切出版了解读俄国作家陀思妥耶夫斯基人生和作品的长篇小说《彼得堡的大师》。五年后出版反映南非种族矛盾、土地、犯罪等社会问题的长篇小说《耻》，不仅引起热议，也为他赢得了诺贝尔文学奖。

20世纪90年代末，库切还发表了《童年》（1997）、《动物的生活》等小说。

2002年，拒绝各方盛邀，六十二岁的库切移居澳大利亚，在阿德莱德大学执教，同时还兼美国芝加哥大学客座教授。更重要的是，库切一改诸多名作家在成名或晚年忙于四处演讲，参加各种社会活动，从而创作力衰退的现象，不为声名所累，潜心创作，夕阳之年，竟然佳作连连。2002年后，他出版了小说《青春》（2002）、《伊丽莎白·科斯特洛：八堂课》（2003），后者是演说与小说混杂，讨论人和动物关系、主人和仆人关系的作品。2005年，库切又出版小说《慢条斯理的人》，小说中虚构的文学教授考斯泰罗，就老人的行为，与另一人物对话，做出评价和纠正。小说甫一面世，即再度获布克奖提名。2007 年，他的小说《灾年日记》出版，即获好评，英文版套封上的评语是：该书"是出自我们这个时代最伟大作家和最深刻思想家之一之手的当代杰作。它讨论的是全世界民主国家无数人民的深深不安"。《灾年日记》与《慢条斯理的人》一样都属于"后设小说"，其艺术特点是以讨论的方式写小说，并明显带有浓厚的自传色彩。是的，这是库切独特的艺术风格。

此外，库切还写过不少散文随笔集，如《白人写作》（1988）、《双重视角：散文和访谈集》（1992）及《陌生的海岸：1986—1999 散文选》等。

库切的文学，继承了陀思妥耶夫斯基、卡夫卡、贝克特的现代主义传统，他是一位既流连于社会生活之中，又能跳出来从外面看风景的作家。

第九十五届（2002 年）

凯尔泰斯·伊姆雷

获 奖 者：凯尔泰斯·伊姆雷（Kertész Imre，1929—2016），匈牙利作家。
获奖理由：表彰他对脆弱的个人在对抗强大的野蛮强权时痛苦经历的深刻
　　　　　　刻画以及他独特的自传体文学风格。
获奖作品：《无形的命运》（又译《一个没有命运的人》）（小说）。

　　与上届诺贝尔文学奖得主、殖民文化嫁接出的果实——恃才傲物、人品顽劣的印度裔英国作家奈保尔不同，本届诺奖获得者、匈牙利的凯尔泰斯，却是一位十五岁就被送进德国纳粹奥斯维辛集中营，侥幸从煤气杀人室、焚尸炉和堆积如山的尸骨中爬出，后来拿起笔，为历史出庭做证，充满道义和勇气，写出"见证的文学"的严肃作家。瑞典文学院发现凯尔泰斯的"见证的文学"，以"脆弱的个人在对抗强大的野蛮强权"，特将诺奖颁给这位小语种作家。

　　消息一公布，再一次让世界文坛震惊：这个人是谁？根据瑞典报纸的认真调查，受访者几乎都未读过凯尔泰斯的书，也不知晓他的名字。即使对英、美等国文化界来说，知其名者也寥寥无几，读过其书者，更是少得可怜。

　　在世界文坛对这位默默无闻的作家凯尔泰斯纷纷发表质疑之声时，瑞典文学院常务秘书恩格道尔在回答记者提问时，自信地表示：

　　　　他给我们展示了一个新的位置……这是一个激进的不可动摇的位置。他和什么文化和社会都不妥协，甚至和生活也不妥协。在某种意义上，他的书，就是他和生活签订的契约。

请注意恩格道尔"一个新的位置"的提法：凯尔泰斯把自己放在了做历史的证人而不是做法官的"位置"。是的，读凯尔泰斯关于奥斯维辛的作品，会发现作者的"位置"，的确非常独特，他对纳粹集中营的惨绝人寰的生活做了非常具体的客观描写，有的细节让人惊骇恐惧，但作家从不站出来对地狱生活控诉批评，甚至连是非判断、爱憎感情都鲜见，却深深地打动了读者的灵魂，令人战栗难忘，令人咀嚼思考。而凯尔泰斯也意味深长地强调，"我是奥斯维辛的中介，奥斯维辛通过我说话"。

其实，关于恩格道尔提出的凯尔泰斯"一个新的位置"即"见证的文学"论，并不是他个人的创论。在2001年，诺贝尔奖百年之际，瑞典文学院举办过一个关于"见证的文学"的研讨会。很少人注意到，在当时世界文坛名不见经传的匈牙利的凯尔泰斯受瑞典文学院之邀出席了此会，并做了重要的发言。对此，似乎所有捕捉诺奖信息的人，都忽略了瑞典文学院这一重要信号。毫无疑问，瑞典文学院在那时，就认定凯尔泰斯本人和他的文学作品是"见证的文学"的范例。去年还是丑小鸭的凯尔泰斯，转年即顺理成章地变成了白天鹅。确切地讲，是瑞典文学院推崇的"见证的文学"的胜利，而作为这一文学主张的"范例"凯尔泰斯，只是个幸运儿。

"见证的文学"的"范例"，应该是凯尔泰斯1973年出版的长篇小说《无形的命运》。该小说为作者自1958年起花费十三年完成的"命运三部曲"之第一卷，该书稿曾遭出版社退稿。出版后，并无太大的社会反响，更没有引起匈牙利文坛的关注。直到2001年，凯尔泰斯参加瑞典文学院关于"见证的文学"研讨会前，才受到瑞典文学院的青睐。《无形的命运》以一个十五岁的孩子，既是受难者又是"局外人"，既是个人位置又超越个人位置的极独特的视角，描写德国法西斯奥斯维辛集中营种种惨绝人寰的暴行和杀戮。

小说故事并不复杂，却惊心动魄。1944年，十五岁的犹太少年韦什·久尔吉的父亲被纳粹关进集中营。两个月后，为生计去打工的久尔吉也被抓到奥斯维辛集中营。当时有人告诉他，你必须说自己十六岁，纳粹把你当成劳动者，才能保住性命，若报十五岁，就会被送进毒气室。保住性命之后，久尔吉被转到布痕瓦尔德集中营，再次转到蔡茨集中营，然后重回布痕瓦尔德集中营。集中营里的生活残酷而单调，让他百无聊赖。而常态是恐怖一步步逼近他，等他适应后，新的恐惧再度袭来。当然适应了恐惧、痛苦、无聊之后，也有欢愉和幸福。比如，集中营里正统的犹太人歧视他、排挤他，特别是恶劣的生活和繁重的劳役，使他的身体严重透支。他只能放弃抗争，等待死神时，并没人把他送进焚尸炉，集中营医院里的医生和护士却对他进行救治和照料。这令少年久尔吉百思不得其解，却感到温暖和幸福。每天面临死亡的久尔吉，在见到每一缕阳光的时候，在每个灿烂太阳的早晨，每天能有饭吃，偶尔回忆起曾经有过的家里的温馨生活时，总能感到有"快乐"和"幸福"。

小说结尾处，有这样一段话：

> 在我的人生道路上，有幸福潜伏着，就像你不可逃避的陷阱那样。就是在那里，有毒气的烟囱旁，在痛苦与痛苦之间的间隙里，也依然会有某种类似幸福的东西。虽然对我来说，也许正是这种经历才是最值得我纪念的，但所有的人总是要问我的不幸，问我的恐惧。所以啊，下一次，当他们再问我的时候，我必须向他们讲一讲集中营的幸福。只要他们来问我。只要我还没有忘记。

少年久尔吉终于幸存下来，回到他朝思暮想的家乡。但等待他的不是美好的新生活，而是必须屈从外部强加给他的命运，让他留恋纳粹集中营，生出"我想在这个美丽的集中营里多活一阵子"的感慨。他发现陌生的现实生活与自己竟然存在一条难以逾越的鸿沟。对此，走出地狱集中营的少年久尔吉，不得不再次走进新的"集中营"，开始"无形的命运"。

《无形的命运》记录了凯尔泰斯个人在历史中刻骨铭心的亲身经历和深切的

真实感受。他拒绝了像某些文学家那样以意识形态来叙述历史，从而歪曲历史。这种"见证的文学"和叙述方法，让文学作品更具有震撼人心的力量。

凯尔泰斯的文学创作的确没有多么重大的突破，题材不够丰富，数量也不多，且没有一部登上畅销排行榜，但从纳粹集中营到后来发生的震惊世界的匈牙利事件，凯尔泰斯都以文学发了声，并取得了不俗的成就。瑞典文学院对其评价是：

> 表彰他对脆弱的个人在对抗强大的野蛮强权时痛苦经历的深刻刻画以及他独特的自传体文学风格。

凯尔泰斯·伊姆雷，于 1929 年 11 月 9 日降生于匈牙利布达佩斯一个有犹太血统却不信犹太教的家庭。父亲是木材商人，母亲是位职员。长期在匈牙利生活，犹太文化已被匈牙利文化取代。

1944 年，匈牙利被纳粹德国占领。凯尔泰斯的父亲被投入集中营，十五岁的凯尔泰斯也像七千多名匈牙利犹太人一样，被纳粹抓走，投入奥斯维辛集中营，受纳粹奴役，又被正统犹太人歧视，苦不堪言。1945 年 5 月，盟军占领匈牙利。7 月，被监禁一年，目睹纳粹种种暴行和杀掠的凯尔泰斯，侥幸存活，重返布达佩斯，地狱般的集中营经历成了他后来一生文学创作的宝贵资源。

凯尔泰斯回家后，刻苦求学，基本完成学业，于 1948 年当了光明报社的记者。凯尔泰斯毕竟文化积累有限，不久被报社辞退，当了两年工人后，又应征入伍，两年后复员，靠写作和翻译糊口度日，写作多是音乐剧和舞台剧，似乎没受什么影响，翻译也多是德语哲学家的作品，如尼采、弗洛伊德、霍夫曼斯塔等人的作品，受到文学的滋养和影响。

从 1958 年始，凯尔泰斯开启了小说创作的漫长之旅，花了十三年，终于完成他的鸿篇巨制"命运三部曲"，上面介绍的《无形的命运》，是"命运三部曲"第一卷，也是一开始不被人看好，后来影响最大的开卷之作。1988 年，第二卷《惨败》出版。1990 年，第三卷《给未出生孩子的祈祷》出版。前者表现当时闭塞的社会状态和人们遭到种种打击的命运，后者写一个作家终日笼罩在亲身经历的集中营暴行和屠杀的阴影之中，怕生了孩子重蹈自己的经历和覆辙，不要孩子的故事。"命运三部曲"都有自传色彩。1991年，凯尔泰斯发表的中篇小说《英国旗》，从故事背景看，可认定是《无形的命运》续集。

除了上述小说之外，凯尔泰斯还出版过日记体随想录《船夫日记》（1992），是一本记录其1961年至1991年对文学、艺术和人生社会的思考，反映三十年间其思想灵魂历程的真实图景。1997年出版的随笔集《另外的我：变革记事》，则是《船夫日记》的姊妹篇。

晚年，凯尔泰斯主要创作随笔散文和杂文，有《思维的沉寂——行刑队再次上膛之时》（1998）、《流亡的语言》（2001）和《清算》（2003）。

在汹涌澎湃的商品经济大潮的冲击下，严肃文学的生存越来越艰难，如果没有瑞典文学院这个伯乐，没有其人文精神的关怀，像小语种的匈牙利的凯尔泰斯这样"丑小鸭"式的作家，还会变成"白天鹅"出现在文学的圣殿吗？

2016年3月31日，凯尔泰斯在布达佩斯逝世，享年八十六岁。

第九十四届（2001 年）

维·苏·奈保尔

获 奖 者：维·苏·奈保尔（V. S. Naipaul，1932—2018），印度裔英国作家。
获奖理由：其著作将极具洞察力的叙述与不为世俗左右的探索融为一体，
　　　　　是驱策我们从扭曲的历史中探寻真实的动力。
获奖作品：《河湾》（又译《大河湾》）（小说）。

按照中国人的观念，知识分子必须德才兼备，甚至更强调其思想和人品。宋代苏辙在《盛南仲知衡州》诗中曰："进退天下士大夫，不惟其才惟其行。"欧阳修也在《文正范公神道碑铭序》中说："天下兴学取士，先德行不专文辞。"但西方的观念特别是瑞典文学院与我们有所不同，他们能坦然面对作家的不端品行、卑鄙人格。在评选诺贝尔文学奖时，只关心一个作家的作品好坏，并不把作家的政治观点和私生活作为评奖的标准。因此，第九十四届诺贝尔文学奖的桂冠戴在内心阴暗、狂妄自大、气量狭小、私德卑劣的印度裔英国作家维·苏·奈保尔头上，就没什么好奇怪的了。

　　奈保尔极狂妄地贬损嘲笑他的前辈作家，骂毛姆的作品"部分是大众的垃圾，部分是皇室的垃圾"，妄断狄更斯作品"死于自我模仿"，将乔伊斯的《尤利西斯》贬得一钱不值。他几乎鄙视所有的英国经典文学作家，对当代作家也肆意品头论足，尤其对第三世界文化、黑人文化、伊斯兰文化说三道四，轻蔑仇视。

　　至于奈保尔的私德，看看他自己的传记《如此人间》便可了然，其自曝的种种丑行，让人瞠目。与他深交三十年的美国作家索罗，忍无可忍与他断交。

但是，如果我们仅凭奈保尔的不端人品，将之视为文坛小丑、不良文人，就大错而特错了。仅从《如此人间》看，他敢于自揭丑陋的人生，自剖自己卑鄙的灵魂，那不是炫耀，而是自我否定。这需要何等的勇气。而且，放纵欲望的同时，他在努力寻求自己灵魂的家园，他一生有过多次的漫游世界，可视为他的文化和精神的"苦旅"。1962年和1988年，他曾两度回到他祖先的故土印度，足迹几乎踏遍全境，采访了上层和民间，接触社会各个阶层，了解历史、政治、经济、文化。虽说瑞典文学院认定他是一个"文学的世界主义者"，但祖宗的文化和精神的基因是浸透到他骨血里的。两次访印，可视为奈保尔的寻求精神家园之旅。他还考察过美洲、非洲、亚洲等许多国家和地区，多元文化的冲突和交融，为他的文学创作提供了精神的乳汁和文学的营养。说奈保尔"从一个白人的眼光来观察印度"有些片面，说他是"没有先祖之国的流浪汉"，"他的精神家园就在他自己身上，就是他的个人"，似也没有依据。

奈保尔的文化背景独特而又复杂，视"真实"为最高美学标准，他总能将冷峻的笔触伸向社会的黑暗、不公，特别是塑造了大量鲜活真实、耐人寻味的人物形象，让读者过目不忘，他有多部作品登上畅销书排行榜，也让文学界对他刮目相看：1958年获莱斯纪念奖，1961年获毛姆文学奖，1964年获霍桑奖，1971年再夺布克奖。20世纪末，文学界便频频把他列入诺奖的有力竞争者。21世纪伊始，他摘得诺贝尔文学奖桂冠，也算实至名归。

1979年出版的长篇小说《河湾》，是奈保尔的一部杰作，与他的《游击队员》（1971）和《抵达之谜》（1987）等长篇一样，带有浓郁的自传色彩。奈保尔笔法之巧妙，在于把历史纪实与文学虚构相结合，表现西方的殖民主义给世界带来的动荡不安，以及人民对殖民者的压迫、奴役的反抗，同时还写出本土文化与殖民文化的冲突，移民群体意识与主流文化的矛盾。正如瑞典文学院画龙点睛地指出，奈保尔的作品让我们看到"扭曲的历史"。

当然，我们并不认同奈保尔小说的结论：殖民者统治下的当地本土文明，只有在西方文明关照下才能得以保存。

《河湾》讲的是一个印度裔青年萨利姆，跋涉万里，不惧艰险，深入非洲内陆一个叫河湾的地方，所目睹的摆脱殖民统治后的种种怪现象及形形色色的小人物命运的故事。

萨利姆来到非洲，安身在河湾，距祖上从南亚迁徙到非洲海岸，已经过去两三百年了。这里遭受过殖民主义者明火执仗的残酷血腥的占领、掠夺和统治，也经历了壮烈的反抗斗争，结束了殖民统治。

萨利姆在河湾结交了各阶层形形色色的人物：白人、黑人、官员、商人、神父、不安于现状者、革命者、作家、白人的宠信等。小说正是通过这些人物呈现了结束殖民统治后，该地区出现的种种怪现象。

《河湾》表达了奈保尔个人在文化认同方面的思考和追求。而瑞典文学院赞同该小说既批评了西方殖民主义给殖民地人民带来的灾难和屈辱，又忧患结束殖民统治之后，当地旧有的文化传统太过落后，甚至对现代文明有破坏性，认为"扩张的西方文明中，其实包含了人类现代化的合理因素"的理念。

1932 年 8 月 17 日，西印度群岛特立尼达一个印度裔家庭里，降生一个男婴，他就是维·苏·奈保尔。据奈保尔自称，其祖先乃印度北部一个婆罗门家族，为印度四大种姓中地位最高者，后来没落。19 世纪英国开发西印度群岛，其祖先从印度北部移民西印度群岛的特立尼达，靠在甘蔗园打工维持生计。没落贵族重视教育，到奈保尔父辈，已是有社会地位的记者，在《卫报》供职。父亲对文学非常感兴趣，常给孩子朗读文学作品。后举家迁到首府西班牙港。

奈保尔从小所受的教育，即殖民地宗主国的英语文化教育，而非印度文化教育。无论在家，还是在女王中学读书，他所读的，都是莎士比亚、狄更斯等英国作家的经典作品。

1950 年，奈保尔凭自己优异的成绩，幸运地获得政府奖学金，十八岁的他到英国伦敦，入牛津大学读当代英国文学系。在这座世界名校，他受到极好的教育，为他后来成为作家打下坚实的文化基础。在繁华的伦敦，牛津大学的高才生奈保尔只是一个面容黝黑的下等公民，受到白人的歧视，像特立独行的辜鸿铭一样，奈保尔养成了乖张的性格。但他是幸运的，牛津大学毕业后，曾任英国广播公司《加勒比之声》节目编辑，后又到伦敦《新政治家》杂志社任评论员。1955年，幸运又降临到头上，他与大学同窗帕特丽西亚·哈勒结成秦晋之好，但因奈保尔一直对女性缺乏尊重，其妻饱受他的冷酷无情。结婚后，奈保尔定居英国，边工作，边创作。

1957年，奈保尔的第一篇小说《神秘的按摩师》发表。小说写的是特立尼达各色人等的生存状态及对自己童年生活的追忆，笔调轻松诙谐。

1958年，奈保尔出版《埃尔韦拉的选举权》，讲的是让人啼笑皆非的对西方民主盲目追求的故事，获得莱斯纪念奖。

1959年，奈保尔出版短篇小说集《米格尔街》，这些短篇小说有自传色彩，皆是由一个想出人头地的少年叙述展开的，将二十世纪三四十年代西班牙港形形色色、栩栩如生的小人物推上社会舞台，展示出少年眼中的土著人市俗社会的斑斓场景，文笔洗练幽默。《米格尔街》于1961年获得颇有影响力的毛姆文学奖。

真正让奈保尔在英国文坛出头，成为大师级作家的，是1961年出版的自传体喜剧长篇小说《比斯瓦斯先生的房子》。小说讲的是一个印度移民之子比斯瓦斯，梦想拥有一栋自己的房子、一个幸福的家园及在异域文化中寻求自我与地位的故事。小说里出现了奈保尔及其父亲的双重身影，实际上是写自己如何跻身英语世界，获得身份和荣誉的经历。

这之后，奈保尔又出版长篇小说《斯通先生和骑士伙伴》，也是描写一个在英国的青年移民的个人发展史。小说获1964年的霍桑奖。接着在1967年，他又创作长篇小说《效颦者》。

1971年，奈保尔的中短篇小说集《在一个自由的家园里》问世，获1971年的布克奖。1979年，给奈保尔带来无限荣耀的长篇小说《河湾》诞生。1987年，奈保尔又出版《抵达之谜》。

为了寻根，寻求精神家园，二十世纪六七十年代，奈保尔开始世界之旅，足迹踏遍美国、加拿大、印度、巴基斯坦、伊朗、马来西亚、印度尼西亚等国，遂有大量游记和随笔陆续发表，如《中间通道》(1962)、《黑暗地区：印度经历》

（1964）。后来，他又出版了《印度：受了伤的文明》（1977）、《在信徒中间》（1981）、《超越信仰》（1988）和《印度：百万人大暴动》（1990）等书。

1996年，其妻子帕特丽西亚·哈勒去世，奈保尔又与阿尔维结合，时年六十四岁。

2000年，奈保尔出版《父子之间：家书集》。次年出版《半生》，10月获诺贝尔文学奖。

第九十二届（1999 年）

君特·格拉斯

获 奖 者：君特·格拉斯（Günter Wilhelm Grass，1927—2015），德国作家。

获奖理由：其嬉戏之中蕴含悲剧色彩的寓言描摹出了人类淡忘的历史面目。

获奖作品：《铁皮鼓》（小说）。

世事真是难料。瑞典文学院总是在每年 10 月第一个周四公布诺贝尔文学奖，结果该届竟提前一个星期就宣布了。原本瑞典文学院并不总给世界著名文学大师颁奖，此前三届又将诺奖皆颁给欧洲作家，故没想到此次仍颁给欧洲的君特·格拉斯。更让世人没想到的是，一向被世人当成德国乃至整个欧洲知识分子社会良心、正义化身乃至圣人的君特·格拉斯，于获诺奖之后 6 年，竟自曝丑闻，承认他年轻时曾是纳粹党卫军，整个世界文坛掀起轩然大波。他曾公开声称自己信奉社会民主主义，与西方主流话语高唱反调，常常有惊世骇俗的"不同政见"，不断批评欧盟和美国出兵干涉波黑、轰炸科索沃，反对美、英对伊拉克动武。在庆祝第二次世界大战胜利五十周年之际，欧洲报纸连载了他和日本作家大江健三郎之间的关于共同深刻检讨两国战争罪责的通信《我的日本，我的德国》。格拉斯义正词严地要求每个德国人反省自己。这位一直扮演审判别人的道德法官角色的格拉斯，那时对自己曾经的罪行讳莫如深，尽管后来他坦诚交代自己的罪过，但其灵魂反差之大，还是让人吃惊和愤怒。

但是，正是这个人，创作了堪称 20 世纪世界文学经典，内涵远比博士论文、历史著作丰富的作品《铁皮鼓》。它的人文关怀、它的想象力和把握历史的天才，整个世界文坛，无人否认，也无权否认。

　　这部经典，描述了第二次世界大战后剧烈变迁的社会图景。该小说是以主人公奥斯卡的第一人称口吻讲述的。故事从其父辈的年代一直讲到 1951 年自己三十岁生日那天，为读者形象地呈现了 20 世纪前半叶整个德国纳粹主义时代的历史画卷，还原了黑色历史，并为其涂上诙谐和幽默的色彩。

　　奥斯卡三岁生日时，母亲阿格奈斯送给他一个礼物———面铁皮玩具鼓。奥斯卡总想停留在孩童时代，为此多次自残，最后摔成一个长不大的侏儒，身高不足一米。但他智商极高，且有一种以尖锐歌声唱碎玻璃的特异功能。

　　奥斯卡的外祖父是一个纵火犯，被官府追捕时，钻进一位女士的宽裙底下，捡了一条命，该女士成了奥斯卡的外婆，生下他的母亲阿格奈斯。阿格奈斯长大后嫁给了马采尔，但她深爱表哥布朗斯基，并怀上了奥斯卡。

　　奥斯卡父母开了一间日用杂货店。奥斯卡常到这条商业街玩耍。因品行不端，他被学校开除，只好请面包房太太教点儿文化知识。其母阿格奈斯因与表哥私通而良心不安，猛食毒鱼自戕。父亲便雇十七岁的玛丽亚姑娘帮助打理商店。十六岁的奥斯卡在性欲驱使下，与玛丽亚有了床帏之事，后来发现父亲也与她勾搭成奸。玛丽亚怀孕后，奥斯卡劝她堕胎，不允，后生下奥斯卡的骨肉库尔特，成了奥斯卡"弟弟"。

　　第二次世界大战爆发后，奥斯卡之父马采尔当了纳粹冲锋队小队长。而生父布朗斯基却因参加抵抗法西斯的战斗，被纳粹处死。奥斯卡参加前线剧团，到巴黎演出，与旧女友罗斯维塔相遇，同居。盟军登陆诺曼底，敲响纳粹丧钟之时，女友中弹殒命。奥斯卡回到家乡，正逢儿子库尔特三岁生日。他也学母亲送一铁皮玩具鼓给他，不料儿子对此不感兴趣，他悻悻地将此鼓挂在耶稣雕像上。

　　苏军很快攻占奥斯卡家乡，父亲马采尔被苏军枪杀。葬礼上，他将铁皮鼓扔到父亲的身上。他想让自己长高，却成了胸凸背驼的矮子。战后，整个德国经济凋敝，物资匮乏，玛丽亚和库尔特为了生计，加入了黑市交易队伍。奥斯卡先靠刻碑糊口，后因自身的特型而成为模特儿。到了1949年，基督教民主联盟的阿登纳当了总理，世道发生变化。奥斯卡以裸体坐在近一米八身高的名模裸体上之造型，被画家画成《四九年圣母》，而成了"圣婴"，名声远播。但他的感情生活并不顺遂，向玛丽亚求婚遭拒，单恋一个护士无疾而终。他组成三人爵士乐队，以宣泄压抑的情感，一个演出公司老板，一个善于政治上投机的侏儒贝布拉，将其捧成鼓手明星，以谋政治利益。贝布拉死后，将巨额遗产留给了奥斯卡，使他一步登天，成了富翁。

一天，富翁奥斯卡牵着名犬散步，拾到一截带着戒指的无名指。从此奥斯卡开始对其供奉朝拜，忏悔自己的灵魂，认为自己是一个杀人犯，并主动到警局投案自首，说些不着边际的话，被疑为精神病患者，送进精神疗养院。

直到奥斯卡三十岁生日那天，这桩案子才真相大白。原来，奥斯卡装疯卖傻，投案自首，是他和朋友故意制造的一场闹剧。

奥斯卡无罪释放，获得自由，重新走入这个早就让他厌倦的富足生活里，这个侏儒还会闹出什么花样呢？

奥斯卡是个虚构人物，看似不是个现实社会中的典型人物。他只是作者借以表达自己思想和观念的超常的吊诡人物，目的是再创造人们试图忘记的那段历史世界。作者所呈现的那段集体性的罪恶和疯狂，包括集体的无意识的历史，实际上是深刻反映了纳粹统治下德国人的一种普遍精神现实的历史。瑞典文学院曾在新闻公报中赞扬格拉斯"挖掘过去比大多数人都挖掘得更深，是为我们钻研和说明20世纪历史的名副其实的伟大作家之一"。

人类的本性是适应、屈从于环境的压力，这是人类共有的精神现象。从这个意义上，把格拉斯视为第二次世界大战后勇敢地检讨本民族历史的作家，当之无愧。用格拉斯自己的话说，他是"一个在人们厌倦理性的时代来晚了的启蒙使徒"。

君特·格拉斯，于1927年10月16日出生在德国的但泽（今波兰格但斯克市）。父亲是一个小商人，母亲是波兰人。中学还没毕业的格拉斯，十七岁就被征入伍，上了欧洲前线。第二次世界大战结束前，格拉斯负伤住院，在美军攻占医院时被俘，关进美军战俘营，因其隐瞒参加过纳粹党卫军，1945 年 5 月获释。

回到德国后，格拉斯做过农工、矿工、石匠，到 1948 年二十一岁时进入杜塞尔多夫艺术学校，学习版画和雕刻艺术。次年至 1956 年，他转至柏林造型艺术学院，得到卡尔·哈通大师指导，后又热衷毕加索画派，专门到巴黎学画，受到西方流行的超现实主义诗歌和戏剧影响，并由此转向文学创作，在斯图加特加入"四七社"。

1955 年，格拉斯之诗《睡梦中的百合》，获斯图加特电台诗歌赛一等奖。次年，他又出版诗集《风信旗的优点》。1960 年，他出版诗集《三角轨道》。1967 年，其《盘问》诗集又问世。此时的诗作，"左"倾政治色彩较浓，艺术上明显受表现主义和超现实主义影响，但联想丰富，情感奔放。这时，他对戏剧创作也热情高涨，创作了《还有十分钟到达布法罗》(1954)、《洪水》(1957)、《叔叔，叔叔》(1958)、《恶厨师》(1961)、《平民试验起义》(1966，又译《贱民再次造反》)和《在此之前》(1969) 等。其中《平民试验起义》，以 1953 年 6 月 17 日苏联管辖的东柏林人民起义为背景，表现这一历史事件。其戏剧多受布莱希特"辩证戏剧"影响，具有荒诞色彩。

真正最活跃的，是他的小说创作。其"但泽三部曲"包括长篇《铁皮鼓》(1959)、中篇《猫与鼠》(1961) 和长篇《狗年月》(1963)，各自独立成篇，故事人物也无关联，但故事发生时间、地点却相同。最本质的是三篇小说都是表现纳粹时期德国人的过错，即描写集体性的罪恶与疯狂，包括集体无意识，深刻反映了纳粹政权统治下德国人的一种普遍精神现象。《铁皮鼓》最为精彩。《猫与鼠》写纳粹势力以传统英雄崇拜，毒害年轻人，使之成为其鹰犬，最终走上灭亡。《狗年月》则描写一对发小，因受当时反动的血统论毒害，成为仇敌，最后同归于尽，为法西斯殉葬。"但泽三部曲"完成了一幅希特勒上台前至第二次世界大战后德国历史和德国人精神的广阔画卷。

1969 年，格拉斯出版长篇小说《所需之地》，描写德国左派 1968 年的造反运动。

进入 20 世纪 70 年代，格拉斯又推出长篇小说《蜗牛日记》(1972)，描写自己 1969 年的政治竞选活动。所谓"蜗牛"，比喻德国民主进程的缓慢。1977 年，他又有长篇小说《鲽鱼》问世。小说通过一条会说话的鲽鱼与渔夫的奇特故事，来写人类文明发展的重要问题。两年后，他又出版了关于 1947 年建立德国作家团体"四七社"的长篇纪实小说《特尔格特的会议》。

二十世纪八九十年代，格拉斯出版了长篇小说《雌老鼠》（1986），悲观地预言未来的环境灾难，极具前瞻性。他还创作了小说《伸出你的舌头》（1989）、《蟾蜍的叫声》（1992）、《辽阔的大地》（1995）以及长篇小说《我的世纪》（1999）。

格拉斯一生，诗歌、戏剧、小说、散文、论文著作甚丰，仅从涉及的体裁、数量和文体种类上看，也远远超过大多数诺奖作家。

格拉斯获诺贝尔文学奖，正逢世纪之交，他的《我的百年》一书正好出版，这是一部从 20 世纪即诺奖开始颁奖写到他获奖的百年历史回眸的作品。每年写一章，既是个人的历史，又是人类历史。每个人都名垂史册。

格拉斯还是个画家，他早在 1955 年便在斯图加特美术馆举办过个人画展，更值得一提的是，1979 年，格拉斯曾访问过中国，德国驻华大使馆为他举办了画展。当时，他的文学作品尚未大量在中国出版，笔者参观其画展时，心灵没有丝毫悸动，与后来读其文学作品的感受大相径庭。

斯人于 2015 年 4 月 13 日在吕贝克去世，身后留下的关于其人品争议，至今尚未消弭。

第九十一届（1998年）

若泽·萨拉马戈

获 奖 者：若泽·萨拉马戈（José Saramago，1922—2010），葡萄牙记者、作家。

获奖理由：由于他那极富想象力、同情心和颇有反讽意味的作品，我们得以反复重温那一段难以捉摸的历史。

获奖作品：《修道院纪事》（小说）。

诺贝尔文学奖是世界上至高无上的奖项，影响巨大，引起全世界的关注。每年10月第一个星期四下午1时多，是诺奖公布时刻，在这之前，各种有关该奖花落谁家的猜测纷纷扬扬。比如1997年，人们预测若泽·萨拉马戈最有希望，结果诺奖桂冠由达里奥·福摘走。这次萨拉马戈的呼声很高。但就在诺奖公布之前，正在参加法兰克福书展的萨拉马戈，不听出版商让他少安毋躁、在此静候的劝告，执意到机场打道回府。他把行李办了托运，偏偏机场的广播里传出他获诺奖的消息，出版商请他无论如何回到书展，那里已为他准备了一个盛大的记者招待会，香槟酒和玫瑰花正等待着他。听罢，这位七十六岁高龄的老人对这期待已久却不期而至的荣耀，还是有些吃惊。

他知道，瑞典文学院将此殊荣颁给第一位葡萄牙作家，不仅是自己的荣耀，也是葡萄牙国家和文学的荣耀，还是世界两亿多葡萄牙语人的荣耀。在发表获奖感言时，萨拉马戈对此做了充分的表达。此刻，葡萄牙举国狂欢，葡萄牙语世界也是兴高采烈，连在政治上与其对立的总统和总理也都将他当成一位民族英雄来祝贺。

巴西报纸感慨良多地写道："好不容易等了六百年，葡萄牙语终于得到了公正对待。"

为萨拉马戈带来如许荣耀的是他发表于1982年的长篇小说《修道院纪事》。

这部小说以1730年建在里斯本的著名大修道院为背景，通过两个虚构的人物巴尔塔萨尔和布里蒙达，将建造修道院和制作"大鸟"两个工程扭结在一起，描写人的理性和感情的冲突及人对不朽荣耀的追求，征服世界的欲望和幻想。

18世纪初，没有子嗣的葡萄牙国王若奥五世，向大主教许下诺言，倘若能让他生儿育女，他不惜斥巨资修建马芙拉修道院。天遂人愿，国王真的有了儿子。为了还愿，他不顾国库亏空，修造了规模比设想大了几倍的马芙拉修道院。

神父洛伦索，是一个梦想飞上天的飞行器设计者，有个助手叫巴尔塔萨尔，在战争中失去了左手。他离开军队回家的路上，目睹各地民不聊生的悲惨景象，对国王十分愤怒。后来，巴尔塔萨尔与有特异功能的女士布里蒙达邂逅，产生爱情。神父洛伦索帮助二人举行了婚礼，并邀二人帮助他制造飞行器。

制造飞行器在宗教裁判所看来，是非法的，于是派员将神父洛伦索抓去审讯。布里蒙达利用特异神功，助神父飞上天。扶摇天上，俯视大地，人世间种种灾难罪恶，尽收眼底。神父不知所终，巴尔塔萨尔继续修造飞行器，终于有一天，不小心触动机关，布翼飞行器竟带着他飞上了天。

布里蒙达不顾千辛万苦，千里寻找丈夫。结果她看到了让她肝肠寸断的一幕：宗教裁判所正在处死几个"罪犯"，巴尔塔萨尔正在其中。

巴尔塔萨尔的肉体被焚成灰烬，但其灵魂与布里蒙达紧密融合在一起。

《修道院纪事》通过魔幻现实主义艺术手法以及巴洛克式的奇幻瑰丽风格，充分展现作者的丰富想象能力，歌颂人类意志无坚不摧，揭露专制独裁政体对人的意志的残害。更深刻的是，小说暗示专制独裁压制下，虽然自由意志爆发出惊人的创造力，但这种创造力在特定条件下，会异化为专制意志的奴隶和帮凶。他的小说"说教而不乏同情，理性而充满想象"。

和上届（1997）的意大利剧作家达里奥·福相类似，萨拉马戈一直是个有争议的激进的左派政治作家。获得诺奖后，他在接受记者采访时，毫不忌讳地宣称：

"不要忘记，我是一个共产主义者，我是为人民大众写作的。"葡共主席卡瓦拉斯得知其获诺奖时，说这是我们党大喜的日子。1989年，苏联、东欧社会主义国家解体。但萨拉马戈坚持自己的信仰，不随波逐流，让人肃然起敬。其实，在哲学上，萨拉马戈是个悲剧主义者，在行动上，他又是一个愤世嫉俗的行动派。他曾率国际作家代表团访问巴勒斯坦的领袖阿拉法特，公开批评以色列，他以各种形式挑战国家机器，挑战教会，挑战传统道德。

总之，萨拉马戈是个有良知的进步作家。

若泽·萨拉马戈，降生在葡萄牙南部阿济尼亚加镇一个贫苦的农家，时间是1922年11月16日。后来，他随全家乔迁至首都墨尔本。萨拉马戈十七岁时因经济困难，从中学辍学，走上社会自谋生计，当过工人、绘画员等，直到1960年才在科尔出版社谋得编辑一职，后又到新闻日报社任副社长。

1947年，萨拉马戈发表第一篇小说《罪孽之地》。十九年后，他有诗集《可能的诗歌》出版，过四年又有诗集《或许是欢乐》出版。两部诗集，歌颂爱情、大海，表达对人生的热爱和追求，间或批评社会不公。但诗歌对萨拉马戈而言，只是对文学创作的一种摸索和尝试，他的目标是小说。1975年，他的长篇诗体小说《一九九三》出版，似是由诗过渡到小说的实验，充满寓言式的神秘、想象、荒诞。

1976年，萨拉马戈成为职业作家，住在西班牙加利群岛美丽的兰萨罗特岛。在岛上，他又出版了长篇小说《绘图与书法指南》（1977）、短篇小说集《几乎是物体》（1978）和《五种感觉俱全的作诗法》（1979）。接着，他的第三部长篇小说《从地上站起来》（1980）问世。可以说，《绘图与书法指南》和《从地上站起来》是萨拉马戈文学生命的真正开始。前者叙述一个人怎么成为艺术家及旅游葡萄牙的感受，后者通过一家祖孙三代人的命运，既表现了他们的勤奋勇敢和真挚的爱情、对劳动生活的热爱，又表现了劳动者悲惨的生活以及他们的觉醒与抗争。后者堪称葡萄牙一个家族的编年史，一部葡萄牙劳动人民斗争的史诗。

瑞典文学院评论这两篇作品时，认为都有明显的自传性成分，为研究者提供了作者本人的生活和思想的宝贵资料。相较而言，对历史反思和对社会不公抨击熔为一炉的《从地上站起来》，思想分量更重，艺术水平更成熟，实为作者小说创作道路上里程碑式的作品。

1984 年，萨拉马戈创作了长篇小说《里卡多·雷伊斯死亡之年》。里卡多·雷伊斯是葡萄牙著名诗人帕索瓦诗中想象出的人物。萨拉马戈将这一虚构的雷伊斯放到现实生活中，描写他从巴西回到葡国，与两个姑娘生死之恋的故事，明显带有人类末日寓言色彩。

两年后，萨拉马戈又推出长篇小说《石筏》，讲述了伊比利斯半岛突然与欧洲大陆板块分离，漂向北美新大陆，丧失家园的葡萄牙人惊慌绝望的故事。这是一部具有黑色幽默的警世寓言作品。

1989 年，萨拉马戈的长篇小说《里斯本围城记》出版，描写某出版社一名校对员故意大删大改一部关于葡萄牙建国史的书稿，以此与该社女主编调情。又讲述葡萄牙开国元勋阿封索·亨利克斯，怎样在耶稣和"十字军"的支持下，把穆斯林驱赶出境的故事。小说将庄与谐、严肃与轻松两个层面的故事扭结在一起，其风格独特、新鲜。

20 世纪 90 年代以后，萨拉马戈创作仍活跃，先后出版《耶稣基督眼中的福音书》（1992）、《失明症漫画》（1995）、《所有的名字》（1997）和揭露某国右翼政府残暴统治的《透明》（2004）。

萨拉马戈对戏剧创作也有所涉猎，如《夜晚》（1974）、《我用这本书来做什么？》（1980）和《弗朗西斯科·德·阿西斯的第二次生命》（1987），皆表现平平。此外，他还将曾在各报刊发表的随笔、文学评论和时政评论，结集为《这个世界和另外的世界》（1971）、《旅行者的行李》（1973）、《〈里斯本日报〉曾这样认为》（1974）、《札记》（1976）等出版。

萨拉马戈于 2010 年 6 月 18 日，在旅居二十四年的西班牙家中逝世。

第九十届（1997年）

达里奥·福

获奖者： 达里奥·福（Dario Fo，1926—2016），意大利剧作家。

获奖理由： 其在鞭笞权威，褒扬被蹂躏者可贵的人格品质方面所取得的成就堪与中世纪《弄臣》一书相媲美。

获奖作品：《一个无政府主义者的意外死亡》（戏剧）。

把第九十届诺贝尔文学奖的桂冠，戴在意大利即兴喜剧作家达里奥·福的头上，瑞典文学院表现出超人的智慧和勇气。达里奥·福是继承意大利中世纪戏剧的剧作家，其戏剧如《弄臣》，主角多是受欺凌和鄙视的丑角，但他们并不伺候权贵，不同于在宫廷里效忠于朝廷的"弄臣"。丑角代表着下层民众的声音，藐视权威，嘲弄权贵，有着自己的尊严。"丑角"与一般戏剧中的丑角之不同，在于达里奥·福赋予丑角人文主义精神的尊严。达里奥·福的即兴喜剧，有法国雨果《九三年》的精神，即使革命是绝对正确的，但是在绝对正确的革命之上，还有正确的人道主义。达里奥·福的剧作力求超越政治，突破意识形态的局限，"鞭笞权威，褒扬被蹂躏者可贵的人格品质"，维护人的"尊严"。

当然，达里奥·福的即兴喜剧，在欧洲文学界通常被视为引车卖浆者之流的通俗的艺术形式，与莎士比亚式的悲剧相比，自然是下里巴人式的低级艺术。因此，乍一公布达里奥·福获奖，在世界文学界引起颇大的争议。

达里奥·福是在罗马完成一个电视节目，驾车回家时，见到一个记者开着车，打着他获奖的大字标语，向他传递获诺奖消息时，方知此事。他的惊喜和意外的感觉，在他到瑞典领奖时发表的演说中，充分地表达出来：

> 亲爱的瑞典文学院院士们，让我们承认吧，这次你们是否做过头了？我的意思是，瞧你们，先给一个黑人发奖，然后给一个犹太人发奖，现在你们又给一个小丑发奖，给什么奖？他们在那波利斯的人说：疯了吗？我们是否都失去理智，失去了感觉？

谈到他的演讲，可谓别出心裁。这位七十一岁的老者，既不拿讲稿照本宣科，也不像别人那样一脸庄重严肃，而是拿着一沓漫画，如同喜剧角色做即兴演说。其出色的"丑角"表现，让全场哄堂大笑。他在此间接告诉世人，能让人大笑是喜剧的艺术魅力使然，别轻视喜剧的力量。他在演说中，提议给以不拘一格的气魄将诺奖颁给喜剧的瑞典文学院，颁发"勇气奖"。

通常，达里奥·福在政治上，给人左派的印象，其政治表现让人怀疑他是共产党人。这当然是一种误解，或因为他的妻子拉梅曾经是很活跃的共产党员而做出的推测。"据说他也反对苏共和意共的修正主义，而憧憬向往中国的无产阶级文化大革命"，还曾于 1970 年"特地去访问中国"。回到意大利后的 1974 年，他创作了《拒不付款》，就是蔑视权威、鼓励穷人造反的剧作。该剧鼓动哄抢超市的食品，拒不付款。这与达里奥·福的一贯憎恨富人，反对社会不平和贫富差距的意识一脉相承。但是，这与马克思的无产阶级革命论并不是一回事。与其激进的主张不相和谐的是，他的戏剧中对穷人，对被侮辱、被损害者的深切的同情，反映出他的人道主义精神，让我们看到俄国列夫·托尔斯泰和陀思妥耶夫斯基的人道、人性的神韵。

达里奥·福是个进步的戏剧家和优秀的演员，根本不是什么革命家。他的作品超越政治和意识形态局限，维护人的尊严，与诺贝尔先生的理想主义是一致的。

1970 年，达里奥·福创作了他的代表作之一《一个无政府主义者的意外死亡》。

1969 年，罗马发生喷泉广场惨案及一系列爆炸事件，意大利当局和媒体都把事件归结为恐怖分子所为。在调查中，一个因此被捕的叫匹奈尔的人，从十五层楼跳下自杀身亡，这使此案疑云密布。

《一个无政府主义者的意外死亡》以此案为背景，利用喜剧揭露了当局滥抓无辜，施暴逼供，将其致死，却谎报恐怖分子畏罪自杀的黑幕。作品刻画了一个"疯子"，其才华出众，能游刃有余地应付各种环境和人物，他摇身一变，伪装成了罗马高等法院的首席顾问，来复审匹奈尔案件，以各种手段将警官玩弄于股掌之中，甚至又冒名顶替警局科技处上尉马卡托尼奥·皮齐尼，巧妙地将该事件剥笋般层层揭开，使其水落石出，露出真相。作品揭露司法部门道貌岸然，言之凿凿背后却是颠倒是非，捏造陷害左翼人士的丑恶行径。

这么严肃的事件，在达里奥·福的笔下，由"疯子"出场，演出了一场滑稽可笑的闹剧，让观众在愉悦的观赏中看到低贱卑微者的正义和智慧、高贵为官者的愚蠢和丑陋，从而进一步了解社会的不公和黑暗。

特别需要提及的，是达里奥·福的喜剧艺术特色。他在戏剧中大量运用即兴式的、看似随意的表演，以及运用幽默、双关、反讽、自嘲、暗喻的语言来表现戏剧冲突双方、短兵相接的正与邪，在喜剧中完成作者对社会不公的嘲讽和批判。

瑞典文学院曾以新闻公报的形式，对《一个无政府主义的意外死亡》这出戏做出极高的评价：

> 该剧主角逐渐成为哈姆雷特那样的人物，装疯卖傻，但使得官员们的谎言昭然若揭。

该剧上演之后，曾轰动欧美。那时，意大利社会腐败，滥用权力，黑社会猖獗，这位敢于挑战权势的戏剧家达里奥·福及其家人自然免不了受到迫害，受到恐吓、威胁、殴打，他的相濡以沫的妻子弗兰卡·拉梅甚至遭到右翼暴徒的轮奸，但他们并没有在黑暗势力面前退缩，反而成为意大利的一支正义力量。

达里奥·福，于1926年出生于意大利北部的桑贾诺市。中学毕业后，他曾到米兰布莱拉美术学院就读，后又到工学院学习建筑。二十六岁时，他因喜爱戏剧而从艺，那时电视尚不普及，他在广播剧《可怜的小矮人》中担任一角色。他还到娱乐场所演出文艺节目。那时他已经尝试创作戏剧，写一些歌舞类小品，已具喜剧色彩。

1954年，达里奥·福出版了《一针见血》，这是他的第一部剧作。该剧对假模假势的说教和假大空式的英雄主义，尽情嘲讽鞭笞，颇受好评。就在这一年，二十八岁的他和著名戏剧演员弗兰卡·拉梅相爱、结婚，在她的倾力帮助下，取得成就和获得荣耀。

1959年，夫妻成立自己的剧团。丈夫集编剧、导演、演员、舞美于一身，而妻子则领衔女主演。达里奥·福创作了《天使长不玩台球》（1959），极尽讽刺官员恶习。其作品《他有两支长着白眼睛和黑眼睛的手枪》（1960）则揭露官府和黑势力是一丘之貉，《总是魔鬼的不是》（1965）则鞭笞不良富人。

1969年，达里奥·福创作了《喜剧的神秘》（又译《滑稽神秘剧》），可与次年创作的《一个无政府主义者的意外死亡》相媲美。《喜剧的神秘》借用了苏联诗人马雅可夫斯基创作的剧本《喜剧的神秘》之名。该剧因对《圣经》冷嘲热讽，受到梵蒂冈抗议。其实，该剧取材于中世纪民间传说，达里奥·福借古讽今，抨击时政，嘲讽社会道德堕落、良知沦丧等不正之风。作品一经搬上舞台，再有达里奥·福的出神入化、入木三分的表演，在社会上广受好评。特别是意大利电视台播放演出录像，几乎轰动意大利。

进入20世纪70年代，达里奥·福又创作了《突击队员》（1972），支持巴勒斯坦人的解放斗争。其作品《砰，砰，谁来了？警察》（1973）揭露当局暴力丑行，《范范尼案件》（1975）矛头直指政界黑暗。

到20世纪80年代，达里奥·福又创作了《喇叭、小号和口哨》（1981）、《伊丽莎白塔》（1984）、《阿尔内基诺》（1986）和《教皇与女巫》（1989）等剧作。《喇叭、小号和口哨》对政界和财界头面人物，进行了酣畅淋漓的揶揄、挖苦、讽刺。

晚年，达里奥·福仍有创作激情。1992年，他创作了《约翰、巴丹和美洲发现》

和《有乳房的魔鬼》。后者于 1997 年 8 月在墨西哥上演。

不要轻视达里奥·福的喜剧，它充分反映出对一种文化价值的理解和诠释。在达里奥·福的喜剧里，最为闪亮的是有一种人的"尊严"意识。正如文艺批评家斯图尔·阿连所说："对于阿尔弗雷德·诺贝尔来说，设立各奖项的基本目的是要给人类带来好处，而文学的成就就是实现维护人的尊严的重要手段。"

鲁迅说，喜剧就是把无价值的东西揭示给人看。似并不准确，从达里奥·福的喜剧看，喜剧并不总是批判无价值的东西，好的喜剧也能肯定正面的、有意义的价值。从这个意义上讲，戏剧家达里奥·福自称"人民的游吟诗人"，准确无误。

2016 年 10 月 13 日，达里奥·福因患严重的呼吸系统疾病逝世，享年九十岁。

第八十九届（1996 年）

维斯瓦娃·辛波丝卡

获 奖 者： 维斯瓦娃·辛波丝卡（Wisława Szymborska，1923—2012），波兰女诗人。

获奖理由： 由于其在诗歌艺术中精辟精妙的反讽，挖掘出了人类一点一滴的现实生活背后历史更迭与生物演化的深意。

获奖作品：《一见钟情》（诗歌）。

有人曾断言，美国诗人布罗茨基（1987 年获诺贝尔文学奖，1996 年逝世）去世，标志着那个伟大的诗歌时代告一段落。但事实是，就在布罗茨基去世那年，波兰女诗人辛波丝卡赫然登上世界最高文学殿堂，与诗人布罗茨基、帕斯、沃尔科特、希尼比肩而立。诗歌之火，依然熊熊燃烧。

辛波丝卡得知摘得诺贝尔文学桂冠之际，正悠闲而惬意地在海滨度假，闻之，并无惊喜，却很紧张。在她的意识里，诺贝尔文学奖是个极遥远而抽象的荣耀，突来的幸运让她不知所措，很有点像她的诗作。

《一见钟情》一诗云：

他们彼此深信
是瞬间迸发的热情让他们相遇。
这样的确定是美丽的，
但变化无常更加美丽。

他们素未谋面，所以他们确定

彼此并无瓜葛。

但是，自街道、楼梯、大堂，传来的话语——

他们也许擦肩而过，一百万次了吧？

我想问他们是否记得——

在旋转门见面那一刹？

或者在人群中喃喃道出的"对不起"？

或是在电话的另一端道出的"打错了"？

但是，我早已知道答案。

是的，他们并不记得。

他们会很惊异

原来缘分已经戏弄他们多年。

时机尚未成熟

变成他们的命运，

缘分将他们推近、驱离，

阻挡他们的去路，

忍住笑声，

然后，闪到一旁。

有一些迹象和信号存在，

即使他们无法解读。

也许在三年前

或者就在上个星期二

有某片叶子飘舞于肩与肩之间？

有东西掉了又捡起来？

天晓得，也许是那个消失于童年灌木丛中的球？

还有事前已被触摸层层覆盖的门把和门铃，

检查完毕并排放置的手提箱。

有一晚，也许同样的梦，

到了早晨变得模糊。

每个开始

毕竟都只是续篇，

而充满情节的书本

总是从一半开始看起。

这首诗以旁观者的身份，写出相爱者之间相遇时的微妙情感，并推测他们擦肩而过的种种景况，道出了"一见钟情"的无法言说机遇和缘分。

"一见钟情"是纯粹的情感碰撞的独特情感，一个旁观者未置于情境之中，只能靠臆测来表现这一复杂的情感，似有难以承受之重、难以表现之重。有论者说，该诗讲述一种"被忽略的人生哲理"似不着边际，"一见钟情"就是情感的说不清道不明的特殊反映，与人生哲理何干？人类的生命因缘际会，没人说得清楚，辛波丝卡的努力也是徒劳的。

辛波丝卡的《一见钟情》，能以细腻的观察、日常生活的生动细节的描写、精确语言的表述，写出生命因缘际会的外在表现，以此来反映人生的一种美好、奇异的情感景观，已经相当精彩了。说什么"揭示人生真谛"，不仅有溢美之嫌，甚或是风马牛不与相干了。

辛波丝卡获诺贝尔文学奖，并非靠一两首诗歌打动瑞典文学院，主要依靠诸多诗作，以"精辟精妙的反讽"，挖掘出了"人类一点一滴的现实生活背后"极为复杂的人性景观。

1923 年，维斯瓦娃·辛波丝卡出生于波兰科尼克一个平民家庭。她很小就喜欢读书，五岁时开始学写儿童诗，八岁时随家移居克拉科夫市。

1945 年，辛波丝卡考入克拉科夫市雅格隆尼安大学，专修社会学和波兰文学，读三年级时，因家里经济拮据，不得不放弃学业。在大学期间，她在波兰一家报纸发表第一首诗《我追寻文学》。1948 年，波兰由共产党执政，对文学提出从苏联照搬的为政治服务的文艺政策。这与辛波丝卡所赞同的过去的政治格局有所相悖，于是她放弃出版第一部诗集。经过四年的适应，她不得不修正自己的文艺观并修改了诗的主题和风格，于1952年才出版第一部诗集《存在与理由》。

1953年，辛波丝卡到克拉科夫《文学生活》周刊任诗歌编辑兼撰写专栏文章。次年，她的第二本诗集《自问集》出版。又三年，诗集《呼唤雪人》出版。从该诗集可以看出辛波丝卡的诗歌与官方鼓吹的文艺为政治服务的方针大相径庭，完全按照自己的意愿，发出不同声音。1962年出版的《盐》，在思想和艺术上，她似已形成自己的风格。到了1967年，她的诗又开始思索人在宇宙的处境的主题，如诗集《一百个笑声》，便是用自由体表达这种思索并标志其诗走向成熟的诗作。

1970年，四十七岁的辛波丝卡出版自编的自己的诗歌总集。奇怪的是，该总集并未收入《存在与理由》诗集中的任何一首。大概是因为这本诗集是委曲求全，按官方旨意写的吧。没有收入《存在与理由》，其总集从思想到艺术确实显得统一和谐，是诗人完全抛弃官方鼓吹政治，对生活和艺术的充满自我的表达。

1986年，其二十二首诗集成的《桥上的人们》甫一发表，即引起诗坛震动。较之她已展现大师风范的诗集《只因为恩典》（1972）和《巨大的数目》（1976），无论是意蕴，还是气象，显然更上一层楼。

辛波丝卡是个为艺术而艺术的纯粹诗人，她的诗完全遵循着个人自由思想情感的召唤，巧妙地规避与诗无关的政治，随心所欲而又小心翼翼地低吟浅唱。但辛波丝卡并没有只为爱情而歌，从《呼唤雪人》，我们会发现，诗人已经触及人与自然、人与社会、人与历史、人与生存的广阔而博大、世俗而哲学的问题。

辛波丝卡一生只创作了一百八十首诗，数目的确不算丰盈，但她每一首诗都是以其敏锐的观察和精练的语言完成的。她通过日常生活揭示"现实生活背后历史更迭与生物演化的深意"的凝练之作，都有神韵和灵魂。

诗人辛波丝卡因罹患肺癌，于2012年2月1日在克拉科夫逝世，享年八十八岁。

第八十八届（1995 年）

谢默斯·希尼

获 奖 者：谢默斯·希尼（Seamus Heaney，1939—2013），爱尔兰诗人。

获奖理由：因其作品洋溢着抒情之美，包含着深邃的伦理，揭示出日常生活和现实历史的奇迹。

获奖作品：《雨的礼物》（诗篇）。

文学源于生活，但文学又具有超越生活的力量。那是因为生活逝去之后，却可在文学中获得永生。爱尔兰诗人希尼的诗，正是因为在"揭示出日常生活和现实历史的奇迹"同时，赋予了"抒情之美"，把审美价值留在了诗歌里，也就留在了人世间。

爱尔兰是个岛国，有碧绿的大海、蔚蓝的大空，洋溢着盎然的诗意，孕育了独特的爱尔兰文学传统，滋养了大量的作家和诗人。自 1923 年诗人叶芝获诺贝尔文学奖之后，爱尔兰人又有 1925 年戏剧大师萧伯纳、1932 年美国剧作家奥尼尔和 1969 年剧作家贝克特获诺奖，二十六年之后，继承叶芝民族精神、努力挖掘民族历史和文化资源的诗人希尼再获诺奖殊荣。正是他们奠基了具有爱尔兰民族精神和文化传统的爱尔兰文学。

希尼的诗歌是一首描绘爱尔兰历史和现实史诗性的诗篇，也是一曲歌颂家园的恋歌。希尼的诗不仅飘逸华丽，更具有深厚的内涵，正如他自己所说："我对技巧的定义是它不仅取决于诗人的语言方式、韵律设计及辞章结构，同时也取决于诗人的生活态度，取决于诗人的自我现实。"

《雨的礼物》（选自诗集《在外过冬》）一诗云：

> 平静的哺乳动物，
> 沾着稻草的脚踩入泥里。
> 开始用他的皮肤，
> 感知天气……
>
> 雨水是活的长鼻，
> 舔过石阶，将其掀翻。
> 涉过人生之水，
> 他探测着深浅，
> 探测深浅。
>
> 一朵沾有泥水的花，
> 在他的倒影里开放，
> 像一个缺口摇晃时，
> 洒溅到池盆里血红的痕迹……

一个习以为常的雨景，一落到诗人的手中，通过惟妙惟肖的细节、充满灵性的感悟，竟变得意象缤纷，极具审美价值，让读者产生强烈的心灵共鸣，其蕴含的哲理，耐人寻味。

《挖掘》（选自《一个自然主义者的死亡》诗集，万之译）一诗云：

> 我的手指和我的拇指之间
> 放着这粗短的笔，顺手得像支枪。

当铁锹深入砾石累累的土壤
我的窗下有清楚刺耳的声响：
我父亲，在挖土。我向下望

看到他绷紧的臀部在花床中
弯下去，伸上来，二十年如一日
有节奏地起伏着穿过土豆垄，
他曾经在那里挖掘。

粗大靴子贴在锹沿上，锹柄
顶着膝盖内弯来回有力晃动，
他把铁刃深埋连根掀起成堆，
铺撒开新鲜土豆让我们捡拾，
喜爱我们手中它们凉爽坚硬。

千真万确，这老头会使铁锹
就像他那老头子一样灵巧。

我爷爷一天里挖出的泥炭
比图纳泥沼任何人都多。
有一次我去给他送瓶牛奶，
用纸松松塞住瓶口，他直起腰
把它喝掉，马上埋头又挖
整齐地截短切开，掀起土块
撩过肩后，向下再向下挖掘
为了好泥炭，挖掘。

土豆地的冷气息、潮湿泥炭的

吱嘎踩踏和拍打声，锹刃切过

活根的清脆声响在我头中苏醒。

但我没有铁锹跟随他们那样的人。

我的手指和我的拇指之间

放着这短粗的笔。

我要用它挖掘。

　　诗人自己认为这首诗，是他诗歌创作的"胚胎"，为他"开掘了人生经验的矿脉"。他又试图告诉世界，诗与生活是两个完全不同的世界，诗人的价值就是用诗表达自己的生活和生命价值。这首《挖掘》表达的是，诗歌如同在田里挖土豆一样，诗挖掘历史、生活和文学之美。正如瑞典文学院网站所评："希尼诗歌揭示出的是一种深刻的经验——可说之物的整体和可证之物的整体之间的鸿沟，也是语言限制和我们生活之世界边界之间的鸿沟。对希尼来说，'诗歌'就是测量这一鸿沟的手段——如果不是搭座桥梁让他们沟通的话。"此论有点形而上的味道，倒是点出希尼诗歌的核心思想。

　　希尼，是位寻根者，他既寻自然之根，又寻传统之根，他还回到英语文学的源头寻找语言之根。

　　希尼的乡土诗歌，切莫拿来与我国的乡土文学相比，有人说他的诗乡而土，他的诗超越了乡土和城市的差别。这是他对文学的贡献。把诗那么清晰地分乡土和城市，有点绝对，好诗不仅乡而不"土"，也该城而不"市"，最要紧的是，希尼在乡与市的交汇中，呈现"人性"深处的风景。

　　希尼的诗，是一束理性之光（有人说是带纹理的光线），照亮世界，并拉近人与人的距离。可惜的是，正是希尼诗中那种别样的乡土气息，让他在中国没有足够的影响。

谢默斯·希尼，于1939年4月13日生于北爱尔兰德里郡的一个乡村，其家庭笃信天主教。六岁时，希尼进阿那霍瑞什小学，接受正规英国语言和文化教育，也受到根深蒂固的本民族传统文化的熏陶。十二岁时，希尼到城里读寄宿中学，对诗歌产生浓厚的兴趣，并尝试诗歌创作，后考入贝尔法斯特女王大学文学院。

1961年大学毕业后，希尼先后到中学及圣约瑟夫教育学院任教，同时进行诗歌创作。1965年，希尼的诗歌《诗十一首》正式发表。次年，就教于母校贝尔法斯特女王大学期间，希尼出版了一本重要诗集《一个自然主义者之死》。诗人回忆了逝去的童年的种种欢乐，父辈的浓浓亲情，乡间浓郁的泥沼和马厩干草的气息。老铁匠的打铁声，夕阳中水塘漂浮的红藻，挥锹挖泥炭父亲的身影扑面而来，那是诗人对故乡深深的追忆。当他从一身泥浆的充满童心的"自然主义者"，走进车水马龙的繁华都市，尽量变成衣着体面的绅士，原来那"自然主义者"死亡了。诗人想用充满泥土气息的诗学理想重获新生，成为"自然主义者"。1969年，其第二本诗集《通向黑暗之门》问世。三年后，其第三本诗集《在外过冬》出版。休整了三年之后，希尼出版诗集《北方》，从1976年到1982年，希尼在都柏林卡瑞斯福学院执教。之后，在世界学术界、文学界声誉日隆的希尼又应邀到美国哈佛大学、英国牛津大学等各校教授英语文学。希尼执教大学期间，出版了不少文学作品，有诗集《野外工作》（1979）、《斯威尼的重构》（1983）、《苦路岛》（1984）、《山楂灯》（1987）、《幻视》（1991）和《酒精水准仪》（1996）等。

希尼除写诗外，在文学理论方面，也有建树，出版过四本文论集：《先入之见：1968—1978论文选》（1980）、《舌头的统治》（1988）、《写作之处》（1989）和《诗的疗效》（1995）。

此外，希尼还出版过剧本《在特洛伊的治疗》（1990）、译著《迷途的斯威尼》（1983）。

2013年8月30日，这位根植于爱尔兰的土地，作品具有抒情美和伦理深度，"揭示出日常生活和现实历史的奇迹"的爱尔兰诗人，在获诺贝尔文学奖八年之后，与世长辞。

第八十七届（1994年）

大江健三郎

获 奖 者：大江健三郎（1935—　），日本小说家。

获奖理由：通过诗意的想象力，创造出一个把现实与神话紧密凝缩在一起
　　　　　的想象世界，描绘现代的芸芸众生相，给人们带来了冲击。

获奖作品：《个人的体验》《万延元年的足球队》（小说）。

第八十七届诺贝尔文学奖公布后，瑞典记者用电话采访了获奖者大江健三郎。他激动地说："我一次又一次狠狠地掐我的胳膊，我想证实自己不是在做梦。"其兴奋、喜悦溢于言表。获诺奖不仅会得到世界文坛的承认，占据世界各大报刊的头条，声名远播，其作品也会摆进各地书店，巨额奖金和滚滚而来的版税也让人羡慕不迭。这令来自日本爱媛县偏僻山村的五十九岁的大江健三郎惊喜激动，是再自然不过的。

大江健三郎不是得志便猖狂的那类作家，他为人和蔼可亲，头脑清醒，对中国文学一直心怀敬意。早在1992年，他到斯德哥尔摩大学演讲，谈到中国文学时，他对鲁迅、莫言和写《老井》的作者郑义极为推崇。郑义的小说《远村》《老井》曾发表在笔者供职的《当代》杂志。《老井》由笔者荐给吴天明，拍成同名电影，大获成功。大江健三郎获奖后，做例行的获奖演说时，也不忘提到莫言和郑义，特别是在2002年春节，大江健三郎到中国采访莫言时说："如果继我之后还有亚洲作家获得诺贝尔文学奖的话，我看好莫言。"十年后，莫言获该奖，预言变成

现实。

大江健三郎在 20 世纪 90 年代初获诺贝尔文学奖，与那时有关"世界文学"的热烈讨论有关。特别是萨义德的"东方主义"理论正风靡全球，对"西方文化霸权"提出严厉的批评。瑞典文学院已注意到东西方文化之间的落差与冲突，认为这种文化不平衡、不合理，应该逐步扭转。他们选中哥伦比亚的马尔克斯、西印度群岛的沃尔科特就出自这种考虑，事实也证明，马尔克斯引起了"拉美魔幻现实主义文学"的文学浪潮，沃尔科特刮起了"加勒比旋风"，他们的做法是正确的。

此次将诺奖颁给大江健三郎，无疑是给扭转东西文化不平衡，再添把薪火。在某种意义上说，大江健三郎获诺奖，是顺应"世界文学"潮流之产物。如果把大江健三郎与 1986 年获诺奖的同胞川端康成做个比较，仅从他们在斯德哥尔摩发表的获奖感言上看，便可看出他们的差异。川端康成以日语做题为"日本、美和我本身"的演讲，强调了民族国家、文学之美和作家之间，构成了自在的共同互属关系，日本作家就要表现日本的独特文学之美，它和国际文学环境没什么关系，其强烈的民族性显而易见。大江健三郎用英语发表题为"我在暧昧的日本"的演说，表示当代日本传统文化和西方现代文化两极对立，日本文学在世界文学格局内处于一种尴尬、模棱两可、暧昧的处境，表达文学走向"民族国际主义"的忧虑。他说："我所谓的日本的模棱两可，是贯穿了整个现代时期的慢性疾病，日本经济繁荣也没有能摆脱这种疾病，而伴随着的是世界经济结构的光照下出现的各种潜在危险。"

大江健三郎对"潜在危险"有清醒认识，他们这一代有良知的日本作家，大都对 20 世纪日本侵华的罪恶做过深刻的反醒。大江健三郎对日本政府国家领导人及其同僚参拜靖国神社、日本军国主义复辟持坚决反对态度。在文化上，他也坚决反对国粹主义，他主张犯有战争罪恶的日本，只有寻求和世界文化的交流，反省历史，才能被世界包括受害的中国人民原谅。对大江健三郎的这种态度，批评家弗雷克·詹姆逊这样评价："大江健三郎是日本最尖锐的社会批评者，从来不认同官方和传统的形象。他和日本其他作家都不一样，最无日本传统的陈腐的民族主义气息，在某种意义上，他既是日本的，同时也是最美国化的小说家，是开放外向的，是不受拘束的。"

回到大江健三郎的获奖作品上来。《个人的体验》是 1964 年出版的，描写日本二战惨败之后生长起来的青年一代的生活命运，揭示他们在担当社会责任过程的精神状态和心灵历程。

小说的主人公，是一个叫鸟的二十七岁青年，在学校任英语教师。今天，妻子正面临难产，由其母在医院陪护。鸟在归家途中遭流氓袭击，打电话后得知妻子尚未生产，与岳母约好晚 8 点再联系。鸟两年前结婚，放弃读研究生，一次酗酒，四周后才酒醒。今天他带伤回到家里，倒头就进入梦乡，变成一只大鸟在非洲上空翱翔。电话铃将他拉回现实。鸟赶紧冒雨到了医院，妻子没事，生下的孩子天生脑疝，最好的结果是成为植物人，鸟的世界崩溃了，跪地痛哭。

孩子转到另一家医院，脑袋托着沉重的肿瘤，却健壮地活着。面对这一"怪物"，他想立刻逃离，却又觉得太自私可耻，绝望中他暗示医生拖延手术，让孩子自然死亡。然后，鸟逃到前女友火见子处，想在温柔之乡忘掉烦恼，等待他策划的阴谋得以现实。

但他还是得到医生电话，被告知医院的副院长、脑瘤专家亲自为孩子手术。手术结果谁都无法预料，极有可能的是，鸟将一生伴着植物人孩子苦度光阴。最后，他拒绝了做手术的建议，将病儿抱回家。鸟和火见子二人策划，将病儿假堕胎医生之手埋掉。

凄风苦雨中，病儿的啼哭改变了一切。鸟听到孩子的哭声，天良发现，父爱和责任被唤醒，立刻将孩子抱回医院，接受手术。

孩子的手术很成功，到了冬季，孩子已痊愈，鸟悲喜交集，他想起朋友送给他的一本词典扉页上的题词"希望"二字，最终承担起作为父亲的人生责任。

正如小说中所写："一个人深入他个人体验的黑洞，终将能走到看到人类普遍真实的出口，痛苦的人终将得到痛苦之后的果实。"《个人的体验》最终完成了作品内在的逻辑，包含了作家所赋予的人性逻辑。

从艺术上看，《个人的体验》运用了"意识与无意识相结合的心理体验"之意识流艺术手法，大江健三郎自己说："是通过写作来驱赶内心中的恶魔，在自己创造出的想象世界里挖掘个人的体验，并因此而成功地描绘出人类所共通的东西。"所谓"共通的东西"，便是人类只有不断战胜不幸，奋勇前进，才能永远生存下去。

美国作家亨利·米勒评价大江健三郎的小说时说："大江虽然是地道的日本作家。但是通过对于人物的希望和困惑的描写与控制，我以为他达到了陀思妥耶夫斯基的水准。"鉴于大江健三郎的小说超越了民族主义的心态展示战后日本人的现代生活，且具有善世性意义，欧盟于1989年授予他犹罗帕利文学奖。

大江健三郎，于1935年1月31日生于日本四岛爱媛县偏僻山区的大濑村（今内子町）一个农民家庭。大江在三岁时，父亲去世。他在美丽的大自然环境中成长，深受民间文化熏陶。他在大濑读完小学和初中后，1950年入县立内子高中就读，后转县立松山东高等学校学习。早就喜爱文学的大江，在高中编辑学生文艺杂志《掌上》。1956年，他考入东京大学文科法文系，开始大量阅读世界当代著名作家的作品，像加缪、萨特、福克纳等人的作品，无不涉猎。他因学法文，对法国文学尤有深入研究，又因成绩优秀，获奖学金。

大学期间，大江开始在报刊发表文学作品，正式发表的第一部作品是剧本《天叹》，是为同学演出而作。接下来发表小说《火山》（1955）、《奇妙的工作》（1957），还创作剧本《死人无口》（1956）、《野兽之声》（1956）。1957年发表的小说《死者的奢华》，被推荐为芥川奖候选作品，1968年诺奖获得者川端康成看到此作，称赞作者有"异常的才能"。学生大江开始在文坛崭露头角。接着，大江又发表短篇小说《饲育》《人羊》《先看后跳》《出其不意的哑巴》和《感化的少年》等作品。这些大学时代发表的作品，大多是表现在封闭现实社会寻求自我的生存危机，倾注着年轻的大江的社会责任感。《饲育》获第三十九届芥川奖。

1959年，大江以论文《论萨特小说的形象》从大学毕业，开始专门从事文学创作，同年发表《我们的时代》《我们的性世界》。前者受西方存在主义哲学和弗洛伊德心理学影响，试图从性意识的角度观察人生，构筑文学世界。后者写一个靠中年妓女为生的大学生的荒诞生活。1960年，大江还完成了一部表现日本青年一代怨天尤人、矛盾惶惑精神状态的长篇小说《迟到的青年》。这些作品甫一问世，即受到种种批评。1960年2月，二十五岁的大江，与同学的妹妹伊丹由加理结婚，伊丹由加理的父亲乃日本著名电影导演伊丹万作。新婚第二年，大江以日本社会党魁浅沼稻次郎遭右翼分子刺杀为题材，创作《政治少年之死》，遭到右派势力威胁，被迫出国旅游，便有了在巴黎采访萨特之举。

新婚三年，妻子生下先天畸形，头上长一肉瘤的孩子，从此大江陷入困境。他的小说《个人的体验》，就是根据自己的生活经历写成的，生活真实与艺术真实极为和谐，甚至是大江生活的翻版。小说表现了现代人的孤独，更表达了大江关于人类之死的哲学思考。

大江是强者，完成了灵魂的自我救赎之后，继续投入文学创作。大江在二十世纪六七十年代的作品，多以残疾人和核问题为题材，宣传人道主义精神，如《日常生活的冒险》（1964）、随笔《广岛札记》（1967）、《万延元年的足球队》（1967）、《核时代森林隐遁者》（1968）、《洪水涌上我的心头》（1973）、《摆脱危机的调查》（1976）、《同时代游戏》（1979）等。

《万延元年的足球队》是一部长篇小说，写的是兄弟二人回到山村故居寻根，却发现这里仍处于百年前的万延元年农民起义历史生活当中，暴动、自杀、通奸、畸形孩子诞生等图景及维新精神和二战后精神交相辉映于其间。该小说先连载于《群像》杂志，出版后获第三届谷崎润一郎奖。《洪水涌上我的心头》借用《圣经》关于洪水的传说，表现在工业公害和核武器的威胁下，人类面临灭绝的深渊，获野间文学奖。

随着社会阅历的加深，大江健三郎对社会问题和事件逐渐更加关注，并对此发声，他参与日作家要求苏联当局释放索尔仁尼琴的签名运动，对日本作家三岛由纪夫剖腹自杀也发表意见。为抗议韩国政府1975年镇压诗人金芝何，大江也参加相关活动。

20世纪90年代，大江出版长篇三部曲《熊熊燃烧的绿树》（1993）。该小说以大江之子大江光为主人公，大江叙述他由先天脑残儿童成长为自主的作曲家的励志故事，获意大利蒙特罗文学奖。大江于1999年又发表长篇小说《空翻》。大江的短篇小说也极为出色，出版过短篇小说集《倾听雨树的人们》（1982）、《新人啊，醒来吧》（1983）、《我真正年轻的时候》（1992）。有时，大江写散文随笔，出版过集子《严肃地走钢丝》（1966）和《冲绳札记》（1969）。大江还出版了文学评论集《小说方法》（1978）和《为了新的文学》（1988）。

大江健三郎的文学成就有目共睹，连与其在政治上相对立的三岛由纪夫，都这样评价他的对手：

大江健三郎把战后的日本文学提到了一个新的高度。

第八十六届（1993 年）

托尼·莫里森

获 奖 者：托尼·莫里森（Toni Morrison，1931—2019），美国女作家。
获奖理由：其作品想象力丰富，富有诗意，显示了美国现代生活的重要
　　　　　　方面。
获奖作品：《所罗门之歌》（小说）、《爱儿》（小说）。

这一届诺贝尔文学奖，六十二岁的美国黑人女作家托尼·莫里森独占花魁，又爆一大冷门。人们原本预测，1992 年黑人诗人沃尔科特继 1991 年南非黑人作家戈迪默获诺奖之后，第八十六届诺奖不会连续三次将这一绣球投给黑人作家，会另择其他语种的文坛高手。所以当瑞典文学院常务秘书阿连宣布这一结果时，在场的人都面面相觑，一位记者愕然："什么？莫里森？一连给了两个黑人，我简直不能相信！"这里没有种族歧视，有的是怀疑这样选择是否妥当。专家们认为，莫里森充其量只能算个通俗小说家，作品只有六部，发行量也有限，只不过涉及黑人生活，而且有当下流行的女性主义文学独特视角，能满足大众阅读趣味，占了先机。《瑞典日报》的彼得·路德森尖锐地批评瑞典文学院选择莫里森是政治原因："瑞典文学院今年在政治上当然是百分之百的正确，但是，文学呢？"

总之，舆论对瑞典文学院多有批评。瑞典文学院闲庭信步地做了回答，他们看中的正是莫里森的文学才华，其小说具有丰富的想象力，语言是诗性的，叙述独特而幽默，在展示美国黑人的现代生活同时，表达了作家对于人类的关注和同

情。而这一阐述，恰恰与诺奖的宗旨"文学服务于人类文明"相一致，在欧美以白人为中心的文学资源优秀素质不断被激发的同时，沃尔科特和莫里森等创作的黑人文学，又给这一主流文学注入新血液，世界文学由此形成多元化格局。

关于称莫里森"只能算个通俗小说家"，原本就是个伪命题。且不说，进入后现代社会中，所谓严肃文学和通俗文学之间的界限，已变得模糊不清。君不见，通俗与高雅常常位置互换。以中国的《诗经》、话本、小说、宋词、元曲包括《红楼梦》为例，原本是通俗的"引车卖浆者流"的读物，现在却成了雅之经典。对莫里森来说，她只是创造了严肃文学在商业化社会进入通俗领域的一个成功范例而已。她不是靠低级趣味迎合世俗读者的那类作家，她是靠自己的智慧和艺术技巧，靠想象和诗意受到广大读者欢迎的。世界文学界包括中国文学界，的确有一些自命不凡的所谓严肃作家，声称"告别读者"，其胆大妄为早已成为文坛笑柄。

写于1977年的《所罗门之歌》，是评论界公认的莫里森代表作之一。该年即获全美图书奖。该小说叙述一个黑人青年奶娃寻找自我的过程和这个黑人家庭三代百年历史生活命运的景况，暗示黑人必须恢复本民族传统精神古朴风范，才能不受西方白人的蔑视和欺凌，自尊地生活。

20世纪30年代，北卡罗来纳州一家慈善医院，黑人麦肯·戴德的妻子福斯特，生下一个男婴，取名"奶娃"。他们已有莉娜和科林西安丝两个女儿。麦肯的妹妹派拉特，开了个小酒馆，和女儿丽巴及外孙女哈格尔在一起生活。奶娃出生，派拉特尽心照顾她这个侄子。麦肯却死活看不上他的妹妹派拉特。

奶娃从小到大，一直喜欢和哈格尔在一起，这令麦肯很生气。三十一岁的奶娃在圣诞节前夜与相好十二年的哈格尔分手，气疯了的哈格尔要杀了奶娃，几次没有得手。

当时，当地有个黑人团体叫"七日"，由七个黑人结成，是一个专门报复白人的团体。他们用最残酷的手段报复白人，奶娃质疑"七日"的行为。

奶娃的父亲麦肯不喜欢妹妹派拉特，事出有因。奶娃三十二岁时，要外出闯天下，父亲告诉他，派拉特当年偷了他们共有的一袋金子，让奶娃去再偷回来。奶娃去姑姑家，偷出来的却是一袋白骨。警方得知消息，将奶娃逮捕。这时姑姑说，那白骨是她丈夫的。奶娃得以走出警局。

奶娃决心到宾夕法尼亚州，寻找父亲和姑姑遗失的那袋金子。当他找到那个山洞，除了乱飞的蝙蝠，什么都没发现。后来他又寻着线索来到弗吉尼亚州的沙理玛，竟然发现了自己的家族史，知道了姑姑袋子里的白骨不是她丈夫的，而是自己爷爷的，还知道自己是"会飞的所罗门"的家族的传人。于是，他回到家乡，将这一切告诉了父亲和姑姑。

当他带着姑姑去沙理玛安葬尸骨时，那个曾经引诱他的哈格尔，向他开了枪，不幸击中派拉特。他答应姑姑，会好好照顾表妹丽巴，然后，他扑过去……

《所罗门之歌》借用了以色列开创犹太王朝的大卫之子、以色列最伟大的国王所罗门的历史故事。《圣经》曰，所罗门夜里做梦，梦见了上帝，上帝说："所罗门，你需要什么？你可以说出来，我一定赐给你。"他说："求你赐给我智慧。"于是，所罗门成了最有智慧的帝王。小说以此暗喻黑人民族是一个有智慧的民族，它应与一切民族一样共享世界。

《所罗门之歌》是一部有着浓郁黑人色彩的小说，为读者吟唱了一首有着黑人神话传说的歌曲，朗诵了一首黑人意象、精神的诗歌，描绘了一轴黑人风土风情风俗的图画，写出了黑人的历史，呈现了黑人的社会生活和丰富的精神世界。

《爱儿》也是莫里森的代表作之一。有人说："不读莫里森的《爱儿》就无法理解美国文学。"虽有溢美之嫌，但《爱儿》的确体现了"想象力和诗意"。

《爱儿》讲述了女黑奴赛特为了避免自己的婴儿被奴隶主奴役和蹂躏，亲手杀死自己的孩子，逃亡重建自己作为自由人的生活，但总被自己杀死的婴儿阴魂纠缠的故事。《爱儿》没有直接叙述奴隶制本身如何残酷、缺乏人道的故事，而是通过描写奴隶制度废除后，遗留给黑人难以平复的心灵和精神创伤，来谴责奴隶制度的罪恶。正是因此，在 2006 年，美国《纽约时报》组成一百二十五位文学界专家，评选二十五年来全美最佳小说时，莫里森的《爱儿》名列榜首。

托尼·莫里森，本名克洛艾·沃福德，于 1931 年 2 月 18 日出生在美国俄亥俄州钢铁小城罗伦。其父母原为农民，由南方迁移至此，靠父亲做零工养家糊口，莫里森十二岁便利用课余时间打工补贴家用。考入华盛顿专供黑人读书的霍德大学就读，取得学士学位后，她又进康奈尔大学研究院攻读文学，重点研究福克纳和伍尔芙。1955年，她以文学硕士受聘于得克萨斯南方大学，教英文，后回到母校霍德大学任教，其间与建筑师哈罗德·莫里森结婚生子。1964年离婚后，她独自抚养两个孩子。次年，她赴西里丘斯，为兰登书屋编辑教学课本，1968年调纽约总部任高级编辑。

1970年，她以托尼·莫里森这一笔名，在各报刊发表作品，其第一部长篇小说《最蓝的眼睛》出版。小说叙述一个十一岁的黑人女孩儿渴望有一对像白人女孩儿那样湛蓝的眼睛，为此女孩儿心灵备受折磨，幻想中自己真的有了蓝眼睛时，她已经疯了。小说以此控诉种族歧视对黑人精神的戕害。

后来，莫里森又到耶鲁大学等高校执教，业余时间坚持文学创作，陆续出版《秀拉》（1973）、《所罗门之歌》（1977）、《柏油孩子》（1981）、《爱儿》（1987）、《爵士乐》（1992）、《乐园》（1998）、《爱》（2003）等长篇小说。

莫里森这些作品，表达了她的黑人必须自我救赎，实现自己的生命价值，找回尊严的独立自我的理念。用她自己的话表述：

> 作家应该探求更深邃的人生哲理。我的小说的主题，主要是我们为什么和怎样学着认真美好地生活。

除小说之外，莫里森还出版诗集、剧本和散文集。

第八十五届（1992 年）

德里克·沃尔科特

获 奖 者：德里克·沃尔科特（Derek Walcott，1930—2017），西印度群岛圣卢西亚诗人兼剧作家。

获奖理由：他的作品具有巨大的启发性和广阔的历史视野，是其献身多种文化的结果。

获奖作品：《仲夏》（诗集）、《欧莫如斯》（诗集）。

1992 年 10 月 8 日下午 1 时，瑞典文学院电话通知正在美国哈佛大学任教的沃尔科特，他获得了第八十五届诺贝尔文学奖。此时正是当地清晨 7 时，沃尔科特教授正准备做早饭。事先毫无预兆，他一下子蒙了，吃惊而率直地问道："为什么是我？还有很多别的作家应该得奖。"于是沃尔科特的"为什么是我"被登载到瑞典的报纸上。的确，瑞典记者在街上询问了一百个行人，没有一个人在此前听说过沃尔科特的名字。人们可以怀疑沃尔科特作品的水准，但没人不赞赏他的自谦人格。

多年来，瑞典文学院没有一直站在一个文化中心的位置来评判其他文化的作品，其对欧美文化之外第三世界国家文学的重视，有目共睹。20 世纪 80 年代，"拉美魔幻现实主义文学"在世界风行，就是瑞典文学院于 1982 年将诺奖颁给哥伦比亚的马尔克斯引起的，从此，欧美为主的诺奖格局渐渐打破。事实证明，这次诺奖颁奖之后，世界文学又一次掀起"加勒比海文学旋风"。

沃尔科特的出现，是在世界文化形式多元化的状态下催生的。他的作品，不仅有多元文化的横向坐标，还有"历史眼光"的纵向坐标。他的史诗《欧莫如斯》，就是借鉴继承希腊荷马史诗、但丁《神曲》和莎士比亚戏剧风格的古老传统，又把加勒比海新文明连接起来，跨越千年、独具神韵的代表作之一。

《欧莫如斯》写于1990年，长达三百页，分六十四章。长诗描写了一个叫阿基利斯的渔民，驾驭小船离开西印度群岛，在海上漫长漂流，经过美国东海岸和欧洲英伦三岛最后到达西非的故事。气势宏大，意象瑰丽，将加勒比海原始神话传说、非洲文化遗迹、希腊神话和荷马史诗融为一体，既展示了加勒比海的美丽风光和文化风情，又描绘了这一地区广阔的生活图景。具有史诗品格的《欧莫如斯》，反映了加勒比海人民在向人类文明迈进过程中所遇到的挑战和不屈的精神。该诗被称为"加勒比的庄严史诗"，是"新爱琴海传统"。沃尔科特由此赢得"当代荷马"的称号。

《仲夏》写于1986年，节选一部分：

> 仲夏打着猫的哈欠在我身旁伸着懒腰。
> 唇片上沾满灰尘的树木，
> 在它的熔炉里渐渐融化的轿车，
> 炎热使那流浪狗踉跄而行。
> 议会大厦被重新漆成了玫瑰色，
> 而环绕伍德广场的围栏仍是正在锈去的血的颜色。
> 卡萨罗萨达，阿根廷的心境，
> 在阳台上浅吟低唱……
>
> 在拜尔蒙，忧伤的裁缝们盯着破旧的缝纫机，
> 将六月和七月紧密无隙地缝合在一起。
> 人们等待仲夏的闪电就像全副武装的哨兵，
> 在倦怠中等待来复枪震耳的枪声。
> 而我那颗被它的灰尘、它的平淡，

它的流放所填满恐惧的心，

被黄昏时分迷蒙着光辉的山峦，

甚至被臭气熏天的港口上空

那盏警灯放大。

整个夜晚，一场革命的吠叫鬼哭狼嚎。

月亮像一颗丢失的纽扣。

码头上黄色的光芒粉墨登场。

在街上，昏暗的窗户下，碗碟碰得叮当作响。

夜晚是友善的，未来却像太阳一样凶狠毒辣。

我能够理解博尔赫斯对布宜诺斯艾利斯盲目的爱：

一个人怎样去感受它手中膨胀的城市的街道……

　　《仲夏》如同一幅油画，勾勒出一种繁复的意象，表达诗人恬淡伤感的生命之思和对外部世界的迷蒙和忧患心境。

　　纵观沃尔科特的诗歌创作，我们会发现，诗人在史诗中将加勒比当代社会发展思潮与传统历史、文化艺术和谐统一，将欧洲文化、非洲文化及加勒比文化水乳交融，创造了本土文学的神话。凭此，他当之无愧地成为世界级诗人。已获诺奖的诗人布罗茨基，撰文介绍沃尔科特时，从他的诗集《星星苹果王国》中引用了四句诗，那正是诗人的写照：

　　　　我只是个热爱大海的红色黑人，

　　　　我接受过良好的殖民文化教育，

　　　　我身具荷兰、黑人和英国的骨血，

　　　　我是无名之辈，或是整个国家。

　　德里克·沃尔科特，于 1930 年 1 月 23 日出生于西印度群岛中圣卢西亚岛的卡斯特里。祖母和外祖母都是黑人，祖父是荷兰人，外祖父是英国人。他身上流着多民族的血液和文化基因，丰富着他的个性。他出生那一年，他的父亲，诗人兼画家沃克里·沃尔科特不幸英年早逝。母亲是一个学校校长，又是业余戏剧家。他从小就接受严格的教育，其家丰富的藏书让他受到欧洲文学的熏陶。

沃尔科特先后就读于圣玛丽学院和牙买加的西印度大学，其间子承父业，也学习绘画。1944年，他开始写诗，发表在当地报刊。他十六岁时迷恋戏剧，一口气写了五个剧本，十八岁时出版第一部诗集《诗二十五首》（1948），从此开始其文学生涯。1949年，他出版了诗集《给青年人的墓志铭：诗章十二》。

1953年，沃尔科特迁居到特立尼达，在《特立尼达卫报》工作，后又到当地剧院当导演，还当过教师，教英文和法文。职业有变化，创作却从未停止，他出版了诗集《在一个绿夜》（1962）、《诗选》（1964）、《海滩余生》（1965）等，在诗坛已小有名气。

20世纪70年代，沃尔科特大部分时间在美国纽约大学、耶鲁大学等校执教鞭，发表诗集有《海葡萄》（1976）、《星星苹果王国》（1979）、《幸运旅客》（1984）、《仲夏》（1986）、《1948—1984诗选》（1986）、《阿肯色的证言》（1987）、《恩赐》（1997），以及自传体长诗《另一种生活》（1973）、叙事诗《欧莫如斯》（1990）和回忆录长诗《浪子》（2004）等。《另一种生活》写的是诗人对一位俄罗斯姑娘的思念：

> 在那头发里我可以穿越俄罗斯麦地，
>
> 你的手臂是成熟坠落的梨，
>
> 因为你，实际上，已变成另一故乡……

从这些长诗，我们可以看到，诗人对于西印度群岛本土文化的认同感明显加强，欧洲文化传统已正融汇加勒比文化，使沃尔科特的诗作"形成多元化而具有历史感的创作风格"。

沃尔科特的诗脍炙人口，戏剧也令人瞩目。他是诗人，又是戏剧家。他获诺奖时，已发表五部剧本，到晚年已创作了二十多部剧作。它们是历史剧《多芬海域》(1954)，以及《提金和他的兄弟们》(1958)、《猴山上的梦》(1971)、《沙维尔小丑》(1974)、《噢，巴比伦！》(1976)、《休战纪念日》(1978)、《哑剧》(1978)等。1985年，他发表史诗剧《锣鼓与色彩》。这些剧作大多以加勒比岛国社会为背景，展示了土著文化与殖民文化和现代文明的碰撞、冲突，表现加勒比人的"文化认同"的困境。

《猴山上的梦》，讲的是一个烧炭老人幻想坐上皇帝宝座的故事，展示加勒比人和殖民主义者之间，在政治、文化领域相互斗争又彼此依存的历史发展过程，寓意极为丰富。《锣鼓与色彩》通过对探险家哥伦布、征服者雷利、反抗者图圣和殉难者戈登四位历史人物的描写，来探索历史。

沃尔科特获诺贝尔文学奖时，恰好瑞典皇家剧院正演出他的戏剧《最后的狂欢节》。这一巧合，让剧院院长像自己获诺奖般高兴。

沃尔科特除了获诺贝尔文学奖外，还曾获得过英国的国际作家奖、史密斯文学奖，以及美国的麦克阿瑟基金等奖项。

2017年3月17日，沃尔科特在圣卢西亚的家中去世。如今，他对文学发出的声音依然掷地有声：

> 我以为，现在的一种令人忧虑的倾向是人们越来越强调横向坐标的意义，把自己定位在左边，定位在东方，定位在一个平面上，而忘记了自己在竖直坐标中的位置，忘记了时间和历史的位置，忘记了高和深度，这是使人迷失个人和民族坐标的重要原因。

第八十四届（1991年）

纳丁·戈迪默

获 奖 者：纳丁·戈迪默（Nadine Gordimer, 1923—2014），南非女作家。

获奖理由：以强烈而直接的笔触，描写周围的人际与社会关系，其史诗般壮丽的作品，对人类大有裨益。

获奖作品：《七月的人民》（小说）。

2O世纪末，非洲文坛真是光彩夺目。从尼日利亚的沃莱·索因卡、埃及的纳吉布·马哈富兹，到纳丁·戈迪默，1986年至1991年，非洲居然有三位作家诗人站到诺贝尔文学奖的殿堂之上。

戈迪默获诺奖，并不让人吃惊，其实她早就以文学上的卓越成就被世界文坛关注。她先后获得过史密斯文学奖、南非英语科学院托马斯·普瑞格尔奖、英国布克奖、法国埃格尔文学奖、美国现代语言学会奖、班奈特奖、意大利普莱米欧·马拉帕斯奖和德国奈莉·萨克斯奖等，她的作品几乎覆盖欧美等地。

其作品《七月的人民》受到瑞典文学院的青睐，不无道理。因为它反映的是种族歧视和种族共融、和睦相处的人类重大命题，充满了理想主义色彩和人道主义精神，与诺奖宗旨相契。

《七月的人民》讲的是南非爆发黑人革命，战火摧毁城市，白人白领夫妇斯迈尔斯和妻子莫琳，带着三个孩子，跟随黑人仆人七月，逃到七月的故乡发生的故事。出身富贵之家的莫琳，到了乡下，不得不靠原来的仆人七月，苦度缺衣少食的日子，这身份互换的关系，让莫琳痛苦万分。

莫琳难以融入黑人文化，更难以接受贫穷生活，她曾被黑人妇女团结和睦的劳动吸引，高兴地参与其中，但仆人七月认为她是主人，不该下地劳作，在家享受仆人的劳动收获天经地义，这反而使她茫然不知所措。她不知道如何面对现状和怎样迎接未来。最后，莫琳想结束这一切，她抛弃丈夫和孩子，跑向一架不知是属于白人还是黑人的直升飞机，把自己的命运交给未知……

小说带着浓郁的政治性，但并非图解政治。小说中有浓墨重彩的一笔，便是描写孩子。白人、黑人的斗争社会环境和百姓生活发生着巨大变化，但这群天真无邪的孩子，却是变故中唯一不变的群体，成人为了各自的目的舞刀弄枪，殊死搏斗，孩子却依然快乐地玩耍，无忧无虑地嬉戏，忘情地摆弄玩具，纵情地释放他们纯真的天性。孩子的世界与外部的相互残杀形成了鲜明的对照，这是戈迪默在告诉世人，人类只有放下固有的政治、观念、私欲，像孩子一样清白纯真，这个世界才能种族和睦共融，共享和平。戈迪默是用文学表达这一观念的，她对和平不遗余力地呼吁，赢得诺贝尔文学奖对她的崇高评价，"对人类大有裨益"。

纳丁·戈迪默，于 1923 年 11 月 20 日降生在南非约翰内斯堡附近小镇的一个犹太人之家。父亲来自立陶宛，母亲来自伦敦。戈迪默先在一所修道院学校就读，后考入威特沃特斯兰德大学。受母亲影响，她自小就喜欢阅读文学作品，九岁时尝试写作，十五岁时发表小说《昨天再来》。

1948 年，戈迪默出版短篇小说集《面对面》。次年，二十六岁的她与牙医结婚，育有一女，三年后婚姻破裂。1952 年，她出版短篇小说集《毒蛇的柔和声音》，翌年出版首部长篇小说《说谎的日子》，受到文坛关注，从此走上专业的文学创作之路。一年后，她嫁给富商莱茵霍尔德·卡西尔，后得子雨果，创作也始丰收，先后出版长篇小说《陌生人的世界》（1958）、《爱的时节》（1963）、《没落的资产阶级世界》（1966）和《贵客》（1970）等。这些作品表现人与人之间的相互友爱，富有人道主义色彩。

自 20 世纪 70 年代始，戈迪默从轻歌浅唱温暖美好的人间情感，转向对南非严峻现实生活的描写，笔墨沉重地表现种族隔离酿成的恶果，表达了对白人殖民主义当局种族歧视的不满和抨击。这类小说成了戈迪默小说的主流，有《自然资源保护论者》（1974）、《伯格的女儿》（1979）、《朱利的族人》（1981）、《大自然的变动》（1987）、《我儿子的故事》（1990）、《无人陪伴我》（1994）和《护家之枪》（1998）等。

在写大量长篇小说的同时，戈迪默的短篇小说也有较高水准。内容上与长篇形成掎角之势，艺术上似更精巧、细腻、娴熟、深邃，有《六英尺土地》（1956）、《不是为了出版》（1965）、《短篇小说集》（1975）、《士兵的拥抱》（1980）、《跳跃》（1991）、《掠夺》（2003）等多篇。

纵观戈迪默的小说创作，其艺术上擅长对生活细节的描写及对人物心理细致入微的刻画。晚年，受欧美现代主义思潮的影响，她把"预言现实主义"驾驭得得心应手，在过去、现在和将来的时空里，营造了一个个带有预言警示的故事。

小说是戈迪默文学创作的主项，他的文学评论也多有创见。其1973年出版的文学评论集《黑人解释者》和1995年出版的文学评论集《写作与存在》，对文学理论有独特阐述。1988年，其出版的随笔《基本姿态》，也匠心独运、意蕴深远。

除了文学创作，戈迪默还热衷于教学工作，先后在美国名校哈佛大学、普林斯顿大学和哥伦比亚大学执教鞭，播撒文学种子。她还曾任世界作家心仪的国际笔会之副主席，声望很高。

2014年7月13日，九十三岁的戈迪默逝世。南非首脑祖马很惋惜地说："南非失去了一位爱国者，失去了一位著名的作家，也失去了一位争取平等和自由的振臂疾呼者。"

第八十三届（1990 年）

奥可塔维奥·帕斯

获奖者: 奥可塔维奥·帕斯（Octavio Paz Lozano，1914—1998），墨西哥诗人。

获奖理由: 他的作品充满激情，视野开阔，渗透着感悟的智慧并体现了完美的人道主义。

获奖作品:《太阳石》（长诗）。

西班牙作家卡米洛·何塞·塞拉于 1989 年获诺奖，在世界文坛引起过一番争论。其争论的内容是：为什么比塞拉声望更高的略萨、帕斯等没获诺奖，偏要颁给塞拉呢？好了，第八十三届诺贝尔文学奖把桂冠戴在帕斯头上时，墨西哥诗界并不高兴，这些同胞没有感到荣耀，反而对瑞典文学院颇有非议，有人甚至否认帕斯是墨西哥人，说他常年居住海外，对国内事务并不感兴趣。

这或许正是帕斯的独特处，"他从来都不是一个民族的诗人，而是属于世界诗歌的世界诗人"（瑞典人之语）。因此，在他获奖后，墨西哥诗界并不高兴之际，西班牙语文学世界却欢呼雀跃，很多拉美地区的国家首脑联络发贺电，将这视为拉美地区的荣誉。

帕斯并不理会这些非议，在他看来，国籍并不重要，重要的是诗歌。他思考的是他的诗歌能否进入不同的文化领域，或者相反，不同的文化是否能进入他的诗歌。帕斯在 1974 年有过这样的诗句："看这个世界，就是拼写了这个世界。"其实，帕斯既关注欧美的主流文化，也对东方文化如日本的俳句、中国古典诗词和印度诗有深刻的研究和借鉴，但他更关注墨西哥本土文化及拉丁美洲包括古老的玛雅文化，那是浸透在他自己骨髓血液里的文化之根。他对本土文化崇敬执迷，他创作于1957年，被瑞典文学院高度认可的长诗《太阳石》中的太阳石，就是墨西哥出土的代表本土文化的古代阿兹特克人的巨大日历石碑。

长诗《太阳石》对应太阳石日历的五百八十四天，共五百八十四行，将读者带入"对于死亡、时间、爱情和现实问题的思考"（瑞典文学院新闻稿语），不是带你进入历史、寻根文学，而是带你到广阔的世界和宇宙。全诗没有一个句号，最后一句不是句号而是冒号，表明未来是没有穷尽的：

> 晶莹之柳，清水之杨，
>
> 高大喷泉，风如拱廊，
>
> 根深大树，依然静舞，
>
> 河道流转，浩浩汤汤，
>
> 重复回旋，完成圆环，
>
> 永恒不断来临：

太阳石碑重二十四吨，高三百五十八米，上刻阿兹特克神话中的太阳神，巍峨雄健，庄重威严。《太阳石》配得上这座神碑。诗歌融汇古今，驰骋天地，将历史、现实、神话、想象融为一体，赞美古老的玛雅文化，描绘世界万物和人类命运，抒发美好理想。《太阳石》有史诗的气魄、抒情诗的意蕴、政治诗的恢宏、哲理诗的神韵、田园诗的风采，用诺贝尔文学奖的评语概括，便是"作品充满激情，视野开阔，渗透着感悟的智慧并体现了完美的人道主义"。

奥可塔维奥·帕斯，于1914年3月31日出生于墨西哥城郊米斯库克镇一个高贵的书香门第。祖父是著名的墨西哥作家，本土文学的先驱之一。父亲是著名的政治记者，专做当地印第安人维权律师，1911年墨西哥民族革命的中坚人物，曾代表墨西哥出任驻美国大使。母亲是西班牙移民。帕斯从小受文学修养深厚的家庭熏陶，藏书丰富的书房也为他提供了丰富的文化营养。而且，他从五岁就接受英法式教育。帕斯十五岁入墨西哥大学哲学文学系，并开始写诗。其诗受西班牙和法国超现实主义风格的影响。

1931年，帕斯与一批年轻诗人共创诗歌杂志《栏杆》，两年后又创办《墨西哥谷地手册》和《诗歌车间》文学期刊。这些期刊，多介绍西班牙语系著名诗人的作品，同时介绍欧洲文学态势和成就。这一年，他出版了自己的第一部诗集《野生的月亮》。

1936年，西班牙内战爆发。次年，帕斯参加西班牙举行的第二届全世界反法西斯大会，结识了参会的聂鲁达、奥登等诗人，那时他才二十三岁。1937年，帕斯在尤卡坦半岛创办了一所中学，让当地的农民子女有学可上。在这里办学期间，他发现了伟大古老的玛雅文化，深入挖掘，于1941年出版诗集《在石与花之间》。

1937年至1939年间，帕斯出版了《在你清晰的影子下》《在世界的边缘》和《复活之夜》三部诗集。

第二次世界大战结束后，帕斯子承父业，也进入外交界，曾到法国、瑞士、日本、印度任外交官。在日本、印度就职时，他对东方文化非常感兴趣。他曾研究过中国的"孔孟""老庄"等哲学，甚至一度对中国文化特别是中国古典诗歌颇为痴迷，并曾用英语试译唐代诗人王维、李白、杜甫，宋代诗人苏轼的诗章。回国后，他集中精力、专心致志地从事文学创作，曾创建"诗歌朗诵"活动，有力地推动了墨西哥的诗歌戏剧活动。20世纪50年代，他出版诗集《假释的自由》（1958），其中收长诗《太阳石》《狂暴的季节》等。

20世纪60年代伊始，帕斯重返外交界，先后任驻法、印大使。1968年10月2日，墨西哥城发生当局枪杀学生惨案，帕斯毅然辞去墨西哥驻印度大使职务，表示强烈抗议。那年，墨西哥正处于举办奥运会前夕，国内政治形势恶化，社会腐败，学生于10月2日上街游行示威，其口号是："我们不要奥运，我们要革命！"政府下令，枪杀数百名学生。这黑暗血腥的一幕，被后来的作家珀尼亚托斯卡写进小说《特拉特洛克之夜》。帕斯辞职之举，成为瑞典文学院称赞其"完美的人道主义"的一个注脚。

1962 年，帕斯出版诗集《火种》，1969 年，出版诗集《东山坡》。二十世纪七八十年代，他还有《回归》（1976）、《向下生长的树》（1987）等诗集问世，1989 年有自选诗集《帕斯最佳作品集》出版。

除了写诗，帕斯在诗论和文学评论方面也有建树，像《弓与琴》《深思熟虑》等著作，在拉丁美洲和西班牙语系中有较大影响。此外，他的散文造诣颇高，出名的有《孤独的迷宫》《拾遗补缺》等。

帕斯一生收获太多的褒奖：1963 年获比利时国际大奖，1981 年获西班牙塞万提斯文学奖，1990 年获诺贝尔文学奖。

1998 年 4 月 19 日，帕斯去世。他获诺贝尔文学奖后，在为他举行的欢乐而隆重的宴会上讲的话，振聋发聩，如今仍在回响：

> 不论我们选择什么形式的社会和政治组织国家，最迫切、最要紧的问题是环境的生存，保护自然就是保护人类。

这是另一种形式的《太阳石》。

第八十二届（1989 年）

卡米洛·何塞·塞拉

获 奖 者：卡米洛·何塞·塞拉（Camilo José Cela，1916—2002），
西班牙作家。
获奖理由：他的作品内容丰富，情节生动而富有诗意。带着浓郁情感的丰
富精简的描写，对人类弱点达到的令人难以企及的想象力。
获奖作品：《帕斯库亚尔·杜阿尔特一家》（小说）。

瑞典文学院宣布第八十二届诺贝尔文学奖颁给塞拉时，立刻使世界文坛掀起一场轩然大波，并引起一番热闹的争论。因为，该年诺贝尔文学奖候选人太多，个个都是出类拔萃、享有盛名的作家，这中间就有略萨、帕斯、富恩特斯、格林、格拉斯、昆德拉和欧茨等，而并不显赫的塞拉居然脱颖而出，力压群雄，独占鳌头，令人莫名。

但时间证明，将诺奖桂冠授予塞拉，未必是最佳选择，但也不是错误的决定。像帕斯、格拉斯等人后来也都获诺奖。塞拉在西班牙文学史上，是继塞万提斯、加尔多斯之后最负盛名的作家。他的文学成就，在于他不仅继承了西班牙古老而优秀的文学传统，而且开拓创新，使沉寂几个世纪的西班牙文学因他而再度辉煌，强势重返世界文坛。

塞拉在西班牙，早就在文学领域扬名立万，1975 年被选为西班牙皇家学院院士，1983 年荣获西班牙国家文学奖，四年后再获西班牙阿斯图里亚斯亲王文学奖。1989 年他以《帕斯库亚尔·杜阿尔特一家》荣膺诺奖似是水到渠成。

小说《帕斯库亚尔·杜阿尔特一家》以杜阿尔特一家的悲剧，揭示20世纪初西班牙广阔的社会图景及人的精神状态，堪为西班牙农村社会现实的缩影。

杜阿尔特一家，家境贫寒、愚昧。户主杜阿尔特年轻时因走私犯罪被判入狱，出狱后意志消沉，酗酒消愁，不断施家暴，发泄心中怨气。全家忍无可忍，将他关进壁橱，让他受折磨而死。他的没受过教育的悍妻，以暴抗暴回击丈夫，对子女也少母爱。他们五个孩子中的儿子帕斯库亚尔，在这样得不到父爱母慈的家庭环境中成长，性格也被扭曲，他要与坎坷的命运抗争，屡斗屡败。

帕斯库亚尔好不容易结婚成家，度蜜月时骑马游玩，踢伤路人，扫兴回家。在举行的宴会上，又因口角，他与别人拔刀相向，不欢而散。后喜添贵子，孰料不幸夭折。为排遣丧子之痛，他到外地闯荡，却与人发生纠纷，在搏斗中杀死对方，被判刑二十八年。

在狱中，帕斯库亚尔洗心革面，以减轻自己的罪恶感，自我救赎。他熬到刑满释放，重获自由，回到家里，却与母亲发生争执，失手杀死老母，怅然地被推向绞刑架。"先生，我并不是坏人"，小说正是以他在狱中的回忆录的形式展开的，这是为他自己命运感到不公的申诉。

小说中，帕斯库亚尔本性不坏，甚至很善良，是复杂的社会使他的性格"异变"成冷酷、凶残，这是对西班牙二十世纪二三十年代严酷社会现状最深刻的揭示和尖锐的批判。在艺术上，塞拉曾受自然主义影响，但小说的基调是批判现实主义的。

1916年5月11日，一个男婴呱呱坠地于西班牙伊里亚弗拉维亚小城中，他就是卡米洛·何塞·塞拉。父亲是海关官员，母亲为英国和意大利混血，家境殷实。1925年，全家移居马德里。受过很好的家庭教育、喜爱文学的塞拉，在马德里读完中学，又进入马德里大学读哲学、医学、法律和文学。

大学期间，塞拉开始文学创作，十九岁时出版诗集《踏着白日犹豫的光芒》。1936年，西班牙爆发内战，塞拉离开大学从军。三年后内战结束，塞拉退役返回马德里时，家庭经济不允许他继续完成大学学业。为了生计，他走向社会，当过职员、画工、客串演员、斗牛士、柔道教练等，有丰富的社会实践和人生经历，不仅让他认识了社会，也为他后来的文学创作提供了大量的素材。

1942年，二十四岁的塞拉小试牛刀，一出手便写出让西班牙文坛震惊的《帕斯库亚尔·杜阿尔特一家》，小说被誉为仅次于《堂吉诃德》的西班牙文学里程碑。四十二年后的1982年，小说入选西班牙语最佳十部小说之一。

一举成名之后，塞拉的创作出现井喷势头，相继出版了《憩阁疗养院》（1943）和《小癫子新传》（1944）两部长篇。前者描写肺病患者悲观绝望的生活，后者则讽刺西班牙病态的社会生活，作品以现实生活为题材，思考社会生活。此外，他还出版了短篇小说集《飘过的那几朵云》（1945）及诗集《修道院与语言》（1945）、《阿尔卡里亚之歌》（1948）。1945年，塞拉还出版了游记《阿尔卡里亚之旅》，显示他文学多面手的才华。

进入20世纪50年代，塞拉花费五个春秋精心创作的长篇巨著《蜂房》，于1951年出版。这部小说别开生面，来自社会各阶层的走卒贩夫、芸芸众生，像工人、小贩、职员、警察、更夫、妓女、医师等，纷纷出入小小咖啡馆。如同远在中国的老舍之《茶馆》，各种人物纷纷亮相于茶馆，在这小舞台上，展示西班牙内战期间万花筒般的生活景象。各色人等活像"人类的蜂房"中的工蜂，不分主次尊卑，忙碌而骚动地进进出出，其人生命运色彩缤纷。《蜂房》甫一问世，大获好评，甚至被视为"一部开创了西班牙小说新年代的伟大作品"。

1953年，塞拉出版《考德威尔太太和儿子谈心》，讲的是一个悲痛欲绝、精神错乱的母亲给死于海滩的儿子写信的故事，暗喻内战给人民带来的伤痛。两年后，他出版《金发姑娘》，接着又有反西班牙内战的《圣卡米洛》（1969）、《寻找阴暗面的职业》（1977）及描写山村家族冲突的《为亡灵弹奏玛祖卡》（1983）问世。

到了20世纪90年代，七十多岁的塞拉仍老骥伏枥，创作了《圣安德列斯的十字架》（1994）和《黄杨木》（1999）等。

塞拉的短篇小说和游记散文也举足轻重，除了上面提到的短篇小说集《飘过的那几朵云》外，还有《关于发明的争执》（1953）、《风磨》（1955）和《十一个有关足球的故事》（1963）等。游记散文有《阿尔卡里亚之旅》（1945）、《漫游卡斯蒂利亚》（1955）、《犹太人、摩尔人和基督徒》（1956）、《比利牛斯山脉莱里达地区之行》（1965）等，脍炙人口。塞拉也尝试过戏剧写作，出版了《牧草车或铡刀发明人》（1969），只是没多大影响。

2002年，被誉为"西班牙文学宝库"的塞拉逝世。有的文学史家认为，塞拉的离去，意味着"最后一位伟大的西班牙作家的消失"。

第八十一届（1988 年）

纳吉布·马哈富兹

获 奖 者: 纳吉布·马哈富兹（Naguib Mahfouz，1911—2006），埃及作家。

获奖理由: 他通过大量刻画入微的作品——洞察一切的现实主义，唤起人们树立雄心——成全了全人类所欣赏的阿拉伯语言艺术。

获奖作品:《平民史诗》(小说)。

刚刚过去两年，非洲作家又摘得诺贝尔文学奖桂冠。他们都是靠非洲民族文化的魅力获此殊荣。读马哈富兹的小说，如同看到一部当代阿拉伯小说发展史，即从历史小说转向反映现实社会生活，再转到通过书写本民族独特的历史生活，探求人类命运的前途。无论是尼日利亚的沃莱·索因卡，还是马哈富兹，在艺术手法上，皆吸收现代主义融汇民族文学传统，形成浓郁的非洲、阿拉伯风格。其作品又都充满爱国主义精神。

穷其一生，马哈富兹创作了长、中、短篇小说五十多部，其中有三十多部被改编成电影，足见其作品已成为埃及独特的文化风景线。最有影响的是长篇小说《平民史诗》。

《平民史诗》写于 1977 年，叙述的是平民纳基一家的十三代家族史。

自纳基祖先阿舒尔建立家庭开始，这家就是处于社会底层的平民，拥挤在一个不宽敞的穷街区里。他们自食其力，身兼街区小头目，竭力维持穷街的社会公正、公序良俗，受到平民的敬重，人送名号"阿舒尔·纳基"（纳基，得救的人）。

阿舒尔的儿子舍姆苏·丁，子继父业，其禀性正直真诚，让街道生活安居美满。但到了舍姆苏·丁的儿子曼苏尔长大成人，继承父业，娶了富商之女做第二任妻子后，在金钱的诱惑下，不再自食其力，而是贪污税金，后半身不遂，死于穷困潦倒。他的两个儿子也不成器，街道走向萧条贫穷。平民间的斗争，也围绕纳基一家展开。恢复阿舒尔精神，并非易事，道路曲折。到萨马哈时，因其与头目争夺一女人，而遭人陷害，不得不出逃，在外地隐姓埋名，娶妻生子，后被仇人发现，他再次潜逃。等获自由回到妻子那里，妻子早已委身一个侦探，怒不可遏的萨马哈将侦探杀死，再度逃亡。

萨马哈留下三个儿子，瓦希德重掌街区头目，但很不争气，自甘堕落。二儿子拉马纳为争夺家产，设计杀死亲兄弟古莱。古莱的妻子看清这一切，从小便给儿子灌输复仇恶念，帮助儿子分家另过，但诡计多端的叔叔拉马纳怂恿侄子挑战爷爷萨马哈的权威。他阴谋败露，被爷爷囚禁。破落的拉马纳绝望中杀死自己的祖母，被判无期徒刑，而荒淫无度的瓦希德因心脏病而寿终正寝。

经过漫长的岁月淘洗，街区的平民逐渐觉醒，并开始展开斗争，可惜被纳基家族的小萨马哈利用，建立了暴虐的统治。随着饥荒的蔓延，乐善好施的小萨马哈的弟弟法特哈·巴布，举起反抗大旗，劫富济贫，顺应民意，推翻了哥哥小萨马哈的暴政，成为新的街区头目，虽不久被自己手下人谋害，但街区平民抗争的火种并没有熄灭。

最后，经过斗争，纳基家族十三代传人继承了祖先的传统，成为受街区欢迎的头目。

十三代平民家族的奋斗历史，应该是一个民族的传奇历史，一部跌宕壮阔的埃及平民史诗。《平民史诗》没有具体历史背景，也无具体地点。故事仿佛发生在一个与世隔绝的永恒的时空里。但是它并不是仙境、地狱，而分明是一个现实社会的真实缩影。那里出现的一切，都是人类社会共同所面临的问题。到处都弥漫着浓郁的市井烟火气。其塑造的人物形象，也非神非鬼，虽带神秘奇异色彩，却栩栩如生。

吉纳布·马哈富兹，于1911年12月11日降生在开罗一个商富家庭。他童年受到很好的教育，十九岁考入埃及大学文学院，读哲学专业。他就读期间，博览群书，自学法、德等语言，毕业后继续深造，1936年留埃及大学任教，边执教鞭边搞文学创作。

小说《疯语》是他的第一部作品，发表于1938年。一年后，他离校到埃及宗教基金部工作，后又在文化部艺术局、电影公司等部门工作，后任职文化部顾问。

20世纪30年代至40年代中期，马哈富兹创作了不少历史小说，像《命运的嘲弄》（1939）、《拉杜比斯》（1943）和《塔伊布之战》（1944）等作品。第二次世界大战后，其小说题材已向都市生活方面转化，他发表了不少抨击现实社会弊端的小说，比如《新开罗》（1945）、《米格达胡同》（1947）、《海市蜃楼》（1948）及《始与末》（1949）等。

在马哈富兹创作的生涯中，20世纪50年代后期创作的"家族小说"，由《宫间街》（1956）、《思宫街》（1956）和《甘露街》（1957）组成的三部曲，是他创作走向成熟的标志。这部三"街"曲，着力叙述开罗一个商人阿卜杜·贾瓦德一家三代人的命运，呈现20世纪上半叶埃及社会生活宏阔的图画。该小说因其现实主义批判精神和强烈的艺术力量，堪称阿拉伯乃至非洲现实主义文学的里程碑。马哈富兹不仅赢得"阿拉伯当代小说的旗手"的崇高称号，还奠定了其在阿拉伯乃至非洲文坛的泰斗地位。这部"家族小说"，也是他后来创作《平民史诗》，步入诺贝尔文学殿堂的一次演练。

进入20世纪60年代，埃及结束法鲁克封建王朝统治多年后，马哈富兹经过深入观察，注意到社会出现贫富不均等社会弊端和不公。为了揭露这些问题，他相继出版了《小偷与狗》（1961）、《鹌鹑与秋天》（1962）、《道路》（1964）、《乞丐》（1964）、《尼罗河上的絮语》（1964）、《声名狼藉的家》（1965）、《米拉玛尔公寓》（1967）和《我们街区的孩子们》（1959—1969）等社会小说，表达了小说家对社会矛盾和精神危机的思考。

20世纪70年代，精力充沛、精神饱满的马哈富兹，更多地对民族文化传统和小说的民族形式进行探索。相继出版了《伞下》（1971）、《卡尔纳克咖啡馆》

（1974）、《尊敬的阁下》（1975）。于1977年出版了使他登峰造极的《平民史诗》，他的"家族"小说由此走向了世界。

20世纪80年代，马哈富兹的精神完全回归到埃及的传统文化海洋之中，根据传统的玛卡梅体，创作了《爱的时代》（1981），又根据《一千零一夜》的故事和人物，改写成《千夜之夜》（1982），而《伊本·法图玛游记》则是运用了阿拉伯游记形式写成，《王座前》也如是。

2006年，九十五岁的马哈富兹逝世。老人给埃及留下了一笔丰厚的充满了十足理想主义阿拉伯风味的文学遗产。

第八十届（1987 年）

约瑟夫·布罗茨基

获 奖 者：约瑟夫·布罗茨基（Joseph Brodsky，1940—1996），美国诗人。

获奖理由：他的作品超越时空限制，无论在文学上或是敏感问题方面都充分显出他广阔的思想及浓郁的诗意。

获奖作品：《献给约翰·邓恩的大哀歌》（诗歌）。

布罗茨基的诗歌思想敏锐，诗意强烈，其人品也自尊高贵，性格独立。1991年，诺贝尔文学奖颁奖九十周年纪念活动隆重举行，瑞典国王卡尔·古斯塔夫十六世莅临庆典活动。世界名流趋之若鹜。庆典特为受邀的历届诺奖得主及国际知名作家、诗人包括我国诗人北岛等举行盛大音乐会。当国王古斯塔夫十六世率王后、公主、王子走进大厅时，来宾纷纷起立致敬，只有仪表堂堂的布罗茨基和夫人纹丝不动地坐在那里，异常显眼，那年他五十一岁，是诺奖得主中最年轻的诗人。

1964 年，列宁格勒（今圣彼得堡）还是冰天雪地的严冬二月，已显示诗歌非凡天赋的二十四岁的布罗茨基，被抓到监狱里。在法庭上，"权力与精神之间，完全没有沟通可言"（托马斯·曼语），下面的对话便是证明：

> 法官：你从事什么职业？
>
> 布罗茨基：我写诗。我以为……

法官：别跟我来什么"我以为"。站直了！别靠墙！看着法官，老老实实回答问题！说，你有固定职业吗？

布罗茨基：我想，写诗可以算是固定的职业。

法官：我要一个明确的回答。

布罗茨基：我写诗歌。我想这些诗会出版。我以为……

法官：我们对你的"以为"不感兴趣。回答问题，为什么你不工作？

布罗茨基：我工作，我写诗歌。

法官：你为你的祖国做了些什么？

布罗茨基：我写诗歌，那就是我的工作……我相信我写的对人民是有用的，不仅现在有用，将来也有用。

法官：谁决定你是个诗人？一个人只有通过大学的学习，得到大学文学专业的毕业文凭才能成为诗人。

布罗茨基：我不信，我不信可以通过上学当诗人。

法官：你这些话根据何在？

布罗茨基：我相信我的根据来自上帝。

审问之后，布罗茨基以"社会寄生虫"罪名，被判劳动教养五年。这一判决遭到世界的抗议，连国内的女诗人阿赫马托娃都为其打抱不平。布罗茨基服刑二十一个月后被释放，1972年遭驱逐出境。

1965年，美国出版了他的第一部俄文版诗集《短诗和长诗》，其中有一首长诗《献给约翰·邓恩的大哀歌》，让布罗茨基名扬海内外。

约翰·邓恩是英国17世纪著名玄学诗人。邓恩的诗，表达了他的内心世界充满矛盾和痛苦，他既相信永恒的天国，又难以忘情世俗世界，其诗痛苦的感情、生动的意象和极富思辨色彩的玄思妙想对世界诗坛有很大影响。布罗茨基的这首长诗，就是将其视为永生的诗魂，而加以顶礼膜拜的。该长诗肃穆庄严，又哀婉动人，在梦幻般的境界中营造出崇高的氛围。全诗有两百多行，其间关于"睡眠"就有五十多个相关的词语，表现邓恩并未离去，只是熟睡而已：

约翰·邓恩熟睡了，周围的一切睡了。

睡了，墙壁、地板、画像、床铺，

睡了，桌子、地毯、门闩、门钩……

楼梯的台阶，门。夜无处不在。

无处不在的夜：在角落、在眼睛、在床铺

在纸张间，在桌上，在欲吐的话语，

在话语的措辞，在木柴，在火钳，

在冰冷壁炉中的煤块，在每一件东西里……

在门口的扫帚，在拖鞋。一切在熟睡……

黑色的地狱之火安息了，还有荣耀的天堂……

　　看上去，像是喋喋不休地唠叨，但在布罗茨基看来，诗歌就是世界本身。读
这首诗时，诗人沉睡了，诗沉睡了，世界沉睡了，上帝沉睡了，读者却一直清醒。
布罗茨基说过："很多事物可以分享，比如一张床、一片面包、某些罪名、一个
情妇，但绝非一首诗。"诗，本身就是一种不服从，就是拒绝被支配和奴役。
　　我们可以再欣赏布罗茨基的《一首歌》：

多希望你在这儿，亲爱的，

多么希望你在这儿。

我希望你坐在沙发上我坐近你。

这手帕可能是你的，

眼睛可能是我的。

在下颌打转。

当然，它也可能是恰恰相反。

　　这诗，如诗人那双眼，透着情感、智慧和真诚，透着善良而又深沉，与《献

给约翰·邓恩的大哀歌》的风格完全不同，这是一首充满温情的诗。

约瑟夫·布罗茨基，于 1940 年 5 月 24 日在苏联列宁格勒一个犹太人家中出生。1955 年，他对学校正规教育不满，自动退学，十五岁即步入社会。为谋生，他当过工人、杂役，在工厂、医院太平间辗转。他甚至随地质勘探队到荒无人烟的地方探矿。漂泊不定，四处打工，历尽人世沧桑，使他深入地接触社会，为后来的文学创作提供了坚定的基础。从小就钟情文学的布罗茨基，即使精疲力竭，也从不忘坚持阅读，俄罗斯作家的经典著作及欧洲优秀文学作品，他无不涉猎。为了方便阅读和翻译，他还自学英文、波兰文。他有时还抽空写诗。他写诗可追溯到十五岁，一直没间断过，只是因他的诗不合时宜，在国内只有几首短诗和译诗，刊载在"地下刊物"上。

幸运的是，他后来与苏联著名女诗人阿赫马托娃相识，并结为挚友，得到她的指导和帮助，他的诗歌创作突飞猛进。1964 年，布罗茨基以莫须有的罪名被判刑，在阿赫马托娃仗义执言的鼎力帮助下，提前获自由后，他曾在莫斯科一家出版社工作。次年，他的诗集《短诗和长诗》在美出版，引起苏联当局不满，加之他一贯不与当局合作，不懈地给予批评，1972 年，已在国际上颇有影响的布罗茨基被当局驱逐出境。他取道维也纳，转赴美国，先后在密执安大学、纽约大学等高校执教，同时继续他的文学创作。1977 年，布罗茨基获美国国籍。当年，他出版俄文诗集《一个美丽纪元的结束》。1982 年，他又出版《罗马哀歌》。他的诗还被译成英文版诗集《约瑟夫·布罗茨基诗选》（1973）、《言辞片段》（1977）。布罗茨基逝世后还出版了诗集《等等》（1996）。

布罗茨基"以思想敏捷和诗意强烈为特色的包罗万象的写作"，赢得了诺贝尔文学奖。他的写作题材涉及文学、历史、哲学、伦理、政治、宗教、神话和社会现实等各个领域。同时，他的诗作是高度形象、音乐感和激情的凝聚，有思想光彩，有艺术魅力。

布罗茨基这样评价自己：

一个相当保持私人性的人，一个终生偏爱私人状态而不愿担当任何社会重要角色的人，一个在这种偏爱方面走得相当远——至少远到离开祖国的人，一个宁做民主制度下一事无成的彻底失败者，也不在暴政下或当烈士或当人上之人的人……

这个人，于 1996 年 1 月 28 日，因心脏病突发在纽约去世。

第七十九届（1986年）

沃莱·索因卡

获 奖 者：沃莱·索因卡（Wole Soyinka, 1934—　　），尼日利亚剧作家、
　　　　　 诗人、小说家、评论家。

获奖理由：他以广博的文化视野创作了富有诗意的关于人生的戏剧。

获奖作品：《雄狮与宝石》《死亡与国王的侍从》（戏剧）。

瑞典文学院，终于将目光投向非洲，将诺贝尔文学奖颁给尼日利亚人沃莱·索因卡，这块古老、广袤而神秘土地所孕育的文学，才给世界文学带来新鲜的气象。

1934年7月13日，索因卡在非洲中部的尼日利亚西部阿贝奥库塔降生。他的家族属于约鲁巴族。其父是当地小学的校长，颇有声望和地位。索因卡从小就受约鲁巴传统文化熏陶滋养，对他后来研究约鲁巴神话并从中发掘一种悲剧理论大有帮助，更为他的小说、诗歌和创作提供了灵感和素材。但可惜的是，像许多亚洲、非洲、拉美国家的作家一样，他们在本地中学接受教育之后，多到欧洲去接受高等教育或深造，过度汲取外来元素，丢掉本土文学的传统，使其创作的作品非驴非马。

索因卡从伊巴丹大学毕业后，于1954年到英国利兹大学深造。与生俱来的约鲁巴古老文化传统，受到全新而有更大诱惑力的欧洲现代文化挑战，索因卡饶有兴味地选择了后者。特别是他对欧洲文学尤其是戏剧，产生了强烈的兴趣。

1957 年大学毕业后，他留在伦敦，在皇家剧院从事戏剧工作，同时创作剧本。到 1960 年，他发表了《新发明》《雄狮与宝石》《沼泽地居民》和《裘罗教士的磨难》等几部格调诙谐活泼、颇富讽刺意味的喜剧著作。可以说，索因卡这几部剧作具有明显欧化的痕迹。

1960 年，二十六岁的索因卡意气风发地回到尼日利亚，创立了业余剧团 "1960 年假面具" 和专业剧团 "奥里森"，以上演西非作家的剧本为主，有时也排演自己的剧作。这段时间，他创作了剧本《森林之舞》(1960)、《强大的种族》(1964)、《孔其的收获》(1965) 和《路》(1965) 等。

20 世纪 60 年代末，尼日利亚发生内战，索因卡因反对内战而被军方政府逮捕，下狱两年。1970 年获释后，他先后流亡到欧洲和加纳，六年后归国，受邀到母校伊巴丹大学戏剧学院和伊费大学执教，间或赴英国任剑桥大学、耶鲁大学和美国康奈尔大学客座教授。

20 世纪 70 年代，索因卡的戏剧创作仍受欧洲现代主义戏剧影响，内容主要以揭示尼日利亚和非洲社会现实为主，艺术风格变得隐晦和荒诞，主要作品有《疯子与专家》(1971)、《死亡与国王的侍从》(1975) 和《文尧西歌剧》(1977) 等。

《死亡与国王的侍从》讲述了一个围绕非洲创世神话 "人祭" 事件展开的悲剧故事。索因卡大胆地将 "人祭" 这一富有争议的非洲传统神话题材，引入自己的剧本，引起世界对非洲文化广泛而深切的关注，让非洲文化堂而皇之地踏进世界文化殿堂，功德无量，应该受到尊敬。

《死亡与国王的侍从》剧情梗概如下。国王死了，按约鲁巴族的传统，国王的侍从首领必须在神圣的葬礼中自杀，陪国王的灵魂升到天堂。但侍从首领艾勒辛面对死亡，选择了退缩。其长子欧朗弟从欧洲回来，打算送赴死的父亲艾勒辛最后一程，父亲退缩，让欧朗弟看到父亲对尘世的留恋。

殖民地的行政长官原来就想废除 "人祭" 这一野蛮仪式，于是顺水推舟，乘机将踌躇的艾勒辛囚禁起来。约鲁巴子民、从英国赶回来的医学院学生欧朗弟，勇敢地子承父职，在国王葬礼仪式中自杀，陪伴国王走向神圣的去往天国的通道。狱中苟活的艾勒辛闻之，羞愧难当地结束了自己的生命。

该剧借"人祭"这一古老仪式，表达了自己关于非洲社会和人类社会的悲剧性观点，暗喻人性、人的坚强意志、人的担当道义对于民族发展的重要意义。

1986年，是索因卡最为荣耀的一年，他先被选入全美文学艺术院，后又荣获诺贝尔文学奖。

索因卡多才多艺，除了戏剧之外，还出版过长篇小说《阐释者》（1965）、《混乱岁月》（1973），还有自传体散文《阿凯——童年记事》（1982），出版过诗集《伊丹里和其他诗篇》（1967）、《狱中诗抄》（1969）、《墓穴里的梭》（1972），叙事诗《奥贡·阿比比曼》（1976）。他还有文学评论集《神话、文学和非洲世界》及纪实文学《一个大陆敞开的脓疮——尼日利亚危机的个人叙述》（1996）等作品。

第七十八届（1985年）

克洛德·西蒙

获 奖 者：克洛德·西蒙（Claude Simon，1913—2005），法国小说家。

获奖理由：由于他善于把诗人和画家的丰富想象与深刻的时间意识融为一体，对人类的生存状况进行的深入描写。

获奖作品：《弗兰德公路》（又译《走向法兰特尔之路》）（小说）。

西蒙是继1964年让－保尔·萨特获奖之后，历经二十一年，再度获诺贝尔文学奖的法国小说家。这个名不见经传的西蒙获奖，不仅让法国文学界一片混乱，也让世界文坛感到震惊。诺奖得主辛格闻之，不无嘲笑地发问："谁呀，这是男的还是女的？"

这与他的小说被认为不入流，且艰涩难懂，一直不很畅销有关，也与他生性沉默寡言，不善交际，长期住在比利牛斯山区的葡萄园里，深居简出，不接受采访，始终与巴黎文坛保持距离不无干系。他自己在《盲人奥利翁》自序中说："我除了每走一步路，每说一句话所开出的境界外，并不知道其他的境界为何。"

小说没销量，生活无着落，必须靠伯父留给他的葡萄园收入养活自己。但有趣的是，巴黎一家很有影响的右翼报纸，想入非非，称西蒙与苏联的克格勃有关系。

与外界的纷纷猜测相悖的是，这个躲进小楼成一统的西蒙，却非常关心当代的社会问题。他年轻时为了自己的立场，前往西班牙参与反法西斯内战。1983年，七十高龄的西蒙还与热爱和平的文学艺术家联名写信，向世界表达对"大国军备竞赛"的担忧和对和平的渴望。

西蒙因 1960 年出版的长篇小说《弗兰德公路》而获第七十八届诺贝尔文学奖。该小说是根据作者亲历的第二次世界大战期间，在法国北部，接近比利时的弗兰德地区，法军被纳粹德军击溃，仓皇逃窜的真实故事写成的。其梗概如下。战后，佐治和堂嫂即队长雷谢克妻子幽会，二人如胶似漆时，佐治脑中突然掠过法军溃败的往事。担任骑兵队长的堂兄雷谢克，率部队在弗兰德，遭到德军伏击而全军覆没。佐治认为堂兄知道德军设了陷阱，故意冲锋自杀的，因为堂兄一直为自己的妻子红杏出墙、不守妇道而痛不欲生。佐治还断断续续回忆自己被俘后在集中营的生活，逃亡的险境，以及历经无数女人后，又回到他深爱的堂嫂身边的永难磨灭的桩桩往事。但佐治思维飘忽不定，想象光怪陆离，总理不出头绪，最后也没能找到堂兄死亡的真相。尽管不少人感到这部小说文字冗长，情节与意识支离破碎，补叙和联想又多与主旨脱节，但战争对大自然的破坏，对人与人之间关系的扭曲，却可实实在在感受到。我们不能否定小说表达了对社会问题和对个人生存、人际关系的种种深刻思考，以及努力向我们展示了二十世纪三四十年代欧洲广阔的社会图景的事实。瑞典文学院认定《弗兰德公路》是"对人类的生存状况进行的深入描写"，欧洲《卫报》也说，"在西蒙的小说里，战争成了一种与人类普遍境况极其吻合的隐喻，是社会秩序瓦解于杀伐的混乱之中的形式和礼仪"，皆切中肯綮。

克洛德·西蒙，于 1913 年 10 月 10 日出生在法属殖民地马达加斯加首府塔那利佛。四岁时，其父在第一次世界大战中阵亡，母亲带他回到法国佩皮尼扬镇。西蒙十一岁时，母亲也病逝，他由祖母抚养，后被制造葡萄酒的伯父收养。他曾就读巴黎名校斯塔尼斯拉斯中学。他原有机会去海军学校学习，但他放弃了别人求之不得的好机会，投奔法国立体派画家安德烈·洛特，向其学绘画，后短期进牛津大学和剑桥大学修哲学和数学。

1936 年，西班牙发生内战，西蒙到巴塞罗那支持政府，参军与叛军激战。残酷的战争经历给二十三岁的西蒙留下深刻印象，后皆写入小说之中。

1939 年，第二次世界大战的烽火燃起，西蒙应征入骑兵团作战。在战争结束前的 1945 年春，在著名的牟兹河战役中，他不幸头部受伤而被德军俘虏，关进德国集中营。他设法逃出后，回法国参加地下抵抗运动。其成名作《弗兰德公路》（1960）、《历史》（1967）和《鲁·巴拉斯》（1969）等便是以牟兹河战役为题材的。战争结束后，西蒙一直居住在伯父赠给他的位于比利牛斯山的葡萄种植园，边劳动边创作。

西蒙以小说《老千》（1945），宣告他正式步入文学创作生涯，但未引起文坛注意。接着在 1947 年和 1952 年，他又出版第二部作品《钢丝绳》和第三部小说《格里弗》，仍受到冷落。到了 20 世纪 50 年代，他发表了《春之祭》（1954）、《风》（1957）和《草》（1958）等小说，开始有了反传统的现代派倾向，终于引起文坛的关注。

进入 20 世纪 60 年代，西蒙以《弗兰德公路》强势进入法国文坛，一炮而名天下。接下来，西蒙出版的《豪华旅馆》（1962）、《历史》（1967）、《鲁·巴拉斯》（1969）等长篇小说，文体改变，色彩斑斓，已具有自己独特的艺术风格，标志着他的创作已走向成熟。西蒙到了 20 世纪 70 年代后仍保持精力旺盛、文思如泉的好状态，文学创作出现井喷态势，进入了自己的创作高峰时期，出版了《盲人奥利翁》（1970）、《导体》（1971）、《三折画》（1973）、《事物的教训》（1975）、《农事诗》（1981）、《洋槐树》（1989），还有回忆录式小说《植物园》（1998）和《有轨电车》（2001）等。接近暮年的西蒙，将小说玩到出神入化的境界，开始"文字的历险"，抑或说他对小说的形式和文字进行大胆有益的探索。正如小说理论家让·里加杜所指出的，晚年西蒙的小说不再是人生冒险经历的叙述，而是文字与形式的探索冒险。

以西蒙 1981 年创作的《农事诗》为例，小说写了不同时期的三个人物：一位是法国大革命时期的将军，一位是西班牙内战时期的英国青年，一位是二战时期的法国骑兵。西蒙将他们放在同一时空，在田园牧歌式、色彩斑斓的环境中，诗画结合、光影交错地将三个人物相互勾连起来，突出他们的经历和命运的相似性，这成为蕴含深邃哲理的新小说派的样本。

西蒙学过绘画，一直追求文字和画面融为一体，富有诗性的小说模式。他曾说："写作如同画家作画，就像画家在作画过程中，这里添上一笔，那里抹上一层色彩，会产生新的效果一样。"无怪诺奖评委说："他善于把诗人和画家的丰富想象与深刻的时间意识融为一体。"

像许多大作家一样，西蒙除了创作小说，还涉猎戏剧，写过剧本《分离》（1963），还曾在散文随笔领域徜徉，出版散文集《女人们》（1966）、《艺术爱好者的画册》（1988），随笔有《脚印》《发现法国》等。他对文学理论也有造诣，有《传统与革命》（1967）、《小说的逐字逐句》（1972）和《小说的描写情节》（1980）等专著。

2005年7月6日，一生都不擅张扬、一直低调的西蒙，在美丽的葡萄庄园里静静地告别了他一直都弄不懂的世界。那时，葡萄园里的葡萄已晶莹饱满地挂满枝头。法国总统德维尔潘的悼词是：

> 法国文学失去了其中一位最伟大的作家，但他仍会作为最伟大的小说家之一，活在个人或集体的记忆中。

多么好的墓志铭。

第七十七届（1984年）

雅罗斯拉夫·塞弗尔特

获 奖 者: 雅罗斯拉夫·塞弗尔特（Jaroslav Seifert，1901—1986），捷克诗人。

获奖理由: 他的诗富有独创性、新颖、栩栩如生，表现了人的不屈不挠的精神和多才多艺的渴求解放的形象。

获奖作品:《紫罗兰》（诗歌）。

捷克天才的共产党员作家尤利乌斯·伏契克和他的长篇特写《绞刑架下的报告》，曾在20世纪50年代的中国，几乎家喻户晓。《绞刑架下的报告》是作者在监狱里用铅笔头，在一块块小纸片上写成，它是二战时抵抗法西斯运动中，最昂扬的一曲战歌和重要的历史文献。比伏契克早生两年，同样工人家庭出身的塞弗尔特，一改捷克革命作家猛烈抨击社会的风格，更多表达对人民深切的同情和热爱，以及对美好自由生活的渴望。

塞弗尔特，于1901年9月23日诞生在捷克首府布拉格一个工人家庭。他的家境贫寒，他中学还没毕业，就因生活所迫，不得不放弃学业，步入社会谋求生计。由于从小喜爱文学，他便到新闻和文学界谋职，曾先后在《红色权力报》《平等报》任编辑，其间向《人民权利》《六月》等报刊投稿。

20世纪20年代，受苏俄十月革命浪潮影响，捷克正处于争取国家独立和民族解放斗争风起云涌的动荡年代。二十岁左右的塞弗尔特，积极投入革命运动，在斗争的洗礼中，参加了共产党。1921年，塞弗尔特出版诗集《泪城》，该诗集已淡化了同时代诗人涅曼那种充溢着斗争精神，鼓舞人心的革命激情，而是抒发诗人对生活的热爱，温情和爱意胜于愤怒和声讨。

20世纪20年代的欧洲，除苏俄之外，文化没有壁垒，西欧的哲学思想和现代文学流派已在捷克漫延，在其影响下，捷克出现了一个现代派文学社团"旋覆花社"。年轻的诗人塞弗尔特，成为该社的骨干力量。在接受存在主义、超现实主义文学思潮的同时，诗人逐渐淡出社会斗争旋涡，退出共产党，到文学领域去自我表现，寻找精神的伊甸园。他这时的代表作是诗集《全是爱》（1923）、《无线电波》（1925）和《信鸽》（1929）等。为艺术而艺术，成了当时其诗作的主旋律。

到20世纪30年代，塞弗尔特的诗风、观念有所变化，从为艺术而艺术的执着，转向对现实的关注，有诗集《裙兜里的苹果》（1933）、《维纳斯之手》（1936）出版，尽管诗中有淡淡的怀疑主义和悲观主义的色彩，但还是表达了怀念故乡和童年的美好情感。

1936年，诗人重新焕发了爱国主义激情。纳粹德国虎视眈眈，丧权辱国不平等条约《慕尼黑协定》签订，面对国家处于危难、民族面临消亡的境况，诗人拍案而起，创作了《别了，春天》（1937）、《把灯熄掉》（1938）、《鲍日娜·聂姆曹娃的扇子》（1940）、《身披霞光》（1940）、《石桥》（1944）等诗集。《别了，春天》借回忆童年和青春美好往事，抒发了对自己祖国的无限眷恋之情。《把灯熄掉》表达了诗人对捷克人民和国家命运的忧患。写于二战的诗篇，激荡着诗人强烈的爱国主义深情，唱出了捷克人民的共同心声，对动员人民抗击法西斯主义起到鼓舞作用。

捷克从法西斯魔爪下解放出来之后，诗人的诗集《泥盔》（1945）热情地讴歌了与法西斯浴血奋战的人民，表达解放后的欢悦之情。从1945年起，塞弗尔特到国家总工会机关报《劳动报》当编辑，主编文学月刊《花束》。1949年，出版诗集《浪迹江湖的穷画家》后，他辞去公职，成为专业作家。20世纪50年代，塞弗尔特出版了诗集《维克托尔卡之歌》（1950）、《母亲》（1954）和《少年与星星》（1956）等。诗中透露出对在苏联控制下的社会生活及受意识形态影响的文学出现简单化倾向的不满。

《维克托尔卡之歌》，是诗人根据 19 世纪捷克著名小说家、批判现实主义奠基人聂姆曹娃（1820—1862）创作于 1855 年的长篇小说《外祖母》中一位悲惨命运的姑娘原型创作的。诗歌通过对那时不合理社会现实的批判，表达了对所处时代社会不合理现实的不认同态度。《母亲》抒发的是诗人对母亲深情执着的爱，母爱哺育了他的正直和道义。因其诗是既有思想性又有高妙艺术性的作品，曾获国家奖。

到了 20 世纪 60 年代，受苏联出兵干涉内政等政治气候的影响，塞弗尔特秉承作家的道义和艺术良知，开始批评整肃文艺政策和个人崇拜政治，受到当局发动的公开批判，不得不放弃创作。后来，苏联国内政治发生变化，沉默多年的塞弗尔特重返文坛。他相继出版了《岛上音乐会》（1965）、《哈雷彗星》（1967）、《铸钟》（1967）、《皮卡迪利的伞》（1978）、《避瘟柱》（1981）、《身为诗人》（1981）等诗集。其中前三个诗集，是塞弗尔特饱经政治风云和生活磨砺后，对社会生活和人生真谛的思考。而后三个诗集的诗风又有了趋于平稳、藏而不露、深邃老辣而不失幽默的特点。

《每当我们的桑树开花》一诗云：

　　　　每当我们的桑树开花，
　　　　它们的气味总是飘飞起来。
　　　　飘进我的窗口……
　　　　尤其在夜晚和雨后。

　　　　那些树就在拐弯的街角，
　　　　离这儿只有几分钟的路。
　　　　夏天当我跑到
　　　　它们悬起的树梢下，
　　　　吵闹的黑鸟已经摘去了

幽暗的果实。

不言而喻，诗歌弥漫着沉郁的伤感意绪，我们家园的"果实"被"黑鸟"摘去了。诗人透过暗喻，表达了失去尊严的人"渴求解放"的期望。

这里再引一首关于"一个人老去"的诗：

当一个人老去，

就连洁白的雪也使他厌倦。

而当我在夜晚注视着天空，

我不曾寻找到天堂。

我更加害怕那个黑洞，

在宇宙边缘的某个地方，

它们比起钟声更加可怕。

塞弗尔特的诗，整体抒情中总散发着阳光明丽的气息，有时显得明快而轻松，但诗人的诗又总积郁着伤感和悲凉。苹果的红和绿那么天然和谐，如同社会生活，有光明也有黑暗。弄清这一点，便可找到解读其诗的钥匙。

塞弗尔特一生共创作了诗集三十部，还出版了散文集《伊甸园上空的星星》（1929）、回忆录《世界美如斯》（1982）等，此外，他还翻译了俄国诗人勃洛克、法国诗人阿波利奈尔等名家的诗。诗人于1986年病逝，获诺贝尔文学奖之后还不到两年。

瑞典文学院给塞弗尔特的诺贝尔文学奖颁奖词说：

他的诗富有独创性、新颖、栩栩如生，表现了人的不屈不挠的精神和多才多艺的渴求解放的形象。

权当献给诗人塞弗尔特的墓志铭。

第七十六届（1983 年）

威廉·戈尔丁

获 奖 者：威廉·戈尔丁（William Golding，1911—1993），英国作家。
获奖理由：具有清晰的现实主义叙述技巧以及虚构故事的多样性与普遍性，
　　　　　阐述了今日世界人类的状况。
获奖作品：《蝇王》（小说）。

自1953 年英国前首相温斯顿·丘吉尔以回忆录《第二次世界大战回忆录》获得诺贝尔文学奖以来，整整三十年，英国作家再无人获此荣耀。当七十二岁的戈尔丁再次登上这个宝座，整个英国一片惊喜和欢腾，甚至连戈尔丁自己都不敢相信获此殊荣。算起来，他是世界第八十位、英国第七位获诺奖的作家。

　　戈尔丁小说有自己的艺术个性，从未陷入现代小说固有的模式，其小说以虚构为主，类似寓言，善用比喻、象征、讽刺等艺术手法，以自己的道德观念，从关于人类原始生活状态的神话中，去思考人类的堕落、野蛮、自私等宏大的世界问题，其作品常常令人触目惊心、振聋发聩，诚如瑞典文学院所说，戈尔丁的作品"具有清晰的现实主义叙述技巧及虚构故事的多样性和普遍性，阐述了今日世界人类的状况"。因此，戈尔丁成了第二次世界大战后英国最有影响力的作家之一。

　　1954 年，戈尔丁出版的长篇小说《蝇王》一炮打响，获得意想不到的成功，默默无闻的戈尔丁一举成名，成为欧美读者广泛评论的名作家。

　　《蝇王》是一部以虚构的第三次世界大战为背景的寓言体小说，表达了作者对人类本性和社会危机的严肃思考和深切忧患。

第三次世界大战爆发，拉开了核战争序幕。一架飞机载着一群少年飞往南方避难，不幸被击中，坠落在一个荒无人烟的珊瑚岛上。幸存的人困于这个孤岛。拉尔夫、杰克和西蒙，一起对小岛进行观测，发现小岛有蔚蓝的海水、绵长的白色沙滩，孤岛上有淡水，绿树成荫，果树上结满果实，是一个伊甸园般的孤岛。

这群六岁至十二岁的孩子在小岛上，开始了新生活。他们开了会，十二岁的拉尔夫决定点起一堆篝火，希望让经过的飞机和船只发现并搭救他们。

就这样，一个小小的社会诞生了。起初，孩子们还能按文明社会习惯和公序良俗，让小社会和谐运转。大家组成小组去采集果实，用树枝搭造草棚，并点燃篝火。但好景不长，有序变成无序。人们不愿总去采集食物，搭建住棚，这些工作限制了个人自由。他们放弃责任，选择跟杰克一道去打猎，过那种无拘无束又可大快朵颐的生活。

孩子分成了两帮，分别以拉尔夫和杰克为头儿。为了夺取小社会的统治权，建立可发号施令的权威，两帮孩子明争暗斗，后发展成明火执仗的两帮较量。讲秩序理性的拉尔夫，被不讲秩序非理性的杰克打败。很快，在欲望和责任的冲突中，这群孩子渐渐失去人性，堕落成嗜血成性者。杰克们为了对付拉尔夫们，将木棒两端削尖，准备像对付岛上野猪那样，干掉拉尔夫。正在拉尔夫四处逃窜，性命朝不保夕之时，一艘英国皇家海军舰艇发现荒岛的孩子，拉尔夫才幸免于难。

由于无人照看环境，美丽的孤岛已被大火燃烧得满目疮痍。"拉尔夫的眼睛不禁如雨水般流了下来……他为童心的泯灭和人性的黑暗悲泣。"

很明显，小说通过流落荒岛的一群孩子，由于脱离文明社会，退化恢复了人类原始野蛮本能，成为相互残害的野蛮人这一现象，来探讨关于人性中的善与恶的命题。作者认为："人类产生邪恶就像蜜蜂制造蜂蜜。"罗伯特·亚当斯这样评价《蝇王》，戈尔丁的小说在结构和笔调上非常不同，它们都是些宗教讽喻，其中一再重现的主题就是人类生而有之的邪恶。

"蝇王"，源于希伯来语的误译，意为魔鬼。作者通过《蝇王》意在阐明人性中的罪恶之神。《蝇王》的思想迎合了第二次世界大战后的广大读者，特别是年青一代的心理，再加上小说的象征手法及对这群孩子内心世界刻画上的细腻精准，作品赢得人们的欢迎，并不奇怪。

　　威廉·戈尔丁，于 1911 年 9 月 19 日出生在英格兰南部康沃尔郡一个称为哥伦白·马爱纳的村子里，父亲是一个知识分子。戈尔丁少年时就读马尔博罗文法学校，1931 年赴牛津大学读化学，后改修英国语言文学。他曾出版一本《诗集》，收录二十九首诗。戈尔丁于 1935 年大学毕业，当过小学校长，后到伦敦，在一个剧院里当编剧和导演，有时客串演员。因家庭生活所迫，他于 1939 年到一教会学校任教，同年，二十八岁的戈尔丁与安妮·布鲁克菲尔特结婚。

　　第二次世界大战爆发，戈尔丁应征入伍，到皇家海军服役五年。曾与德海军在海上交过战，后又指挥过火箭炮一分队于 1944 年参加攻占法国的战斗，获少校军衔。

　　1945 年，战争结束后，戈尔丁退伍，重返教会学校执教。一直酷爱文学的他，业余时间从事文学创作。经过精心准备，1954 年，戈尔丁出版了长篇小说《蝇王》，不鸣则已，一鸣惊人。在美国，《蝇王》被选为大学英文教材和必读书，与早三年问世的塞格林之《麦田里的守望者》平分秋色。

　　1955 年，戈尔丁的第二部长篇《继承者》出版。小说以旧石器时代为背景，描写活动在欧洲、西亚和北非的尼安德特人纯洁、善良和热爱生活的人性美。次年，戈尔丁又出版一部揭示人性恶的长篇小说《平彻·马丁》。小说叙述了海军水雷部队军官马丁在一种复杂的"考验"中受折磨致死的故事，抨击海军"简直是一座地狱"。小说通过马丁对征服生活的渴望，到"考验"中的残酷，表明要赢得生活自由是不可能的。

　　1959 年，戈尔丁出版了以第一人称写成的长篇小说《赢得自由》，通过一个英国艺术家落入纳粹集中营后自我反省的故事，反映戈尔丁式的英雄在与现代社会的冲突中，最终只能丧失自身的清白。小说娴熟地运用意识流、自由联想及细腻的心理描写等现代小说艺术，使作品思想深刻，艺术绰约多姿。

　　到 20 世纪 60 年代，戈尔丁出版长篇小说《教堂尖塔》（1964），叙述了中世纪一群劳动者，由于屈从一个教长为自己树碑立传，企图建立四百英尺的尖塔，造成道德和精神上的堕落。作品通过教长的野心和狂妄，那群劳动者的贪欲，揭示了人类邪恶的本性和文明的脆弱，表达了戈尔丁"人性向恶"的观念。

1979年，戈尔丁出版长篇小说《看得见的黑暗》，次年又有《过界的仪式》问世。前者，讲的是如果阴间是地狱，那么阳间就是炼狱，善恶在生活中是两个独立的力量，二者永远搏杀；后者，描写19世纪拿破仑时期，富家少爷塔尔伯特在驶往澳大利亚的船上的所见所闻，其船上丑陋的众生相，表现出人类的劣根性和兽性。《过界的仪式》是戈尔丁长篇航海三部曲的第一部，1987年出版的《近方位》和1989年出版的《底下的火》，则是第二、第三部。在创作这三部曲中间的1984年，戈尔丁还有长篇《纸人》问世。这些小说与戈尔丁其他小说一样，都在阐述他关于人类道德的预言，即人类是堕落的、自私的、野蛮的。

此外，戈尔丁在剧本上也有造诣，像《铜蝴蝶》（1958），很受欢迎。他还写杂文和文学评论，有杂文集《热门》（1965）、文学评论集《活动的靶子》（1982）等。这些作品同样关注人性恶之研究和阐述。

自20世纪60年代起，他在创作之余，多在英国、美国间往来，在文学理论研究和教学方面，成果累累，获誉不少：1960年任布劳斯顿学院荣誉研究员，1961年获牛津大学文学硕士学位，1970年获英国布莱顿萨塞克斯大学博士学位，1980年再获英国最高文学奖布克奖。

1993年，戈尔丁怀着"如何去懂得生命的无畏与自然生存的混乱"的人类疑难问题，忧心忡忡地黯然去世，时年八十二岁。

第七十五届（1982 年）

马尔克斯

获 奖 者：加夫烈尔·加西亚·马尔克斯（Gabriel José de la Concordia García Márquez，1927—2014），哥伦比亚作家。

获奖理由：他的代表作《百年孤独》把我们带进了一个奇异的世界，将不可思议的神话和最纯粹的现实生活融为一体，反映了拉美大陆的生活和冲突。

获奖作品：《百年孤独》（小说）。

20 世纪 60 年代，拉丁美洲在民族解放运动澎湃勃兴的影响下，产生了一股气势恢宏的被誉为"爆炸文学"的文学热流，孕育了一批优秀的作家，马尔克斯和博尔克斯便是其中的翘楚。

1982 年 10 月 21 日，瑞典文学院宣布将第七十五届诺贝尔文学奖授予马尔克斯时，拉丁美洲文学界一片欢腾。"魔幻现实主义"的风潮，席卷全世界文坛。马尔克斯成为拉丁美洲继米斯特拉尔、阿斯图里亚斯和聂鲁达之后，第四位获诺奖作家。被誉为"继西班牙黄金时代的天才们之后，继巴勃罗·聂鲁达之后最伟大的天才"。但马尔克斯对记者说，他写小说也是出于偶然，认为写作是一种"苦难和折磨"。

中国的"寻根派"，正是受到这股潮流影响而出现的文学流派。不可否认，马尔克斯对中国整整一代作家，都产生过影响。莫言在获诺奖后发表演说时就说："我必须承认，在创建我的文学领地'高密东北乡'的过程中，美国的威廉·福克斯和哥伦比亚的加西亚·马尔克斯给了我重要启发。"

凭《百年孤独》，马尔克斯获得诺贝尔文学奖，实至名归。长篇小说《百年孤独》是马尔克斯酝酿了十多年，于1967年完成的标志世界文学殿堂巅峰的巨著，他由此一跃成为炙手可热的魔幻现实主义文学大师。

马尔克斯历经惊心动魄的文学历险，最终写完该书最后一句话"值得你流泪的人不会让你流泪"，他走进卧室，抱着熟睡的妻子，失声痛哭起来。妻子小心地问他："你真的写完了吗？"在他殚精竭虑地伏案创作时，她总是给丈夫摆上一朵黄色的玫瑰，从没告诉他，为了支持他创作，家里已负债累累。

《百年孤独》的初版，是1967年在布宜诺斯艾利斯上市的，印了一百多万册，立刻被抢购一空。伟大的文学会超越时空，1970年的英文版，风靡了世界，其发行量仅次于《圣经》。

《百年孤独》以"许多年之后，面对行刑队，奥雷良诺·布恩迪亚上校将会回想起，他父亲带他去见识冰块的那个遥远的下午"开篇，开启了一个容纳过去、现在和将来时空的跨越巨大的故事。作者是用通俗、粗浅的文字，娓娓讲这个故事的。

布恩迪亚娶了圣洁勤劳的表妹乌苏拉。乌苏拉担心表亲结婚会生下带猪尾巴的孩子，于是一直穿着贞洁裤，不与表哥亲热。这让村民都嘲笑布恩迪亚。盛怒之下，他杀死讥讽他的阿基尔拉，当晚逼迫乌苏拉脱下贞洁裤。从此，阿基尔拉的鬼魂便缠上他，死者那凄苦的眼神使他日夜心神不宁。于是他带着妻子、朋友踏上旅途，寻找安身之所，经过两年艰苦而漫长的跋涉，在梦的启示下，落脚在一片滩地，建立家园马孔多镇。

时光荏苒，布恩迪亚家丁兴旺，拥有长子阿卡迪奥、二子奥雷良诺、小女儿阿玛兰塔，几代同堂，为马孔多镇最大的家族。

马孔多镇已发展成拥有手工厂、商店的繁华集镇，南来北往客人很多，政府派来了镇长。大选期间，自由派和保守派斗争激烈，政府派部队进驻马孔多，打压自由派，枪杀该派组织者诺格拉医生。奥雷良诺同友人站在保守派对立面，率二十多个年轻人，袭击警备队，枪杀政府军上尉，自己当了上校。后政府攻占了马孔多，枪决了奥雷良诺的哥哥阿卡迪奥，奥雷良诺发动三十二次反击，最后当上令政府畏惧的革命军总司令。停战协议签订，奥雷良诺投降，获教皇赦免，孤独活到老死。

老布恩迪亚发疯死后，年已一百多岁的乌苏拉也在耶稣受难日早晨去世。他们的第六代传人布恩迪亚偏偏爱上姨妈，偷情生下第七代布恩迪亚，但这个长着猪尾巴的孩子，被从各地聚集而来的蚂蚁吞噬得尸骨不存。

第六代传人布恩迪亚，在吉卜赛人墨尔基阿德斯的房间里破译了羊皮书手稿中的题词："家族中的第一个人将被绑在一棵树上，家族中的最后一个人正被蚂蚁吃掉。"马孔多"将被飓风刮走，并将从人们的记忆中完全消失……命中注定要一百年处于孤独的世家绝不会有出现在世上第二次的机会"。

布恩迪亚家族从开始繁衍再回到原点，从此永远地消失。但一个家族一百年内七代人的兴衰和荣辱，留给我们深深的回味和思索。小说涉及历史社会和生活的方方面面，堪称拉丁美洲历史的形象缩影。同时，《百年孤独》运用奇幻的想象和气势恢宏的场面，为众多的人物提供广阔的舞台，展示出每个人的传奇人生。

诚如瑞典文学院所说：

> 他的代表作《百年孤独》把我们带进了一个奇异的世界，将不可思议的神话和最纯粹的现实生活融为一体，反映了拉美大陆的生活和冲突。

美国麦克来伦公司 1981 年出版的柯勒斯大百科全书，是这样评论《百年孤独》的："他的史诗般的《百年孤独》也许算得上是当代拉丁美洲小说中最重要的第一流作品。"1969 年，《百年孤独》先后获哥伦比亚国家文学奖、意大利基安恰诺奖和法国最佳外国作品奖。

五十四岁即获诺奖，成为历届该奖最年轻作家的马尔克斯，于 1927 年 3 月 6 日出生在哥伦比亚濒临太平洋的小镇阿尔卡特卡。其父是一位医生，后当邮局报务员。母亲是一位上校的女儿。马尔克斯童年时由外祖父母抚养。外祖父军界出身，善良倔强、思想激进，外祖母熟谙当地神话传说和民间故事。两位老人是他最好的启蒙老师，用当地印第安世俗方言，将这些地方文化灌输外孙子，养成了他对文学的喜爱。他七岁便读《天方夜谭》，十二岁随父母到首都波哥大教会学校就读。1945年，马尔克斯入波哥大读法律系，在校期间开始接触卡夫卡，受其《变形记》启发，创作小说《第三次辞世》，已显露文学才华。后加入自由党，开始政治活动。

1948年，自由党与保守党发生内战，马尔克斯离校，从事律师工作，不久进入新闻界，先后在《宇宙报》《先驱报》《观察家报》任记者或编辑。他曾被《观察家报》委派至意大利、法国当特派记者，还被派至古巴、纽约任记者。其间，他写了大量通讯报道、时评和报告文学，其小说作品也屡见报端。

马尔克斯第一个长篇小说《落叶及其他故事》于1955年出版。小说以马孔多地区为背景，描写勃纳特阿家族具有神秘色彩的兴衰命运。其实虚构的马孔多，就是马尔克斯家乡阿尔卡特卡的化身。而《落叶及其他故事》，只是马尔克斯所描写的勃纳特阿家族故事的开端。1961年他写的《没人给他写信的上校》，次年写的《恶时光》和1967年创作的《百年孤独》，都是这部编年史式的宏大长卷的组成部分。勃纳特阿家族经过六代繁衍，曾经兴盛一时，但其子孙都被证明最终成为孤苦伶仃的人。马尔克斯的魔幻现实主义贯穿这一故事，将准确而独特的细节描写与超自然怪诞的特征融为一体，这一文学探险，让魔幻现实主义在世界文学界刮起旋风，给文学贡献了一个独特的极富生命力的流派。

1961年，马尔克斯侨居墨西哥，潜心文学创作，次年即出版短篇小说集《格兰德大妈的葬礼》，接着有长篇小说《伊莎贝尔在马孔多等候下雨》（1968）和《家长的没落》（1975）等问世。《家长的没落》从1958年酝酿，历时十七年方收官，小说用魔幻现实主义手法，辅以夸张、荒诞的漫画笔触，刻画了独裁者尼卡诺尔丑恶的一生。

1975年，智利发生政变，为向独裁当局抗议，马尔克斯宣布"文学罢工"，搁笔多年，直到1981年，他以中篇小说《一件事先声张的人命案》（又译《死亡预言录》），重返文坛。小说根据1951年发生的一桩真实杀人案写成，深刻揭示拉丁美洲社会的阴暗面，辛辣嘲讽鞭挞当权者。

1985 年，马尔克斯又推出长篇小说《霍乱时期的爱情》，讲的是两男一女从青年一直到老年的奇特的爱情故事。又过四年，他的《迷宫中的将军》出版，记叙美洲独立战争英雄玻利瓦尔的经历和逸事。马尔克斯人到老年，依然热情投入创作，相继出版长篇小说《爱情与其他邪魔》（1994）、《绑架的消息》（1996）和《苦役追忆录》（2004）。

马尔克斯以小说出名，其实还兼顾其他文学门类的创作，如报告文学《水兵贝拉斯科历险记》（1955）、《尼加拉瓜之战》（1979）、《纪实与报道》（1976）、《海边文集》（1981）、《在朋友中间》（1982）。他还有文学谈话录《番石榴飘香》（1982），另有由他自己的小说改编的电影剧本多部。

文学天赋、丰富的阅读经验、博学和复杂的人生阅历，成就了马尔克斯，如他自己所说："无法想象一个对之前一万年的文学没有起码概念的人怎么可以写小说。"马尔克斯把"一万年"的传奇，浓缩在"一百年"的孤独之中，让我们看到历史的逻辑和生命的逻辑，充满忧郁和孤独的气质，构成一曲"孤独的挽歌"。

马尔克斯在诺贝尔文学奖颁奖典礼上发表演说《拉丁美洲的孤独》时，说：

> 在这个荒诞的世界中，我们，无论诗人或乞丐，音乐家或预言家，战士或无赖，很少需要求助于想象力。因为我们面临的最大问题，是找不到一种合适的手段来使人相信我们生活的现实。朋友们，这正是我们感到孤独的原因。

这位政治上的理想主义者、美学上的自然主义者，在陷入更深的孤独之时，于 2014 年告别了世界，他的作品没有给读者留下任何希望，却将魔幻现实主义推向世界。

第七十四届（1981年）

埃利亚斯·卡内蒂

获 奖 者：埃利亚斯·卡内蒂（Elias Canetti，1905—1994），犹太裔英国作家。

获奖理由：作品具有宽广的视野、丰富的思想和艺术力量。

获奖作品：《迷惘》（小说）。

受第二次世界大战大英帝国的衰退影响，英国文学开始注意政治问题和社会问题。许多作家开始思考英国没落的原因、失业的痛苦，准备认识自己，文学也努力检讨自己。接着，英国文学出现复苏和繁荣景象，大家辈出，佳作联翩。

埃利亚斯·卡内蒂以英国作家身份获1981年诺贝尔文学奖，却在世界文坛引起轩然大波：一是当时涌现的期待值很高的作家没有一个入选；二是卡内蒂除了西德等少数国家知道他之外，连英国读者都不识其名。原因简单，他不是多产作家，只写过一部小说、三个剧本、一部社会学著作、一部游记、一本研究卡夫卡的书信集、两本回忆录和两本单薄的笔记。因"对当代世界并没有太大的影响力"而受到质疑，并不奇怪。

但是，因有托马斯·曼和赫曼·勃洛克的好评，早就心仪《迷惘》的瑞典文学院，力排众议，以其作品"具有广阔的视野、丰富的思想和艺术力量"，特别表现德国古典文学的特点为由，做出将诺贝尔文学奖颁给卡内蒂的决定。

西德著名现代文学学者詹姆斯·利昂，经过对卡内蒂全部著作深入研究，得出的结论是：

> 卡内蒂是一位才华横溢的优秀作家，一位人道主义者。他代表的是德国的整个放逐的一代。放逐的一代在希特勒步上权力的宝座时就开始形成了。这一代的作家，当他们第二次世界大战后重返德国故园时，已都中年了，成了在夹缝中求生的一代。因此，他们写的作品多数是沉思的、探讨性的。

瑞典文学院将诺奖桂冠送给卡内蒂，也是对德国"放逐一代"文学的肯定。

《迷惘》是卡内蒂从1929年动手，完成于1930年的唯一的长篇小说，1935年在维也纳出版，后译成两个英译本。名为"火刑"者，1946年于英国出版；名为"巴倍尔高塔"者，晚一年在美国付梓。故事的背景是希特勒吞并奥地利前夕，汉学家彼得·基恩教授埋头学研究学术，过着离群索居的生活。

学者基恩为人谦和，厌恶享乐，原本在研究汉学方面成绩突出，却不公布于世，甚至辞去公职，躲进书房，沉浸在书海，与外部世界隔绝。到四十岁时，他为方便生活，雇了一位面相丑陋、轻浮浅薄、恶狠凶残的女管家苔莱瑟。她看中基恩拥有的财产，便想方设法讨得主人喜欢，与基恩成婚。一贯惧怕异性的基恩并不爱苔莱瑟，只为万卷藏书有人照看而娶她为妻。苔莱瑟用各种狠毒的手段从精神到肉体折磨基恩并获其财产后，将丈夫驱逐出门，使他沦为乞丐，流浪街头。

乞讨使基恩闯入一个"没有头脑的世界"：一个流氓、赌徒、妓女和骗子出没的小酒馆、赌窟和妓院构成的世界。基恩在这里结识了靠偷窃诈骗为生的犹太人驼背菲舍尔勒。他得知基恩痛失万卷藏书，以帮助弄回藏书为名，设局骗基恩财物。当按驼背的设计，两人去当铺"为书赎身"时，苔莱瑟和看门人正好也到此处当书。她诬陷基恩是小偷，将他暴打之后，送进警察局，然后以精神病为由带基恩回故居，关进小屋，对他折磨虐待。驼背菲舍尔勒给在巴黎当精神病医生的基恩的弟弟发去一封电报，弟弟得知情况立刻回到哥哥家，经秘密私查，终于找到基恩，然后设计夺回藏书，又将苔莱瑟驱出基恩家。基恩重新拥有了万卷藏书。

看似书归原主，一切恢复原状，但受到各种磨难的基恩，最后还是疯了，他怕悲剧再度重演，再被人遗忘，于是将万卷藏书付之一炬，自己也灰飞烟灭。小说结尾这样写道："当火焰终于烧到了他的时候，他大声地笑了出来。他一生之中，从来没有这样大声地笑过。"

《迷惘》反映的是二十世纪二三十年代法西斯登上历史舞台后，欧洲社会动荡邪恶的社会背景下知识分子的生活状态和精神状态。小说故事情节引人入胜，塑造的人物鲜活生动。人物一直处于幻觉和怪诞的联想之中，作者以意识流手法，将现实与幻觉融为一体，营造了一个令人迷惘的扑朔迷离的艺术世界，为孪生荒诞色彩的人物提供了土壤。可惜，小说塑造的彼德·基恩，在这池污水中居然出污泥而不染，纯洁得如同莲花一般。小说既未刻画出复杂的人性，也与恩格斯关于"典型环境中的典型性格"铁律相悖。

卡内蒂于1929年动笔写小说时，心存高远，想像巴尔扎克创作《人间喜剧》那样，计划写八部小说组成的《狂人喜剧》，《迷惘》是开卷之作。可惜直到卡内蒂去世，也没有下文。《迷惘》在出版近三十年后的1963年，才在欧洲流传。瑞典文学院认为《迷惘》具有果戈理和陀思妥耶夫斯基的遗风，是部"伟大的小说"，实有溢美之嫌。

1905年7月25日，保加利亚的鲁斯丘克一个犹太裔奥地利籍商人家里，诞生了一个男婴埃利亚斯·卡内蒂。六岁时，父母携他到英国曼彻斯特生活。两年后，父亲去世，西班牙籍犹太人母亲又带他和弟弟到维也纳居住。卡内蒂先后到苏黎世、法兰克福求学。因其家族背景之故，他从小接受保加利亚语、西班牙语熏陶，又在母亲逼迫下学习德语。1929年，他毕业于维也纳大学，获化学博士学位。他大学求学时，热衷于文学艺术和哲学，喜读意大利诗人勃洛克、德国作家克洛斯的作品，后来又与卡夫卡相识，认为卡夫卡是"把20世纪表现得最好的作家"。此时他在柏林从事翻译，开始文学创作，完成《年轻的罗马执政官》和一部诗剧，并酝酿《迷惘》。

1938 年，德国吞并奥地利，卡内蒂被迫流亡到法国，一年后又移居英国，取得英国国籍，定居伦敦。精通多种语言的卡内蒂，始终用德语创作，对此他解释道："因为我是一个犹太人。"

卡内蒂是位善于独立思考的作家。他认为作家不能攀附政治，应当远离权势，不能把人按世俗的观念加以归类，做简单的判断，强调作家应与一切人包括高贵者、卑贱者、聪明人、头脑简单人，友好相处，主张作家深入社会生活，扩大视野。他说："人们不能老待在一个过于美丽的城市，那会窒息人们所有的希望。"

卡内蒂于 1932 年发表第一个剧本《婚礼》，十八年后发表《虚荣的喜剧》，1956 年又发表《确定死期的人们》。这些剧作没有情节、没有主角，重在表现某些特定场景和人物的心理状态，带有荒诞性的背后，反映社会生活的混乱和人性的自私和贪婪。这些用德语写成的剧本，被美国作家厄普顿·辛克莱译成英文。卡内蒂的戏剧与法国作家萨缪尔·贝克特的戏剧风格相似，但其影响却相去甚远。

1960 年，卡内蒂出版了花费三十五年心血撰写的社会学巨著《群众与权力》。它的影响可与《迷惘》相媲美，甚至比其更重要。作者自己说："主要意图是研究法西斯的根源。我要弄明白隐藏在事实深部的根源，而不光是时代的表面现象而已。"

早在 1925 年，年轻的卡内蒂在研究了大量各国历史上各种群众运动后，就计划写一部叫"群众"的论著，但后来他发现，单纯论述群众而不去研究权力，毫无价值。直到卡内蒂亲自经历了法西斯德国血腥地发动侵略战争，看清其极权专断的本质，经过漫长的思考，完成后来被瑞典文学院认为矛头直指"权力的宗教"，"专断有权威的作品"《群众与权力》。当然，这部五百多页的社会学性质的著作，主旨是反法西斯主义的，尽管有诸多局限，甚至某些观点与马克思主义相悖，受到西方评论界的赞誉，不足为怪。

1967 年，卡内蒂出版了游记《巴利卡斯之声》，描写北非的美丽景色、风土人情，赞扬那里善良的人性和粗犷的生命活力。

1979 年，他发表了研究卡夫卡的论文《卡夫卡的另一次审判》，具有学术权威性。同年，他出版了第一部回忆录《得救的舌头》，回忆了多瑙河畔的童年生活、西班牙籍犹太人母亲对自己的教育及卡尔·克鲁斯对自己的影响等。三年后，他出版第二部回忆录《我耳朵中的火把》，则更多回忆犹太人在中欧和英国的生活状态及 20 世纪 20 年代德国文学界的情况，写到 1931 年便结束了。之后更丰富复杂的生活经历，则没有回忆录记载。1982 年，他有《文学笔记》出版，对文学颇有真知灼见。

　　晚年，卡内蒂生活在苏黎世，于 1994 年 8 月 14 日病逝，享年八十九岁。

第七十三届（1980年）

切斯拉夫·米沃什

获 奖 者：切斯拉夫·米沃什（Czesław Miłosz，1911—2004），波兰裔美国诗人。

获奖理由：不妥协的敏锐洞察力，描述人在激烈冲突的世界中的暴露状态。

获奖作品：《世界》《折散的笔记本》（诗歌）。

切斯拉夫·米沃什，是立陶宛裔波兰人，于1951年要求在法国政治避难，1960年，又流亡到美国，十年后加入美国籍。流亡中，过的"是一种与城市大众隔离的生活"，正如诗人自己所表述的，"一个孤独的人，过着隐居的生活"，"流亡是一切不幸中最不幸的事。我简直坠入深渊"。这种独特的生活经历和独特的生命体验，带给米沃什的是创痛和不幸。他与别人不同的是，他未把这命运看成是个人恩怨，而是民族的伤痛，他并未沉沦，而是挺起身来，面向现实，把这一切用母语变成诗。诗中"真实事件的悲剧使臆想出来的悲剧为之黯然失色"，游子深深的乡愁荡漾其间，表现出对未来波兰独立的期待和向往。正是因此，东欧文学权威约瑟夫·布罗德斯基称米沃什是"我们这个时代最伟大的诗人"。

> 信念这个词意味着，有人看见
>
> 一滴露水或一片漂浮的叶，便知道
>
> 它们存在，因为它们必须存在。

即使你做梦，或者闭上眼睛，

希望世界依然是原来的样子，

叶子依然会被河水流去。

它意味着，有人的脚被一块

尖岩石碰伤了，他也不知道岩石

就在那里，所以能碰伤我们的脚。

看哪，看高树投下了影子，

花和人也在地上投下了影子，

没有影子的东西，没有力量活下去……

  这是诗人长诗《世界——一首天真的诗》的一部分。诗将浓烈的乡愁，包裹在平静的叙述语气中，回忆魂牵梦萦的家乡小路、房舍、篱笆，还有曾经的林中远游、长辈的教诲。流徙异乡，思念故国，其情殷殷，其意切切。

  《偶然相逢》写于法西斯的魔爪即将伸向家乡的"冰冻时代"：

黎明我们驾车奔驶在冰封的大地上，

有如红色的鸟儿在黑暗中展翅飞翔。

猛然间一只野兔在路上跑过，

我们之中有人用手指点。

那是很久以前。而今——

那野兔和挥手的人都已不在人间。

啊，我亲爱的人！

他们在哪？他们去向何方？

> 那挥舞的手，那风驰电掣的奔驶，
> 还有那沙沙滚动的鹅卵石？
> 问你们，并非出自悲伤，
> 而是感到纳闷、惊惶。

诗人已预感到灾难临近，作为"红色的鸟儿"（米沃什组织领导的一支地下反法西斯斗争的队伍，亦称"遭受灾难的人们"小组），准备走上战场的战士有些惊喜，也有些彷徨。

诗人的纳闷、惊惶，在1943年写的《鲜花广场》一诗中已荡然无存，他在愤然中表达了对胜利的期望：

> 直到有那么一天，
> 一切都会变成传奇，
> 在一个新的"鲜花广场"上，
> 愤怒将燃起诗人的烈火。
> 忘记是充满哲思的诗篇：
> 忘记那些痛苦你带给别人的，
> 忘记那些痛苦别人带给你的。
> 河水奔流不息，
> 泉水闪耀着消逝。
> 你走在这土地上，
> 而你正将它忘记。

第二次世界大战以人民胜利、法西斯灭亡而结束，面对世界重建，诗人主张人们应忘记敌对和仇恨。敌对和仇恨会促使人们"成为狂暴的新一代"。他的祖国的现状令他忧虑，自己在流亡中饱经伤痛，但他坚信生活是有希望的，比如《冬日钟声》：

多美好的一天啊!

花园里干活儿，晨雾已消散，

蜂鸟飞上忍冬的花瓣。

世界上没有任何东西我想占为己有，

也没有任何人值得我深深地怨。

那身受的种种不幸我早已忘却，

依然故我的思想也纵使我难堪，

不再考虑身上的创痛。

我挺起身来，前面是蓝色的大海，

点点白帆。

世界的变化，个人的命运的蹉跎，使米沃什的诗歌从早期的表现主义逐渐向现实主义回归，汲取了古典和现代各诗歌流派的营养，融合了自己渗透到骨髓的悲剧力量，形成了自然而凝重的诗风。他的诗歌力量，来自忧患、宽容和美好的向往。

1911年6月30日，米沃什诞生在当时属于波兰版图的立陶宛的维尔纽斯，算是立陶宛裔的波兰人。父亲是一位土木工程师，家境不错。童年时，他有机会随在俄国工作的父亲走遍俄国。第一次世界大战结束后，米沃什回到波兰有着青翠山谷、蓝色湖泊的故乡。他曾在维尔纽斯的泰凡·巴托雷大学学习法律。1933年，出版第一部诗集《冰冻时代》，出手不凡。该诗集反映了波兰人民所经历的苦难，并预言了一场由法西斯主导的战争将给波兰和欧洲带来深重灾难。历史证明，他的"卡珊德拉（凶事预言者）式的预言"，并非凭空捏造。可惜米沃什的敏锐预感，并没受到重视，整个世界都以妥协做和平梦。1934年大学毕业后，他得到奖学金，到巴黎深造两年，回国后，在波兰电台文学部就职。

20世纪30年代初，法西斯崛起，米沃什预感灾难正在逼近，组织和领导"红色的鸟儿"抵抗小组。其斗争矛头直指波兰反动政权和法西斯势力。1936年，其

第二部诗集《三个冬天》问世。

　　第二次世界大战爆发，法西斯德国占领波兰，诗人亲历战争的灾难，目睹二十万同胞在法西斯机枪扫射之下丧生，华沙变为废墟。他在华沙参加抵抗运动，在战火纷飞的 1944 年创作《离去》，控诉法西斯的罪恶。后来世界人民战胜法西斯，波兰建立苏联控制下的新政权。米沃什于 1945 年出版诗集《拯救》，表达他对苏联控制下国家命运的关注。战后，米沃什被任命为波兰驻美国和法国文化参赞。自由主义的诗人，无法容忍波兰当局的文化管控，于 1951 年到法国要求政治避难。流亡十年，他出版诗集《白昼之光》(1953)、《诗的论文》(1957)，于 1960 年到美侨居，1970 年加入美国籍。他在加利福尼亚州大学伯克利分校任教，教授斯拉夫语言文学，先后出版诗集《波贝尔国王和其他诗篇》(1962)、《着魔的古乔》(1965)、《战后波兰诗选》(1965)、《无名的城市》(1969)、《诗选》(1973)、《日出和日落之处》(1974)、《冬日钟声》(1978)、《河流》(1980)、《新诗选》(1981)、《新选诗集，1931—2001》(1981)等。

　　这一段时期米沃什的诗歌，已从战争的阴霾和波兰的政治风云中走出来，不再倾诉痛苦和忧伤，而是关注现实生活，揭露与经济发展同时滋生的人性虚伪与堕落，批判物欲横流和自由缺失后人们成了"历史和生物本能的无形力量的俘虏"这一现代社会的痼疾。但是，米沃什心中那浓浓的乡愁，终生挥之不去。1980年他写的诗集《河流》中，故乡维尔纽斯那条美丽的河流，一直在他生命中流淌，是他永远的乡愁。没有故乡，他的诗就会干涸。他一生都不是政治诗人，而是个故乡的歌手。这是他诗的生命之所在。

　　米沃什除了写诗，还创作了不少小说、散文、文艺评论和译作。他的自传《自然王国：对我的探索》(1968)值得一读，那里有他对自己一生的回顾。其杂文集《被禁锢的思想》(1953)批判波兰的极权政治，被称为"一部意义深远的历史文献，具有透彻的分析力"。其小说《夺权者》描写备受创伤的波兰年轻的激进分子的生命状态，获欧洲文学奖。1980 年米沃什获诺贝尔文学奖时，评委认为他"著作多种，引人入胜，富有戏剧性"。

　　诗人米沃什于 2004 年 8 月 14 日病逝。

第七十二届（1979年）

奥德修斯·埃里蒂斯

获 奖 者：奥德修斯·埃里蒂斯（Odysseus Elytis，1911—1996），希腊诗人。

获奖理由：他的诗，以希腊传统为背景，用感觉的力量和理智的敏锐，描写现代人为自由和创新而奋斗。

获奖作品：《英雄挽歌》（长诗）。

希腊文学，到 20 世纪从梦中醒来。其小说已被英译后在美国出版，希腊最负盛名的年轻作家温蒂拉斯等九位作家纷纷在美国亮相。国内诗人也不少，翻译卡赞札基斯基长诗《奥德赛》的诗人基蒙·佛莱尔，与原著作者合作，用了五年将《奥德赛》译成三万多行的长诗，经数十次修改，终于付梓，令希腊诗坛有了生气。而 1979 年诗人埃里蒂斯以长诗《英雄挽歌——献给在阿尔巴尼亚战役中牺牲的陆军少尉》（又译《献给在阿尔巴尼亚阵亡的陆军中尉的颂歌和哀歌》）获诺贝尔文学奖，更标志着希腊文学的重新崛起。但消息一出，世界文坛议论纷纷，毁誉参半，而瑞典文学院态度极为鲜明，肯定埃里蒂斯的诗艺术风格独特，"一方面是清新隽永，抒情淋漓尽致和落笔曲折细腻，另一方面是严谨细致和一丝不苟"，以睿智的判断力挺诗人。

诗人埃里蒂斯也不卑不亢，在颁奖仪式上发表演说时，得体地说：

我认为，瑞典文学院今天授予我诺贝尔文学奖金，是想表彰整个希腊诗界，以及引起世界对一个传统——一个从荷马到当代始终贯穿于整个西方文明的传统的注意。

怀疑之声渐渐偃旗息鼓，但埃里蒂斯从此因幸福而烦恼，因荣誉而不得安生。三年时间，他没完没了地出席各种会议，应邀到处发表演说，从早到晚地接受电视台、报刊的采访，世界各地要译他的诗出现问题的咨询，让他疲于应付，焦头烂额，苦不堪言。他发牢骚说："我的私生活被侵犯了，不能工作。我拒绝了许多邀请，但不少推辞不了。"如此这般，这三年诗人竟没写出一行诗。他怀念起当年默默无闻在雅典库福大街二十三号自己寓所读书写作的清静生活。荣誉是要付出代价的，他只有苦笑。

1946 年发表的长诗《英雄挽歌——献给在阿尔巴尼亚战役中牺牲的陆军少尉》和 1948 年至 1959 年创作的《神圣颂》，被视为埃里蒂斯的代表作。这两首长篇叙事诗，是表现希腊人民在第二次世界大战所经历的苦难和英勇斗争的史诗，被瑞典文学院誉为"20 世纪的杰作"。

《英雄挽歌》长达三百多行，从战争烽烟在"太阳最早居留的地方"燃起，到复活节钟声响起战争在胜利中结束，描写了一个年轻战士短暂悲壮的一生，其间充满悼念和哀思：

> 他躺在焦灼的土地上，
> 让微风在寂静的头发间流连，
> 一根无心的嫩枝搭在他的左耳……
>
> 头盔空着，血染污泥，
> 身边是打掉了的半截胳臂，
> 他那双眉间，
> 有口苦味的小井，
> 成为致命的印记……

他像一支歌曲在黑暗中钳口无言，
他像一座天使的时钟刚刚停摆……

太阳啊，你不是无所不能吗？
光明啊，你不是云的闯将吗？

哎呀，山鹰问，那个年轻人哪里去了？
于是所有的小鹰都惊讶，那个年轻人哪里去了……

哎呀，母亲悲叹问，我的儿子哪里去了？
于是所有的母亲都惊讶她们的孩子哪里去了……

他要上升，去给星星的孩子们唱催眠曲，
他要头一个参加天使们的跳舞，
他要俯身看着爱人的百合，
他要向云霞道别，
他将给平原遍插绿色的蜡烛……

自由
希腊人民在黑暗中指出道路。
自由
为了你，太阳将因欢喜而啼哭。
当邪恶被驱逐时，
他既不悲伤，也不孤寂，
而是内心充满了渴望。
鸟儿，幸福的鸟儿，死亡在这里消失。
朋友们，亲爱的朋友们，生命在这里开始。

挽歌，哀悼死者的歌。作为哀悼英雄的挽歌，原本是悲伤、哀婉，声声啼血的。但《英雄挽歌》却是哀而不伤，悲而不馁，有一种昂扬豪气洋溢其间，祈祷的是青春永存，英雄不死。悲剧中，不失雄壮气概。

《神圣颂》分"序篇""正篇"和"尾声"三部分，是诗人整整用了十年创作的长篇叙事诗。该诗以《圣经》故事为题材，隐喻希腊人民在第二次世界大战中所遭受的苦难及抗击法西斯的斗争历史。该诗发表第二年，获得希腊国家诗歌奖，后又经作曲家赛奥佐拉斯基谱成乐曲，以清唱诗剧搬上舞台。

奥德修斯·埃里蒂斯原名奥德修斯·阿莱普泽利斯（Odysseus Alepoudellis），于 1911 年 11 月 2 日出生于希腊克里特岛的伊拉克利翁城。父亲是一个肥皂厂业主，家境殷实。1914 年，举家迁至首府雅典。读中学时，埃里蒂斯对文学感兴趣，后考入雅典法律系。1930 年，埃里蒂斯到法国巴黎大学读语言文学和艺术学，受到当时流行的法国超现实主义文艺思潮的影响。埃里蒂斯对法国超现实主义代表诗人保罗·艾吕雅极为尊崇。

所谓"超现实主义"，是法国的布洛东在 1924 年发表《超现实主义宣言》后，发动的一场文学运动，其目的是要打破束缚艺术创造力自由发挥的桎梏，包括逻辑理性、规范道德，社会、艺术陈规和标准，以及规划和意图的羁绊。超现实主义倾向于"自由的写作"，认为"下意识"是可靠信息和艺术的唯一来源，以达到一个"超乎现实"的境界。有论者认为它是第一次世界大战之后一批思想没有出路、精神苦闷的诗人一种逃遁世界现实的自我安慰的产物，完全忽视文学自身发展的内在规律的这种似是而非的理论，有待研究。请注意，埃里蒂斯正是用非现实主义的艺术手法，写出《英雄挽歌》而获诺奖的！文学发展证明，文学流派的产生，会丰富文学的样式和手段。

1935 年，埃里蒂斯出版了第一部诗集《哈·戛兰梅特》，在这之前，他曾在希腊文学举新派《新文学》杂志上发表诗歌。两年后，他又进入陆军学校，并出版诗集《不知道的克莱伯赛德拉》。

第二次世界大战爆发后，法西斯意大利入侵希腊，诗人再次入伍，以陆军中尉衔，投入在阿尔巴尼亚的反法西斯战役。继 1940 年出版诗集《方向》，他于 1943 年又出版诗集《初升的太阳》。这些诗热情地歌颂希腊美丽的风光，在抒发诗人对祖国热爱的同时，还表达了对战争及其带来的灾难的忧虑心情，因饱含爱国情感，诗篇写得深沉、动人。埃里蒂斯于 1946 年发表的充满雄健精神和悲壮气氛的荡气回肠的长诗《英雄挽歌》，既奠定了自己在希腊诗坛的地位，又标志着希腊诗歌进入了一个新的时代。

战后，诗人在无线电台当了十年专栏评论员，又于 1953 年始担任过两年电台编辑。他曾在巴黎小住，又先后访问美国和苏联，十四年没有诗歌问世。孰料 1959 年以《神圣颂》重现江湖，震惊诗坛。接着，他的诗集如冬季雪片，飘然而至：《六个人加上一向老天忏悔的人》（1960）、《光明树和第十四美人》（1972）、《国王与太阳》（1972）、《爱的颤音》（1973）、《神的再现》（1973）、《步诗》（1974）、《同胞》（1977）等，以及组诗《玛丽亚·尼菲利》。

埃里蒂斯是位正直有道义的诗人，他的人品、诗品都保持了可贵的独立性，从不向权势低头。1967 年至 1974 年，希腊军人专权，诗人不写一行诗表示抗议。在人们对其诗风说三道四时，他坚持自己的艺术风格。正像有的评论者所说："在这层怪诞的语言外壳里，蕴藏着诗人异常丰富的内心世界。"

1996 年 3 月 18 日，埃里蒂斯在雅典去世。他的诗，依然"用感觉的力量和理智的敏锐"，鼓舞着人们"为自由和创新而奋斗"。

第七十一届（1978年）

艾萨克·巴什维斯·辛格

获 奖 者：艾萨克·巴什维斯·辛格（Isaac Bashevis Singer，1902—1991），美国作家。

获奖理由：他的充满激情的叙事艺术，这种艺术既扎根于波兰犹太人的文化传统，又反映了人类的普遍处境。

获奖作品：《卢布林的魔术师》（长篇小说）。

从1966年至1978年，先后有五位犹太作家获诺贝尔文学奖，他们是以色列的萨缪尔·约瑟夫·阿格农（1966）、瑞典的奈莉·萨克斯（1966）、法国的萨缪尔·贝克特（1969）、美国的索尔·贝娄（1976）和艾萨克·巴什维斯·辛格（1978），十二年里，五位犹太作家获诺贝尔文学奖，这是一个传奇。

自20世纪30年代始，犹太民族受到法西斯主义迫害，他们流亡天涯。辛格就在哥哥帮助下于1935年秋，从波兰的格但斯克，惶然登上一艘驶往美国的邮轮逃难，后侨居美国。

加入美国籍的辛格，身上流淌的是犹太人的血，作为小说家，他的小说比其他犹太小说家的作品更犹太化。他是以犹太人生活经历为题材，以濒临灭亡的犹太意第绪语为创作语言。波兰境内犹太社会生活传统，与经济繁荣、文化多元化的美国社会相融合，古代意第绪文学与美国现代文学传统的有机结合，形成了辛格文学的独特状态和个性风格。

纵观辛格的小说创作，就其内容看，大体上可分两类：一类是表现犹太人的生活状态，如思想、精神、情感、宗教、文化等生活形态和内容；一类是写犹太社会和精神在现代文明冲击下，传统犹太社会逐渐解体的迷惘和困惑。但，欲望和信仰、传统和道德、人道和命运是辛格小说的骨架和灵魂。

被瑞典文学院相中的长篇小说《卢布林的魔术师》，属于第一类作品范畴，是辛格的小说代表作之一。

小说的故事，发生在波兰尚完整保存犹太社会稳定性的卢布林省。时间是19世纪末。小说的主人公叫梅什尔，生活在一个虔诚的犹太家庭，母亲早逝，没上几年学的他，就到外谋生。他好不容易才成了"带着一架手风琴，牵着一只猴子的街头艺人"，走南闯北，后来熬成了一个著名的魔术师。

成名之后，梅什尔几次抛弃妻儿，与别的女人鬼混。他曾与助手玛格达有染，后又结识一个匪婆，勾搭成奸。一次到华沙，他又想与美丽的教授遗孀成婚，到意大利定居。为此他利用从匪婆那里学来的窃术，到一个富翁家偷盗，不仅未得手，还摔坏一条腿。教授遗孀闻之，与其一刀两断。他再到玛格达处，助手玛格达因得知其丑闻，愤然悬梁自尽。梅什尔明白，真正爱他的是玛格达。他又去找另一情人，发现人家又委身他人。从此，梅什尔万念俱灰，一蹶不振。

走投无路的梅什尔，默默重返家乡。他不顾犹太教长的反对，也没有听妻子悲恸的劝阻，在自家院里修建了一间四面无门的忏悔室，昼夜诵经、忏悔。他说："野兽就该关进牢笼。"三年苦修后，梅什尔忏悔罪愆的名声，远播四方，甚至传说这个虔诚的赎罪者已成除病消灾的圣者，每天都有信徒成群来谒见，有人甚至贿赂其妻求得一见。梅什尔的事迹，广为流传，那教授遗孀得知此事，写信向他忏悔，表示永远怀念他……

小说的成功，在于辛格以犹太民族的浓郁情感塑造了梅什尔这个真实的有血有肉、有情感、有灵魂的鲜活人物形象。他一度放纵欲望，做了不少荒唐的事情，但他又用实际行动，完成了灵魂的自我救赎。这是一个下层犹太人形象。辛格曾有一段话诠释这一人物："事实上，肉体和痛苦是同义词。如果选择了邪恶而得不到惩罚，选择了正义而得不到酬报，那怎么可能还有什么自由选择呢？在这一切苦难的后面，是上帝无限的仁慈。"

辛格，于1902年11月21日出生在俄国管辖波兰的莱昂辛地区。祖父和父亲是当地犹太教主管教区的"拉比"（即主管教区宗教和世俗事务的法学博士）。辛格四岁时，全家迁到华沙，他在那里读完犹太教办的小学和中学，受到正规的犹太教传统教育，学习了希伯来文和意第绪语。1920年，父亲送他到华沙神学院，为的是将来子承父业，成为一名"拉比"。但辛格对此并不感兴趣，而是把精力用于阅读，十二岁即读陀思妥耶夫斯基的《罪与罚》，十五岁开始用希伯来语、意第绪语写小说和诗。在大学期间，受哥哥影响，他用意第绪语为波兰犹太报刊撰文，并穿上犹太人有穗子的斜纹布衣服，剃掉鬓角，到《伯莱特文学》杂志做校对和翻译，长达十年之久。1935年，他出版长篇小说《撒旦在戈雷》，这是一部以《圣经》中的故事为题材创作的小说。不久，法西斯迫害犹太人的浪潮迭起，他得到在美国的哥哥帮助，就有前面提到的乘邮轮逃离波兰那一幕。

到美国后，辛格在纽约落户，继续以意第绪语撰写文章。1940年，三十六岁的他与美国女子阿尔玛·哈曼成亲，按美国法律，三年后取得美国国籍。从此，辛格以创作为职业，以犹太社会生活为题材，创作了十六部长篇小说，两百多篇短篇小说，三个剧本及回忆录、散文、童话等，数量蔚为壮观。具体有长篇小说《莫斯特卡家族》（1950）、《卢布林的魔术师》（1960）、《奴隶》（1962）、《庄园》（1967）、《产业》（1969）、《仇敌，一个爱情故事》（1972）、《萨沙》（1978）、《忏悔者》（1983）、《原野王》（1988）和《浮渣》（1991）等。《卢布林的魔术师》成就最高。其实，辛格的短篇小说也非常出色。其两百多篇短篇小说，分别被收录到《傻瓜吉姆佩尔》（1957）、《市场街的斯宾诺莎》（1961）、《短篇的星期五》（1964）、《短篇小说选》（1966）、《集会集》（1968）、《卡夫卡的朋友》（1970）、《羽毛的王冠》（1973）、《激情集》（1975）、《黄昏恋》（1979）、《辛格短篇小说集》（1982）、《意象集》（1985）和《马修拉之死》（1988）等短篇小说集之中。其短篇小说中的主人公，多是社会底层的小人物，如流浪汉、穷学生、店员、小贩、孤独老人和傻子，再有便是怀才不遇或沉湎于情色的文化人。他们心地善良纯朴，穷困潦倒，备受侮辱损害，却也安贫乐道、自我解嘲。其鲜活社会的众生相，折射出社会生活的千姿百态和深刻的矛盾。辛格自称通过芸芸众生的故事写出"独特环境中的独特性格"。人们称他是"最会讲故事的作家"，而并未发现更重要的是辛格塑造了"典型环境中的典型性格"，辛格是以鲜活的人物，表达了他对小人物命运的同情和社会的思考。

短篇小说《傻瓜吉姆佩尔》，叙述的是一个诚实勤劳的孤儿的故事。他一辈子劳作，却被欺侮嘲笑，人们只称他"低能儿""蠢驴""傻瓜"等六个外号，却从不叫他本名。有人将一个放荡成性的女人埃尔卡嫁给他，他从未与她同过床，最后竟成了埃尔卡同别人生的六个孩子的父亲。埃尔卡患癌症，临终前向他做了忏悔，善良的吉姆佩尔把一生所有积蓄分给了六个遗孤，然后离开家乡去流浪。最后，他终于悲怆地明白：

只有在坟墓里，才没有任何纠纷，没有嘲弄，没有欺骗。

说辛格的小说是一簇射向病态社会的鸣镝，也揭示了"人类的普遍处境"，并不是溢美之词。

1991年7月24日，辛格去世。

第七十届（1977 年）

阿莱克桑德雷·梅洛

获 奖 者：阿莱克桑德雷·梅洛（Vicente Pío Marcelino Cirilo Aleixandre y Merlo，1898—1984），西班牙诗人。

获奖理由：因为他那些具有创造性的诗作继承了西班牙抒情诗的传统和吸取了现代流派的风格，描述了人在宇宙和当今社会中的状况。

获奖作品：《天堂的影子》（诗集）。

较之号召人民反对麦维拉专权的爱国诗人马查多，以及被法西斯暗杀喋血街头的 20 世纪声誉最高的诗人洛尔加，梅洛算不上西班牙最进步的诗人。1936 年，西班牙共和国政权遭到法西斯分子大屠杀的时候，梅洛躲到乡间别墅养病，佛朗哥篡夺政权后，他依然伏案写作，而从不参加抗议行动。好在，他的诗并未为法西斯唱赞颂，而是间或流露出对暴力和压迫的反对情绪，具有一定的进步意义。而真正赢得国外舆论好评的，是他那具有创造性的诗歌，继承了西班牙抒情的传统，又汲取了现代流派的营养，描述社会生活和人的精神面貌。从这个意义上，他的诗是对早亡的洛尔加诗歌的超越。1950 年，梅洛当选西班牙皇家学院院士，成为"学院派"旗手，被授予卡洛斯三世大十字勋章，并在法国、美国等大学任名誉教授，特别是 1977 年获诺贝尔文学奖，声誉到达高峰，此乃实至名归。

先读其《老诗人的手》，享受诗人带给我们的深刻哲思和巨大的情感冲击，他用"赤裸裸的手"，将我们引向他丰富多彩、略带伤感的诗的大千境界里：

发着烧你仍然在写作。

这只赤裸裸的手，

以最最细微的线条，叙说着善与恶。

有时候犹豫，有时候坚定或者温柔。

用的是颤动的光芒；最最乌黑的墨汁。

　　再读一首人格化的诗《我要知道》，诗人让我们知道了人与宇宙的和谐，知道了人与自然、爱与被爱的和谐，并将这万物赋予人格化，以询问的形式质询世界：

快告诉我你存在的秘密，

我要知道石头为什么不是羽毛，

心为什么不是娇嫩的树苗，

在两条血管似的河流之间死去的小姑娘，

为什么不像所有的航船那样奔向海洋。

我要知道心是不是岸或雨，

是不是两个互相微笑时撇在一边的东西。

或者是两只手的新的分界，

它们紧握着不可分割的炽热的身体。

花朵、峭壁或疑问，渴望、太阳或皮鞭；

世界是一个整体，岸和眼睑，

当黎明努力渗入白天，

黄鸟在双唇间安眠。

　　阿莱克桑德雷·梅洛，1898 年 4 月 26 日出生于西班牙南部塞维利亚城一个殷实的家庭。梅洛十二岁时，举家迁居马德里。1918 年，他进入马德里大学读法律系。有钱人家的孩子，并不想以学法律谋生，梅洛志在做一名自由自在的诗人。

毕业后，他曾在马德里当过律师，但很快便去搞文学，从此再未干过律师工作。有资料说，梅洛因大病一场，为回乡养病，才放弃这一职业的，在养病期间，他思来想去才选择文学的，也可信。1926 年，二十八岁时，他终于在《西方杂志》上发表第一首诗。两年后，到了而立之年的梅洛，出版诗集《轮廓》，为他在诗坛赢得了声誉。《轮廓》是抒情诗集，富有梅洛鲜明的人格和气质。当然，其受诗人达里奥的影响痕迹明显，有现代主义色彩。

1932 年，梅洛出版第二个诗集《毁灭与爱情》，诗风开始转向欧洲流行的新古典主义，有浓郁的抒情色彩，还有苦涩味道，受到文坛和读者好评。次年，即荣获西班牙皇家学院颁发的国家文学奖，梅洛成为西班牙诗坛的代表诗人。同年，梅洛与当时侨居在马德里，六年前摘得诺奖桂冠的智利诗人聂鲁达，合办了《诗歌与绿马》杂志，专门登载各种流派的诗作。二人有深厚的友谊，合作也愉快，正如聂鲁达《欢乐颂》诗中所唱，"让我和你一起从旗帜到旗帜"，给西班牙诗歌的发表添了一捧薪柴，也让西班牙"1927 年一代"的诗人集团，更有生气。他们经历过第一次世界大战，因创作诗而走到一起。他们作为诗坛的精英，具有很高的声望。他们集结在一起，发起了西班牙文学改良浪潮，成为西班牙诗坛重要的力量，成就了诗歌的最高水平。当然，这一切与 1956 年获诺贝尔文学奖的西班牙前辈诗人希梅内斯的主导和培养有直接关系。

第二次世界大战期间，梅洛出版《天堂的影子》（1944）。同年，他当选为西班牙皇家学院院士，1954 年出版诗集《心的历史》，四年后出版散文集《萍水相逢》，1961 年有诗集《毕加索》问世，次年发表《在一个辽阔的领域里》，1965 年再出版诗集《带名字的肖像》，1968 年有诗集《终极的诗》出版，接着陆续出版了诗集《海与夜的选集》（1971）、《认识的对话》（1974）等。

梅洛一生疾病缠身，却在病榻上笔耕五十多年，为世界奉献了二十多部诗集和散文集，为西班牙的诗歌发展做出了重要的贡献。

1984 年 12 月 14 日，诗人梅洛在马德里寓所病逝，长期饱受病魔折磨的诗人在留给后世"描述了人在宇宙和当今社会中的状况"的伟大诗篇后，终于可以解脱。

第六十九届（1976年）

索尔·贝娄

获 奖 者：索尔·贝娄（Saul Bellow，1915—2005），美国作家。

获奖理由：由于他的作品对人性的了解，以及对当代文化的敏锐透视。

获奖作品：《赫索格》（长篇小说）。

索尔·贝娄自称"毫无个性的作家"，但同时在表述自己对文学的态度时，说自己是"变态人所具有的盲目自我体验"，说明他是极具个性的作家。他在一次演讲时说："我反对纯粹文学延伸物，以及依乔伊斯或卡夫卡的形式来完成小说，而把现实人生用于文学作品，这只不过是流传下来的近代病罢了。"

1980年出版的《美国20世纪文学》一书中，是这样评价贝娄的。

自从1976年获得诺贝尔文学奖之后，索尔·贝娄便确立了他在美国文学中的重要地位……在过去的二十年里，至少在他的畅销小说《奥吉·马奇历险记》出版以后，贝娄就被宣布为美国现实主义的主要发言人。在美国最具人道主义表现力、最能深奥微妙地打动人心的现代喜剧作家之中，甚至威廉·福克纳曾经戴过的天才桂冠也已落到他的头上。不论这些评论有多少夸大的成分，但至少可以肯定这一点：在过去二十年里，贝娄确实是最重要的美国小说家之一。

作为上述评价最有力论据的，是贝娄那数以千万册发行量的小说，在世界各地风靡畅销，受到包括我国在内的亿万读者的喜爱和评论界的热情关注这一事实。

学者作家詹姆斯·伍德（James Wood）认为，贝娄小说中的人物都是"高知的小丑"，而正是通过这些人物，贝娄发现了"现代性"的秘密：在现代社会，公共生活已完全"驱逐"了私人空间。贝娄称这种"驱逐"是对现代社会"独一无二"的发明。伍德的高见，虽一家之言，但足以为我们解读贝娄文学，提供一种新的思路。贝娄是以其1964年出版的对于人类的了解，以及对当代文化精湛分析之长篇小说《赫索格》而获得诺贝尔文学奖的。

《赫索格》讲述了20世纪60年代，一名典型的犹太裔美国知识分子赫索格，因困惑于荒诞现实，陷入了精神危机之中，但他凭借知识分子的良知道义，一直没放弃对人类自身价值和人生意义的追求。故事是这样的。具有哲学社会思想，为人正直，已扬名立万的赫索格，与贤淑的妻子离婚，又与另一女子玛特莉结婚。经新婚妻子玛特莉劝告，赫索格辞掉大学教职，隐居乡间潜心写作。然而，这样的生活并不尽如人意，他只好重回大学执教鞭。让其万万没料到的是，妻子竟与他的助手加斯巴克私通，而且提出与他离婚。这让赫索格丢了工作、房子、财产。

在遭受感情打击之下，赫索格元气大伤，经医生指点，他每半年都会到欧洲旅行一次。后他在纽约大学执教，邂逅女性拉蒙娜，并发生关系。孰料，他又患上忧郁症，用他自己的话表述，患了"自我陶醉、被虐待、忧郁的时代病症"。他写一些给各界人民的信函，却并不想寄出去。不久，他又听闻他和玛特莉生的女儿被生母及其丈夫虐待，于是他赶到芝加哥，却在把汽车交给女儿驾驶时，偏偏发生车祸，遭到前妻玛特莉诅咒。第二天，赫索格回到让他魂牵梦萦的乡下故居，又开始写不准备发出的信。后来，拉蒙娜和其兄长来探望赫索格，有了情感的滋润，他那因多次变故而压抑的心境，为之豁然开朗。

小说本着对当时社会的敏锐观察和通过对赫索格的精神精妙的分析，将人与社会、自我与现实间难以调和的矛盾呈现出来，真实地表现了知识分子在当代社会中的苦闷、迷惘与彷徨，同时也让读者感受到当代社会的人道主义危机。

《赫索格》在艺术上也独具特点，贝娄摒弃了平铺直叙的方法，而是在叙述中穿插杂糅大量的感觉、意念、回忆、推测、说理等艺术手段，还动用了意识流手法，看上去松散、杂乱，但小说紧扣住赫索格这一人物活动和内心世界的变化，反而梳理出一条清晰的内在脉络。

有趣儿的是，贝娄的生活与赫索格一样"一团糟"。但他以"化腐朽为神奇"的奇功，将"一团糟"的自我推到文学至尊的座位。在诺奖现场演说中，他说：

> 我们的恶习和缺陷显示了我们思想和文化上的丰富以及我们理智和感觉的力量。

《赫索格》的结构，在乱的表象下，同样显示了生活的丰富及主人公的理智力量。

索尔·贝娄，于1915年6月10日出生在加拿大魁北克省拉辛城的一个"小康之家"。那时，他父母刚刚从俄罗斯迁到此地两年，他们是犹太人，他是最小的孩子。1924年，举家迁到美国芝加哥定居。十八岁时，贝娄考入芝加哥大学，两年后转入伊利诺伊州西北大学，毕业后获社会学和人类学学士学位。同年，他到麦迪逊的威斯康辛大学读硕士学位。

1938年，贝娄与安妮塔·戈希金结婚，步入社会，成为社会学教师，还干过记者、编辑，甚至到商船上打工。第二次世界大战爆发后两年，美国因珍珠港事件正式参战。1941年，读过大量世界文学，一直钟情于文学创作的贝娄，在《党派评论》杂志上发表了第一篇短篇小说《两个早晨的独白》，反映了20世纪30年代经济大萧条之后的美国社会。1944年，他作为预备役军官应征入伍，分配到海上运输队工作，同年出版长篇小说《晃来晃去的人》。小说以犹太青年约瑟夫日记的形式，描述社会底层年轻人精神受压抑、生活不遂心的生活现实。战争结束后，他受聘于明尼苏达大学。1947年，贝娄的第二部长篇小说《受害者》出版，该小说与《晃来晃去的人》相唱和，呈现社会生活的荒诞性。其小说风格已见雏形。

20世纪50年代，已成为纽约大学、普林斯顿大学和明尼苏达大学教授的贝娄，其小说创作也趋于成熟。1953年出版的长篇小说《奥吉·马奇历险记》让贝娄风光无限，次年获得国家图书奖。小说通过芝加哥穷困犹太青年奥吉·马奇富有传奇色彩的流浪冒险故事，生动描绘了20世纪美国社会生活的面貌，表现出自我本质与生存环境之间的矛盾。艺术上自由、风趣、亦庄亦谐，嘲笑中有同情，幽默中有悲怆，喜剧中寓有悲剧色彩，贝娄独特的小说风格，颇为鲜明。相较于马克·吐温的《哈克贝利·费恩历险记》，有继承，有发展，有自己的个性。

1959年，贝娄出版了同样畅销的长篇小说《降雨之王汉德森》，也具有较大社会影响。

1961年，贝娄第三次结婚，新娘叫苏珊·格拉斯曼。次年，他受聘于芝加哥大学，担任社会教育委员会主席。20世纪60年代，美国社会经济高度发展的同时，社会出现动荡局面，快到知天命之年的贝娄，逐渐走出幻想和冒险的狭小圈子，热情地将目光投向社会和人生的广阔天地。他发现，自己所面对的是烦琐的、复杂的、多样性的美国社会，发展与危机、繁荣与堕落同在。这种环境下，人的精神也充满矛盾和困惑，他的长篇小说《赫索格》应运而生，"落难英雄"赫索格登场，这是对这个时代美国社会和知识分子最生动的诠释。

20世纪70年代，贝娄出版第六部长篇小说《赛姆勒先生的行星》，第三次获国家图书奖。五年后，贝娄又推出一部长篇小说《洪堡的礼物》（1975），小说甫一问世，即成为最畅销小说，风传美利坚，毫无悬念地又获1976年度的普利策小说奖。该小说以两代作家的命运沉浮，展示出美国社会宏阔的生活画面，表现了20世纪40年代至70年代美国知识分子思想情感及道德危机的图景。同时，贝娄也完成了面对变化的世界，人如何应对时代、生活、命运的哲学探讨尝试。而且，我们看到贝娄的小说创作，已完成现实主义与现代主义艺术元素的巧妙融合，形成自己独特的艺术风格。

进入20世纪80年代，贝娄继续创作长篇小说《院长的十二月》（1982）、《更多的人死于心碎》（1987）和《拉维尔斯坦》（2000）。说来也巧，贝娄一生共奉献了十部内容各异、艺术风格不同却都畅销的长篇小说。他还出版了中短篇小说集

《嘴没遮拦的人》（1984）、《偷窃》（1989）、《贝拉多莎暗道》（1989）和《真情》（1997）等四部，以及随笔散文集《集腋成裘集》（1994）。多才多艺的贝娄还有评论集《我们走向何处》（1965）及五个剧本、游记《耶路撒冷往返》（1976）等。

贝娄一生有过五次婚姻，一直纠缠于他的生活，也丰富了他的小说，他第三次婚姻正是《赫索格》小说中的原型，他将自己第三次婚姻的痛苦记忆，都转嫁给性情古怪的赫索格，于是赫索格活了！第五次婚姻时，他已七十四岁，为了"余生"，勇敢地与疾病斗争，几次从死神手中逃离，成就他"一个人的战争"胜利。

在此后充满神奇的十六年里，他与四十一岁的妻子，生下他一生中最后一个女儿。八十五岁时，他的长篇小说《拉维尔斯坦》登上了美国各大报纸所排出的畅销书排行榜，他那让人如雷贯耳的大名，再次响彻美国。

贝娄躺卧在病榻上，举着自己可爱女儿的照片，快意地欣赏画面，让人们看到父亲的慈爱。2005年4月5日，贝娄带着对生活田园般记忆的微笑，在马萨诸塞州布克莱恩的家中逝世。

第六十八届（1975年）

埃乌杰尼奥·蒙塔莱

获 奖 者:埃乌杰尼奥·蒙塔莱（Eugenio Montale，1896—1981），意
大利诗人、散文家。

获奖理由:由于他杰出的诗歌拥有伟大的艺术性，在不适合幻想的人生里，
诠释了人类的价值。

获奖作品:《乌贼骨》《汲水的辘轳》等诗歌。

蒙塔莱以文学上的卓越成就，早在 1967 年，即被意大利总统授予"终身参
议员"殊荣。英国诗人又在 1972 年称蒙塔莱为"意大利活着的最伟大的
诗人"。三年后，蒙塔莱即获诺贝尔文学奖。蒙塔莱堪称意大利文学界之翘楚。

蒙塔莱因诗而获诺奖，很难说是因为哪一首诗摘得此桂冠。但他写于 1925
年的诗集《乌贼骨》及后来创作的《汲水的辘轳》《幸福》等诗作，赢得了瑞典
文学院评委的好感。

《乌贼骨》是蒙塔莱第一本诗集，其诗学主张极具个性，有浓郁的隐秘派风格，
抒发的是人生难测的苦闷和无奈，表达了诗人那种人类面对历史极为渺小、历史
神秘难测、世界无法改变的慨叹。同时，又反映出诗人认为人的生命应享受自由，
却摆脱不了现实生活的羁绊，最终陷于困境的矛盾。诗以乌贼被吃光血肉，只剩
骨架，象征人的生命被现实吞噬精光的现状，从而大力诅咒"生活之恶"。

可以说，蒙塔莱是带着哲学思辨，带着对世界、生活的叩问和质询登上诗坛
的，起点颇高，才华横溢。

《汲水的辘轳》则又表现出诗人另一种美学色彩。诗歌将读者引进午后海滩阳光的场景里，看汲水辘轳转动下，清泉的汩汩流淌，感受它融融的和谐与暖意的同时，又让忧伤的暗流，在现实与记忆间涌动。

> 汲水的辘轳碾轧转动，
> 清澄的泉水
> 在日光下闪烁波动。
>
> 记忆在漫溢的水桶中颤抖，
> 皎洁的镜面
> 浮现出一张笑盈盈的脸容。
>
> 我探身亲吻水中的影儿；
> 往昔蓦然变得模糊畸形。
> 在水波中荡然消隐……
>
> 唉，汲水的辘轳碾轧转动，
> 水桶又沉落黑暗的深井，
> 距离吞噬了影儿的笑容。

诗歌以转动的辘轳忆起一曲青春恋歌。水桶浮现的那张"笑盈盈的脸容"，读者无幸睹其芳容，但"影儿的笑容"镜花水月般悄然离去，却勾起无穷的遐想，搅动内心情感波澜。

再看《幸福》一诗：

> 幸福，为了你
> 多少人在刀斧丛中走险？

似黯然的幽光
你在眼前瑟缩摇曳，
似晶莹的薄冰，
你在脚下战栗碎裂。

世上的不幸人，
哪个不是最爱慕你？

似柔美、烦忧的晨曦，
激起屋檐下燕巢的喧嚣。
你刺过凄雾愁云
照亮一颗忧伤的心。

唉，似孩童嬉耍的气球儿
高飞远逸，
徒自留下那
莫能慰藉的涕泣。

　　与《乌贼骨》《汲水的辘轳》不同的是，《幸福》是首哲理诗，哲理诗不像抒情诗，它不是靠感情而是利用高超的哲思，写出人类普遍的情感和哲理。蒙塔莱用锐利丰富形象的语言、独创的形象和意象揭开了幸福的全部密码，将冰冷的概念变得温暖又形象。

　　蒙塔莱，出生在意大利北部港口热那亚一个殷实之家，那是 1896 年 10 月 12 日。1908 年，蒙塔莱考入当地中学，后转入一所技校学习会计，十九岁毕业。从小就喜爱艺术的他，曾向往成为歌唱家。
　　第一次世界大战爆发，二十一岁的蒙塔莱应征入伍参战。两年后，他脱离部队从事新闻工作，参加反意大利日益猖獗的法西斯主义的斗争。1922 年，蒙塔莱与同道者共同创办文学杂志《初速度》。三年后，他出版诗集《乌贼骨》，一举成名于意大利诗坛。1929 年，已有盛名的蒙塔莱被佛罗伦萨市政当局聘任为该市图书馆馆长，长达十年之久，因曾带头在《反法西斯知识分子宣言》上签名，又拒绝加入法西斯党而被革职，从此愤然流亡至瑞士等地，继续参与反法西斯运动。1939 年出版的诗集《境遇》，收录了他从 1928 年以来所发表的诗歌。二战期间，他曾在一家杂志做诗歌评论工作。其间，除了写诗，他还翻译了大量西班牙、美、英等国的小说、戏剧，如莎士比亚、艾特略、庞德等人的著作。

1943 年，蒙塔莱出版诗集《天涯》，其诗突破"隐逸派"风格，向现实主义靠拢。1945 年，世界反法西斯斗争接近尾声，蒙塔莱积极投身这场斗争，被意大利抵抗运动领导机构任命为文化艺术委员会委员，领导该机构的刊物《自由意大利》。1948 年，诗人迁居米兰，以《晚邮报》编委身份，主持"阅读"专栏，同时为《消息邮报》专门评论音乐。

20 世纪 50 年代，蒙塔莱出版其重要诗集《暴风雪及其他》（1956），该诗集收录了诗人 1940 年至 1954 年创作的诗《暴风雪》《海滨》《囚徒的梦》等，获马赛托奖金。到了晚年，蒙塔莱又出版诗集《罪犯》（1966）、《萨图拉》（1972）、《1971—1972 诗抄》（1973）、《未发表的诗》（1975）、《四年诗抄》（1977）、《集外诗集》（1981）等。值得一提的是，《萨图拉》和《1971—1972 诗抄》是专为怀念逝世于 1963 年的妻子莫斯克而作，其情意深切、哀婉，相思凄凉，相当感人。

蒙塔莱除了写诗，还出版过文学评论集《在我们的时代》（1972）、翻译随笔集《翻译札记》（1925）及音乐评论集《乐盲》（1981）等。诗人还曾尝试过短篇小说创作，未能成功，不再涉猎。但他所写的独幕剧本还算不俗，收录于 1956 年出版的《第纳尔特的蝴蝶》一书中。

蒙塔莱是 1981 年 9 月 12 日在米兰逝世的，享年八十五岁。三天后，在米兰大教堂，意大利政府为诗人举行了隆重的葬礼，意大利总统和数千各界名流代表参加，沉痛地悼念和称颂这位伟大的诗人，"徒自留下那莫能慰藉的涕泣"。

第六十七届（1974年）

埃温特·约翰逊／哈里·马丁逊

（一）埃温特·约翰逊

获 奖 者：埃温特·约翰逊（Eyvind Johnson，1900—1976），瑞典作家。
获奖理由：以自由为目的，而致力于历史的现代的广阔观点之叙述艺术。
获奖作品：《乌洛夫的故事》（小说）。

约翰逊早在1957年，就以学识和人望当选为瑞典文学院院士。十七年之后，他又由于"那高瞻远瞩和为自由服务的叙事艺术"，与他的同胞哈里·马丁逊同获诺贝尔文学奖。

举贤不避亲，将自己国家优秀的作家推向诺贝尔文学奖的殿堂，这太正常了，当然，若横向与同代世界优秀作家相比，约翰逊和马丁逊尚不是出类拔萃者，其文野自有公论。但，这并不与诺贝尔精神相悖，尽可不必说三道四。

《乌洛夫的故事》是约翰逊从1934年开始创作的，由四部曲组成：《现在是一九一四》（1934）、《这里有你的生活》（1935）、《不堪回首》（1936）和《最后的青春》（1937）。这是一部自传色彩很浓，反映瑞典从农耕国走向工业国社会变迁的重大题材的长篇小说，被视为约翰逊的代表作。

一天，十四岁的乌洛夫离开一直抚养他的养父母，拜访了亲生父母，告知要出外谋生，接着登上了南下的火车。

虽然乌洛夫有两个家，但他常有无家可归的孤独感。他出生后，父母无力抚养他，将他送到无子女的姨妈家寄养。尽管得到养父母的温暖照料，但那种寄人篱下的羞耻感，一直刺疼他的心。临行前，养父母给他很优厚的许诺，甚至给他一支猎枪，也未能挽住他的心。

出走谋生是极为艰苦的，尚未成年的他先去当放排工，细嫩的腰很快被沉重的木头压弯，还几次被激流吞没。他只好到砖厂打工。劳作繁重，随时可能让他患上职业病肺结核。那里的工人醉生梦死，沉湎于打牌，酗酒，与女人鬼混。乌洛夫日夜咀嚼经历的苦楚，还受到有同性恋癖的老头的骚扰。他就在艰辛、痛苦和孤独的不公中，告别了童年。后来，父亲病逝。

岁月如流，他辗转到繁华的都市，那里的霓虹闪烁、市声喧嚣，让他眼花缭乱、目不暇接。他在一家电影院找到一份工作，又与姑娘玛丽邂逅，坠入爱河。孰料，席卷西方世界的经济大萧条突然袭来，乌洛夫不仅丢掉工作，恋人也被纨绔子弟夺走。原来的社会不公已让他吃尽苦头，新的动荡和不公给他带来更多的苦难，让他刻骨铭心。有时生活的残酷，让他想起家乡亲人的温暖，但昔日的生活已变得遥远，他只能咬紧牙关，面对生活，继续向前。

是社会生活和种种磨难让他逐渐明白并最终投入风起云涌的社会民主运动。《大英百科全书》（1978年）这样介绍《乌洛夫的故事》：

> 四部曲《乌洛夫的故事》是以作者自身在北极圈里当伐木工人的经历为素材写成的，约翰逊企图从中探求出他在社会上受到挫折的原因。

在艺术上，《乌洛夫的故事》四部曲都穿插了独立的故事，亦即北欧称为"萨迦"的童话故事，富于想象，善于夸张，有时比真实的事件更具艺术魅力。这些插入的故事不仅填充丰富了主人公的内在世界，"还为小说本身所要表现的社会状态，增加了丰富斑斓的色彩"。

1900年7月29日，瑞典北极圈附近布登市一个铁路工人之家，一个男婴呱呱落地。因家境贫寒，父亲多病，他从小被寄养在叔父家。十四岁时，只读过小学的男孩儿，便流浪到北极圈打工，自谋生路。十九岁时，男孩儿浪迹首都斯德哥尔摩，二十一岁时又偷渡到欧洲大陆，漂泊在法、德一带，后在一家餐馆找到工作，开始自学，尝试创作。

在巴黎和柏林打工两年后，男孩儿又回到故乡，但很快于1923年再返巴黎。翌年，他的小说《四个陌生人》发表。从此，流浪男孩儿以"约翰逊"之名步入文坛，开始稳定的写作，而且佳作连篇。

1925年，约翰逊出版了《狄曼父子与正义》，描写工人和工厂主的尖锐斗争。1927年，他出版了姊妹篇《黑暗中的城市》和《光明中的城市》，前者以瑞典北部小城镇为背景，表现了小学教师安德逊清贫的生活和所面临的精神困顿，后者则把小说背景搬到巴黎街头，写一个青年作家的艰难境遇。

1930年，约翰逊又推出《离开哈姆雷特》，讽刺有钱人纸醉金迷的堕落生活。

侨居巴黎期间，约翰逊刻苦学习，自强不息，不仅读英、法、德经典文学作品，为深入阅读，还苦学英、法、德等国的语言。他还认真研究法国普鲁斯特、纪德，英国乔伊斯的作品，汲取其文学营养，更学习其文学创新的勇气。

如果认真研究约翰逊侨居巴黎时创作的长篇小说，会发现它们多以现代瑞典社会生活为背景，用现实主义精神描写复杂的病态社会生活及各色人等所面临的困境，同时对社会底层的劳动者所受的社会不公表示了同情。有人称之为"瑞典的无产者"。

第二次世界大战前夕，法西斯势力在欧洲极为嚣张，地处北欧的瑞典也难以幸免，素怀正义的约翰逊对此不能沉默，他愤然以文学创作，来揭露谴责纳粹主义的反动面具。他出版了《夜间训练》(1938)、《士兵归来》(1940)等小说，借以批判德国集权主义、恐怖主义和屠杀犹太人的罪行。他对自己国家为生存而采取中立主义立场也多有微词。

第二次世界大战全面爆发后，瑞典严格的中立立场，使其免遭战火涂炭，约翰逊却一直关注这场空前浩劫给人类带来的苦难。他完成了另一部可与《乌洛夫的故事》媲美的三部曲《克里隆》:《克里隆的同伴》(1941)、《克里隆的旅行》

（1942）和《克里隆自己》（1943）。这部长篇小说以第二次世界大战为宏阔背景，通过克里隆独特的遭际，表达了约翰逊反对战争及对人类社会的理想、民主和人道主义的渴望。史诗性的长篇小说，应有"史"，才使小说有宏阔的视野和骨架，而有了"诗"，即生活，小说才血肉丰满。《克里隆》所表现的生活图景还不够深厚和斑斓。

第二次世界大战结束后，约翰逊侨居瑞士和英国，其创作兴趣转向历史题材。他创作了《拍岸的浪》（1946），写的是古希腊英雄奥德修斯的冒险故事。而《玫瑰与火之梦》（1949）讲的是17世纪宗教审判的故事，《陛下的时代》（1960）再现了8世纪法国查理大帝镇压农民起义的那段历史。

除了以长篇小说名闻天下，约翰逊的短篇小说也有造诣，如《夜深沉》《船长，再一次》《安稳的世界》等。他的游记亦可一读，如《瑞士日记》《北极圈冬之游》等。

约翰逊以小说创作的贡献，于1957年当选为瑞典文学院院士。

一生笔耕不辍的约翰逊，在获得诺贝尔文学奖三年之后，于1976年8月25日，终于放下手中的笔，病逝于斯德哥尔摩寓所。

（二）哈里·马丁逊

获 奖 者：哈里·马丁逊（Harry Martinson，1904—1978），瑞典诗人、小说家。

获奖理由：他的作品能捕捉一滴露珠而映射大千世界。

获奖作品：《草之山》（诗集）。

瑞典诗人马丁逊于1949年当选为瑞典文学院院士，比约翰逊早八年，但二人同时获本届诺贝尔文学奖，两人各拿奖金一半。

诗人马丁逊与小说家约翰逊，创作样式虽不同，但相似的地方颇多。比如二人皆出身寒门，童年同遭寄养亲戚家之不幸，都是在生活挣扎中自学成才当上作家，又都靠自传体小说和诗歌一举成名，其创作都具有现实主义色彩，有鲜明的进步倾向。但有人称之为"瑞典当代文学中无产者作家的双璧",则有二元论简单化之嫌。

晚年的马丁逊,以诗集《草之山》(1973)登上了诺贝尔文学奖殿堂。

> 那谜团悄悄露出它的轮廓,
> 在寂然的芦苇中织出一个黄昏。
> 有一个没人注意的弱点,
> 在这儿,在青春的罗网中。
>
> 缄默的牲口用绿眼睛凝视着,
> 在黄昏的恬静中漫步到湖畔。
> 湖泊拿起它巨大的调羹,
> 把清水送到了大伙的嘴边……

在马丁逊的诗歌里,我们感受到他对大自然的热爱,也看到他对自然万物的观察之细。在他的诗里,自然界一草一木都是有灵魂的,它们与宇宙之魂、人类之魂是合为一体的。在自然中,人们的精神得以恢复纯洁、恬静。

马丁逊的同胞,后来继承他在瑞典文学院院士位置的女作家谢斯汀·艾克曼,这样评价他的诗:"马丁逊对自然的观察来自博物学家林奈的传统,强调精细观察。但他和林奈不同的是,林奈将人摆到了中心位置,人们是文字定义它们,而马丁逊则将动植物留在它们自己的层面和它们相晤。"

精细地观察形象,只有一个目的,就是更准确、更生动地表现诗人丰富的情感和深刻的思想。形象与内容总是血肉一体的,马丁逊把形象合并、结合、融化,是因为他的想象力看出了事物之间的细微,几乎是隐秘的联系。总之,在马丁逊优美的诗歌里,我们从最小的事物看到最大的宇宙,看到浩渺的精神世界:

> 露落后,

蜗牛开始了它的旅程。
穿着梅干色外套，
带着聆听的触角。

它在长长的路上辛苦地走，
朝向生着蕨草的林间湿地。
可每走两腕尺，
都会停下静静休息。

现在更高的世界来了，
喧闹着的舞后住家。
蜗牛于是收缩，
躺着且黑且小遁入草丛。

大地长久而重重地摇曳，
夜已深，
当草地停止打战，
早晨已至。

这由树木、湿地、蕨草、露珠、蜗牛构成的美丽的世界，呈现着谜团，描画着神秘，折射出深沉的、炫目的、超凡脱俗的自然美景，表达了诗人灵魂的纯净美丽。诺贝尔文学奖的颁奖词，切中肯綮、一语中的：马丁逊的诗"捕捉一滴露珠而映射大千世界"。

马丁逊，于1904年5月6日出生在瑞典贾姆肖勃莱肯。他刚六岁时，曾是船长的父亲病故，母亲另嫁他人，七个孩子成为孤儿。他后靠亲戚收养，惨淡长大。他十六岁时即离家谋生，先到外国商船上当杂工，后当上司炉。命运又让他到欧洲、印度的南美等地漂泊。社会成了他的学校，他在流浪中尝尽人间的冷暖，在挣扎中自学写作。1929年出版的诗集《鬼船》，表述的是他在船上的生活体验。虽明显模仿英国诗人吉卜林，但初获成功，对他是莫大的鼓舞。接着他又与几个年轻作家合作，写成一部瑞典文学史式的《五个年轻人》，在文坛小有了名气。他出版的诗集《现代抒情诗集》（1931）和《流浪者》（1931），多是以自己的悲哀、坎坷的童年经历为题材，表现诗人的生活应该不断更新的生活哲学，他因此获得"文学界的流浪儿"之誉。

第二次世界大战期间，马丁逊出版了诗集《信风》（1945）。该诗集表达了诗人对世界反法西斯斗争的高度关注，把对法西斯主义的仇恨、对受战争蹂躏的人民的同情都写进诗篇里，代表马丁逊诗歌创作的最高成就。以后他又有诗集《蝉》（1958）、《车》（1960）等问世。

20世纪50年代，马丁逊出版长篇史诗《阿纳阿莱，对人类的时间和空间的回顾》（1956），长篇叙事诗以瑞典民间传说中的女英雄阿纳阿莱的事迹为题材，讴歌了女英雄的爱国主义和勇敢精神。三年后，被音乐家布卢姆德哈尔改编成歌剧，大获成功。1974年出版的诗集《草丛》，成了马丁逊诗歌的绝唱。

美国麦克米伦公司出版的《考勒斯百科全书》，有对马丁逊诗歌的评述，肯定了他对诗歌创作的贡献。认为由于他在诗歌语言中，常常使用意想不到的词语、联想和比喻，而成为复兴瑞典当代诗歌艺术的杰出诗人。

马丁逊不仅以诗歌名闻天下，他的小说创作成就同样辉煌。

1932年和1933年，马丁逊先后出版两部长篇小说《无目的旅行》和《别了，海角》。与他同时期的诗集《现代抒情诗集》《流浪者》所表现的内容一样，都是向读者介绍自身的流浪生活，宣扬自己的"流浪哲学"，只不过小说更偏重讲令人心酸又充满传奇惊险的故事而已。

1935年和1936年，他又相继出版《荨麻花开》和《出路》两部长篇小说。因小说不仅是以自己的流浪生活为题材，而且有深刻的自我剖析，其间流溢着动人的感情，获得好评，一年竟再版九次。1937年，他出版《梦与盲蜘蛛》，次年出版《溪谷》。这些长篇小说，借鉴了左拉的自然主义和吉卜林新浪漫主义艺术手法的营养，同时也表现了自己独特的艺术风格。比如，马丁逊在事物与人的精神的巨大与渺小的悬殊之间，寻找出它们共同的精神联系，使事物和人物的复杂性得以精确地呈现。

第二次世界大战伊始，马丁逊与妻子哈尔戈·玛丽亚离婚。他们的婚姻始于1930年，离异或许是政治分歧所致。哈尔戈·玛丽亚后来成为著名的进步作家。这之后，马丁逊出版《现实走向死亡》（1940）和《美洲虎的失踪》（1941）。小说已不再讲自己经历的流浪故事，对政治说教也不感兴趣，而是以描写生活表现人道主义压倒一切。

1948年，他的长篇小说《道路》出版，通过流浪汉包尔的命运展示，对黑暗社会进行控诉，人道主义精神流贯其间。小说有卡夫卡痕迹，但风格上将现实主义和存在主义相结合，别开生面。《道路》使马丁逊成为欧洲著名的小说家。1958年和1960年，马丁逊出版的长篇小说《北极地区的青草》和《货车》也不俗。

无论是诗歌还是小说，都证明马丁逊长于语言，堪称"语言大师"。他的作品极富知识性与想象力，既有艺术感染力，又给人以深刻启迪，是世界文学宝库中的瑰宝。

马丁逊于1978年2月11日在斯德哥尔摩病逝。

第六十六届（1973年）

帕特里克·怀特

获 奖 者：帕特里克·怀特（Patrick Victor Martindale White，1912—
1990），澳大利亚小说家、剧作家。
获奖理由：史诗般的气魄和心理上深刻的叙事艺术，把一个新大陆介绍到
文学领域中来。
获奖作品：《风暴眼》（小说）。

或许因南太平洋这块世界上最小的大陆离雅典太遥远，丰饶美丽的澳大利亚土地上的文学，一直静谧地花开花落。直到1973年10月，诺贝尔文学奖的桂冠戴在这里的作家怀特头上，世界才发现这块辽阔的绿洲上同样有与世界比肩的文学瑰宝。怀特获此殊荣，更让这块土地欢欣和激动。

1973年，六十一岁的怀特出版了给他带来无上荣光的长篇小说《风暴眼》，赢得了瑞典文学院的青睐。

《风暴眼》描写的是已至垂暮之年的富孀亨特夫人，对自己一生的回顾，小说还穿插了她的一双儿女及周围一群人，为争夺她的遗产而展开的尔虞我诈的明争暗斗，揭示了世态炎凉和人情冷暖，展示出一幅社会阴暗、精神堕落的图画。

悉尼市郊一处豪华的花园别墅里，一间珠光宝气的卧房中，有张名贵的花梨木大床，床上躺着人老珠黄的亨特夫人。想当年，亨特夫人花容月貌，风流放荡，嫁给一个大富豪，极受宠爱，享尽荣华富贵，拥有权势荣耀。

岁月如流水，亨特的财富还在，但美貌已逝，生命垂危。一对儿女闻讯从海外赶来，并不是为老人尽孝，而是觊觎母亲的那份遗产。儿子还垂涎护理母亲的美貌护士，女儿与男律师厮混，以图联合打败哥哥，夺得更多遗产。对儿女的心思，瘫在床上苟延残喘的亨特心知肚明。于是母亲、儿子、女儿为家产同室操戈，三方斗法。最后儿女为了各自的利益狼狈为奸，联手折磨老母，促其早死。人无法抗拒自然法则，老富孀终于撒手人寰，到另一个世界去享清福了。儿女如愿以偿地得到遗产，连母亲的葬礼都不参加，就带着财富去享受了。还是亨特夫人的几个护士和用人跟在老主人的灵柩之后，寂寞凄冷地向墓地走去。

《风暴眼》中，曾用这样的比喻：人人是海岛，尽管与海水、空气相连，但谁都不会向谁靠拢。"最冷峻、最偏狭的海岛，莫过自己的儿女"，小说向我们证实了"人与这个世界不协调、有矛盾"这一主题。但小说的深刻似并不仅仅如此。《风暴眼》的独特在于它把笔墨用在描摹人物的精神世界，来揭示当代社会中普遍存在的物欲幽灵给人们精神造成的深刻危机：人与人之间隔阂、冷漠乃至猜疑敌对这一既是社会的又是精神的现象。这比简单表现社会黑暗、人世丑恶要深刻得多。

小说在艺术上也有特色。小说并不像传统小说，有个连贯完整的故事。《风暴眼》另辟蹊径，由梦境将人物串联起来，其间融入意象，穿插七零八碎却起到画龙点睛效果的精妙语言，构建成一种恍惚扑朔的情境，一种似梦似真的艺术境界。

怀特还说："对我来说，人物是至关重要的，情节我不在乎。"不在乎情节，浓墨重彩地刻画人物，与恩格斯关于现实主义的表述"除了细节的真实外，真实地再现典型环境中的典型性格"之论不谋而合。人是一切社会关系的总和。怀特正是采用了意识流、梦幻等现代主义，并与现实主义艺术手法相结合，才成功地塑造了几个鲜活的人物形象，得以精妙地呈现一幅西方世界的精神画图，才让《暴风眼》得到世界文学的赞誉。

怀特的祖先是英国人，父母是到澳大利亚拓荒的移民。1912年5月28日，其父母从澳大利亚回英伦休假探亲时，在伦敦一家医院诞生了怀特。半年后，尚在襁褓中的怀特随父母远渡重洋，返回悉尼。十三岁时，按照海外英裔的传统习惯，怀特被送到英国切尔滕纳姆学院学习，1929年毕业后，回到澳大利亚。十七岁的怀特自谋生活，到新南威士州北部草原去牧羊。1932年，执两年牧羊鞭的怀特，被父母又送到伦敦，9月，他考入剑桥大学皇家学院攻读英语。求学期间，他开始文学创作，1935年毕业获硕士学位的同时，自费出版了第一本诗集《农夫和他的诗》。他自觉诗歌难有发展，于是选择创作小说和剧本，从此在伦敦居住，后又游历了欧洲一些国家和美国。他读了大量英、法、德、美诸国的文学作品，特别是乔伊斯、沃尔夫、劳伦斯的作品。他所经历的形形色色的社会生活，也对他产生深刻的影响。研究怀特的专家指出，从1935年至第二次世界大战爆发这五年，无论是生活还是创作，对怀特至关重要。所谓作家，其诗书、品格、阅历三者必备，怀特初步有之。以1939年在朋友的帮助下，他发表的长篇小说《快乐的山谷》为例，他的阅读、阅历都派上了用场。他把在新南威尔士州寒冷的北部牧羊的生活和当地的风土人情作为小说的背景。在艺术上，我们看到乔伊斯的影子。小说叙述了一位医生，在澳洲内地笼罩着顽固、消沉、空虚气氛的小镇上，所经历的恋爱悲剧，显示了怀特自己的文学风格。小说甫一问世，即引起英国文学界的关注。

第二次世界大战爆发，怀特参加英国皇家空军情报部门工作，曾被派遣到中东、非洲和希腊等地工作。1941年，他出版了战前早就写好的第二部长篇小说《生者与死者》。这是一部讲述伦敦知识分子生存状态的小说。因战火纷飞，小说的影响不大。1948年，怀特复员回到澳大利亚，买了一座距悉尼不远的农场，从此在这里定居，专心于写作。

农场辽阔的鲜花盛开的田野，常有怀特的身影，他在默默地构思小说。他要把为这广袤丰饶大地的开发而奉献一切的人们的生活、劳作、痛苦与欢乐写出来，以表达他对先贤的崇高敬意。果然，他的长篇小说如清泉般汨汨从他手中流出，《姨妈的故事》（1948）、《人树》（1955）、《沃斯》（1957）、《坐在四轮车上的人》（1966）、《可靠的曼陀罗》（1966）和《活体解剖者》（1970）等相续问世。《沃斯》以19世纪上半叶德国探险家莱克哈特试图横跨澳洲大陆的壮举为题材，表现人类挑战大自然的无畏精神。《坐在四轮车上的人》所描写的则是一群行为乖张、穷困潦倒的侨民生活图景。《可靠的曼陀罗》以喜剧形式表现一对孪生老人的痛苦生活。

《人树》就是怀特以充满乡愁的感情，以澳大利亚拓荒者为题材的富有诗性的小说。小说通过叙述拓荒者斯坦一家的生活变迁，对人物的浮沉命运进行描述，诗情画意地呈现拓荒者艰苦奋斗的精神及丰富的内心世界，富有极强的艺术魅力。

除了小说，怀特对戏剧也饶有兴致。20 世纪 60 年代，他创作了四个剧本：《汉姆葬礼》（1961）、《沙萨帕里拉的季节》（1962）、《快乐的灵魂》（1963）和《秃山之夜》（1964）。怀特于 1965 年以"四个剧本"为名，将这四个剧本结集出版。四个剧本都被搬上过舞台，在各地演出，反响不俗。

1973 年，怀特获诺贝尔文学奖后，各种荣誉接踵而至。其实，在这之前他已获澳大利亚文学与社会金质奖章（1956）、迈尔斯·富兰克林奖（1962），还曾获国家基督协会奖金。

获诺贝尔文学奖，让怀特意气风发地继续创作，相继出版了中篇小说集《白鹦鹉》（1974）和长篇小说《树叶裙》（1976）、《特莱庞的爱情》（1980）。他还创作了剧本《重返阿比西尼亚》（1974）、《大玩具》（1977）。1981 年，六十九岁的怀特写了自传《镜中瑕疵》。

1990 年 9 月 30 日，怀特在悉尼寓所辞世。他早就用诺贝尔文学奖金设立的怀特文学奖金，继续鼓励着澳大利亚作家创作出更好的文学作品，奉献给他热爱的澳洲大地。

第六十五届（1972年）

海因里希·伯尔

获 奖 者：海因里希·伯尔（Heinrich Theodor Böll，1917—1985），德
        国作家。

获奖理由：为了表扬他的作品，这些作品兼具有对时代广阔的透视和塑造
        人物的细腻技巧，并有助于德国文学的振兴。

获奖作品：《与一位女士的合影》（小说）。

有过六年军旅生活的伯尔，是在第二次世界大战中德国惨败之后，因生活困窘，才从事小说创作以养家糊口的。令他不曾想到的是，文学竟为他铺就了一条辉煌之路。他的小说多以普通百姓的立场，叙述亲历的战争，表现战后德国的社会病态。其小说凭借对时代广阔的透视，又辅以典型化的精妙技艺，赢得了瑞典文学院的眷顾，他由此得以摘下第六十五届诺奖桂冠。同时，伯尔的小说让人们认识到，德国是在痛苦的第二次世界大战回忆和反思中开始新的生活。伯尔被称为废墟文学的掌门人，对战后德国文学的重建，起到重要作用。

第二次世界大战中，纳粹第三帝国摧毁欧洲文明的同时，也将养育出歌德、席勒、海涅等伟大作家的德国文学化为废墟。海因里希·伯尔的横空出世，重新振奋了战后颓败的德国文学，他赢得诺贝尔文学奖，让整个西德一片欢腾。

长篇小说《与一位女士的合影》是伯尔于1971年担任国际笔会主席时创作的。小说以20世纪30年代至70年代初的德国社会为背景，以一个女人的多次婚姻为线索，描绘出一幅斑驳陆离的历史画卷，展示了人事变迁中德国人的精神面貌，具有深广的现实主义意义。

年方十八岁的姑娘莱尼，美丽聪明，被其父当成招揽生意的招牌，安排在自己的建筑办事处。第二次世界大战爆发后，莱尼的初恋哈德不满纳粹发动侵略战争，被杀害。莱尼又结识军士阿洛伊斯，相爱结婚，三天后丈夫应召上前线，没几天在战火中丧命。

父亲破产后，寡妇莱尼沦为花圈厂女工，爱上在花圈厂做工的苏联战俘博里斯，与他同居后怀孕。第二次世界大战结束后，博里斯又成为美军战俘，后莱尼千辛万苦寻到他，他已成墓中人。为了生存，莱尼将房子租给外国人，并教孩子们唱歌。一些垂涎其美色又得不到她的男人，散布她是"共产党婊子""俄国佬姘头"，中伤围攻她，同时制造借口把莱尼的儿子投进狱中。四十八岁的莱尼不得不退职，过起穷困却不怨天尤人的日子。小说塑造了一个丰满的莱尼的艺术形象，她一生善良助人，甘于平凡，以我行我素的人生姿态，顽强且不同流合污地对抗社会的不公和社会众生的丑恶，小说通过她深刻地揭示了德国社会的病态。

伯尔在《关于我自己》一文中说："1917 年 12 月 21 日……我出生于科隆……父亲是一个木雕匠人……正当父亲当民兵守桥的时候，在（第一次）世界大战中饥寒最严重的年头，他的第八个孩子出生了。在此之前，他的两个孩子已经夭折。我出生在正当父亲诅咒战争，诅咒笨蛋皇帝（德皇威廉二世）的时候。"

伯尔家在当时算是一个生活不错的匠人之家，但战争使通货膨胀，经济萧条，他家的生活一落千丈，不得不在饥饿中挣扎，以致有两个哥哥夭亡。伯尼回忆童年，父亲工厂中弥漫着胶水、染剂等难闻的味道，还有"母亲的叹息"声，写得历历在目。生活总要继续，1937 年，伯尔中学毕业后，到波恩一家书店打杂儿，两年后考入科隆大学语言文学系。德国把世界拖入第二次世界大战后，伯尔被征入伍，派到法国、苏联、罗马尼亚等战场作战。1945 年，伯尔被盟军俘虏，第二年遣送回德国。有资料说伯尔回国后，曾进科隆大学继续学习。

亲历过第二次世界大战，目睹罪恶的侵略战争将城市化为废墟，炮火、饥饿、瘟疫、屠杀葬送了千千万万个生命，见到过各种人物的苦难命运和伤痕累累的灵魂，激发了伯尔用文学表现这一切的勇气。

1949 年，伯尔发表了小说《列车正点到达》。小说写一个叫安德烈亚斯的士兵在二战中的遭遇，特别是表现他在战场上，经历两军对垒残酷无情、搏命厮杀的思想过程，表达了作者对战争愤怒谴责的立场。这篇小说的重要意义，还在于伯尔以清算纳粹罪恶历史，在痛苦的反思中迎接新生活的小说实践，宣告战后德国文学正在废墟中重新建立。人们把这一时期的文学称为"废墟文学"。

伯尔赞同关于"废墟文学"的称谓，他在《"废墟文学"自白》一文中做了自己的阐述：

　　1945 年以后我们这一代作家的早期作品，有人称为"废墟文学"，试图一言以概括之……事实上，我们所描写的人们都生活在废墟之中，他们刚经历了战争……蒙受了创伤……作为作者，我们感到自己同他们如此息息相通，因而彼此间神似貌合，犹如一人……

　　因此，我们写战争，写回乡，写自己在战争中的见闻，写回乡时的发现：废墟。于是出现了与这种年轻文学如影随形的三个口号：战争文学，回乡文学，废墟文学。

伯尔积极投入"废墟文学"的实践，回忆战争，清算历史，开启新的生活。他的创作出现井喷式的态势。20 世纪 50 年代，他有短篇小说集《过路人，你的斯巴……》（1950）问世。《过路人，你的斯巴……》描写一个尚未成年的中学生稀里糊涂地被战争裹挟，沦为战争牺牲品的故事。小说没有正面写战争的残酷，而是浓墨重彩地通过中学生细腻的心理活动和内心独白，侧面揭露法西斯战争对人性摧残的罪行。

接着，伯尔又出版了以战后德国经济恢复时期普通人生活为题材，并通过各种人物的际遇，展现那时德国人命运的长篇小说《亚当，你到哪儿去？》（1951）、《一声不吭》（1953）、《无主之家》（1954）、《我们早年的面包》（1955）和《九点半钟的台球》（1959）等。《九点半钟的台球》写建筑师费迈尔一家在一天里，回忆、交谈及内心的独白和倒叙，讲述了这个家庭近半个世纪兴衰沉浮的历史，也展现了德国军国主义的罪恶历史，借此告诫人们，接受历史教训，警惕军国主义的死灰复燃。

到了 20 世纪 60 年代，伯尔的小说创作已进入成熟期。1963 年，他出版的长篇小说《小丑》便是艺术造诣不俗的作品。小说以作者擅长的内心独白手法，描写一个马戏团的丑角，因宗教的迫害得不到爱情，事业也失败，然后长期酗酒，后沦为沿街卖艺的流浪者。小说通过这个看似游离社会之外的"小丑"艺人，侧面抨击了病态的、丑陋的社会现实。

20 世纪 70 年代，伯尔以《与一位女士的合影》获诺奖后，于 1974 年发表了中篇小说《丧失了名誉的卡塔琳娜·勃罗姆》。小说写某一城镇发生一起命案，四天后二十七岁的女性勃罗姆向警方自首，说是她杀死了死者——一位新闻记者。经过是，在那天一个宴会上，她与记者邂逅，随即陷入热恋，她将他带回自己的寓所过夜，当记者强迫要与她发生性关系时，她开了枪。这之前，警察因记者有抢银行的嫌疑正在跟踪他。有家专门制造绯闻的小报，开始"揭露"勃罗姆的私生活"内幕"，混淆视听，将她定成有暴动思想的女性。其实，出身贫穷的勃罗姆是个单纯的女性，她"富有感情"地追求爱情，却反对"单纯的情欲"，她杀人只是捍卫自己的贞洁和清白。小说揭示，正是不公的法律，逼那些孤立无援的社会底层的小人物走上极端道路。小说一经发表，轰动西方世界。

1978 年，伯尔出版长篇小说《监护网》，呈现西方"福利社会"背后潜伏着深刻的社会危机。伯尔生命最后，还出版了针砭时弊的长篇小说《面对大河秀色的女士们》。

伯尔一生除了创作小说，还创作了许多散文随笔、评论，收入《随笔·评论·演讲集》（1967）。早在 1964 年，他还有广播剧集《博士的茶会》问世。

1985 年 7 月 16 日，曾经创作过"具有对时代广阔的透视和塑造人物的细腻技巧，并有助于德国文学的振兴"的作品的现实主义作家伯尔，在寓所中去世。

第六十四届（1971 年）

巴勃鲁·聂鲁达

获 奖 者：巴勃鲁·聂鲁达（Pablo Neruda，1904—1973），智利诗人。
获奖理由：因为他的诗作具有自然力般的作用，复苏了一个大陆的命运和
　　　　　梦想。
获奖作品：《伐木者醒来吧》（诗歌）。

聂鲁达是继女诗人米斯特拉尔之后，智利最有影响的诗人。他的诗奔放、自由、热情，充满正义感和战斗精神，深受智利乃至拉丁美洲人民的喜爱。
聂鲁达写于 20 世纪 50 年代的《欢乐颂》，颇有美国诗人惠特曼诗歌《欢乐之歌》
的神韵：

> 呵，欢乐
> 我曾经是个沉静的青年，
> 认为你的头发
> 是可羞的。
> 当你的瀑布
> 在我的胸膛里奔腾起来，
> 我才知道那不是真实的。
> 今天，呵，在街道上，

找到的欢乐，

远远离开一切书本，

陪伴着我吧，

让我和你一起，

从一家到一家，

从一村到一村，

让我和你一起从旗帜到旗帜。

…………

谁都不会惊奇，

假如我把大地的馈赠

还给人们。

因为在战斗中，我懂得了：

传播快乐

乃是我在人间的责任，

我用我的歌完成我的使命。

　　诗人对世界、对人间、对生活中一切正义的人民，充满深情。诚如他自己感慨地说，"在我祖国的国度里"，"我诞生在生活、陆地、诗歌和甘霖之中"。

　　20世纪50年代，聂鲁达出版了里程碑式的诗集《诗歌总集》（又译《情诗·哀诗·赞诗》）。该诗集视野开阔，胸怀博大，结构完整，艺术造诣高妙，具有纪实色彩。全集共有十五章，收入二百四十八首诗。诗集叙述了从15世纪至20世纪中叶，拉丁美洲特别是智利的漫长历史，揭露谴责了殖民主义者屠杀拉丁美洲人民的罪恶，同时呈现了拉美人民争取独立、解放斗争的波澜壮阔的历史画卷。诗歌洋溢着诗人对拉丁美洲和祖国智利的深沉热爱。

　　纵观聂鲁达的诗歌创作，其鲜明特色便是带有鲜明的政治性和社会性，同时具有艺术魅力，故赢得诺贝尔文学奖给予"具有自然力般的作用，复苏了一个大陆的命运和梦想"这样的评价。在诺奖授奖仪式上，聂鲁达发表演讲时说，"作为幅员辽阔的美洲的作家，我们坚持不懈地听从召唤，用有血有肉的人物来充实这巨大的空间"，表达了战士的勇气良知和道义。

聂鲁达，本名里加尔多·埃列舍尔·内夫塔利·雷耶斯·巴索阿尔托（Ricardo Eliécer Neftalí Reyes Basoalto）。巴勃鲁·聂鲁达是早年发表诗作使用的笔名，1946年起法律上承认为其正名。他于1904年7月12日出生在智利中部的帕拉尔小镇。父亲雷耶斯是名铁路工人，家境贫寒，母亲在他满月前即早亡。两岁时，他随父亲迁至特木科城，不久父亲再婚，继母善良，使其获得母爱。

聂鲁达自幼便有文学天赋，十岁开始写诗，十三岁以笔名巴勃鲁·聂鲁达在各地报刊发表诗作，其作品《理想小夜曲》《春天的节目》还在当地获文艺竞赛奖。1921年，他进入首都圣地亚哥教育学院读法语系，同年10月，在智利大学生联盟诗歌竞赛中一举夺魁。两年后，他出版诗集《黄昏》和《二十首情诗和一支绝望的歌》。后者曾震动智利诗坛，可视为其早期诗歌代表作。他自己对此诗集也很满意："我无法解释，这本包含着痛苦的诗集，居然为许多人民打开了通向幸福的道路，这的确是一奇迹。"

1924年至1927年，为全力以赴地创作诗歌，聂鲁达放弃了大学学习和去法国当研究生的机会。其父颇为不解，作为惩罚，一度中断儿子的生活费。他只好靠打工、翻译，过着困窘的生活。其间，他出版了《奇男子的引力》（1925）和《戒指》（1926）两本诗集。不久，他又有《巨人的希望》《钟声》和《热情的辛肖脱》等诗作问世。

1927年，聂鲁达进入外交界，先后到仰光、科伦坡、爪哇等地工作，并娶了缅甸姑娘为妻。在动荡寂寞的生活中，他创作了长诗《居住在大地上》。1933年，他曾任阿根廷首府领事，在那里结识西班牙诗人洛尔加，并成为朋友。后又先后到巴塞罗那、马德里等领事馆工作。在西班牙，他的诗歌渐渐被人阅读，他成了受欢迎的诗人。当地诗人曾写《向巴勃鲁·聂鲁达致敬》，对他表示敬意。1936年，西班牙爆发内战，好友洛尔加被害，聂鲁达目睹暴徒罪行，悲愤地写出长诗《西班牙在心中》，与罗曼·罗兰、海明威等有良知的作家站在一起，强烈谴责佛朗哥法西斯暴行。

第二次世界大战爆发后，聂鲁达的诗歌有了战斗的浓烈色彩。诗曰："只要我们的血管中还存在着一滴血，那么它就象征着爱的永远存在！"

1943年，聂鲁达回到祖国。翌年，他当选为智利国会议员，致力于政治工作。1948年，右派势力掌权，他被迫流亡巴黎，参加在那里举行的世界和平理事会。他的诗集《诗歌总集》就诞生在欧洲。1950年8月11日，聂鲁达参加了华沙世界和平大会，会上，他以战士的姿态，满腔豪情地做了发言："倘若我的诗歌在人们心坎中燃烧，照引着那必须我们用奋斗与歌唱去争取和平的道路，那我很高兴。"到1953年，智利政权更迭，他又返回祖国，出版了诗集《葡萄和风》（1954）、《元素之歌》（1954）、《新元素之歌》（1956）、《爱情十四行诗一百首》（1959）、《英雄事业的赞歌》（1960）、《智利的岩石》（1961）、《黑岛杂记》（1964）、《鸟的艺术》（1966）、《沙漠之家》（1966）等。其中《伐木者，醒来吧》一诗，脍炙人口，广为流传。这首诗中的"伐木者"，指的是美国总统林肯。诗人呼吁林肯再生，世界出现民主自由。诗中交织着爱恨、斗争和反抗的旋律。

1957年，聂鲁达当选为智利作家协会主席。1970年，他被智利共产党推举为总统候选人，后因故退出竞选，以阿连德为首的人民联盟大选获胜，聂鲁达被任命为驻法国大使。

1973年9月23日，聂鲁达在圣地亚哥去世。

对自己的一生，聂鲁达这样评价，权当墓志铭吧：

　　我一直想写一群巨大的组诗，当然它们是永远没有写完的时候的，因为它的结束并不由于词汇的运用而最终决定于我的生命。

第六十三届（1970年）

索尔仁尼琴

获 奖 者：亚历山大·伊萨耶维奇·索尔仁尼琴（Aleksandr Isayevich Solzhenitsyn，1918—2008），俄罗斯作家。

获奖理由：由于他作品中的道德力量，借着它，他继承了俄国文学不可或缺的传统。

获奖作品：《癌症楼》（小说）。

1962年，一篇题为"伊凡·杰尼索维奇的一天"的中篇小说，发表在苏联作协机关刊物《新世界》杂志上，有如天外惊雷，让毫无生气的苏联文坛掀起轩然大波。小说第一次公开揭露斯大林时代苏联劳动集中营的生活内幕。作家以亲身经历，描写了一座劳动集中营里，一群知识分子一天之内的生活，揭露了劳动集中营残酷、野蛮的"劳改"制度，狱吏的凶狠专横，以及形形色色的劳改犯的命运和精神世界。小说被抢购一空，甚至在坊间广泛传抄。

小说的作者索尔仁尼琴在苏联文学界极为陌生。这位在第二次世界大战中立过两次战功的连长，因1945年在信中"批评斯大林"而被捕，流放八年，在集中营劳动改造。解除流放后，他在一所中学当数学老师。他创作了《伊凡·杰尼索维奇的一天》，得到当时党和国家最高领导人赫鲁晓夫的亲自批准，得以公开发表。索尔仁尼琴一跃成为苏联家喻户晓的作家。

好景不长，随着赫鲁晓夫下台，勃列日涅夫执政，自1964年始，索尔仁尼琴再次开始蹉跎岁月。1965年3月，风靡一时的《伊凡·杰尼索维奇的一天》受到公开批评。接着，当他的新作《第一圈》准备出版时，他突然遭到抄家、书稿被没收的厄运。《第一圈》写的是莫斯科附近一个特别政治犯收容所里，"叛国者""间谍"及科学家的生活状态，虽然生活待遇好于一般集中营，但他们必须进行秘密科研，当思想奴隶。

和《第一圈》命运相似的是长篇小说《癌症楼》。幸运的是，这部长篇与《第一圈》，于1968年由索尔仁尼琴几经努力，转到境外，在西欧得以发表。

对此，苏联作家代表大会通过了"索尔仁尼琴是苏联作家叛徒"这一决议，将他开除出作协。这一决议，遭到萨特、亚瑟·密勒、海因里希·伯尔等世界作家的抗议。

1970年，索尔仁尼琴以《癌症楼》获第六十三届诺贝尔文学奖。

《癌症楼》写的是苏联有过军队生涯的科斯托格洛托夫，在劳改集中营突然患上癌症。他在生命垂危之际，终于被送到癌症楼，接受药物治疗。几经治疗，肿瘤明显缩小，而且他发现自己禁锢多年的情欲有所苏醒。多年的囚犯生涯让他已与女性完全隔绝，肿瘤方缩小，他就产生病态情欲。这让他感到惶恐不安。他无论对女友卓娅还是薇拉，相处时总有情欲鼓荡。后来，他与薇拉的关系有了发展。而外面世界中，斯大林逝世两周年，报上无动于衷，贝利亚下台，最高法院人事变更……科斯托格洛托夫，听到命运之门正在慢慢开启。

科斯托格洛托夫终于出院，与薇拉的关系也已走得更近。临行前，薇拉把自己家的地址给了他。但他还是决定不去打扰薇拉的生活，毅然登上回流放地的火车。上车之前，他去了一家百货店，受朋友之托，到动物园走了一遭。他感到生活的大门确实已向他敞开，但如何走进生活让他茫然……

《癌症楼》是索尔仁尼琴根据自己1955年在塔什干治疗癌症的亲身经历创作出来的长篇小说，带有自传性和象征色彩。

《癌症楼》是一部心理小说，放弃围绕故事情节叙事的模式，而是重在对人物心理进行细腻深入的刻画和剖析，表现人物的情绪波动、心理变化、性格特点，展示各色人物丰富复杂的灵魂图景。

瑞典文学院的评语是，"由于他作品中的道德力量，借着它，他继承了俄国文学不可或缺的传统"，端是有眼力。

索尔仁尼琴，于 1918 年 12 月 11 日出生在北高加索的基斯洛沃茨克一个哥萨克家庭。出生前，他那在军队服役的炮兵军官父亲已过世。寡母带他迁至顿河流域的罗斯托夫市，靠任中学教师的收入，将其抚养成人。中学毕业后，他考入罗斯托夫大学数学系，因喜爱文学又在莫斯科文史哲学院函授班读文学。大学毕业后，他在中学任教。

1941 年，卫国战争爆发，索尔仁尼琴应征入伍，先到炮兵学院学习。次年，他以炮兵中尉之职开到前线作战。作战英勇，两次立功获勋章，升任炮兵大尉。在战争中，他常与好友通信，多次批评议论斯大林，尽管多用代号称呼斯大林，但还是被无所不在的保安机关发觉。1945 年初，正在率部攻打德国东部的索尔仁尼琴，在战场上被逮捕，押往莫斯科。几经严刑审讯，以"进行反苏宣传和阴谋建立反苏组织"罪名，判其八年徒刑。索尔仁尼琴经历地狱般的劳役，刑满获释，又流放哈萨克斯坦三年，直至 1956 年赫鲁晓夫上台，经军事法庭重审，宣布他无罪平反，恢复名誉，才获自由。他与被迫离婚的妻子复婚，分配到梁赞城一所中学任教。

于是，就有了前面所提索尔仁尼琴以《伊凡·杰尼索维奇的一天》一鸣天下的经历。该作出版翌年，他出版了《索尔仁尼琴短篇小说集》，收录《马特廖娜的家》《为了事业的利益》《克列契托夫卡车站上发生的一件事》及《伊凡·杰尼索维奇的一天》四个短篇。除《伊凡·杰尼索维奇的一天》外，另三篇皆在欧洲出版。

索尔仁尼琴获诺贝尔文学奖后，由于受到国内阻挠，当时未能到瑞典斯德哥尔摩领奖，但他还是发出了自己意味深长的声音：

有一天，陀思妥耶夫斯基说出了这句费解的话："美将拯救世界。"这是一个什么样的陈述？有好长一段时间，我认为这只不过是话语而已。这怎么可能呢？在嗜血成性的历史中，美又何曾拯救过何人免于难呢？使人高尚了，

使人精神振奋了，是的——但它又拯救过谁呢？（诺奖演说《为人类而艺术》）

1971 年，索尔仁尼琴的小说《一九一四年八月》在巴黎出版。次年，索尔仁尼琴又有惊人之举，他向世界庄严宣布建立"援助俄国政治犯的政治基金"，把他在国外所得到的图书版税，全部捐献给它。此时，索尔仁尼琴不仅成为西方国家关注的对象，而且已成为苏联国内"持不同政见者"的领袖人物。1973 年，他又有大胆举动，公开给勃列日涅夫等国家领袖写信，提出自己的政治主张，又令舆论震惊。8 月，他又在一次西方记者招待会上，将政府对他的恐吓和迫害公布于世，并对其限制公民自由的做法进行批评。不久，在所谓物理学家萨哈罗夫叛国案中，索尔仁尼琴受到牵连，被当局传讯做证。他感到生命受到威胁，将《第一个包围圈》秘密印制出版。因为，他创作的另一部名著《古拉格群岛》手稿，已被"克格勃"（特务机构）查没，所幸副本早已偷偷提前转移到国外，于 1973 年 12 月在巴黎出版。

《古拉格群岛》为三卷本，分七部分，两千多页，共一百四十万字，是索尔仁尼琴根据自己的经历，加上对二百七十位当事人的采访记录，以翔实的资料描绘劳改制度的惨无人道和荒谬的作品。小说开篇便写道：

> 献给没有生存下来的诸君，要叙述此事他们已无能为力。但愿他们原谅我，没有看到一切，没有想起一切，没有猜到一切。

索尔仁尼琴于 1974 年 2 月 12 日遭到当局逮捕，以叛国罪受到指控，翌日即被取消公民权并驱逐出境。在瑞士政府帮助下，他暂居该国，同年 12 月，他在五十六岁寿诞之时，到瑞典领取诺贝尔文学奖，并发表《为人类而艺术》的获奖演说。

1974 年，流亡到西方的苏联作家马克西莫夫等在西德办《大陆》文学季刊，作为苏联流亡作家的文学阵地。索尔仁尼琴为其写了《发刊词》。1975 年，索尔仁尼琴定居美国，美国政府授予他"荣誉公民"的称号。

晚年，索尔仁尼琴还出版了包括《一九一六年十月》《一九一七年十月》和《一九一四年八月》在内的"三部曲"，索尔仁尼琴自称此书是"一生中追求完成的主要创作业绩"。此外，他出版了关于苏联国内文学生活的特写集《牛犊顶橡树》。

在美国，他的批判精神对西方也不留情面。1978年，他在哈佛大学演讲时，猛烈地批判西方的利己主义与自由主义，令西方舆论震惊。

苏联解体后，在叶利钦总统邀请下，在外流亡多年的索尔仁尼琴重新踏上祖国领土。为表彰他的成就，政府拟颁给索尔仁尼琴"圣安德烈荣誉勋章"，被他拒绝，他以不客气的话让叶利钦难堪：

> 目睹俄罗斯从欧洲强权的巅峰，堕落到当前如此悲惨的地步，我无法接受任何荣誉。

但是，叶利钦在后来的回忆录中提到索尔仁尼琴时，竟说："索尔仁尼琴的笔，是受上帝指挥的。"

2007年，因认同新总统普京的执政观念，索尔仁尼琴接受了普京颁发的2006年俄罗斯人文领域最高成就奖——俄罗斯国家奖。

2008年8月3日，被誉为"俄罗斯的良心"的九十岁的索尔仁尼琴，因心脏病与世长辞。

第六十二届（1969年）

贝克特

获 奖 者: 萨缪尔·巴克利·贝克特（Samuel Barclay Beckett, 1906—1989），法国作家。

获奖理由: 他那具有奇特形式的小说和戏剧作品，使现代人从精神困乏中得到振奋。

获奖作品: 《等待戈多》（剧本）。

❝ 在这个广大浊世中，很明显的只有一个希望，就是等待戈多的来临。"这句玄幻而又石破天惊的话，来自1953年巴黎一家剧院演出的《等待戈多》的主人公狄狄（弗拉季米尔）的台词。这出荒诞戏剧在巴黎首演，接着在伦敦上演。其实验精神，引起激烈的争论，备受观众嘲讽，文艺界也群起而攻之。三年后，《等待戈多》到纽约百老汇演出时，那里的评论界戏谑地称之"来路不明的戏剧"。这让人联想到1830年雨果的《欧那尼》演出时的争论场面。但《等待戈多》仅在巴黎就上演三百多场。

谁也不曾想到，二十年后，这部表现生命荒诞，具有独特哲学思想的戏剧，渐渐受到观众和评论界的赏识，成为20世纪最具影响力的剧本之一。1969年，《等待戈多》实至名归地获第六十二届诺贝尔文学奖，它的作者便是法国作家贝克特。诺奖授奖词称道：

贝克特世界观的关键在于两种悲观的不同，一种是轻易的，不在于思考一切的悲观，另一种是在无法设防的悲惨境遇下，痛苦地面对现实而来的悲观。前者的悲观在于凡事皆没有价值因而有其极限，后者试图自相反的观念去解释，因为没有价值的东西绝不能再降低它的价值。

《等待戈多》是两幕剧。

第一幕：荒野小路，一株枯树，夕阳。衣衫褴褛的两个老朋友戈戈与狄狄，在此相遇。两人没话找话地聊着闲篇儿，一会儿谈到忏悔，一会儿又扯到去海滨度蜜月，或说做小偷的结果是与基督耶稣一样被钉上十字架，而且二人还穷极无聊地反复脱穿帽子和靴子。聊烦了，戈戈说："我们走吧！"狄狄说："不行，我们必须等待戈多来临。"

苦苦等待下，拿着鞭子的波卓和载着重物的驴子登场了。然后主人酷虐地打着驴子，让它停下来，它准备吃东西时，波卓命令驴子跳舞，还令它思想，显示主人的威严。戈戈见状，很是同情驴子，不料却遭驴子踢了一脚。

不久，驴子发出一长串令人费解的嘶鸣，三个男人听得不耐烦，冲上去要堵住驴子的嘴。识趣儿的波卓只好拖着驴子离开。这时一个小男孩儿登场，自称戈多的信使，通知戈戈和狄狄，戈多今晚不来了，明晚再来。第一幕结束。

第二幕：场景与前幕相同，枯树长出些叶子。戈戈和狄狄仍旧在等待戈多，仍旧玩着帽子和靴子，没话找话地闲聊着，波卓与驴子再度登场。波卓已变成瞎子，驴子也奄奄一息，波卓请求二人帮助，却遭一顿毒打。波卓和驴子离场，戈多信使小男孩儿上场，再次向戈戈和狄狄宣布，戈多今晚不来了，明晚准来。听罢，等戈多等得绝望的戈戈和狄狄决定上吊自杀，他俩将裤带系到枯树上，一个人拉着另外一个的腿上吊，结果裤带断了，无法如愿以偿。

戈戈说："我看，我们明天再上吊吧……如果戈多不来的话。"

狄狄说："如果他来了呢？"

戈戈说："那我们就得救！"

狄狄："……"

戈戈说："那……我们走吧！"

狄狄应道："好，走吧！"

虽然二人都同意离开，却谁都一动不动。大幕徐徐落下。

这是一出没有中心故事，没有戏剧矛盾冲突，没有开端、发展、高潮、结局，只有毫无头绪的对话和怪诞夸张的动作的贝克特式的荒诞派剧作。它打破传统戏剧模式，体现了强烈的艺术创新精神。爱斯特拉冈（戈戈）和弗拉季米尔（狄狄）所苦苦等待的"戈多"是什么？贝克特说："我要是知道，早在戏里说出来了！"其实，他心里最清楚，他的《等待戈多》，是以荒诞闹剧的外壳裹着表现现代人的无为和尴尬，将希望寄寓等待的内里。《等待戈多》要说的是戈戈代表精神，狄狄代表肉体，他们的等待，象征着人类"生死两难"的宿命观。若以"等待"为纵轴，那么横轴则是象征现实社会主从关系的波卓与驴子。戈多变成了希望和憧憬，变成不幸的人对未来生活的呼唤和向往，人们愿意等待明天的到来。

曾最早饰演该剧角色的演员龙杰·德路兰说，此剧"具有炸弹般之效果"，在巴黎就陆续上演三百次。《等待戈多》被译成二十余国语言，便证实该剧在窥探人性的痛苦和荒诞时，映照了当时的社会现实，让观众在内心产生了强烈的共鸣。

萨缪尔·巴克利·贝克特，于1906年出生在爱尔兰都柏林一个富裕的新教徒犹太人家庭。1923年，他进入特里尼底学院。1927年，他从都柏林三一学院毕业，获法文意大利文学士学位。1928年，他到巴黎高等师范学院任英文讲师，并成为爱尔兰的内心独白作家乔伊斯的弟子和秘书。他曾与友人合作，将乔伊斯著作《都柏林人》《尤利西斯》等译为法文。1931年，他回到都柏林，在母校教授法文。开始研究笛卡儿哲学，获硕士学位。

1932年后，贝克特漫游欧洲，因不满爱尔兰的神权政体及书籍检查制度，于1938年定居法国，出版长篇小说《墨菲》。次年，他在巴黎参加抗暴运动。第二次世界大战爆发后，德国法西斯占领法国，贝克特积极参加抵抗运动，任一个抵抗小组的秘书和信使。1942年，他被纳粹盖世太保通缉，逃到乡下隐姓埋名，当起农业工人维持生计，开始创作长篇小说《瓦特》（1944）。1945年，他回到爱尔兰，参加红十字工作。第二次世界大战结束后，他重返巴黎，集中精力从事文学创作。

1951年，贝克特创作了长篇小说三部曲《莫洛伊》《马龙之死》和《无名者》。1952年发表的戏剧《等待戈多》，使贝克特一举成名。他继续创作了荒诞派戏剧《结局》（1957）、《最后一盘录音带》（1958）、《尸骸》（1959）、《哑剧》（1959）、《啊，美好的日子》（1961）、《卡斯康多》（1963）和《喜剧》（1964）等，到1980年，他还创作了影响较大的剧本《一句独白》。

《啊，美好的日子》和《一句独白》，在美国荒诞派剧作家阿尔比看来，比《等待戈多》毫不逊色，甚至更好。《啊，美好的日子》也是二幕剧。第一幕里，维妮身体半截入土，只露腰部以上。但她乐观生活。第二幕，维妮只剩头部露在地面，她仍很乐观。她的丈夫维多是个瘫痪的老头，艰难地向她爬，却总也爬不上埋维妮的土坡，她依旧乐观地重复第一幕中的话："噢，又是美好的一天。"该剧表现人们即便面临死亡，同样渴望明天。《一句独白》是独幕剧，舞台上有四个人：半身不遂的哈姆坐在轮椅里，其父母没有下半身，各自装在垃圾桶里，他的义子克洛夫也病得只能站不能坐。四个不健康的残废人，在痛苦地等待死亡。正如该剧角色的那句独白："诞生即是他的死亡。"这句话阐明了存在主义的精髓。《喜剧》，观众只看到三个脑袋，根本无所谓戏剧动作。舞台上的一切只有象征意义。贝克特自己解释："只有没有情节，没有动作的艺术，才算得上是纯正的艺术。"贝克特采用荒诞性的艺术形式来表现世界的荒诞性。诺贝尔文学奖的评委认为贝克特文学"具有新奇形式"，"使现代人从精神困乏中得到振奋"。

在小说方面，贝克特也有自己的艺术个性。那种认为贝克特继承了他的老师乔伊斯小说衣钵的评价，并不准确。不错，他的小说受乔伊斯和普鲁斯特的意识流及相关的"内心独白"等艺术的影响，但流贯在他小说中的，更多是从存在主义出发，着意描写荒诞的主观感觉，而且有许多现实主义的成分。它不仅表现人类在荒诞处境中所感到的抽象的苦闷心理，还表现了西方社会现代人的关于现实和希望的严肃问题。应视之为严肃小说。

《莫洛伊》，描写身份不明的莫洛伊，为自己不清楚的目的，登上乡野的艰险的旅途，吃尽苦头，最终倒在深沟里，后来有个警察似是他的父亲，为寻找莫洛伊同样陷入迷途。《马洛纳之死》，写垂死的马洛纳，为忘却痛苦和即将死去，自己给自己讲毫无意义的故事。《无名的人》，既无故事，也不知小说中的人是谁，叫什么名字，只有一个人在说话。这三部小说用独特的形式，呈现了贝克特的精神旅程。小说无鲜明人物，也无完整故事，以荒诞的形式描述人们在这个世界上失去个性、失去自我、灵魂迷失的精神图景。要么表现人生的路是艰辛而又虚无的，要么表现人的内心的流浪，要么表现人生的神秘缥缈，流露出虚无主义和悲观主义的情绪，他的小说让人看到世界的荒诞、悲凉，同时，也让我们看到贝克特敏感而懦弱的一面。

1989 年 12 月 22 日，贝克特默默死在一家极为简陋的养老院中。对此，无论是他的出版商，还是他的读者，都感到不解和悲凉。但对于终生都醉心于人类精神世界，对外界无欲无求的贝克特来说，这样离天堂更近。

第六十一届（1968 年）

川端康成

获 奖 者：川端康成（1899—1972），日本小说家。
获奖理由：由于他的高超的叙事文学以非凡的敏锐表现了日本人的精神特质。
获奖作品：《雪国》（小说）。

"诺贝尔文学奖是人类文明的一个标尺"，也是作家梦寐以求，渴望登上的荣誉殿堂。诺奖来了，"有的狂喜，有的坚拒，有的是功臣，有的是国贼，有的流亡，有的自杀"（阎纲）。在每个作家都无法左右自己命运的时代，作家无权决定自己的生，但可以选择死。

海明威说了一句石破天惊的话："只有一个真正严肃的哲学问题，那就是自杀。"海明威用悲壮的自杀，完成了塑造英雄形象的绝唱。无独有偶，日本作家川端康成获诺贝尔文学奖后，发表演说《我在美丽的日本》时说："我什么时候能够毅然自杀呢？"举座皆惊。1970 年，日本作家三岛由纪夫头缠"七生报国"白布，身着戎装，高呼"天皇万岁"后，剖腹自杀，同时身边的介错用刀砍下了他的头。十七个月后，1972 年 4 月 16 日，川端康成自杀于寓所，兑现了自己的诺言。他没有写下只字遗书，留给后人无尽的疑问和唏嘘。

希腊哲学家欧里庇得斯有句名言："或许谁都知道，生就是死，死就是生。"川端康成将之化成自己的名句："生并非死的对立面，死潜伏于生之中。"一生崇尚唯美主义的他，自然把死也视为一种美。的确，他选择开煤气自杀，比起剖腹、身首相离那种残酷寻死本身是一种优雅的死。这是厌世的、颓废的、悲观的哀莫大于心死而绝望的死，抑或是修行中宗教禅境的生命意识对他的影响使然，总之这是唯美主义者川端康成的宿命。

川端康成，文学事业成就辉煌，荣耀桂冠无数：1944 年摘得第六届菊池宽奖，1952 年获艺术院奖，两年后又获野间文艺奖，1961 年再获每日出版文化奖。大凡日本各种文学奖项，他几乎全部收入囊中。

自四十九岁始，他在日本文学界地位显赫，1948 年至 1965 年，任日本笔会第四任会长达十七年之久。1953 年，他当选日本文学艺术最高荣誉机构艺术院院士。1961 年，日本政府授予他最高奖赏第二十一届文化勋章，以表彰他"以独特的样式和浓重的感情，描写了日本美的象征，完成了前人没有过的创造"。两年后，他被任命为艺术院文学部长。

在国际上，川端康成也屡获殊荣，1959 年 5 月，在法兰克福第三十届国际笔会上，获歌德奖章。翌年 8 月，法国政府特将艺术文化军官级勋章授予他。1968 年，他又摘得诺贝尔文学奖桂冠，极尽殊荣。诺奖评委主席安德斯·奥斯特林在授奖词中，高度赞誉了川端康成：

> 川端康成先生获奖，有两点重要意义。其一，川端先生以卓越的艺术手法，表现了道德性与伦理性文化意识；其二，在架设东方与西方的精神桥梁上做出了贡献……这份奖，旨在表彰您以卓越的感受性，并用您的小说技巧，表现了日本人心灵的精髓。

《雪国》是川端康成的成名作，这篇中篇小说将他推到新感觉派文学的巅峰。小说并无曲折复杂的情节，写的是舞蹈艺术研究者岛村，三赴北国多雪山村，与山村艺伎驹子和素昧平生的少女叶子邂逅发生的感情纠葛故事。

《雪国》动笔于 1935 年，该年年初，川端康成将小说开端两节冠以"晚景的镜面"和"雪中早晨的镜子"之题，分别发表在《文艺春秋》及《改造》杂志上。后因写不好结尾，他几次束之高阁，直到 1947 年终于有了满意的结尾，将之发表。

故事如飘飞的雪花，在不经意间悄悄发生和结束在茫茫无际的洁白雪国。一列火车"穿过县境上长长的隧道，便是雪国。夜空下，大地一片莹白，火车在信号所前停下来"。靠遗产过着悠闲慵懒生活，且平庸浅薄的研究西方舞蹈的岛村，从火车上下来，第二次走进静寂寒冷而虚幻的茫茫雪原。

第一次到雪国沐场，岛村便找艺伎，女佣带来了出奇洁净的驹子。她向岛村诉说了自己的身世：生长在雪国，后到东京做陪酒，被人赎身后，本想当舞蹈师维持生计，不料恩主去世，再堕艺伎行当。岛村听罢驹子诉说，对她表示依恋之情。

此次乘火车来与驹子相会途中，岛村无意中发现了少女叶子，她的美丽脸庞令他着迷，他疯狂地爱上了她。岛村与叶子交谈，得知驹子为了报答恩主为她赎身，甘愿再当艺伎，做恩主得肺病的儿子行男的未婚妻，并赚钱给他治病。少女叶子深爱行男，特护送他到雪国治病，因此，对岛村的追求无动于衷。

在雪国，驹子与岛村相遇，相处久了便真心倾身相爱。为了生存，她不得不陪客人喝酒、演出，但她即便喝得酩酊大醉，也会到岛村处共度良宵。她只是出于报恩和同情才愿做行男的未婚妻。

而岛村一面与深爱自己的驹子鬼混，一面追求叶子。当驹子到车站送岛村回东京时，叶子突然跑来告诉她，行男就要死了，希望见驹子最后一面。

岛村第三次到雪国与驹子相会，行男和驹子的师傅都已经去世。叶子常常到行男的坟墓悼祭，驹子却很少去。一天，叶子与岛村相见，提出希望他带自己到东京。岛村问她是否与驹子商量过。叶子说："她真可恨，我不告诉她。"她告诉岛村，到东京，"一个女人总会有办法"。

一天深夜，岛村到驹子住处找她，发现她的居所蚕房燃起大火，他冲过去，突然看到夜空出现银河，自己的身体"悠然飘上"去。驹子也出现在火场，发现有人从二楼坠落，她跑过去，竟是叶子，她抱起叶子狂喊"这孩子疯了"……

川端康成塑造了两个不同类型的女性形象，驹子是现实生活中有血有肉，热烈追求爱情，一直与悲惨命运做徒劳抗争的女性；而叶子则是一个精神缥缈，不染尘世污浊，"优美而近于愁凄"的理想少女形象。相较对二位女性的赞美，岛村是个被谴责者。他也想寻求生命的真实，却终日无所事事，疏懒而无为，认为生活一切都是徒劳的、虚无的，最终成为一个精神空虚，只寻求感官刺激，无为的虚无主义者。

《雪国》让读者看到"纤细连接着强韧，优雅与人性深渊的意识互挽着手"的广阔人性图景。

川端康成继承了日本古典主义文学，同时借鉴了西方文学的创作手法，重视塑造人物形象，特别重视人物心理刻画，具有独到和细腻的艺术个性。《雪国》还鲜明地呈现了纯粹的个人官能感觉，依靠直觉把握事物特征的"新感觉派"的风格。其间，我们也会发现川端康成在日本传统主义与西方现代派两种创作思潮中，左右徘徊、迷惘探索的清醒和困惑、兴奋与痛苦。

1899年6月11日，川端康成降生在大阪府三岛郡丰川村大字宿久庄一个医生家里。其家原是望族，后家道中落，更不幸的是，他一岁时，多才多艺的父亲患肺病辞世。第二年，母亲也因病撒手人寰。他七岁时，奶奶也死了。他和姐姐由双目失明的祖父抚养。他十岁时，姐姐也夭亡。他十五岁时，呆坐病榻上的爷爷也走了。沦为孤儿的川端凄苦度日。失去所有亲人的打击，再加上青年时有多次失恋的遭遇，使川端形成忧郁、怪癖的性格，"变成一个固执的扭曲了的人"，这给他的人生和文学创作带来较大影响。

十六岁时，川端在《十六岁的日记》中，记录了最后一个亲人祖父弥留之际自己的感受："我默然不响……一种无依无靠的寂寞感猛然侵袭我的心头，直渗我的心灵深处，我感到自己孤苦伶仃。"

川端在上学时，曾想当画家，读中学时又对文学有了兴趣。他读了大量父亲留下的日本古典文学名著，《源氏物语》《万叶集》和《枕草子》及日本近代小说家德田秋声、志贺直哉，外国的惠特曼、左拉、泰戈尔等大师的作品无不涉猎，反复诵读，均可大段大段背出原文。书香的熏陶和浸染，让川端早就尝试写作，前面所引哀婉动人的《十六岁的日记》便是习作。1919年6月，他还在中学《校友会杂志》上发表习作《千代》，以清淡的笔墨，讲述了他与三个叫千代的姑娘的爱情故事。其文学才华，已见端倪。

川端一生与四个叫千代的女性结缘，她们对他命运的走向，都产生了不同程度的影响。尚不满二十岁，情窦初开的川端，与千代们的情感纠葛，刻骨铭心。一篇叫"非常"的小说，将其爱情的渴望表述得淋漓酣畅：

> "十六岁！"我喃喃自语道。打算和我结婚的姑娘也是十六岁呀。我一向对十六七岁以上的女人不感兴趣，而只对十六岁的妙龄少女产生一种近乎病态的爱慕……回到浅草的公寓时，看到有道子的信……

> 亲爱的朋友，我的朗哥：
> 感谢您的来信，很抱歉未能回信，您还好吗？我有一事要告诉您……请把我忘了，当作不在这个人世吧。下次给我来信时，我已不在岐阜，已经离家出走了……我不知道我将在何方，怎样生活，我衷心祝愿您幸福。再见了，我亲爱的朋友，我的朗哥。

这样的道别，让"我"陷入痛苦，沉入了幻觉，想象道子走后的种种景象，"最后一个痛苦的化身向我逼来，僵硬地坐在火盆的对面"。"我"，让我们看到川端的身影。

1920 年，川端考入东京帝国大学英语系，翌年转入国文系。这时，川端结识了当时的名作家菊池宽、久米正雄等，参与《新思潮》活动，在该刊发表《招魂祭一景》（1921），博得两位名家的赏识。

1924 年大学毕业的川端，以自传体中篇小说《伊豆的舞女》傲然登上文坛。伊豆舞女熏子，原是川端康成上高一时，到伊豆半岛旅行途中邂逅的。彼此友善交往中，两个年轻人油然产生纯洁的友情，激起爱的涟漪。小说表现了青春的骚动和情怀，还有各自独特的人生感悟，特别是二人那种天真、纯洁、缠绵悱恻的青春男女之情，深深打动了读者。1926 年出版的创作集《感情的装饰》，成就其小说家的地位。

川端康成在潜心创作小说的同时，还特别关注文学流派论争。自大学毕业后，在菊池宽的支持下，与青年作家横光利一等同道，创办了《文艺时代》杂志，树起"新感觉派"大旗，与小林多喜二的革命文学派及岛藤村的自然主义派分庭抗礼，形成日本文学流派三足鼎立的局面。"新感觉派"作为文学流派，源于第一次世界大战后，在法国文坛上出现的，以个人官能感受作为出点，依靠直觉来表达事物的现象本质的达达主义，主张"情感、感觉就是一切"的文学观念。1929年，"新感觉派"失势，川端又热衷于"艺术高于一切"的"新兴艺术派"。他发表过《论现代作家的作品》《关于日本小说史的研究》等论文，宣传他的文学主张。

到了20世纪30年代，日本军国主义猖獗，国粹主义横行。川端与武田麟太郎等办起《文艺界杂志》，坚持唯美主义创作方向，并未参与侵略战争的鼓噪。这一时期，他发表了《浅草红团》（1929—1930）、《水晶幻想》（1931）等作品，被评论界认为是"新感觉派集团中的异端分子"。在艺术上，川端其实一直探索自己的道路，在文化人格上守住了自己的清白。

中日战争全面爆发后，反战的川端康成默默到镰仓隐居，不随波逐流，绝不参加鼓动战争的叫嚣。1941年，川端康成接受"满洲日日新闻"的邀请，前往中国东北，参加围棋国际大赛，同行者有吴清源和村松梢风。是年9月，他又应邀访问中国，先后到大连、沈阳、哈尔滨、长春等东北各地访问。访问结束后，川端为更深入研究"满洲国"，自己掏腰包留在沈阳（当时称奉天），还把妻子从日本接到沈阳。10月，他偕妻子乘车到北京进行访问，然后到天津、张家口、旅顺等地参观。等到11月，川端夫妻回到日本神户不久，太平洋战争爆发。翌年，川端编写了《满洲各民族创作选集》，作为访问中国的研究成果。还有一种说法，1943年，川端受日军方派遣，以战地记者身份随侵华日军到中国东北采访。

1944年，川端以《故园》和《夕阳》等文章获得菊池宽奖。

日本战败投降，曾经反战的川端，精神还是遭受重创。他发出"我作为一个已经死了的人，除可怜的日本传统美之外，再不想写一行字了"的哀叹。其内心颇为复杂。反人类的侵略战争使自己的民族遭到灭顶之灾，战后的"世态和风俗"的巨变等报应和惩罚，与川端狭隘的民族主义相碰撞，让他既愤慨痛苦又无奈，只好到宗教禅境寻找解脱。他说过，"在这个世界上，没有什么比轮回转世的教诲交织出的童话故事般的梦境更丰富多彩",川端这种"空、虚、否定之肯定"的美学意识贯穿了他的文学创作。

1946年,在日本文坛即将升起的新星,大学三年级学生三岛由纪夫,带着自己创作的手稿,拜会了文坛宿将川端康成。慧眼识珠的川端,将其书稿力荐给文学杂志,于是三岛由纪夫以短篇小说《香烟》给战后的日本文坛带来惊喜。两位作家遂建立亦师亦友的亲密关系。此后,川端创作了《重逢》(1946)、《千鹤》(1949—1950)、《山之声》(1949—1954)、《湖》(1954)、《睡美人》(1960—1961)、《美丽与悲哀》(1961—1963)、《古都》(1961—1962)等作品。

川端康成,是当代日本文学史上颇具影响力的作家,他的文学创作着力表现日本风情、民族精神和日本文化心态,在艺术上,他坚持日本传统与西方现代主义文学相结合的创作方法,这让他收获了世界声誉。

第六十届（1967年）

米格尔·安赫尔·阿斯图里亚斯

获 奖 者: 米格尔·安赫尔·阿斯图里亚斯（Miguel ángel Asturias Rosales，1899—1974），危地马拉诗人、小说家。

获奖理由: 因为他的作品落实于自己的民族色彩和印第安的传统，而显得鲜明生动。

获奖作品:《玉米人》（小说）。

阿斯图里亚斯，在拉丁美洲文坛享有盛誉。他的文学作品将拉丁美洲的文学传统与欧洲流行的文学流派相融合，以独特的印第安人的民族文学气质，踏实地呈现了 20 世纪前五十年拉丁美洲人民所经历苦难、矛盾和斗争的广阔历史画卷，荣获诺贝尔文学奖。而贯穿他一生的意气风发地投入反独裁的政治斗争，使他获得民主战士的光荣称号。他晚年致力于国际和平运动。1966 年，鉴于他对唤醒拉丁美洲民族意识所做出的卓越贡献，他被授予列宁和平奖。

20 世纪 50 年代，阿斯图里亚斯到中国访问，参加纪念鲁迅逝世二十周年活动。

一部《玉米人》，把阿斯图里亚斯送上诺奖殿堂。

《玉米人》通过印第安人与拉丁人之间，在种植玉米问题上所引起的冲突，反映传统观念与现代文明之间的矛盾。这是一部整合了拉丁美洲悠远历史、古代神话与现实生活斗争的魔幻现实主义力作。

《玉米人》结构复杂，风格独特，不仅充满象征和隐喻，还将印第安人的传统观念与思维方式、神话与梦境、真实与幻觉、过去与现在等熔为一炉，叙述着一个接一个或实在或离奇的故事。正如作者所说："我的作品中超现实主义在某种程度上，同土著人那种介于现实与梦幻、现实与想象、现实与虚构之间的思想方式相一致。"小说由五个独立又统一的部分组成：加斯巴尔·伊龙、马丘洪、查洛·戈多伊上校、玛丽亚·特贡和邮差野狼。

《玉米人》的故事很丰富诡异，讲的是在土著印第安世代繁衍的水草丰茂的伊龙这方土地上，有个叫皮希古伊利托的村落，住着几十户西班牙与印第安混血的拉迪诺人。他们打算放火烧山，种植和销售玉米。这有悖印第安人的出售玉米就是卖自己子孙的传统观念。于是印第安人部落酋长伊龙，率众奋力阻止拉迪诺人烧荒种玉米。这时，戈多伊上校闻之，准备带领骑警队，闯进村子，屠杀印第安人。上校先买通"狐狸精"玛努埃拉，伺机毒死伊龙。一次，他趁酋长举行野宴之机，将下了毒的酒骗伊龙喝下。毒酒药性发作，伊龙跳下大河，以狂饮河水洗胃，正在此时，戈多伊上校的骑警队血洗印第安人，伊龙见状，投河自尽。部落中的萤火虫法师逃过劫难，登上伊龙大山，发出咒语，誓报血仇。

咒语显灵，"狐狸精"与丈夫托马斯的独子马丘洪，正在外地求亲，途中遭到萤火虫攻击，在神秘之火中失踪，托马斯悲痛欲绝。

人们欺骗托马斯，说马丘洪在大火中神般显身，得到其支持毁林种玉米。于是人们再度进入山中，放火毁林，播种玉米。几个月后，就要收获玉米了，托马斯在一天夜里，化装成儿子模样，骑马来到玉米地，放火焚烧了玉米地，也自焚了。骑警队闻风赶来，山火已成燎原之势。接着，骑警队与村民发生矛盾，开始械斗，双方死伤无数，"狐狸精"玛努埃拉也葬身火海。到此，复仇实现了。

另一个村落特朗希托斯，住有十几户特贡家族，娅卡大妈和她的几个儿子就在其中。娅卡突患重病，儿子们万分焦急。巫师库兰德罗说，只要砍下同村萨卡通一家人的头颅，便能救活娅卡。兄弟们经商议，果然砍下萨卡通一家八口人的脑袋，母亲娅卡得以痊愈。萨卡通正是出售毒药加害伊龙的那个人。巫师库兰德罗设计除掉萨卡通，实现第二次复仇。

特朗希托斯村发生八口人被杀命案，戈多伊上校带领一众人马去处理。夜行从山峻岭，要经过恐怖的腾夫拉德罗大山谷。到达该处，戈多伊头上出现三道圈围绕。第一道是成千上万猫头鹰的眼睛，第二道是数不清的巫师的脑袋，三道是密密麻麻的丝兰花。旋转的三道包围圈，让戈多伊晕头转向。突然，幽深的大山谷腾起一片大火，顷刻吞噬了这队人马，有侥幸逃出者，也被特贡兄弟开枪射杀，他们实现了第三次复仇。

娅卡的儿子们杀害萨卡通一家人时，有个小女孩儿幸免于难，盲人戈约·伊克将她救出，取名玛丽娅·特贡。女孩长大成人，嫁给盲人伊克为妻，为其生下两个孩子。突然有一天，特贡带着孩子不辞而别，伊克四处流浪乞讨寻找她，吃尽苦头。辗转中，他双目复明，却被押到一孤岛上的普埃托古堡，去服苦役，那里囚禁着一百二十个犯人。巧的是，在阿卡坦镇也有一妻子不辞而别的事件。丈夫是个邮差，叫阿吉诺，为寻妻子变成野狼。一天，他遇上个满头蓝发，手发荧光的人，自称是萤火虫法师，愿帮他寻找妻子，他带阿吉诺过"五彩堂"、地下洞，经受磨炼，并见到加斯巴尔·伊龙。法师告诉他，当年被毒的伊龙并未死，而是成了"无敌勇士"。阿吉诺后来到一家破烂的旅店，帮女老板往普埃托古堡送货。时光流转，在古堡服役的伊克刑期将满，玛丽娅·特贡带着儿子来到古堡找他。不久，阿吉诺成了旅店的主人。

最后，戈约·伊克和玛丽娅·特贡及他们的孩子，回到皮希古伊利托村，继续种植玉米。

《玉米人》中，萤火虫法师是个贯穿整部小说的最具光彩的形象，小说赋予这一人物极为复杂的性格，让他正与邪、善与恶系于一身，他既是苦难悲剧的始作俑者，又是解救受难人使其找到幸福的天使。仅此，《玉米人》就称得上是一部典型的魔幻现实主义精品。

阿斯图里亚斯，于1899年10月19日出生在危地马拉的首府危地马拉城。其父是当地一位知名法官，母亲在小学任教。在他出生的前一年，独裁者卡夫雷拉以阴谋手段篡夺危地马拉政权，人民陷于恐慌之中。他的父母都是正直的知识分子，拒绝效忠于独裁政权，受到迫害，不得不迁居萨拉马小镇避难。这里聚集着印第安人玛雅部落，他经常随外祖父进山活动，耳濡目染印第安文化，接触其风土人情和闻听古老传说，对其古老神秘的文化产生浓厚兴趣，这为他后来的文学创作提供了丰赡的重要的素材，而且印第安人的善良、热情和勇敢的民族精神，也对他产生深刻影响。

1919 年，阿斯图里亚斯考入危地马拉大学，攻读社会法律专业，开始诗歌创作。1923 年，阿斯图里亚斯以"印第安人社会问题"为题的毕业论文，使其获法学博士学位。毕业后，他在首都担任律师职务，同时与友人创办《新时代周刊》。因与独裁政权发生矛盾，且在大学期间曾卷入国内政治反对派的活动，当局企图加害于他，于是这年年底，他被迫离开危地马拉，到英国伦敦深造，后侨居法国，在巴黎大学研究人类学和印第安文化。在那里，他受超现实主义创始人、法国小说家勃勒东的影响，曾成为那个文学流派的拥护者。

1930 年，三十一岁的阿斯图里亚斯出版了短篇小说集《印第安人的传说》。其中的小说多采用印第安人著名的神话故事《波波尔·乌》的题材，内中倾注了作者早年间所建立起来的对印第安人的纯朴感情。在艺术上，小说将印第安传统的技巧，融入超现实主义手法，向西方世界展示了一个原始的、魔幻的奇异世界，让读者耳目一新，小说因此获得很高声誉，被认为是拉丁美洲带有魔幻现实主义色彩的开山之作。

卡夫雷拉独裁政权虽已寿终正寝，但继任者依然执行军人独裁路线的 1932 年，阔别祖国九年的阿斯图里亚斯回到祖国。为了同胞和祖国的命运前途，他积极投入反对独裁、争取民主的斗争，他创办了舆论阵地《无线电》杂志。1936 年，他出版诗集《十四行诗》。

1944 年，统治危地马拉十三年之久的独裁者乌维科被迫下台。声望日隆的阿斯图里亚斯于 1946 年被新政权委任为外交官员，同时担任危地马拉和平委员会主席职务。正是这一年，他出版了一部以独裁者卡夫雷拉统治年代为背景，矛头直指独裁寡头反动政权，创作历时二十四年的长篇小说《总统先生》。

《总统先生》是阿斯图里亚斯从 1922 年就开始酝酿的小说。当初想写一篇讽刺卡夫雷拉的短篇小说《政治乞丐》。后流亡法国期间，与同时流亡在法国的秘鲁作家巴列霍、委内瑞拉作家乌斯拉尔的交往中，他得到他们的启发，认识到反动独裁统治遍及拉丁美洲，反独裁的斗争也在拉丁美洲风起云涌，遂决定写一部具有普遍意义的长卷《总统先生》。几经丰富修改，小说在1932年底的巴黎收官。重返危地马拉时，他携带归国。当时的黑暗恐怖笼罩，《总统先生》难以出版，却在进步力量营垒中秘密传抄。直到乌维科下野，《总统先生》才得以付梓，旋即轰动拉美。

《总统先生》以二十世纪一二十年代拉丁美洲某国为背景。外号"小骡人"的总统心腹松连特上校，在某夜被乞丐佩莱莱掐死在天主教堂门廊。总统便下令暗杀了佩莱莱，同时对所有乞丐加以逮捕、拷打，企图制造假口供，加害反对独裁的政敌卡纳莱斯将军和卡瓦哈尔硕士。冤狱遍野，民怨沸腾，百姓奋起反抗，终因寡不敌众而失败，但斗争的烈火并未熄灭。

小说名曰"总统先生"，笔墨淋漓地塑造了一个残酷成性又狡猾诡谲的独裁总统典型形象，呈现了独裁政治下群魔乱舞、鬼魅横行的社会世态，深刻有力地揭露了拉丁美洲寡头政治的罪恶面目，同时讴歌了人民反抗斗争，堪称魔幻现实主义的先驱。

这一时期，阿斯图里亚斯创作了描写印第安人生活的长篇小说《玉米人》（1949）、《疾风》（1950），出版了诗集《云雀的鬓角》（1949）、《贺拉斯主题十四行诗》（1951）及小说《绿色的教皇》（1954）。

1954年6月，危地马拉发生政变，反动军人阿马斯独裁执政。阿斯图里亚斯被剥夺国籍，他愤而去国，再度流亡阿根廷整整十年。在这期间，他创作小说《死者的眼睛》（1955），小说反映人民仇视殖民主义、热爱祖国的强烈情感。1955年出版的《死者的眼睛》与早已出版的《疾风》《绿色的教皇》，构成揭露外来者掠夺危地马拉为题材的系列三部曲。次年出版的短篇小说集《危地马拉的周末》，由八个短篇组成，《危地马拉的周末》是该集中最出色的一篇，谴责外来势力武装干涉危地马拉内政，扼杀民族政权的丑行。八个短篇故事并无勾连，人物也无瓜葛，但"颠覆与反颠覆"的核心，将之拼成一幅危地马拉反抗外部势力干涉斗争的磅礴的历史画卷。

阿斯图里亚斯晚年致力于国际和平运动，并未放弃文学创作，出版了长篇小说《被埋葬者的眼睛》（1960）及小说《珠光宝气的人》（1961）、《混血女人》（1963）、《丽达·萨尔的镜子》（1967）、《马拉德龙》（1969）和《多洛雷斯的星期五》（1972）等。阿斯图里亚斯还写过若干戏剧，《生生不息》较为出色，1964年出版了《戏剧全集》。

　　1974年6月9日，这位以"他的作品落实于自己的民族色彩和印第安的传统，而显得鲜明生动"的阿斯图里亚斯，出访欧洲时，不幸病逝于西班牙马德里，终年七十五岁。

第五十九届（1966年）

萨缪尔·约瑟夫·阿格农 / 奈莉·萨克斯

（一）萨缪尔·约瑟夫·阿格农

获 奖 者: 萨缪尔·约瑟夫·阿格农（Shmuel Yosef Agnon, 1888—
1970），以色列作家。

获奖埋由: 他的深刻而具有特色的叙事艺术，能从犹太人民生活中汲取主题。

获奖作品:《大海深处》（中篇小说）[一说《婚礼的华盖》（长篇小说）]。

犹太民族，离开巴勒斯坦土地，几个世纪居无定所、浪迹世界，但他们没有放弃犹太教和自己的民族传统风俗，特别是一直坚守民族的希伯来文字。多年来，他们中间产生过很多足以影响世界经济的财经界巨人、科学家、社会家、艺术家和文学家。犹太文学家用自己民族的文字描绘和叙述本民族的历史与生活，使这一古老民族的文化得到保存和发展，阿格农便是其中的翘楚。他荣获1966年诺贝尔文学奖，是犹太民族文学的光荣。阿格农的贡献，在于他通过自己"深刻而具有特色的叙事艺术，能从犹太人民生活中汲取主题"的作品，记录了一代犹太人的思想和行为。

《婚礼的华盖》和《大海深处》是阿格农的代表作。前者写于1922年，该长篇小说被誉为"现代希伯来文学的巅峰之作"，或被称赞为"希伯来文学中的《堂吉诃德》"。后者是个中篇小说，却以深刻的寓意和曲折的情节，以及浪漫诡谲的希伯来文学色彩，引人入胜、独具韵味。

《婚礼的华盖》，以奥匈帝国时期犹太人流浪漂泊四海为题材，以一个贫穷、虔诚的犹太教徒，为他的三个宝贝女儿筹措婚嫁金的一系列故事为轴心，真实地反映了当时犹太人的思想感情和生活经历，有命运感。小说展示了犹太民族的社会、经济文化、习俗、精神的图景。

《大海深处》篇幅不长，却蕴含深刻的寓意。小说写了一群犹太教哈西德派的教徒，为了履行犹太人"必须是生活在故土以色列"的圣谕，而告别生活经年的东欧生活，前往圣城耶路撒冷的故事。该小说已摆脱阿格农早期所注重讲述现实主义故事的窠臼，也不是仅仅反映作者本人的见解和他的现实经历及精神观念，而转向对犹太民族的前途这一重大问题的思考。当然，其间不可避免地有犹太复国主义倾向。在艺术上，是现实和浪漫的结合，形成他所独有的神秘的、戏剧的，具有象征意义和内省的风格。阿格农是位语言大师，其小说语言优美且极富表现力。

阿格农的作品，对当时及后来的犹太作家产生重要影响，继他之后，除了本届同时获奖的萨克斯，仅在 20 世纪 70 年代，就又有犹太小说大师索尔·贝娄和艾萨克·巴什维斯·辛格分别于 1976 年、1978 年获得诺贝尔文学奖，这便是证明。

萨缪尔·约瑟夫·阿格农，原名萨缪尔·约瑟夫·查兹克斯（Shmuel Yosef Halevi Czaczkes），于 1888 年 7 月 17 日出生在欧洲西加利西亚地区（加利西亚原被奥匈帝国占领，现分属于波兰和乌克兰）布兹克斯镇。其父是犹太商人、望族世家，给予阿格农良好的教育。他八岁时开始写诗，十五岁时发表诗作《雷纳的约瑟》。1905 年，阿格农应邀到犹太评论刊物《哈耶》当编辑，并为《日报》写稿。1907 年，犹太复国主义运动勃兴，青春年少、踌躇满志的阿格农随全家迁居巴勒斯坦，到犹太人心目中的祖国和圣地定居。除 1913 年至 1923 年十年间侨居德国，他几乎一直在这块土地上生活和写作，并放弃了意第绪语，改用希伯来文书写作品。

1908 年，二十岁的他用笔名阿格农，在耶路撒冷出版了第一部重要的小说集《被遗弃的妻子》（又译《弃妇》）。作品写的是一个带有悲剧色彩的关于爱情的故事。这被称为阿格农的第一个"巴勒斯坦故事"，反映的是犹太人流离颠沛、悲欢离合的境遇。小说出版后，广受好评。

1912年，阿格农又出版了长篇小说《但愿斜坡变平原》，描写一个犹太教信徒的人生命运。小说弥漫着悲壮的宗教色彩。因为小说既有希伯来文学风格，又融入现代小说的技法，面目焕然一新，有评论者认为该小说是"真正阿格农的声音"。

前面提到阿格农于1913年旅居德国，是应邀到那里讲授希伯来文学。在教学之余，他潜心研读欧洲文学，并继续从事写作。1913年，二十五岁的阿格农与犹太姑娘艾斯特·马克斯相恋，结婚后育有一双儿女。他还创作了长篇小说《永生》和《婚礼的华盖》。《永生》已写到七百多页，不幸在一次火灾中化为灰烬，让他痛不欲生。多亏《婚礼的华盖》取得辉煌成就，平复了他的悲伤。

1924年，阿格农重返耶路撒冷，专职从事文学创作，陆续出版《夜间来客》（1938）、《一个简明的故事》（1939）等。这两部作品似都是"痛苦＋甜蜜"构成的悲欢故事，较少创新，但较真实地反映了当时犹太人的生活经历和思想情感。

《夜间来客》是阿格农根据一个犹太人重游欧洲老家一个小镇的真实经历，进行重新创作的。这个小镇曾是犹太文化中心，但世事变化，白云苍狗，当他再度光顾时，他已成为真正的"客人"，现在的年轻人过着另一类型的新的生活，早先的风物和生活形态早已风流云散了。小说没有让"客人"沉浸在对往昔的追怀留恋、叹息礼崩乐坏之中，而是和年轻人融为一体，一起开拓新的生活。小说的深刻在于以色列的希望，已被年轻后生担负起来。《夜间来客》于1950年获得专门奖励——犹太作家优秀作品的"比厄立克奖金"。

1943年，阿格农完成《订婚者》，讲述一对年轻恋人约伯和苏珊在祖先的土地上获得幸福的故事。约伯的研究成果震撼世界，苏珊以顽强意志战胜病魔，苦尽甘来，两人终成眷属，这是一篇励志小说。《往昔》是阿格农叙述以色列特拉维夫城历史的传记作品，记录了第二次世界大战中犹太人的命运，并揭露了德国法西斯灭绝犹太人的罪行。

1945年，阿格农的《就在昨天之前》又一次受到文学界的好评。小说探讨的是犹太人如何对待欧化的问题。主题颇为严峻，但小说以起伏跌宕的情节、鲜活丰富的人物及对犹太社会道德风俗的生动展示，昭示以色列除了建立永久的国家和精神家园外没有别的出路。

阿格农是"多才多艺的犹太人"，他曾是著名的犹太法学博士。他的文学作品在全世界犹太人中影响甚广。他一生的作品都汇集在十一卷本《阿格农文集》中，另有八卷《文集》。

1970 年 2 月 17 日，阿格农在特拉维夫的雷霍沃特去世。

（二）奈莉·萨克斯

获 奖 者： 奈莉·萨克斯（Nelly Sachs，1891—1970），瑞典女诗人兼剧作家。

获奖理由： 因为她杰出的抒情与戏剧作品，以感人的力量阐述了以色列的命运。

获奖作品：《啊，我的母亲》（诗歌）。

这一届诺贝尔文学奖同时颁给两位不同国籍的犹太作家：以色列的萨缪尔·约瑟夫·阿格农和瑞典的诗人兼剧作家奈莉·萨克斯。

同是犹太作家，其创作风格各有不同。萨克斯在接受诺奖时，发表演说："阿格农先生所描绘的是以色列的命运，而我所描写的则是犹太民族的悲剧。"她还呼吁"让一切恐怖和怨恨都成为过去，我相信你们"，希望人们在回忆历史悲剧时，包容和化解仇恨。她创作的《啊，我的母亲》，就是在诉说法西斯发动战争给犹太民族带来说不尽的苦难，同时，表现出母亲般的宽容和慈悲。

法西斯对犹太民族进行灭绝人性的屠戮，萨克斯的丈夫和孩子都在集中营被杀害。经历了失去骨肉肝肠寸断的痛苦，萨克斯由一个沉迷清晨吟唱的歌者，转变成具有强烈情感和道义的民族诗人。她以独特的倾诉恐惧和悲伤的形式，祭悼民族所经历的苦难和殉难的同胞，用她自己的话来表述，便是自己的诗歌"仅仅用来证明这种难以用语言表达的恐怖，这只是一种纪实性的报告"，将施害者、殉难者及战争写进历史的"报告"。战后，萨克斯被广泛认为是控诉法西斯对犹太人大屠杀罪行的第一流强有力的发言人。萨克斯的作品有诗和史的重要价值。

《啊，我的母亲》是诗集《星光黯淡》中的一首：

啊，我的母亲

我们住在一个孤儿星上面——

我们发出最后的叹息

被推向死亡的人的叹息——

灰沙常在你脚下闪开

而让你孤独——

在我怀抱之中

你玩味着以利亚

遍历的秘密——

那儿沉默在说话

诞生和死亡在出现

四大要素有着不同的混合——

我的手臂托住你

像木头车子载着升天者——

流泪的木头，由于

很多的变化而破裂——

哦，我的归客

秘密被遗忘掩覆——

我却听到新的消息

在你的增长的爱情里！

该诗调动了诗性智慧"强烈的感觉力和广阔的想象力"，具有神秘性、梦幻性、狂热性，同时兼具温柔的、朴素的倾向，挖掘古老的戏剧性，既表达对整个犹太民族蒙难的祭悼，又有一种对笃信宗教的反省。

萨克斯，原是德国人，于1891年12月10日降生在柏林上流社会一个富有的犹太家庭里。其父是发明家，拥有一座工厂。在十分优越的家庭里，她从小受到良好的教育，十五岁就喜读1909年获诺贝尔文学奖的瑞典女作家拉格勒芙的小说《古斯泰·贝林》，并成为她的崇拜者。她开始与其通信交流，从此结成长达三十五年的莫逆之交。她十七岁练习写诗，开始创作小说和戏剧，后来在报刊上发表一些带有浪漫主义色彩的诗作。

1908年，十七岁的萨克斯随全家到名胜山区度假，与一位四十岁的绅士邂逅，遂陷入情网，但恋情最终无疾而终，失恋的萨克斯痛不欲生。有些资料说她从此终身不嫁，乃穿凿附会之说。

1921年，萨克斯出版诗集《传说与故事》，内容多为浪漫的脱离现实生活的咏叹，有些有模仿恩师拉格勒芙之嫌。

1930年，萨克斯父亲去世，家境由盛而衰。后来，她的创作注重表现犹太民族的传统，并对犹太教和基督教之间共同的思想根基产生兴趣。写于1935年的长篇叙事诗《佐赫》，就是以中世纪神秘的犹太教传说为题材而创作的。"佐赫"乃为14世纪犹太神秘教经典的名称。萨克斯是研究16世纪前日耳曼民族的神秘哲学时，发现犹太神秘教和日耳曼民族神秘哲学似乎都源于《圣经·旧约》。就在1933年后，萨克斯饱受纳粹主义的统治和迫害达七年之久，财产、自由受限制，暗淡恐怖使她一度丧失语言能力。后来，她随丈夫、孩子与千百万犹太人被关进集中营，丈夫和孩子都惨遭法西斯杀害。在生死攸关的时候，萨克斯想到曾多次给予她帮助的拉格勒芙。正是在她周密的安排下，瑞典官方帮助萨克斯母女于1940年初摆脱纳粹魔爪，死里逃生到瑞典。还是经过拉格勒芙向瑞典皇室请求，萨克斯顺利取得瑞典国籍，并在斯德哥尔摩一直生活到死。两个月后，年近八十岁的拉格勒芙不幸因病去世。萨克斯怀着悲痛哀悼恩师驾鹤西去，她们的患难之交给世界文坛留下一段佳话。

到瑞典定居、举目无亲的母女，租住公寓栖身，以给人洗衣、抄写糊口。1943年，萨克斯得知十七岁时的初恋也在集中营被杀害，悲痛之余，写诗悼念。该年冬，她的剧本《伊拉》发表。这是萨克斯的一部重要剧作，全名为"伊拉：一部关于以色列经历的神秘的剧本"。以犹太民族传说中的英雄伊拉贯穿，全剧讴歌了犹太民族的光荣传统。

后来，萨克斯的诗集《在死亡之屋》在德国出版，收录了《啊，屋上的烟囱》《啊，哭泣孩子们的夜》及《死者合唱曲》等，以深沉、形象的诗句表现犹太民族遭受的苦难。

1949年后，萨克斯相继出版诗集《星光黯淡》（1949）、《度日如年》（1956）、《无人知道去向何处》（1957）和《逃亡与演变》（1958）等，表现犹太民族在第二次世界大战中的苦痛、流亡和殉难的历程。

1950年，萨克斯相依为命的老母逝世，她深受刺激，精神失常，受妄想症、迫害症折磨，不得不住院治疗。四年后，她与保罗·策兰通信，相同的命运和信仰让二人甚为投契。策兰曾说："在逝去的一切中，只有一样东西是依然可以把握——亲密可靠的语言。"1960年，萨克斯到巴黎拜访了策兰的一家，这是她一生中唯一的一次。

晚年的萨克斯，获得多项文学奖：1959年获得瑞典广播电台抒情诗奖、德国工业联合会文学奖，1960年获得德罗斯特－许尔斯霍夫文学奖，1961年获得多特蒙德文学奖，1965年获得德意志联邦共和国出版协会的"和平奖金"。

1967年和1971年出版的萨克斯英文版自选集《喷烟口》和《探索》，广受好评。

1970年5月12日，"以感人的力量阐述了以色列的命运"的萨克斯，在斯德哥尔摩病逝。

第五十八届（1965年）

肖洛霍夫

获 奖 者：米哈伊尔·亚历山大维奇·肖洛霍夫（Mikhail Aleksandrovich Sholokhov，1905—1984），苏联作家。

获奖理由：在那部关于顿河流域农村之诗作品中流露的活力与艺术热忱——他借这两者在那部小说里，描绘了俄罗斯民族生活之某一历史层面。

获奖作品：《静静的顿河》（小说）。

长篇小说《静静的顿河》，是苏联文学的经典作品之一，也是20世纪世界文学中，最具影响力的重要作品之一。肖洛霍夫花了十四年光景，完成这部四卷巨著，分别出版于1926年、1929年、1933年和1940年。小说画面极为宏大广阔，它从第一次世界大战写到国内战争结束这漫长的历史年代，生动地描写了顿河哥萨克人的生活和斗争，把读者引向暴风般的革命年代。

辽阔顿河之畔的鞑靼村，居住着哥萨克部落。年轻的葛利高里，爱上了乡里阿斯塔霍夫年轻漂亮的老婆阿克西妮娅。二人的疯狂之恋，让整个村落家喻户晓。其父为阻止这场沸沸扬扬的恋情，为葛利高里娶了富裕农家之女娜塔莉亚为妻。但受到家人喜爱的贤淑媳妇，却未得到丈夫葛利高里的爱，他依旧沉迷于与阿克西妮娅的畸恋之中。为此父子二人屡发冲突，葛利高里便偕阿克西妮娅私奔。绝望的娜塔莉亚企图自杀。不久，葛利高里被征召入伍。

第一次世界大战爆发后，葛利高里在战火纷飞的战场出生入死，而顿河岸边的阿克西妮娅禁不住少东家诱惑，两人陷入缠绵的热恋。葛利高里受伤后返乡，得知恋人另有新欢，一怒之下回到家里，与父亲、妻子生活。因有战功，葛利高里获十字勋章，重回战场时，娜塔莉亚已为他生下孪生二子。

俄国发生大革命，哥萨克族士兵纷纷回到家乡，葛利高里加入红军，当了队长，奋力与白军厮杀，再度受伤返乡。当内战风暴波及顿河两岸之际，哥萨克人为保卫家园组织起来，奋力抗击红军，葛利高里也加入其中。顿河两岸从此陷入血腥的相互绞杀。葛利高里在战争的废墟中，又与阿克西妮娅重逢，二人再度缱绻。得此信息，已身怀六甲的妻子娜塔莉亚，痛不欲生，在企图堕胎中死亡。后葛利高里以叛军师长之职，率哥萨克军与红军作战。不久，红军以疾风暴雨之势，控制顿河。葛利高里带着阿克西妮娅，混进逃难人群。大势已去，他只好投降，转而又为红军效力。

后来，出生入死、征战多年的葛利高里，从红军退役。他回到家乡，身患伤寒，不得不回到顿河的阿克西妮娅身边。那里正风传因他曾有过变节罪行，红军要逮捕他的消息，葛利高里不得不再度逃亡，加入匪徒团体，再次与红军为敌。匪徒军纪涣散，葛利高里选择离开，他与阿克西妮娅趁黑夜骑马逃出。不料被红军发现，阿克西妮娅中弹身亡。心灰意懒的葛利高里，只得辗转各地，最后心力交瘁地回到顿河故里。故人都已亡故，只剩下年幼的儿子米夏洛……

小说的成功，在于它为世界文学人物画廊提供了一个鲜活、丰富、复杂的"这一个"葛利高里人物形象。作者在塑造这一人物时，没有简单地从概念出发，而是将其置于复杂的生活环境中，作为一个"人"来刻画，写出人性的丰富性、复杂性和悲剧性，借此"描绘了俄罗斯民族生活之某一历史层面"。

关于《静静的顿河》，并不平静。《古拉格群岛》的作者，曾获1970年诺贝尔文学奖之索尔仁尼琴，曾经公开发表演说，言之凿凿，称《静静的顿河》是因内战而死的哥萨克作家克鲁哥夫的作品，肖洛霍夫只是盗作。此论因证据不足，未被世人采信。

1958年，诺贝尔文学奖评奖时，苏联作家的《静静的顿河》与《日瓦戈医生》都进入候选名单中。结果《日瓦戈医生》获诺奖，《静静的顿河》落选，对此，苏联当局认为此乃意识形态的结果，以禁止帕斯捷尔纳克到瑞典领奖，强迫其发表拒绝该奖声明，以及取消瑞典作家参加列宁文学奖的评选予以报复。

五十多年后，当我们看到历史真相，不禁为当时的政治解读莞尔。

1905年5月24日，米哈伊尔·亚历山大维奇·肖洛霍夫出生于顿河地区维申斯卡亚镇一户哥萨克农庄。父亲是从俄罗斯内地迁来的"外乡人"，当过雇工，贩卖过牲畜，经营过一家磨坊、商店。母亲曾在有钱人家做过女仆，十月革命后，其父担任苏维埃政权粮食部门的职员。肖洛霍夫曾在当地小学和中学读书。国内战争时期，他辍学在农村从事扫盲和文化活动。1920年，他参加苏维埃政权的粮食征购队，任粮食征集员，同富人及白匪做过艰苦斗争，为后来的文学创作积累了大量丰富的素材。

1922年，十七岁的肖洛霍夫到莫斯科，先后当过装卸工、建筑工及房产管理部门的工作人员，并开始尝试文学创作，在地方报刊发表作品。两年后，他加入"拉普"即俄罗斯无产阶级作家联合会，同年发表小说《胎记》。1926年，他出版两本中短篇小说集《顿河的故事》和《浅蓝的原野》，其作品形象鲜明，结构简练，语言生动，生活气息浓郁，受到文学界关注。《顿河的故事》实际上是《静静的顿河》的雏形。是年，他还发表短篇小说《死敌》，反映革命后农村复杂的斗争。"仿佛有谁在村子里犁了一道深沟，把人分成敌对的两方"，革命最后取得胜利。其实，1925年他写的短篇小说《看瓜田的人》，已把这种你死我活的斗争深入到一个哥萨克家庭内部。其中篇《道路》（1925）及《有家庭的人》（1925），则写出超越阶级的人性，渲染阶级斗争造成灾难和悲剧的消极色彩。肖洛霍夫小说的丰富性、复杂性及人性色彩已见端倪。

1925年底，肖洛霍夫回到顿河畔的故乡定居，着手准备创作规模宏大的史诗性长篇《静静的顿河》。那年，他刚刚二十岁。

20世纪30年代，苏维埃政权在全国开展农业集体运动，有深厚农村生活积淀的肖洛霍夫，迅速创作了另一部巨作《被开垦的处女地》。小说出版后，在苏联广受好评，成为该国反映土改运动的小说样本。丁玲的《太阳照在桑干河上》、周立波的《暴风骤雨》深受其影响，甚至有些艺术细节都颇为相像。

　　二十六年后，1959 年，《被开垦的处女地》获得列宁奖金。

　　第二次世界大战爆发后，肖洛霍夫以《真理报》和《红星报》记者身份，到前线采访，写出许多脍炙人口的通讯、随笔、特写和政论，同时创作了短篇小说《学会仇恨》（1942）及长篇小说《他们为祖国而战》的部分章节。

　　20 世纪 50 年代后期，肖洛霍夫怀着沉重的忧郁，创作了一篇充满低沉伤感情调的短篇小说《一个人的遭遇》，用以表达作家关于战争和人的命运的深刻思考。小说所探索的战争和人的关系，以及描写普通人形象的问题，不仅对苏联，对整个世界文学都产生了深远影响，令简单地以概念和意识形态来阐述战争和人的文学作品相形见绌、无地自容。

　　小说以卫国战争为背景，叙述了一个普通苏联人的悲愤遭遇，强烈控诉法西斯侵略战争给苏联人民造成的深重灾难，表现了苏联人民崇高的爱国精神和顽强的斗志。短短的篇幅，却概括了整整一代苏联人的命运。

　　斯大林死后，肖洛霍夫的思想与生活发生变化。他对斯大林的专制素怀不满。赫鲁晓夫当政，对他施以怀柔，对其《一个人的遭遇》极力推崇，在非斯大林化的运动中，肖洛霍夫在小说里批评斯大林的"个人迷信"，以回报赫鲁晓夫。

　　苏共二十大以后，肖洛霍夫政治生活颇为活跃，曾多次受到奖励。他六十大寿之际，被授予列宁勋章，还被选为苏共中央委员和苏联作协书记。

　　晚年的肖洛霍夫，很注重国内外的社会活动。七十大寿之时，苏联政府为他举行盛大的庆祝活动，并破例再一次授予他最高荣誉列宁勋章。可谓风光无限。

　　1984 年 2 月 21 日，肖洛霍夫病逝在故乡维申斯卡亚镇，享年七十九岁。他的铜像矗立在国都诺贝尔获奖者群像之中。

让－保尔·萨特

获 奖 者：让－保尔·萨特（Jean-Paul Sartre，1905—1980），法国哲学家、作家。

获奖理由：因为他那思想丰富、充满自由气息和探求真理精神的作品，已对我们时代产生了深远的影响。

获奖作品：《厌恶》（一说《自由之路》）（小说）。

1964 年，萨特获第五十七届诺贝尔文学奖。但他却石破天惊地发表声明拒绝此奖：

> 一个对政治、社会、文学表明其态度的作家，他只有运用他的手段，即写下来的文学来行动。他所能够获得的一切荣誉都会使其读者产生一种压力，我认为这种压力是不可取的……谢绝一切来自官方的荣誉。

与苏联的帕斯捷尔纳克发表声明拒绝诺贝尔文学奖相同，萨特的拒绝同样因为政治因素。只不过前者出于无奈，违心地拒绝诺奖；而后者则是自己的一种政治姿态，故意而为。自 20 世纪 50 年代始，萨特在政治上逐渐"左"倾。

1955 年，萨特和波伏娃曾受中国政府之邀，到中国进行为期两个月的访问。行程结束前，在《人民日报》发表《我所看到的中国》。回国后，他谴责苏军侵略匈牙利并与共产党分道扬镳。萨特信奉的不是马克思主义，而是尼采哲学。

其实，萨特一直信奉存在主义哲学，即一种把焦点放在"生存在世界上"的哲学。有人把萨特说成"存在主义思想的创始人"，是不对的，思想家海德格尔1927年就有《存在与时间》发表。萨特于1943年发表《存在与虚无》，1960年发表《辩证理性的批判》两部存在主义哲学著作。所谓存在主义，是把自我看成中心，看成存在的核心，把世界看成"自我"的表现。认为个人是宇宙和人生的中心，离开"自我"，宇宙人生便无意义。存在主义强调个人、个人的价值，个人的绝对自由。但在萨特看来，真正的自由、个人的自由是相对的，萨特将存在主义带进了文学，其种种矛盾和复杂性，在他的文学作品中得到充分的表现。比如其1938年出版的成名作《厌恶》（又译《恶心》）就是存在主义的著名小说。

《厌恶》是日记体小说，全书以主人公罗康丹的日记展开叙述。小说认为对于对象，人和他本人是一种"恶心"，一种强烈的恐惧："存在突然被揭去面纱……我们处于非常为难的境地，处于十分不舒服的境地，我们没有一点理由在那儿，不论是这些人，还是那些人……我们能够和这些树，这些栅栏，这些小石子建立起来的关系是我们唯一的关系，而我……我自己也是多余的。"萨特在利用罗康丹日记，喋喋不休地宣传自己的存在主义哲学。

加缪毫不客气地批评《厌恶》："它不像小说，倒更像一席滔滔不绝的独白。"

罗康丹是一位法国的中年知识分子，居无定所，收入不菲，闲适而无聊，便到世界包括中国各地旅游，爱女人却无相伴的恋人。这样生活了六年，他最后在小城贝维尔落脚，准备写一篇关于18世纪一位侯爵的文章。他常到图书馆，在那里与一自学者相识。每到夜晚，他便去铁路二人餐厅去打发时光，总爱听一张唱片，并同餐厅老板娘厮混，各自得到肉体的满足。时光一天天消逝，罗康丹对生活感到厌倦，他在日记中写道："存在是不必要的，存在就是在那儿，这是显而易见的。存在的东西出现着、彼此相逐相逢，但人们永远不解释它们……这公园、这城市以及我本身，一切都在你面前浮动起来，于是你就想呕吐，这就是厌恶。"个体的存在与外部世界之间，有一条鸿沟，整个世界都充满荒谬，令人厌恶。不过，有时他又对这个世界充满希望和期待，比如他原来的女友安妮要来会见他。安妮曾是一位年轻漂亮的演员，与罗康丹有过一段美好的时光，她曾动情地对罗康丹说："我曾强烈地爱过你。"然而，当他重新看到安妮时，她已是肥胖慵懒的女人，彼此已无旧情重叙，双方为一种虚无感所困，并发现无人可以拯救他们，于是罗康丹再次选择离开这座小城。临行前，他最后一次光顾那个经常消磨时光的餐厅，最后一次静静地欣赏那张老唱片，歌声接近尾声时，他隐约有了一种希望，很渺茫的希望。

也有的资料认为，萨特自传性小说《文字生涯》（1963）赢得了瑞典文学院的青睐。该书叙述了萨特儿时在外祖父家的生活。小说将大量笔墨用于其内心独白上，通过一些片段、一些见闻或某些情绪，来表达作家自己的内心活动，同时，力求将那代人的命运解释清楚。最后，还对自己坚持的存在主义信仰，进行了某些反思，语言严肃而认真，诙谐而俏皮。但相较而言，《厌恶》是一部更典型的存在主义文学标本。瑞典文学院认为："因为他那思想丰富、充满自由气息和探求真理精神的作品，已对我们时代产生了深远的影响，故将诺贝尔文学奖的荣耀，献给萨特。"

让－保尔·萨特，于1905年6月21日出生在巴黎的一个富裕家庭。其父是一位海军官员，在萨特不满两岁时病逝。萨特随母亲在外祖父家里度过童年。他的外祖父是一位语言学教授，家里藏书甚丰。萨特受到良好教育，在书海中耳濡目染，获得广博知识。他中学时成绩优秀，沉迷于叔本华、尼采哲学。

1924年，萨特考入巴黎高等师范学院攻读，五年后以口试第一名的成绩通过哲学学位考试。会考时，他与名列第二的西蒙娜·德·波伏娃相识，两人成为知己和情人，彼此相爱，却终生未走进婚姻殿堂。他们亲密无间，却一直分居生活，甚至有时分别都有情人。然而，他们感情上相互爱慕，生活和事业上彼此帮助，共同走过五十年的风风雨雨，不离不弃。

1929年，萨特服兵役，成为气象兵，一年半后，退役到勒阿弗尔一所高中任哲学教师。

1933年，他以公费留学柏林法兰西学院进修哲学，师从研究"现象学"学说的哲学家胡塞尔教授，渐渐成为存在主义哲学的成员，次年归国。他陆续发表哲学著作《想象》(1936)、《情感理论的提纲》(1939)、《想象力》(1940)等。1938年发表的《厌恶》，使萨特在小说界横空出世，并为他带来巨大的声誉。1939年，萨特发表中短篇小说集《墙》，又令小说界热闹一时。小说集《墙》共收五篇小说：《墙》《房间》《艾罗斯特拉特》《密友》及《一个工厂的童年》。其中《墙》所讲的故事发生在西班牙战争期间。三个共和党人被佛朗哥法西斯歹徒抓获，经受住了严刑拷打，无人招供另一名同党的藏身处，于是三人被判死刑。其中二人翌日一早被执行枪决。剩下的一个人继续受审，他只是信口胡说同党藏在墓地里。后来他就被释放了，孰料歹徒真的在墓地抓住了他的同党。他知道真相后，仰天长啸，泪流满面。小说自有一种与众不同的格局和气象。

第二次世界大战爆发，萨特应征入伍，仍担任气象兵。其工作就是观测气象，将风向告诉炮连。一次随部队转移，萨特被德军俘获，关押在巴卡拉，后以眼疾为由，声称自己不是士兵。萨特四岁时因角膜炎导致右眼失明，小小年纪便戴上眼镜。德国人相信了，他成功逃离战俘营，回到法国组织"革命民主联盟"抵抗组织。该组织成员属左翼分子，并非共产党员。同时，他还创办了一份名曰"现代"的进步杂志。1943年，他发表《存在与虚无》，两年后发表三部曲长篇小说《自由之路》。前两部是《理智之年》和《延缓》，第三部《心灵之死》则发表于1951年。《自由之路》以第二次世界大战前夕和战争初期为背景，写一位中学哲学教师特拉吕的人生经历，通过其成长过程，宣扬萨特"自由选择"这一存在主义哲学观念。

比起小说固执地宣传自己的存在主义哲学，萨特同样有影响的戏剧创作，则另有风景，表现自己世界观内的矛盾和复杂性。1943年发表的剧本《苍蝇》，是萨特的著名剧本之一。它通过古希腊俄瑞斯忒斯铲除暴君为父复仇的神话故事，阐明存在先于本质的存在主义哲学理念。值得注意的是，该剧无意表现复仇经过，而是表现如何决定复仇，即宣扬存在主义的"自我选择"过程。剧本将古代神话与法国现实及古典艺术与现代哲理相融合，给戏剧带来新局面。

萨特于1944年发表剧本《禁止旁听》，其剧情是，在一个脏乱大楼的客厅，一个侍者领进一男两女，他们将赴地狱受折磨而死。他们各自剥去面具，通过自我招供罪行，以减轻罪过，走向地狱。"地狱，这就是别人，这个别人是不可缓和地阐明我们可耻的秘密的别人……"利用这一哲理，萨特发出了"别人即地狱"的感叹，将存在主义搞得如魔咒。

1947年，萨特又发表剧本《死无葬身之地》，让我们又看到他对现实，对民族和国家命运的深切关注。该剧叙述五个游击队员被德军俘获后，经受住了残酷审讯，坚守机密、视死如归的英雄气概，也揭露了法西斯的残暴本性。该年，萨特创作剧本《可敬的妓女》，表达他对美国种族主义迫害的谴责。

1948年，萨特的《肮脏的手》在剧场上演。该剧写的是1943年，某个被德军占领国家的领导人，得知苏军正向德军反击，法西斯即将溃逃，便去与共产党地下组织负责人贺德尔会晤，双方达成德军逃后一起建立政权的意见。孰料贺德尔遭到同党的指控，上级派雨果来处死贺德尔。后来雨果得知，党正是按贺德尔生前制定的政策除掉贺德尔自己的，这让雨果大吃一惊，但更让他震惊的是，党又要处死他。作品极为深刻地表现了政治上现实主义与理想主义的矛盾冲突。

从20世纪50年代始，萨特对国际上发生的一系列重大事件都有自己的态度，并尽力发声。他谴责美国及联合国对朝鲜发动战争；愤然抨击尼克松派飞机对河内狂轰滥炸，伤及平民；法国入侵阿尔及利亚，他坚决抗议；苏联派兵入侵捷克斯洛伐克，又出兵阿富汗，他严正发表声明，予以鞭笞，声称"当前肮脏的手是苏联"。

1980年4月15日，萨特病逝于巴黎。巴黎有五万多民众为他举行了隆重而盛大的葬礼，祭悼这位象征时代精神的存在主义哲学大师。

他终生的伴侣波伏娃，将萨特生命最后十年的经历写成回忆录《永别的仪式》。

第五十六届（1963年）

乔治·塞菲里斯

获 奖 者：乔治·塞菲里斯（Giorgos Seferis，1900—1971），希腊诗人。
获奖理由：他的卓越的抒情诗，是对希腊文化深刻感受的产物。
获奖作品：《"画眉鸟"号》（诗集）。

2 0世纪60年代，在塞菲里斯获诺贝尔文学奖后，他几乎成为希腊民族文学的象征，被称为希腊现代诗歌之父。他的爱国主义精神及在外交工作上所做出的卓越贡献，也极受国人的崇敬。

《"画眉鸟"号》，是塞菲里斯创于1947年的诗歌。"画眉鸟"是一艘远洋运输船的船名。该船在第二次世界大战中在希腊帕罗斯岛被法西斯德国击沉。1946年，在外交部任职的塞菲里斯，曾到该岛休养，所见所闻，触景生情，追思并不遥远的第二次世界大战，写了一组具有神秘和幻想色彩的《"画眉鸟"号》诗篇。该诗甫一问世，大受欢迎，并获雅典学院考斯特斯·帕勒姆斯诗歌奖。

该诗将回忆与联想巧妙结合，由沉船联想到死亡，联想到法西斯发动战争的罪孽，再联想到非正义之战必败、战后前景光明。诗歌写道：

光线

随着岁月的流逝，

谴责你的审判愈来愈多：

随着岁月的流逝，

同你对话的声音越少。

你以不同的眼光向太阳探索：

你知道那些待在你背后的人在骗你，

肉体的极度兴奋，痛快的跳舞，

最后都归于赤裸。

…………

而那些放弃运动场拿起武器的人，

在打击固执的马拉松赛跑者，

他眼前跑道在血泊中漂流。

世界像月亮般杳无人迹，

胜利的花园枯萎了：

你看见它们在太阳中，在太阳背后。

…………

光线，可爱的黑黝黝的光线，

海中大道上波涛的笑声，

带泪的笑声，

那老迈的恳求者看见你，

当他走过无形的田野——

光线反映在他的血液，

那诞生过厄透克勒斯和波利尼克斯的血液中。

…………

大海所有的女儿，尼尔里德，格拉埃，

忙去迎接那光辉灿烂中升起的女神：

凡是从没恋爱过的人都将恋爱，在光中，

而你发现你自己，

在一幢开着许多窗户的宏大屋子里，

从一个房间跑到另一房间，

不知首先从哪里向外窥探。

因为那些松树会消失，

那些反映中的山岳和啁啾的小鸟也会消失。

而大海会枯涸，像破碎的玻璃，从北到南，

你的眼睛会丧失白天的阳光——

突然，蝉也一起停止鸣唱。

这首名为"光线"的诗，颇受评论家赞誉。该诗以光线巧妙将隐喻和幻想结合，歌咏了光明与正义，诅咒了黑暗与邪恶。作为《"画眉鸟"号》中的一篇，不失其对人生理解及对民族历史的评价主题灵魂，显示了诗人高度概括希腊人民命运的艺术才华，以及对人类普遍的理解与同情。《"画眉鸟"号》精练的抒情风格，为希腊诗歌生命注入了一股清新的气息。他的诗歌"是对希腊文化深刻感受的产物"，充满对现代希腊民族悲剧的深刻感情，他因此被视为希腊最杰出的诗人。

乔治·塞菲里斯，于1900年2月29日降生在土耳其西临爱琴海的土麦纳（今伊兹密尔）。另一种说法是，塞菲里斯出生于小亚细亚的斯弥尔纳城。

在风光旖旎的爱琴海滨及历史悠久的古城度过童年，对大自然与丰厚历史的耳濡目染，使塞菲里斯有了诗人的心灵和眼睛，他十二三岁便开始吟诗作文。

1914年，第一次世界大战爆发，民族矛盾恶化，塞菲里斯一家从土耳其归国，迁到雅典。父亲在雅典大学执教，塞菲里斯在中学求学。1918年至1924年，他考入法国巴黎大学，修法律和文学，获法学学位。这段岁月，塞菲里斯广泛接触西欧文学和诗歌运动，结识了许多象征主义诗人，受他们影响，其诗作有明显的象征主义色彩。

回到希腊后，诗人通过了外交人员的招募考试，然后于1924年至1925年被派往伦敦进修英语，成为希腊外交部正式工作人员，开始其长达三十七年的职业外交官生涯。

1931 年，塞菲里斯将早期写的诗歌结集《转折点》出版。该诗集包括《转折点》《忧伤的少女》和《爱恋的言语》等篇，颇有荷马史诗的神韵，引起希腊文坛的热烈反响。《转折点》一诗云：

> 时机，由一只我所珍爱的手
> 送过来的时机，
> 你恰好在傍晚到达我这里，
> 像只鸽子扑着黑色的羽翼。

塞菲里斯的诗，还有马拉美"纯诗"的痕迹，又略带瓦莱里的气息，但诗人运用了丰富的隐喻并辅之朴素明丽的语言及简洁凝重的艺术手段，为希腊的诗歌带来一股新的活力。

1932 年在任希腊驻伦敦领馆工作期间，诗人又出版诗集《水池》，无论是深情的回忆，还是对未来美好的憧憬，都澎湃着痛苦和欢欣的真实情感。

1934 年，塞菲里斯自伦敦归国，次年出版由二十四首无题诗组成的诗集《历史的神话》。该诗取材希腊神话传说，颇有"咏史"的味道。其将神话、历史、现实、人生等有机地融为一个整体，或以古喻今，或直抒胸臆，或指点世事，或阐发哲理，是西方现代诗歌中现实与历史相互交融的成功尝试，标志着诗人的诗歌创作日臻成熟，独步于诗坛。

1936 年至 1938 年，诗人出任驻阿尔巴尼亚科尔察领事，兼任希腊新闻与情报部新闻专员。

1941 年，四十一岁的塞菲里斯与玛丽·赞诺结婚。很快，德国纳粹占领希腊，诗人偕妻随希腊政府流亡到埃及、南非、意大利。毁灭、动乱、离乡背井，怀念祖国、故乡，成为漂泊者诗人诗歌的主旋律，流露出爱国诗人深沉的感叹。其主要诗集有《航海日记1》《航海日记2》《阿西恩之王》等。

1946 年至 1956 年，塞菲里斯又相继出版给他带来极大荣誉的诗集《"画眉鸟"

号》和《航海日记3》。

塞菲里斯自登上希腊诗坛，独领风骚三十载。其诗关注世界前途、命运，并以深邃的历史眼光讽喻现实，在民族命运的背景中抒写爱国情怀，并在诗歌艺术上不断求变求新，孜孜不倦地探索追求，终于自成一格，独立于西方诗坛。

诗人塞菲里斯还在评论和翻译方面，极具造诣。他把英国诗人艾特略、美国诗人庞德的诗，翻译成希腊文。

1971年9月20日，诗人塞菲里斯正当声名远播、极享殊荣之时，病逝于雅典寓所。与他的诗所咏"突然，蝉也一起停止鸣唱"相反，1974年，他生前所著的传记散文《一个诗人的日记》出版，仍向世人诉说他的人生。

第五十五届（1962年）

约翰·斯坦贝克

获 奖 者：约翰·斯坦贝克（John Steinbeck，1902—1968），美国作家。

获奖理由：通过现实主义的、寓于想象的创作，表现出富于同情的幽默和对社会的敏感观察。

获奖作品：《愤怒的葡萄》（小说）。

20世纪30年代，随着"写实派"作家亚当斯、海明威、欧茨、斯坦贝克等人的涌现，美国文学空前繁荣。与此相悖的是，美国这一时期的经济遭到严重的危机。这正应了中国"国家不幸诗人幸"那句老话。创作于1940年的《愤怒的葡萄》，正是以这次经济大萧条时期为背景，出现了俄克拉何马州大批破产农民向加利福尼亚州逃荒的悲剧历程。

肆虐的干旱风暴，使俄克拉何马州大片土地荒芜，粮食减产甚至绝收，让农民生活痛苦不堪，加上农场主、银行家逼迫收粮纳税，他们被迫逃离家园，出现数十万难民沿六十六号公路，浩浩荡荡向西部的加利福尼亚迁徙的壮阔景观。到加州后，他们被称为"澳基族"，备受欺凌侮辱，苦不堪言。这让对此地充满希望与憧憬的难民大失所望，贫困、饥馑、疾病、虐待折磨着他们的肉体和心灵。

他们定居在失业者收容区里，保安官欺善怕恶，经常找他们的麻烦。这时，迁徙大军里的年轻修道士凯西，站出来与之对抗，成为难民的领袖，后被一自卫队员杀害。因酗酒闹事，被关监狱假释的青年乔特，流浪回来，见好友凯西被杀，遂将凶手杀死，准备再度逃亡，行前他告诉母亲，他要继承凯西热心助人的遗志，为大家争取生活的权利。他说：

> 到处都有我的存在——你在任何地方都能看到我。凡是有饥饿的人们为了吃饭而进行斗争的地方，就有我在场。凡有警察打人的地方，就有我在场……当人们愤怒地叫喊的时候，这叫声里就有我；当饿着肚子的孩子们高兴地有丰盛晚餐吃的时候，当我们老百姓能吃到自己种的粮食，住进自己造的房子的时候——都会有我在场。

《愤怒的葡萄》书名取自茱丽亚·玛德芭的诗《共和国战役之讴歌》中的一句，"人类的灵魂里充满了愤怒的葡萄，这些葡萄将会结成一串串成熟的果实"。小说未能写出乔特反抗道路的结果，但已显示出美好生活的曙光。小说的结构类似《圣经·旧约》中的《出埃及记》，乔特们被视为现代的"寻找迦南地的以色列人"。

小说一直呈现严肃、悲剧性氛围，移民生活的艰辛窘境，乔特的严肃人生，以及存在于众生中的饥饿"所引起的抗争主题，都是严肃的故事"。作者视乔特一家人为"小宇宙"，借这"小宇宙"的苦难之旅，呈现人类生活的现实图景。诚如斯坦贝克在《以后的战争》中所说：

> 我（巴顿）希望能透视问题的全貌。我要在非常接近之中了解事物的整体，我不愿意自己的视野受到限制，无法分清善。

这种现实主义精神，使小说毫无先入为主的观点与偏见的态度，让读者了解现实世界的所有现象。其重点放在人、人性和人的成功与失败上。

该小说，1940 年获普利策奖，1962 年再获诺贝尔文学奖。瑞典文学院的评价是："通过现实主义的、寓于想象的创作，表现出富于同情的幽默和对社会的敏感观察。"

约翰·斯坦贝克，于 1902 年 2 月 27 日生于加利福尼亚州的蒙特雷县塞利纳斯镇。父亲是德裔移民，拥有一家面粉厂，同时负责地方上的税收，母亲是美丽的爱尔兰人，在小学教书。斯坦贝克在大自然的环境下长大，阅读了大量文学作品，具有敏锐的感受力。

1919 年，他高中毕业，次年进入斯坦福大学攻读文学系，后出于经济原因，他常辍学到牧场、筑路队做小工，直到 1925 年方读完大学。他常在大学的校刊上发表短篇小说、诗歌、评论。

大学毕业后的十年里，他曾做记者、工人谋生。1926 年，他回到加州，靠当工人、木工学徒、油漆匠、修路工、看守员等维持生计，接触大量底层劳动者，了解他们的生活和思想感情，为他日后的文学创作积累了丰富的生活素材。

1929 年，斯坦贝克的第一部长篇小说《金杯》出版。该作讲述了著名海盗变成总督的故事，颇具浪漫主义色彩。1930 年，他与卡罗尔·赫明结成夫妻，不久双双迁居纽约。过了两年，他的描写加州农民生活图景的短篇小说集《天堂牧场》出版。接着，他又出版了歌颂一个为解救旱灾而献身的教徒的长篇小说《献给一位未知的神》(1933)。斯坦贝克走上了文坛，一开始并未引起注意，生活依旧清贫拮据，在纽约《美国人》当记者，养家糊口。

终于在 1935 年，斯坦贝克发表小说《煎饼坪》，受到社会和文坛的普遍欢迎，获得加利福尼亚州俱乐部金牌奖，他才从窘困境遇中解脱出来。

《煎饼坪》讲的是一群流浪于社会的珀萨诺斯人（西班牙、印第安人和白人的混血儿）的生活和友谊故事。小说塑造了一群生动感人的艺术形象，如主人公坦尼玩世不恭却保留着质朴善良的天性，歌颂人类纯真的本质。作者是怀着深厚的情感，以幽默的笔触刻画这些社会底层小人物的。该作是现实主义取得的艺术成果。

1936 年至 1937 年，已成为职业作家的斯坦贝克又创作了长篇小说《未定的战局》和中篇小说《人与鼠》。前者表现加州果园和棉花种植园展开的艰苦罢工斗争，后者描写流浪农业工人生存状态。《人与鼠》于 1938 年改编成戏剧和拍成电影，获该年"纽约戏剧评论奖"。

前面提到的斯坦贝克的成名作《愤怒的葡萄》，是作者据自身经历和切身体验而创作的。他1937年赴英国、瑞典等国游历，回到美国，即加入俄克拉何马州农业工人向西迁徙的大军，与他们一起艰苦地到达加利福尼亚。作者多年对美国经济的透彻研究，都化为《愤怒的葡萄》里丰富的社会图景和活生生的人物形象，让该书成为史诗式的现实主义佳作。

第二次世界大战爆发，斯坦贝克以纽约《先驱论坛报》驻欧记者身份，在欧洲反法西斯战场采访，撰写相关通讯报道。在此期间，他还创作了关于第二次世界大战题材的中篇小说《月亮下去了》（1942）和《一个轰炸机分队的故事》。前者讲述北欧挪威一个小镇在法西斯占领下的反抗斗争，后改编成电影上映，因小说中表现侵略者人性未泯，而颇受争议。其实作者表现复杂人性，何错之有？后者讲空军战斗的故事。此外，他还出版了《俄国人的日记》《仅有的战争》等作品。

第二次世界大战结束，斯坦贝克出版长篇《罐头工厂街》（1945）和中篇《珍珠》（1947）、《倔强的公共汽车》（1947）、《炽热的光辉》（1950）等作品。《珍珠》值得一提，小说叙述了一个墨西哥渔民得到一颗罕见的大珍珠，家庭反遭厄运的故事，其寓意深长。

1947年，斯坦贝克访苏，回国后生活变故甚多，先与原配赫明离婚，又与格温姆·康格结婚，六年后再与之离婚，次年与艾利娜·斯各特结婚。

到了二十世纪五六十年代，斯坦贝克先后又出版了长篇小说《伊甸园东方》（1952）、《烦恼的冬天》（1961）及旅行札记《探索中的美国》（1962）等作品，大多平庸，大有江河日下，江郎才尽之态。

1968年12月20日，斯坦贝克因心脏病在纽约逝世，享年六十六岁。因其作品描写的人物大多是基层的社会大众，面对困境表现出来的是人性的善良以及为生存而奋斗的勇气，为美国人民所深爱。

第五十四届（1961 年）

伊沃·安德里奇

获 奖 者：伊沃·安德里奇（Ivo Andrić，1892—1975），南斯拉夫小说家。

获奖理由：以史诗般的气魄，从他祖国的历史中摄取题材，来描绘这个国家和人民的命运。

获奖作品：《德里纳河上的桥》（长篇小说"波斯尼亚三部曲"之一）。

第一次世界大战的导火线，是南斯拉夫地下抵抗运动组织"青年波斯尼亚"于 1914 年 6 月在萨拉热窝刺杀前来访问的奥匈帝国皇太子斐迪南大公。年轻的伊沃·安德里奇就是"青年波斯尼亚"中的一员。

1945 年，第二次世界大战结束，南斯拉夫光复，安德里奇出版了他取材于波斯尼亚历史的"波斯尼亚三部曲"，即《德里纳河上的桥》《特拉夫尼克纪事》和《萨拉热窝女人》。这三部巨著，是在法西斯侵占南斯拉夫，安德里奇被德军软禁在家，行动失去自由的四年里，潜心创作出来的。

《德里纳河上的桥》是三部曲中最具"史诗的气魄"的一部。小说叙述了波斯尼亚几个世纪的历史风貌。16 世纪，奥斯曼帝国的宰相穆罕默德·苏格利原本是波斯尼亚人，孩提时作为"血贡"送到土耳其禁卫军中去，在那里被培养成穆斯林，因屡建军功被擢升海军大将和宰相，更有幸成为皇室驸马，成为土耳其的忠实走狗。他回去执掌大权后，为巩固帝国的霸业，向外扩张疆土，于是下令在德里纳河上修造一座大桥。当然建桥也还有苏格利怀乡的原因。修桥之举，受到已归顺奥斯曼帝国的波斯尼亚贵族的极力拥护。但与这些因投降而成为帝国官僚的波斯尼亚贵族相反，广大信奉基督教，被土耳其人称为"赖雅"（牲畜）的贱民，却坚决反对筑桥。他们组织起来，不断破坏筑桥工程，遭到残酷镇压。"赖雅"仍在农民领袖拉底斯拉夫带领下，不屈不挠地坚持斗争。伴着几个世纪的风风雨雨，桥上不断悬挂"赖雅"的头颅。大桥见证了风雨如磐的历史。终于，奥斯曼帝国被推翻，但奥匈帝国的铁蹄接踵而来，波斯尼亚再度陷入贫困深渊。历史总是前进的，波斯尼亚民族独立浪潮一浪高过一浪，年轻人关心国家的前途和民族命运。1914年，第一次世界大战爆发，在"轰"的一声惊天动地的巨响见证下，历史如同沧桑老人的大桥被炸毁了，多个世纪被人占领的波斯尼亚获得新生。

小说通过这座桥作为历史见证者，讲述了一个国家四百五十年的历史沧桑、血泪故事，勾勒出一系列重大历史事件和一幅幅充满烟火气的生活图景，并成功地塑造了不少不同时代性格各异的"这一个"人物形象。比如农民领袖拉底斯拉夫，在桥头受桩刑的那场戏，表现出他视死如归的凛然豪气："他已超凡入圣，割断尘缘，本身自成体系，不受人间任何羁绊，无忧无虑，谁也不再能把他怎样，刀枪，谗言恶语，乃至土耳其人的淫威都对他无可奈何了。"又如小说中，深谋远虑的犹太女人罗蒂卡，用她那风骚曼妙的身姿，将到"大桥酒家"买醉的男人迷倒，让他们把大把的不义金钱扔在酒家，在股票狂跌，自己几乎破产的恶劣环境下，还体贴入微地关心穷困者。她好好地居家过日子，常常乐善好施，救济乞丐、病人，劝诫懒惰挥霍者，勤劳致富。风骚之气与豪迈之气融于罗蒂卡一身，复杂的、丰富的、独特的"这一个"活生生地矗立在作品中，光彩夺目。有了文学的细节，历史也就有了温度和真实。

1956年，安德里奇曾到中国进行访问，参加了鲁迅逝世二十周年纪念大会，又前往绍兴参观纪念馆，写下《鲁迅故居访问记》一文。

安德里奇，于1892年10月10日出生在南斯拉夫波斯尼亚中部的特拉夫尼克。父亲是穷苦农民。他两岁时，父亲去世，母亲带他投奔姑母，并一直将他养大成人，他少年时就读于维舍格勒小学。当时，波斯尼亚在奥匈帝国统治之下，安德里奇从小便感受到异族奴役下的痛苦滋味，并滋生强烈的反抗意识，这对他后来的人生之路有重要影响。

好在安德里奇居住的地方，有座十一孔石桥，架在德里纳河上。那是他童年最有趣的地方，关于该桥的古老传说和种种故事，打开了他的想象之门，为他后来的文学创作播下了种子。他那获诺贝尔文学奖的长篇小说《德里纳河上的桥》，是从小就酝酿的。十三岁时，他从家乡小学毕业后，到萨拉热窝读中学。

20世纪初的波斯尼亚，正激荡着一股强烈的反抗奥匈帝国统治的革命情绪。一群爱国青年成立了地下抵抗组织"青年波斯尼亚"。安德里奇参加了这一组织，投身反抗侵略者的活动。第一次世界大战爆发，受刺杀奥国王储斐迪南大公的"青年波斯尼亚"年轻革命家普林西普的牵连，他也被捕入狱。在狱中，他大量阅读英、法、德、俄等国的文学经典，为他后来的文学创作打下坚实基础。

1917年，奥匈帝国崩溃，安德里奇获释，次年他与友人创办《南方文学》杂志，同时出版诗集《越过浮桥》（1918）和《动乱》（1919）。早期的诗歌，以浓郁的抒情风格表达诗人对处于奥匈帝国统治下的波斯尼亚人民命运的悲悯，诗歌充满了爱国主义情怀。

1920年，安德里奇进奥地利格拉茨大学深造，专修法律，三年后获法学博士学位，归国后，进南斯拉夫外交部工作。他先后以领事或大使身份驻意大利、罗马尼亚、西班牙、瑞士和德国等国，从事外交活动。这期间，安德里奇在工作之余，写了大量短篇小说，大多写16世纪土耳其人统治下的波斯尼亚社会生活和人民的反抗斗争的故事，后编成《故事集之一》（1924）、《故事集之二》（1931）和《故事集之三》（1936）出版。

1935年至1939年，安德里奇曾任《塞尔维亚文学通报》编委。

1941年，德国法西斯军队进攻巴尔干半岛时，任南斯拉夫驻德大使的安德里奇，在群魔乱舞、云谲波诡的法西斯老巢柏林，老练而机智地执行艰巨而复杂的外交任务。直到希特勒军队准备向贝尔格莱德进攻前几个小时，他才撤出柏林回国。

1945年，安德里奇出版了一本短篇小说集《波斯尼亚的故事》，内容涉及波斯尼亚历史、社会、反抗外族侵略，以及自己家乡的社会生活、风土人情，虽有宿命论哲学的消极成分，但小说对社会生活客观清醒的反映及寄予人民群众的同情，都是通过塑造各种人物形象完成的，特别在对人物心理的刻画方面颇具功力。这一年，安德里奇完成了"波斯尼亚三部曲"，《德里纳河上的桥》已经介绍了，第二部《特拉夫尼克纪事》，写的是拿破仑时代，作者的故乡波斯尼亚特拉夫尼克城中，法国与奥地利之间的冲突，反映欧洲三大强国、四种宗教间的复杂斗争。第三部《萨拉热窝女人》则描述第一次世界大战期间，来自萨拉热窝的女人拉伊卡·拉达科维奇，受到不公正待遇的一生。"波斯尼亚三部曲"是安德里奇赢得世界文坛声誉的扛鼎之作。

第二次世界大战后，安德里奇致力于社会活动，长期担任该国国会议员和作家协会主席职务，多次获得政府颁发的勋章和荣誉称号，同时兼任该国科学院、艺术院院士，可谓名满天下。在繁忙的公务之余，安德里奇笔耕不辍，有大量作品问世：《新故事集》（1948）、《宰相的象》（1948）、《泽科》（1950）、《在枥树下》（1952）、《魔鬼的院子》（1954）等。

1958 年，一直独身，已六十六岁的安德里奇，与服装设计师曼莱克·贝勃奇结婚。

1975 年 3 月 13 日，安德里奇逝世于贝尔格莱德。国家为他建立多个纪念馆，并以安德里奇之名设立文学奖金。

第五十三届（1960年）

圣-琼·佩斯

获 奖 者：圣-琼·佩斯（Saint-John Perse，1887—1975），法国诗人。
获奖理由：由于他高超的飞越与丰盈的想象，表达了一种关于目前这个时代之富于意象的沉思。
获奖作品：《阿纳巴斯》（长诗）。

1921年，三月春风如剪刀。北京西山一座古老苍凉的道观里，苦行僧般住了十个月的法国驻华大使馆一等秘书佩斯，完成了长诗《阿纳巴斯》，然后调往美国华盛顿，担任当时去美参加裁军会议的法国外交部长的亚洲事务顾问。

长诗《阿纳巴斯》，是一首史诗性的讴歌古代英雄阿纳巴斯的抒情叙事诗，出版于1924年，全诗除序曲和终曲外，共分十章，着重记述了诗人放马远征、艰苦跋涉，征服浩瀚大漠，穿越茫茫草原，探寻古往今来贯通东西方的丝绸之路。因此，《阿纳巴斯》又是一部以游记为题材的文化史诗。

诗人从大海之滨策马深入内陆，不仅是为了游览"辽阔的、无记忆的牧草之乡"，也不仅是为了赞美"天空一望无垠／地上不见任何驼鞍／这是塞特之地／这是扫罗之地／这是秦始皇之地"的异国风光，诗里有一种不断开拓进取的豪情，有一种与敌人、与天地斗争、不畏牺牲的精神，讴歌了人类无穷无尽的创造力。正如诗的尾声：

我的骏马在落满斑鸠的树前止步，

我打着清脆的口哨，

江河所坚持的允诺只是让你到彼岸去，

早晨那生机勃勃的叶子，

便是勋章的形象。

不是斯人多愁善感，带着审慎和恭谨，

在同一棵将下颌倚在启明星上的参天古树进行着精神交流。

他觊觎地看到那星空的深处，

有无数巨大纯粹的事物在快活地翻腾……

我的骏马在发出布谷之声的树前止步，

我打着如此清脆的口哨……

和平属于那些假如他们死却了就不会看到今天的人。

但人民得到了我的诗人兄弟的消息，

依然写下那十分温柔的诗章，

有的人对此已经似曾相识……

  佩斯在北京道观里完成了这部长诗，不难看出他对中国传统文化的了解和着意汲取的明显痕迹。此诗效仿了中国古代哲学体系特别是老庄哲学体系，即天、地、人三位一体，又各自独立。这使其长诗仰观宇宙，俯视人间，天人合一，构成有世俗气的宇宙图景。他的诗中不仅提到"驼鞍"和"秦始皇"这些已化为历史烟云的物与人，重要的是，他的诗章里弥漫着中国"道"的神秘气息，使他的诗驰骋于天宇，和心灵之间相互碰撞，让西方、东方相互交融。

  为了写这首长诗，佩斯曾实地游历和考察过内蒙古大漠孤烟的大戈壁，水草丰美的呼伦贝尔大草原，在这实游和神游间认知了客观世界和自我探索的理想空间，更开阔了哲学和思考的空间，也是在这"绿色天国"找到了灵魂和栖息地。

《阿纳巴斯》一经问世，即令世界文坛轰动，特别是于 1930 年，由英国籍的美国诗人即 1948 年第四十一届诺贝尔文学奖得主托马斯·斯特恩斯·艾略特译成英语后，佩斯的大名立刻远播世界。又因他的诗"高超的飞越与丰盈的想象，表达了一种关于目前这个时代之富于意象的沉思"，佩斯荣膺本届诺贝尔文学奖。瑞典文学院此论，有所疏漏，没有中国老庄哲学浸润，佩斯的诗还能如此意蕴丰盈、气象博大深邃吗？

圣－琼·佩斯是 20 世纪的外交家兼象征主义诗人。原名阿历克西·圣－雷瑞·雷瑞。他于 1911 年在法国出版处女诗集《颂扬集》时，冠以圣－琼·佩斯笔名。

佩斯，于 1887 年 5 月 31 日出生在加勒比海西印度群岛的法属瓜德罗普岛。该岛于 1946 年成为法国的一个海外省。佩斯的父亲在此拥有一座种植园，他又兼任律师，家境富裕。佩斯在庄园里度过童年，奶妈是位当地的印度妇人，东方文化浸漫在他记忆里。

1899 年，瓜德罗普岛发生地震，十三岁的佩斯随父母回到法国，先到比利牛斯省首府波城学习，1904 年考入港口城市波尔多大学攻读法律。次年，佩斯服兵役中断学业，两年后父亲过世，又停学一年，至 1913 年才在波尔多大学法律系获法学学位，时年二十六岁。后他投考正在招募外交人员的法国外交部，幸有诗人兼外交家克劳代尔的推荐，1911 年出版诗集《颂扬集》的佩斯，于 1914 年 5 月成为职业外交官。

1916 年，佩斯被外交部派往中国，先到上海，后以法国大使馆一等秘书驻北京东交民巷。在京期间，他热衷于中国古代文化，阅读诸子百家，热衷于老庄。他对京城的风物名胜也流连忘返。他的著名长诗《阿纳巴斯》，就是在这浓郁的东方文化氛围中创作的。那里流荡着东方文化特别是中国文化的神韵。

1921 年，佩斯调离北京，到美国任当时在华盛顿参加裁军会议的法国外交部长的亚洲事务顾问。次年，佩斯回法，担任政治家勃朗特的私人秘书。1925 年至 1932 年，他任总理外交办公室秘书，后任外交部秘书长。

第二次世界大战爆发后，佩斯因强烈反对法国政府与纳粹德国妥协，并谴责《慕尼黑协定》而被开除公职，剥夺公民权，于是结束外交生涯，先赴英国避难，后流亡美国。经美国图书馆学专家麦克留斯介绍，他得以担任国会图书馆法文顾问。第二次世界大战期间，佩斯积极参加反法西斯战争，曾任美国总统罗斯福的战时政治顾问。1942年，佩斯出版诗集《流亡集》（分《雨》《雪》两部分），通过将大自然的现象比拟人类遭遇的各种灾难，深沉、苍凉地评说人类历史的痛苦境遇。第二次世界大战结束后，佩斯在美进行哲学、历史学、地质学、考古学等方面的阅读研究，同时从事文学创作。

1957年，佩斯返回阔别十七年的祖国法国。翌年，七十一岁的他与美籍女士杜拉斯·罗素走进婚姻殿堂，定居在南部的吉安半岛。1957年，他出版的诗集《海标》，由《祈求》《唱段》《合唱》和《献辞》四部分组成。此后，他又出版《纪事诗》（1960）、《群岛》（1962）、《告慰但丁》（1966）、《已故情人所吟唱的》（1969）和《二分点之歌》等诗集。1965年，他的评论集《圣-琼·佩斯的荣誉》出版。

1975年，佩斯的诗集汇编《作品集》出版。《作品集》证明佩斯是"诗人的诗人"。他的诗堪与19世纪后期象征主义大师兰坡相媲美、相比肩。佩斯的诗集可称为法国民族精神的化身，表现出艺术家的良知，显示出一种对人类命运的关切和对现存社会发展的忧患意识。佩斯的理智而又激昂，对生活中悲剧的认识和作为诗人对社会发展的关注，堪为当代诗人的一面镜子。是年9月20日，诗人佩斯在吉尼斯病逝。

第五十二届（1959 年）

萨瓦多尔·夸西莫多

获 奖 者: 萨瓦多尔·夸西莫多（Salvatore Quasimodo，1901—1968），
意大利诗人。

获奖理由: 以古典的火焰表达了我们这个时代中生命的悲剧性体验。

获奖作品:《水与土》（诗集）、《瞬间是夜晚》（诗集）。

现代派文学是西方文学继文艺复兴、古典主义、启蒙运动、浪漫主义、批判
现实主义之后兴起的第六个浪潮，有其文学的内在规律和独有的社会心
理。有一度，中国的批评家为意识形态所囿，对其缺乏认真研究，没有批评地借
鉴，没有处理好扬弃关系，采取全盘否定的态度。

二十世纪二三十年代，意大利就出现了现代派诗歌流派，主张诗人应该从纯
艺术的主场出发，抒发心灵中瞬间的感受和精神世界的内在情绪，抑或说，诗人
应对内心世界、直觉和无意识领域进行开掘，着力表现精神活动，以安抚人心，
激发情操。在这一潮流的影响下，意大利出现了不少现代派诗人，如蒙塔莱（1975
年诺奖得主）、翁加雷蒂、萨巴、卢齐等，夸西莫多是 20 世纪 30 年代这一流派
最具代表性的诗人。欣赏一下他的诗作《空间》:

> 相同的光把我送进
>
> 黑暗的中心，

我想逃但徒劳无用，

有时一个小孩儿在那歌唱。

那不是我的歌声：空间很小，

死去的天使在微笑。

我被粉碎，那是对大地的爱，

这爱深沉，尽管它能使水

星和光的深渊发出响声；

尽管它在等待，等待空空的天堂，

等待它的心灵和岩石的上苍。

　　诗人夸西莫多的诗篇中，多是灵魂的撞击，那里有他的理想和情操，有他命运多舛的叹惋，有对光怪陆离的人生世相的悲悯，有他对祖国和大自然的深沉的眷恋。

　　他写于1930年的第一本诗集《水与土》，以清新的格调、丰富的情愫和象征的语言，构成一种神秘的意象、朦胧的色彩，激荡和撞击着读者的心灵。

　　《瞬间是夜晚》与《水与土》一样，轰动意大利诗坛。"每个人孤立在大地以上／被一线阳光刺穿／转瞬即是夜晚"，象征人生的幼年、中年、晚年，更象征人生三部曲，诞生、腾跃、陨落，诗人赋予难以言说的时光流逝，人生短暂命运无常的丰富哲学内涵。

　　第二次世界大战爆发后，夸西莫多积极参加反法西斯的抵抗运动，诗歌由奥秘转向现实斗争，从晦涩封闭，转向平易开放。《大地》便是代表作：

夜，

谧静的睛影下，

万物在你的摇篮里

安息。

驾乘轻柔的晓风，
我在你的怀抱中
翱翔。

迎着幽微的和风，
大地吮吸着你的
芬芳。

天地刚出现熹微的晨光，
亲人们走向海滩，
肩背鱼篓，
挂起满帆，
唱着凄清的离别之歌。

荒夷的山岗，
吐出嫩草的平原
听任牲畜践踏、吞噬。

啊，大地
你的苦痛
怎不叫我碎了心肠！

这是一首充满爱国主义精神的短诗。诗人以象征、比兴的艺术手法，赞美了
西西里岛美丽如画的风光和广阔丰饶的大地，也表达了对"践踏、吞噬"美好大
地的"牲畜"——意大利法西斯统治者的憎恨。它不仅是一首充满凄婉的故国恋
曲，也是一支鞭笞丑类的鸣镝。

1901年8月20日，萨瓦多尔·夸西莫多出生于意大利西西里岛的蒙迪克镇，其父是一名铁路职员，家境贫寒并居无定所，他随父各地辗转。1916年，他考入巴勒莫技术学校，三年后赴罗马，考入罗马工学院。西西里岛的旖旎风光和文学传统，特别是西西里同乡杰出的意大利作家格弗尼·维尔加的文学乳汁，培育了夸西莫多的文学梦想。早在孩童时代，他就尝试写诗。

他的文学之路如此顺畅，与他青少年时代如饥似渴地大量阅读意大利古典文学作品有关。从古罗马诗歌，到文艺复兴先驱但丁《神曲》及小说家薄迦丘《十日谈》和雨果作品，他都广泛涉猎。被称为"伟大的佛罗伦萨诗人"的夸西莫多，于1921年从罗马工学院土木工程系转学希腊、古罗马文学，后因为稻粱谋，不得不半路辍学。当时意大利已由墨索里尼建立法西斯政权，经济凋敝，社会黑暗，战争的阴云密布，夸西莫多为求职谋生，不得不四处奔波，先后干过绘图员、销售员、测会员，最后以非正式工程师身份在一个建筑公司谋得一职，聊以糊口。在动荡的社会中，他开始学着创作诗歌，文学成了他的精神绿洲。1928年，夸西莫多开始发表诗作，次年又与文学家蒙塔莱相识，开始为《索拉里亚》期刊撰稿，发表诗作。

1930年，其诗集《水与土》出版，以情感丰富、格调清雅、色彩朦胧的艺术特色，在诗坛崭露头角。接着他又出版《消失的笛音》（1932），获意大利文学奖，同年又出版《桉树油的芳香》（1933）等诗集。很快，夸西莫多便雄踞诗坛，成为抒情诗派的领军人物。1935年，他辞去工程师职位，到《时代》杂志当编辑，后又应聘为米兰音乐学院意大利文学教授。

自20世纪30年代后，夸西莫多的诗风开始与当时的文学潮流同步。《阿波罗与厄拉脱》（1936）便是证明。

第二次世界大战爆发后，受反法西斯运动的熏陶和激励，夸西莫多遵循"诗歌创作内容的来源在于生活"，"诗也和每一个生活中的人一样，它的一切包含在整个社会结构中"的宗旨，创作的诗篇歌吟的是人民反法西斯主义的正义之声和对法西斯给人类带来灾难的声讨，与时代的斗争脉搏共震动。《瞬间是夜晚》（1942）、《日复一日》（1946）等诗集，可以证明夸西莫多是站在反法西斯立场，写出的脍炙人口的爱国诗篇，也是对法西斯政权对人类所带来的灾难的哲学思考。

夸西莫多晚年，笔耕不辍，创作了《真假绿色》（1954）、《乐土》（1958）、《生活不是梦》（1959）、《给予和拥有》（1965）、《得失之间及其他》（1967）等诗集，表达诗人不断追求生活的真谛和哲思。

夸西莫多还有诗歌论文集《关于诗，诗人及其他》（1960）等。他还精于翻译，翻译过希腊埃斯库罗斯等人的剧本《希腊悲剧》、莎士比亚的戏剧、莫里哀的《答尔丢夫》及《美国20世纪诗选》，以及智利诗人聂鲁达的诗。

1968年6月14日，在给世人留下"以古典的火焰表达了我们这个时代中生命的悲剧性体验"的伟大诗篇后，夸西莫多在那不勒斯病逝，享年六十七岁。

第五十一届（1958 年）

鲍里斯·帕斯捷尔纳克

获 奖 者: 鲍里斯·列昂尼多维奇·帕斯捷尔纳克（Boris Leonidovich Pasternak, 1890—1960），苏联作家。

获奖理由: 对现代抒情诗歌以及俄罗斯小说伟大传统做出的杰出贡献。

获奖作品:《日瓦戈医生》（小说）。

帕斯捷尔纳克是继伊凡·蒲宁之后，第二位获诺贝尔文学奖的苏联作家。为这一奖项，他苦苦等待了十二年，从 1946 年被第一次提名，经十二年角逐（其间的 1957 年加缪还为其呐喊），最终，这一殊荣降临在他头上。得到消息，他马上给瑞典文学院发去电报：

无限感激、感动、自豪、惊喜、惭愧。

他的祖国无意分享这份荣誉。他在得到获诺奖的消息六天里，苏联作家协会主席费定上门找他严肃谈话，《文学报》发表社论批判《日瓦戈医生》是"对社会主义的诬蔑"，学生走上街头，高喊"将叛徒（犹大）赶出苏联"，党报《真理报》发表"围绕一部文学毒草的反革命叫嚣"的文章，苏联作家协会书记处召开紧急会议，将帕斯捷尔纳克开出苏联作家协会……

他知道，在这个体制下，如果不改变自己的立场，后果严重。在生死攸关的当口，他已被折磨得"神情呆滞，衣服脏乱"。最后，帕斯捷尔纳克又给瑞典文学院发出意味深长的第二封电报：

> 考虑到我所属的社会对你们这个奖项的看法，我必须放弃这一我不配接受的荣誉，这是我自愿的放弃，请不要见怪。

但史称的"诺贝尔奖危机"的历史事件，并没有因帕捷斯尔纳克"自愿放弃"而结束。第二天，《真理报》发表由六位苏联科学院院士联合署名的文章继续批判他。而且由组织上代他写的"悔过书"已交给他，他拒绝签字。接着更具侮辱性的第二份"悔过书"又摆在他面前，权衡利弊，帕捷斯尔纳克不得不签字，然后《真理报》全文发表。为了苟活，他不得不低下他那高贵的头颅，给党的领袖赫鲁晓夫写信表示"热爱祖国之心至死不变"，以求得宽恕。

在最后的日子里，他曾两次向西方报纸表示过满腹牢骚，以示抗争，一次接受英国报纸访谈，一次在美国报纸上发表充满怨气的诗歌。

帕捷斯尔纳克是以长篇小说《日瓦戈医生》摘得诺贝尔文学奖桂冠的。《日瓦戈医生》以十月革命和第二次世界大战为背景，描写一位诚实、正直，思想充满矛盾的俄国旧知识分子所蒙受的苦难经历。

沙皇后期，日瓦戈在莫斯科接受高等教育，成为一名医生，还是多情诗人。在他当实习医生时，遇到一个自杀未遂的寡妇艾玛利亚，她因得知情夫科马罗夫斯基与自己十六岁的女儿拉拉发生肉体关系，愤怒之下自杀。日瓦戈还得知，这个科马罗夫斯基正是陷害自己父亲的凶手。

日瓦戈与寡妇艾玛利亚的女儿冬妮娅相爱，结婚后，育有一子沙夏。第一次世界大战爆发，日瓦戈成为随军军医。一次被炮弹炸昏，醒来发现照顾他的是护士拉拉，她已嫁给革命者帕沙。在疗伤过程中，日瓦戈与拉拉产生情愫。后日瓦戈回到家中。

1917 年，十月革命改变了俄国，日瓦戈因是知识分子被当局敌视。他只好到瓦雷金诺去住，因为那里有妻子冬妮娅祖上留下的一栋房子。路上，他目睹红军在拉拉丈夫帕沙的带领下，正在残酷地屠杀为白军提供粮食的平民百姓。他自己也成了俘虏。

整个俄国陷入白军与红军疯狂的内战中，其间，日瓦戈看到人性最丑陋的一面，对立的双方兵戈残杀，百姓备受蹂躏。日瓦戈自由之后，再次回到拉拉身边。而她的丈夫帕沙被认定是血统不纯正的布尔什维克，已遭通缉。有一天，他找到日瓦戈，得知拉拉深爱的不是自己，而是日瓦戈时，当夜饮弹自尽。

1922年，快四十岁的日瓦戈回到莫斯科，先是妻离子散，后是情人拉拉被秘密逮捕，死于集中营，而日瓦戈自己也在政治被歧视的贫寒交迫中死于街头。

《日瓦戈医生》通过对革命暴力造成知识分子深重苦难的描写，深刻地表现了革命时期错综复杂的社会关系，以及社会为轰轰烈烈的革命所付出的沉重代价。帕斯捷尔纳克获诺奖一个星期内的政治遭遇，便是对当时的政权最直接、最真实的写照，是那段历史的证词。世界评论界称赞这部小说是"当代苏联文学中最优秀、最有价值的作品"，"显示出诗人精神上的洞察能力"。瑞典文学院诺奖颁奖词"对现代抒情诗歌以及俄罗斯小说伟大传统做出的杰出贡献"，有些言不由衷，有些顾左右而言他。他们不想开罪那个庞大的国家。

《日瓦戈医生》最打动人的，是关于日瓦戈的爱情描写。他与妻子、拉拉和同居女工间的感情纠葛，是小说的华彩乐章。与妻子间的是高于爱情的世俗亲情，是高尚的；与女工的爱情，是人性中最原始、最本能，也是最真实的肉体欢欲，是平等的；与拉拉患难中的爱情，是肉体与精神融为一体的真爱，是纯洁的。它们是苦难中盛开的爱情之花，虽不浪漫，却足够灿烂。

鲍里斯·列昂尼多维奇·帕捷斯尔纳克，于1890年2月10日出生在莫斯科。那是一个犹太知识分子家庭。父亲是莫斯科美术学院教授、著名画家，母亲是有德国贵族血统的钢琴家。他家里经常召开艺术沙龙。当时的文化名流，像列宾·托莱斯托、拉纳·玛丽亚·赖克及塞吉·雷切曼诺夫等作家、诗人、音乐家，是他家的常客。受到浓郁的艺术气氛的熏陶，帕斯捷尔纳克在母亲影响下，六岁便练习作曲。到1908年，他却没有报考柴可夫斯基创办的莫斯科音乐学院，而是进入莫斯科大学哲学系。毕业后，他又到德国马尔堡大学深造，师从新康德主义哲学流派代表人物德国哲学家赫尔曼·科恩。

1913年，他同未来派诗人来往密切，在其杂志《抒情诗刊》上发表诗歌，并结识勒布洛夫和马雅可夫斯基。不久，他曾到意大利旅游，在那里出版了他的第一部诗集《孪生的云》（1914）。此后，他又出版诗集《超越障碍》（1916）和《在堡垒之上》（1917）。第一次世界大战爆发后，俄国宣布参战，帕斯捷尔纳克由德返俄，出于身体原因免服兵役，到一家工厂任办事员。1917年11月7日，十月革命爆发，他家受到冲击，父亲被流放，他到人民部图书馆工作，发表《生活啊，我的姐妹》（1922）、《主题与变奏》（1923）等诗集。同时，他创作中篇小说《柳威尔斯的童年》（1922）、《空中路》（1924）及自传体散文《安全证书》等。马雅可夫斯基和伊萨宁自杀后，帕斯捷尔纳克实际上成为苏联未来主义诗人，"先锋派"领军人物。他的诗表现人与自然的一致性，其长诗《崇高的病》还歌颂了列宁。其诗非理性成分太多，充满唯美主义色彩，文字艰涩，句法变幻莫测，隐喻也奇特，高尔基评价他的诗是，"印象和形象之间的联系，过于纤细，几乎难以捉摸"。

后来，苏联官方否定未来主义，其代表人物帕斯捷尔纳克受到首当其冲的批判。对此，他曾努力靠拢官方提出的"社会主义现实主义"创作原则，为苏维埃政权服务。比如，1926年他创作的《施密特中尉》和《一九〇五》两部诗集，是通过主人公在革命战争年代的英勇经历，表现重大历史事件的长篇叙事诗。但是，当帕斯捷尔纳克家庭及本人受到肃反运动的残酷迫害后，他两次怀疑苏联政权的性质，转而到大自然和宗教中寻求精神安慰，这不可避免地遭到高尔基、卢那察尔斯基的批评。

20世纪30年代，斯大林大搞大政治整肃、清洗运动，帕斯捷尔纳克受到关押和审讯。只因他与斯大林同是格鲁吉亚人，又有将格鲁吉亚诗歌翻译成俄语的高超能力，他被优待释放。从此，他开始翻译外国文学作品及格鲁吉亚诗歌。他翻译的莎士比亚、歌德等人的作品，堪为优秀的俄语译本。

第二次世界大战期间，帕斯捷尔纳克出版两本诗集《在早班的列车上》

（1943）和《地球的空间》（1945）。诗集没有表现苏联人民反抗德国法西斯的悲壮战斗，而是个人的、内心的自我感受，对世界，它只是忧愤地呐喊："这个世界——忘记它！"战后不久，他与伊文丝卡娅结婚，在苏联作家协会莫斯科分会供职。1949年，他的《作品选》在英国出版。

帕斯捷尔纳克是从20世纪40年代末开始创作《日瓦戈医生》的，那时，有个三十四岁叫伊文丝卡娅的女性走进他的生活，成为他除妻子之外最亲近的人。在他因获诺贝尔文学奖陷入困境的时候，他甚至向苏联政府提出，我"已经放弃诺贝尔文学奖，让伊文丝卡娅重新工作"。这位才貌双全的女人，原是苏联著名出版社的编辑和翻译，后因他创作《日瓦戈医生》而被捕入狱，服刑五年。入狱前她已怀有与帕斯捷尔纳克的孩子，但孩子在狱中流产了。帕斯捷尔纳克愿自己失去自由和尊严，让他深爱的女人得到工作。结果是，伊文丝卡娅非但没有重新工作，反而又以新的罪名，再判八年徒刑。这些经历，让人想起他的诗《我的忧伤，像个塞尔维亚女子》：

> 我的忧伤，像个塞尔维亚女子，
> 她所讲的是她家乡的语言。
> 那么苦涩，她嘴里所唱的歌词，
> 那张嘴还吻过你丝绸的衣衫。
>
> 而我的眼，像个亡命的无赖汉，
> 一头撞上大地，遭到逼迫。
> 你的身影飘忽游移，像鳗鱼一般，
> 而你的眼睛也随消失隐没。

这首诗，是帕斯捷尔纳克写给伊文丝卡娅的吗，怎么那么充满深情、眷恋？

《日瓦戈医生》写完后，帕斯捷尔纳克曾将稿子寄给《新世界》杂志，遭到退稿。他只好于1957年送到意大利出版。很快小说被译成十八种文字，成为世界最畅销的小说之一。

获诺贝尔文学奖的帕斯捷尔纳克，在他的祖国失去了一切。仅仅十七个月后，也就是 1960 年 5 月 30 日，这位靠养老金度日的天才作家悄然谢世。到底是"寿终正寝"，还是死于非命，今天谁能说得清？伊文丝卡娅劳改四年之后获释，活到了她心爱的人的昭雪之日。

1986 年，苏联作家协会正式为遭受迫害的著名作家帕斯捷尔纳克恢复名誉，并成立以他命名的文学遗产委员会。

今天，俄罗斯为他建立了纪念馆，出版全集，并塑造了铜像，与他的获诺贝尔奖的同胞铜像矗立在一起，那是这个民族文明的丰碑。

第五十届（1957年）

阿尔贝·加缪

获 奖 者：阿尔贝·加缪（Albert Camus，1913—1960），法国作家。

获奖理由：由于他重要的著作，在这著作中他以明察而热切的眼光照亮了
我们这个时代人类良心的种种问题。

获奖作品：《局外人》《鼠疫》（小说）。

1960年1月，离巴黎一百公里的公路旁，一辆小汽车撞到梧桐树上，裂成两半。警察从车中死者身上发现了一张回巴黎的车票，手提包中还有一份手稿。死者是1957年获诺贝尔文学奖的法国作家加缪，时年四十七岁，是获此奖最年轻谢世的作家。而那份名曰"第一个人"的小说手稿，于1989年在法国出版，继《鼠疫》发行上千万册之后，再次成为畅销书。

从"存在"变成"虚无"，荒诞的死和文学的宠儿，让一生孤独的加缪又充满神秘和辉煌的色彩。但他在诺奖演说时，极为庄重地说：

没有艺术，我的生命将不存在。但我从不将这艺术置于一切之上。如果说艺术对我而言不可或缺，那是因为它绝不自我孤立，在与他人同等的层面上，让我本色地活下去。

1942年，加缪出版了第一部小说《局外人》。小说的主人公是一位小职员，

叫默尔索，他离群索居，与社会、世人格格不入，因此，对世界世事漠不关心，连对母亲去世、情人的求爱，都特别淡然。更为荒诞的是自己杀了人，被判死刑，同样若无其事、无动于衷。小说表现了世界上人的生存状态的荒诞性。

这种荒诞性，与加缪倡导的荒诞派文学有关，他主张文学应将人间世界和现实社会中的一切都表现成冷漠、荒诞的事物。文学应将人物写成具有荒诞情感、与社会格格不入、超然物外的局外人。于是，他写出《局外人》，塑造出这个"局外人"的典型。

其实，加缪自己并不是"局外人"，与《局外人》主人公对母亲的死极为冷漠相反，加缪对母亲充满世俗的温情，而且自命是现代唐璜，一生不断追求女人，不断收获女人的爱，直到去世前三天，他还给在巴黎的三个情人写下同样充满激情的情书。这些与他作品的冷漠形成巨大的悖论。他的死、他的孤独、他的"局外人"情节，被他世俗的滚滚红尘淹没，本身构成一种荒谬，构成加缪文化性格的复杂性。

加缪的《鼠疫》写于 1947 年，小说描写在奥兰市发生了一场鼠疫。小说写道：

> 奥兰呈现出一派奇怪景象：行人增多了，即使不是高峰时刻也一样，因为商店和某些办事处关了门，闲着没事干的人群挤满了街头和咖啡馆。暂时他们还不是失业者，只能说是放了假。下午三点，在明朗的天空之下的奥兰简直给人以一种节日中的城市的假形象，停止了交通，关上了店门，以便让群众性的庆祝活动得以开展，市民涌上街头共享节日快乐。

但是不久，一场不断死人、集体遭难的恐怖的鼠疫魔影笼罩了奥兰市，这座景色秀丽、生活闲逸的城市，变成与世隔绝、充满绝望沮丧的孤城。就在这时，里厄医生和知识分子塔鲁组建了第一支志愿防疫队，与鼠疫作战。老卡斯特尔医生，就地取材制造血清，失意的小公务员埋头做起卫生防疫秘书工作。但也有一些人，借城市混乱之际，忙于黑市买卖。圣诞节来临，悲痛的哀鸣代替了往昔欢乐的歌唱。在里厄医生的带领下，人们暂时战胜了鼠疫，第二年 2 月，奥兰城门打开，活下来的市民举行盛大的庆祝活动。里厄面对此景，却忧心忡忡，因为他知道，鼠疫不会绝迹，它们只是潜伏等候，伺机再卷土重来，悲剧会再重演。

《鼠疫》是一部用象征艺术手法写出极富哲理的小说。加缪创作该小说时，正值法西斯德国铁骑踏破凯旋门之际，小说正是以一种寓言的形式，表现法西斯像鼠疫一般给法国带来深重的灾难。即使将来消灭了法西斯，人类还要警惕更恶毒的敌人，这其中有人们战胜法西斯的坚定信念，另有对未来的忧患意识。此外，小说在描写人们与鼠疫斗争时，也暗喻法国社会存在深刻的矛盾。特别对法国民族精神的萎缩有深刻的批评。小说不仅将灾难下芸芸众生的人生百态淋漓尽致地表现出来，再现了社会、人生的广阔图景，还精心塑造了理性、勇敢苦斗的医生里厄，谦虚、善良、纯净如天使般的塔鲁，幸灾乐祸的局外人科塔尔等鲜活丰满的人物形象。他们的精神世界构成了法国社会精神斑驳的图景。正如该届诺贝尔文学奖的颁奖词："由于他重要的著作，在这著作中他以明察而热切的眼光照亮了我们这个时代人类良心的种种问题。"

1913年11月7日，加缪生于阿尔及利亚蒙多维城。其父原籍法国，到阿尔及利亚谋生当农业工人，在1914年死于第一次世界大战。母亲是阿尔及利亚人。父亲阵亡后，加缪随母亲投奔外祖母，一直在阿尔及尔贫民区生活。加缪读完小学之后，到能享受助学金的公办学校读书，因成绩优秀，又得到老师和亲友的帮助，半工半读从阿尔及尔大学毕业，并获哲学学士学位。他生活穷困，营养不良，患了肺结核病，无法参加教师资格考试，同时放弃的还有足球，他曾说："只有通过足球，我才能了解人及人的灵魂。"

母亲死后，加缪怀着对哲学和文学的热爱，于1933年再次入阿尔及尔大学，研读哲学和古典文学。同年，他加入由作家巴比塞领导的反法西斯运动，后加入法国共产党阿尔及利亚支部，组织业余剧团"劳动剧社"。大学毕业，他成为阿尔及利亚新闻记者。

1936年，二十三岁的加缪有了第一次婚姻，仅一年便劳燕分飞。1937年，加缪脱离共产党，同年出版随笔集《反与正》。1939年，第二次世界大战乌云密布，加缪来到巴黎，法西斯占领法国时，他积极参加地下抵抗运动，成为戴高乐派的主要舆论工具——《战斗报》的重要成员。同年，加缪出版随笔集《婚礼集》，是对这段姻缘的温情回眸。此时的文章抒情味道甚浓。他还创作了四幕话剧《卡里古拉》，描写古罗马卡里古拉暴君的疯狂暴行，哲理地揭示世界的荒谬性。

到了1942年，加缪又出版了哲学随笔《西西弗的神话》。这是讲希腊神话中因得罪天神而被罚做苦役的西西弗，整天推巨石上山，但巨石一再滚下来，西西弗周而复始劳作的故事。接受荒诞命运的西西弗，是一位值得推崇的"荒诞英雄"。此作与长篇小说《局外人》，加上话剧《卡里古拉》，这三部体裁相异却都意在阐明世界荒诞性主题的作品，被视为加缪的荒诞三部曲。

在这里，必须提及加缪的同胞让－保尔·萨特。他是加缪的贵人，是加缪的伯乐，是萨特在《局外人》甫一出版时，便意识到它的巨大价值。他不顾自己刚刚写完自己里程碑般的《存在与虚无》的劳累，特意为加缪的《局外人》写了长达六千字的书评，评中将名不见经传的加缪与卡夫卡、海明威相提并论，使这位年轻人在法国文坛飞黄腾达。后因道德观不同，所谓道不同不相为谋，二人分道扬镳。

1944年，法国光复，加缪出任《战斗报》主编，写过不少著名社论，后结集《当代》一书于1953年出版。1951年，他发表小说《反抗者》，对法国大革命、俄国十月革命重新思考，并予以否定。这时，加缪与萨特也爆发了激烈的争论。萨特认定世界是"肮脏的世界"，加缪则判定这个世界是"荒诞的世界"。

这一争论的孰是孰非，难以判定，但命中注定的是，这场争论使加缪变成法国知识界的局外人。从"存在"变成"虚无"的加缪，早已遭到主流哲学的抛弃。但作为文学宠儿的加缪，其作品至今仍具有影响力和现实意义，这是个传奇。

第四十九届（1956 年）

胡安·拉蒙·希梅内斯

获 奖 者：胡安·拉蒙·希梅内斯（Juan Ramón Jiménez Mantecón，
　　　　　　1881—1958），西班牙诗人。

获奖理由：由于他的西班牙抒情诗，成了高度精神和纯粹艺术的最佳典范。

获奖作品：《悲哀的咏叹调》（诗集）。

胡安·拉蒙·希梅内斯，十九岁时以格调清新、富有浓郁乡土气息的诗歌《紫罗兰的灵魂》，登上西班牙文坛，七十五岁时又凭《悲哀的咏叹调》摘得诺贝尔文学奖桂冠。他死后四年，其作品《诗三百首 1903—1953》（1962）出版，让中国读者联想到清代蘅塘退士（孙洙）编选的《唐诗三百首》。前者流行于欧美，最为畅销，后者"风行海内，几至家置一编"。相隔三百年，而相映成趣。

希梅内斯到瑞典领奖时，他听到的授奖词是：

　　用半个世纪的时间，创造了一朵新玫瑰，一朵以他的名字命名的、象征圣母马利亚的白玫瑰。

老人热泪纵横。

1978 年出版的美国百科全书称希梅内斯是"20 世纪西班牙最伟大的诗人之一"。

希梅内斯十九岁创作的诗歌《白睡莲》和《紫罗兰的灵魂》，引起西班牙文坛关注，二十出头又创作了《悲哀的咏叹调》（1903）、《远方的花园》（1904），接着又创作三个哀歌集：《纯粹的挽歌》（1909）、《温和的挽歌》（1910）和《悲哀的挽歌》（1910）。这些诗歌多以抒情见长，诗人以清新优美的笔触描绘家乡秀丽的自然风光，抒发强烈的思乡之情，并将之化为永恒的乡愁。恰逢诗人有丧父之痛，诗歌中流露出浓郁的哀婉忧伤的情调。而这种赞歌与挽歌交融成的苦闷、哀怨的情绪，正弥漫于当时的西班牙知识界，成为其普遍的心境。这也是深深打动了瑞典文学院的地方。

　　胡安·拉蒙·希梅内斯，于 1881 年 12 月 23 日降生在西班牙南部韦尔瓦省莫格尔小镇。其父是一个不大富有的商人。他的童年在小镇度过。后来，他被送到海港加的斯一所教会学校读书。1896 年，他考入塞维利亚大学，按父亲的意愿读法律系。在学校，他喜欢读书、作诗，后因一门世界历史考试不及格便离开大学，以写诗在报刊上发表，勉强糊口。其父突然因病辞世，对他打击甚大，患上抑郁症，遂到法国一边疗养，一边写诗，受到法国象征主义诗派影响。不久，他又结交了拉美诗人鲁文·达里奥等人。1900 年，应达里奥邀请，赴马德里参加诗人的活动。是年，希梅内斯出版了诗集《白睡莲》和《紫罗兰的灵魂》，在西班牙诗坛脱颖而出。

　　1912 年，希梅内斯在马德里担任教育杂志编辑。不久，他收获了爱情，对方是有西班牙与美国血统的波多黎各女诗人兼翻译家塞诺比亚。他们合作翻译印度泰戈尔和爱尔兰诗人辛格的诗作。两人于 1916 年到美国举行婚礼，互戴戒指。或许因家庭的温暖，使希梅内斯的生活和创作都发生了较大的变化。在美度蜜月期间，他有感而发，创作了长诗《一个新婚诗人的日记》（1917），然后夫妻买舟回西班牙。

　　对希梅内斯来说，《一个新婚诗人的日记》诞生，在他诗歌的创作中具有里程碑意义。离乡背井在异国的新婚，给诗人带来欢愉而又复杂的精神状态。他既留恋故土的温存，又迷恋爱情的甜蜜，既有对未来的迷惘，又有对美好生活的渴望。该长诗分六章：向着大海、海上爱情、东部美利坚、归来的大海、西班牙和回忆东部美利坚。全诗在怀念故乡与渴望爱情间相纠缠，意向朦胧，形象优美。比如，诗歌写到告别家乡，面向浩瀚大海时的心境：

> 莫格尔，母亲和姐妹兄弟，
> 安乐窝，温暖、干净……
> 太阳明媚，休息惬意，
> 白色闪烁的墓地，
> 我的根扎在这里，
> 纵死也惬意！

> 这是渴望的目的，
> 在黄昏中逃去。
> 莫格尔，神圣的觉醒，
> 莫格尔，母亲还有姐妹兄弟……

诗的最后一部分，是诗人返回西班牙后补写的，写的是美国社会场景及对其生活方式的嘲讽：

> 花花草草整齐地站在深紫色的橱窗里，
> 观赏着塑像、松鼠、麻雀、鸽子和我们两个……
> 房子又小又黄，
> 就造在铁路旁。
> 活像扳道工的小房舍，
> 在唯一的一棵树下。
> 一列火车迎风驶来，
> 胭脂红的夕阳坠落在短树林后。

该诗生动展示了故居凄凉、寒冷、孤独的景象。

长诗收纳种种景物、意象、幻觉，但以前诗人的忧伤淡化了，对人生的思考感悟增强了，在艺术上打破了诗和散文两种文学样式的界线，解放了诗，让诗获得更大的自由。

回到西班牙后，希梅内斯勤奋地创作，先后有多种诗集、散文集问世，如诗集《永恒》（1918）、《宝石与天空》（1919）、《美》（1923）、《一致》（1925）等，散文集《旅途札记》（1928）、《整个季节》（1936）和《新光明之歌》等。其中诗歌《永恒》的开头如下：

> 酒，首先要纯净，
>
> 无比的纯净，
>
> 我喜欢它，
>
> 宛如一个孩童。

希梅内斯的诗，语言隽永、技巧娴熟。在此段时间，他与雷耶斯等人创办《目录》，里面收录他的许多作品。

1936年，西班牙内战爆发，希梅内斯坚决支持西班牙共和政府，遭到佛朗哥镇压，而被迫流亡到古巴、美国等地，最后定居波多黎各，以到该地大学或到美国马里兰州大学讲课为生，同时从事研究拉丁美洲的工作。第二次世界大战开始，诗人先后到阿根廷、乌拉圭和智利等地发表演说，呼吁人民团结起来，消灭法西斯，维护世界和平，深受欢迎且影响甚大。第二次世界大战期间，他仍以笔为武器参加斗争，写有散文集《三个世界的西班牙人》（1942）等。

第二次世界大战结束后，希梅内斯创作散文集《幻觉中盼来的上帝》（1949）、《底层的动物》（1949）和长诗《空间》（1954）。长诗《空间》被认为是"20世纪最杰出的象征主义代表作"。

晚年的希梅内斯不满西班牙独裁政治，到波多黎各研究诗歌理论。第四十九届（1956年）诺贝尔文学奖宣布给希梅内斯那一刻，老人正在波多黎各一家疗养院，悲痛地陪伴着病危的妻子。喜讯没有给老人带来快乐。三天后，爱妻重病不治，离他而去。悲痛噬咬着他的心，他放弃到斯德哥尔摩金碧辉煌、吸引全世界目光的颁奖会场，享受无比荣耀的掌声和赞誉。这位孤独悲伤的老人，默默地沉浸在对妻子的无限思念之中。

思念的悲痛最后也夺去诗人的生命，诗人于 1958 年 5 月 29 日离开人世。后来，人们将诗人的遗体迎回西班牙，与妻子一起安葬在莫格尔。

幸哉，常年漂泊在异乡的诗人终于魂归故里。诺贝尔文学奖以"由于他的西班牙抒情诗，成了高度精神和纯粹艺术的最佳典范"，为他矗立了一座诗的丰碑。

第四十八届（1955 年）

赫尔多尔·奇里扬·拉克斯内斯斯

获 奖 者: 赫尔多尔·奇里扬·拉克斯内斯斯（Halldór Kiljan Laxness, 1902—1998），冰岛作家。

获奖理由: 为了他在作品中所流露的生动、史诗般的力量，使冰岛原已十分优秀的叙事文学技巧更加瑰丽多姿。

获奖作品:《独立之子》或《沙尔卡·沙尔卡》（又译《渔家女》）（小说）。

冰岛是一个既古老又年轻的岛国，位于大西洋上，面积只有十万平方公里，它于 1918 年独立。1955 年获诺贝尔文学奖的拉克斯内斯斯，便是这个岛国的天才作家。

20 世纪 30 年代，拉克斯内斯斯创作了极具影响力的三部长篇小说:《沙尔卡·沙尔卡》（1931—1932）、《独立之子》（1934—1935）和《世界之光》（四卷本，1937—1940）。这三部长篇，以深邃的洞察力和分析力，把冰岛社会置于显微镜下，加以透彻的观察，然后塑造各种鲜活人物，形象反映其社会生活和人物命运，成为冰岛现实的一面镜子。

《沙尔卡·沙尔卡》以渔家女沙尔卡·沙尔卡的命运，展示冰岛早期工人运动的画卷;《独立之子》描绘农民为获得土地和生活独立而进行斗争的故事;《世界之光》叙述一个长期蒙受苦难的人民诗人的事迹。三个长篇皆是以崇高的主题和极富艺术魅力的深刻描绘，使冰岛文学受到世界的赞誉，自然也受到瑞典文学院的眷顾。他们这样评价这位冰岛作家:

他在作品中所流露的生动、史诗般的力量，使冰岛原已十分优秀的叙事文学技巧更加瑰丽多姿。

《独立之子》写农民比亚图尔，经历十八年的艰苦劳作，靠贷款买到属于自己的一片土地。又经十二年辛勤耕耘，付出了两任妻子和几个儿女被生活折磨致死的沉重代价，他才还清所有债务。最后只剩下他和年迈的岳母。但不管怎样，比亚图尔总算不亏欠任何人，成了独立的农民。可是如沼泽地流传的鬼故事，命运常常捉弄人。先是第一次世界大战爆发，原以为是个发展的机遇，他以抵押贷款的方式动工修建住宅，不料受丹麦人欺骗，丢了存款，无力还贷而破产，不得不将农场拍卖。好强的比亚图尔再度成为一无所有的人。他只好带领老弱病残的家人，开进荒原，创造新的生活。出发前，他偶遇一群罢工的人，得知俄国十月革命的消息，比亚图尔让唯一的儿子参加战斗，迎接真正属于自己的未来。

小说塑造了比亚图尔这个正直，不向命运低头，为获得独立自由而不屈不挠奋斗、充满英雄气概的典型形象，形象地成就了这部拓荒者史诗的宏大气象。正是有了这一人物命运与时代的融为一体，才让人看到社会充满希望的走向。小说具有史诗的深邃，充满苍凉又雄阔的格调。正如瑞典文学院所说："拉克斯内斯斯把文学的发展重新带回到群众共有的传统基础上来。这是他的伟大成就。他有鲜明的个人风格，平易而自然，能够圆满而灵活地为实现他的意图服务，给人留下强烈的印象。"

其实，拉克斯内斯斯，原名叫赫尔多尔·库兹松（Halldór Guejónsson），1902 年 4 月 23 日出生在冰岛首都雷克雅未克附近的乡村。其父原是筑路工领班，有了儿子之后三年，创办了拉克斯内斯斯农场。库兹松在这里度过了快乐的童年时光，后来他就把农场的名字作为笔名，这寄托着作家的乡愁。由于后来家道败落，他只在正规学校受过几年教育，便失学参加劳动。谁知这个少年从小就显露出过人的文学天赋，七岁即能作诗、讲故事。十七岁时，拉克斯内斯斯出人意料地出版描写乡间生活和自然风光，充满田园浪漫情调的长篇小说《大自然之子》

（1919）。

大约二十岁时，他带着刚学会的镶嵌手艺，离开祖国到欧洲游历，先后到斯堪的纳维亚半岛、德、奥、法等地。第一次世界大战刚结束，所到之处，社会现象无不衰败、混乱，让年轻的他备感忧伤和失望，同时，他受到德国表现主义、法国超现实主义文艺思想的影响。

1923 年，他仿效丹麦诗人琼尼生，进卢森堡一座本尼迪克教派修道院皈依宗教，用古代爱尔兰圣徒"奇里扬"之名作自己第二个名字，在那里潜心修神学、哲学和拉丁文。他的创作也由田园生活转向宗教题材。出版于 1924 年的叙事诗《在神圣的山峰下》，是他作为教徒的内心自我剖白。

1927 年，他出版了长篇小说《来自克什米尔的伟大织工》。它通过一个青年织工从精神上的纷乱到最后皈依宗教的故事，表达拉克斯内斯斯这一段时间内心挣扎和斗争的历程，带有浓郁的自传性。这也是作者把自己的精神寄托依附宗教，表达所谓道德崇高境界的一部作品。看得出，这部小说从思想观念到艺术手法上，都有斯特林堡、弗洛伊德、普鲁斯特的影子。这部作品的表现主义和超现实主义艺术手法，曾引起冰岛文学界激烈的争论，但仍不失为该国的一部重要作品。

1927 年至 1929 年，拉克斯内斯斯离开欧洲，前往加拿大和美国蒙特利尔、纽约、洛杉矶等大都会，与美国作家辛克莱结为好友，并通过他深入接触美国社会和各种社会思潮。他最后接受一位曾匍匐于宗教十字架下，后来与宗教决裂的作家的名言——"只有人在斗争，天堂之中没有上帝"——与宗教决裂。他将目光投向美国社会，开始写文章抨击这个经济大国的弊端，引起过轩然大波。他在美旅居三年，将批评文章收集在《人民之书》中，于 1929 年出版，这是他思想左转的见证。是年，他回到冰岛，与他的恋人走进婚姻殿堂，在故乡雷克雅未克定居。在这里，他完成了前面介绍的三部重要的长篇小说。

20 世纪 40 年代，拉克斯内斯斯完成了历史小说《冰岛之钟》三部曲：《冰岛之钟》（1943）、《聪明的少女》（1944）和《哥本哈根的火光》（1946）。以上小说都是以 17 世纪到 18 世纪冰岛被丹麦王国占领这段历史为背景，表现冰岛人英勇反抗丹麦入侵者、争取独立的伟大斗争。

20 世纪 40 年代末，他创作了现实题材的长篇小说《原子战》。站在民族主义立场，小说揭露冰岛受西方腐朽思想影响，精神堕落道德败坏，特别批评冰岛政府同意美国在冰岛建立空军基地这一出卖国家主权的错误行为和所带来的严重后果。

到二十世纪五六十年代，拉克斯内斯斯重回古代题材创作：《快乐的战士》（1952）描写古代英雄；《重返乐园》（1960）描写 19 世纪 50 年代冰岛摩门教徒去海外寻找乐园的故事；《会唱歌的鱼》（1957）写一歌手成长经历的故事；《诗人的时光》（1963）则是拉克斯内斯斯的回忆录；《城堡下的快乐》（1968）描写一个牧师为解救人民痛苦自愿去农村工作的故事。

拉克斯内斯斯又是剧作家，代表作有《银月》（1954）、《鸽子宴》（1966）等。他还是一位翻译家，翻译过同代作家海明威的作品及印度泰戈尔的作品。他一生共出版三十多部作品集，包括二十部长篇小说、十多部论文和随笔、多部短篇小说和剧本。

拉克斯内斯斯一生获得许多奖项，除诺贝尔文学奖，于 1953 年获斯大林文学奖金，于 1969 年获 "松宁奖金"。

第四十七届（1954年）

欧内斯特·海明威

获奖者: 欧内斯特·米勒尔·海明威（Ernest Miller Hemingway，1899—1961），美国作家。

获奖理由: 因为他精通于叙事艺术，突出地表现在其近著《老人与海》之中；同时也因为他对当代文学风格的影响。

获奖作品:《老人与海》（小说）。

欧内斯特·海明威是美国作家，他因《老人与海》获得第四十七届诺贝尔文学奖后，受到世界评论界的高度赞扬。

他的好友，当时正在巴蒂斯塔王朝监狱里服刑的古巴革命领袖菲德尔·卡斯特罗，听闻这一消息非常高兴。海明威曾说过，"人可以被毁灭，但不可以被战胜"，让身陷囹圄的卡斯特罗信心坚定。海明威于1939年至1960年定居古巴，"亲历"卡斯特罗率领古巴人民取得政权。其间，这两个都留着大胡子的男人，成为忠诚的朋友。海明威在获得诺贝尔文学奖后，接受记者采访，不用母语而用西班牙语，强调自己是一个"普通的古巴人"。但宽宏大量的美国人民仍深爱着这位有些怠慢自己祖国的作家。《纽约时报》发表文章说：

> 海明威本人及其笔下的人物影响了整整一代甚至几代美国人，人们争相仿效作品中的人物，他就是美国精神的化身。

在海明威去世时，美国总统约翰·肯尼迪给他发出唁电：

　　几乎没有哪个美国人比欧内斯特·海明威对美国人民的感情和态度产生过更大的影响。

《老人与海》是海明威 1952 年写于古巴，在美国出版的现实主义小说。这是一篇关于人与自然界之间搏斗的情感强烈的中篇小说。

老渔夫桑提亚哥八十四天未捕到鱼，靠相邻的孩子曼诺林行乞或偷窃勉强糊口。第八十五天，老渔夫和曼诺林分乘两条船下海继续捕鱼。老渔夫桑提亚哥的渔船驶入深海，经过漫长的等待，终于捕获了一条比船还要大的马林鱼。大鱼挣扎，把船拖向大海。为控制大鱼，老渔夫的手还负了伤，吃些鱼肉补充体力，与大鱼僵持着。经边三天三夜的人鱼搏斗，筋疲力尽的大鱼终于被拖出海面，老渔夫将鱼叉扎进鱼身，将它绑在船身，准备返航。鲜血染红海水，引来一条鲨鱼，老人干掉鲨鱼，又有两条鲨鱼咬掉马林鱼尾。老人又用鱼叉杀死它们。搏斗中，鱼叉折断，天黑下来，大群鲨鱼涌来，老人奋力驱赶它们，连船舵都打断了。最终寡不敌众，回到家时，渔船只拖回一副白花花的马林鱼巨大的骨架。老人的搏斗精神，赢得了乡亲们的尊敬。夜晚，他在梦中看见威风八面的雄狮……

海明威以传统的刻画人物丰富内心世界的艺术功力，塑造了桑提亚哥硬汉形象，使之成为世界文学画廊里一位极富典型意义的文学人物。桑提亚哥是个坚强、宽厚的人，在他的性格中，充满勇敢、坚韧的人格力量。他与鱼、与自然搏斗，实际上是与自己较量，与命运抗争。这一形象，体现了人性的浪漫与深刻哲理的统一，有着悲剧命运无法压倒的硬汉精神。

小说歌颂人类精神力量的同时，也流露出人类无法与自然界抗衡的悲剧性命运。小说的语言极富个性，《老人与海》能早早地传到中国，应该感谢中文本的第一译者张爱玲，她在译后记中说：

　　书本有许多句子貌似平淡，却充满了生命的辛酸……担忧我的译笔不能传出原著的淡远的幽默与悲哀。

英国评论家安东尼·伯吉斯，对《老人与海》的语言也称誉有加：

> 每一个词都有它的作用，没有一个词是多余的。

诺贝尔文学奖的评委对海明威小说的评价极为一致：

> 因为他精通于叙事艺术，突出地表现在其近著《老人与海》之中；同时也因为他对当代文学风格的影响。

这里抄录《老人与海》的一个小片段，证明其语言精妙：

> 他是个老人，独自驾了条小船，在墨西哥湾流捕鱼，出海八十四天了，连一条鱼都没有到手。前四十天，还有个男孩儿跟着。可是一连四十天都没捕到鱼后，孩子的父母就说，这老头真晦气，倒霉透顶。孩子听从吩咐，上了第一条船，第一个星期就捕到了三条好鱼……

海明威，于1899年7月21日出生在美国北部伊利诺伊州紧靠辽阔的密执安湖的橡树园小镇。父亲克拉伦斯·海明威是位外科医生。海明威从小就喜欢同父亲打猎、钓鱼，上学后又热衷足球、游泳和拳击，还对音乐美术有浓厚兴趣。这些爱好不仅伴随终身，且对其命运产生重要影响。他六岁上学，十七岁进镇上的高中就读，在文学与英语方面显现出过人天赋，开始模仿流行作家给报刊写文章，十七岁担任校刊主编。高中毕业后，第一次世界大战爆发，他欲从军报国，因视力不行，未能如愿，后经叔叔介绍，去《堪萨斯城明星报》做见习记者。不久，向往当英雄的海明威，以美国红十字会战地服务队身份，开赴意大利前线。因执行补给任务，他身中两百三十多块弹片，经十三次手术，还换了人造膝骨。在此期间，海明威还有了人生第一次无疾而终的爱情。精心治疗三个月后，他参加意大利军队去前线作战，因作战英勇，获十字军功章和勇敢奖章各一枚。

1919 年，海明威从欧洲戴着两枚闪闪的勋章回到美国，算是衣锦还乡了，但战争的残酷和伤病给他的精神造成了极大的伤痛，他从此变得沉默忧郁。他潜心于创作，写了十几篇小说，被一一退回，极端失落中，到《多伦多明星报》重操记者旧业。

1921 年末，海明威偕新婚妻子理查逊到巴黎任《多伦多明星报》驻欧特派记者。继续创作，但不幸在一次旅行中，丢掉大部分手稿。两年后，他才在巴黎出版只印了三百册的《三个短篇小说和十首诗》。但水波不兴，毫无影响。为了创作，海明威辞去记者工作，租了一间小阁楼，粗茶淡饭，又出版了一本作品集《在我们的时代》，仍无影响，但到美国印行增订版，竟大受欢迎，海明威始被重视。

海明威等一群一战后到法国流亡的年轻人，因事业无成、前进无路而空虚、苦闷和彷徨，被称为"迷惘的一代"。海明威的两部作品集，表达了他们被战争伤害的思想情感，他成了这群体的代言人。1926 年，海明威创作了长篇小说《太阳也升起来了》，小说的题词曰："你们都是迷惘的一代。"这句话是侨居巴黎的美国女作家斯坦因说的。

《太阳也升起来了》写的是一群移居法国的英、美青年，受一战的创伤而精神崩溃，他们最终体悟到不怕死的精神才是永恒的人生。实际上其中的主人公形象有海明威自传的成分，是他个人精神世界的反映，更写出"迷惘的一代"的精神世界。海明威成了"迷惘的一代"文学流派的领袖。

1927 年，海明威在文学创作上走进康庄之路，但生活上并不顺遂，在这一年与妻子理查逊离婚。很快，海明威又迎娶了第二任妻子帕菲弗。翌年，一连串的自杀事件，让海明威真的迷惘起来。先是父亲在家中用手枪自杀，接着自己的朋友也重复走上自杀不归路。这给海明威的心理造成极大的打击，以致多年后他自己也在冥冥之中踏上了这条路。在这种惶惑中，海明威带着妻子帕菲弗返回美国，在佛罗里达州基维斯岛定居。

1929 年，海明威出版长篇小说《永别了，武器》。小说源于他的一战亲身经历，反映了他对战争与人生的看法。小说以他在意大利战场上的初恋为原型，讲了美国青年亨利与英国女护士卡萨林的爱情故事。他们在医院中相遇，一个伤员与一个护士热恋起来。后来，伤愈的亨利化装外逃，与卡萨林共度蜜月。次年，卡萨林因难产死去。小说在叙述这对年轻人悲剧的同时，控诉了战争的罪恶、残酷。小说中以军人喊出"和平万岁"，表达了人们对和平的渴望。小说甫一出版，便引起社会轰动，将海明威推上了文学的巅峰。

20世纪30年代前半期已经在文坛上大显身手的海明威，回归闲适状态，捕鱼、狩猎、旅游，安逸地生活。他观看斗牛士斗牛，写了特写《下午之死》（1932），与妻子到非洲冒险捕狮，遂著《非洲青山》（1935）。1936年，西班牙内战爆发，次年，海明威重操旧业，以记者身份前往西班牙。其间，海明威为西班牙开展募捐活动，他个人捐献四万美元购买了救护车等。1937年2月至1938年底，海明威回到西班牙，先是采访，后来干脆拿起枪上战场，为保卫西班牙共和国生存而浴血奋战，直到战争失败而归国。后来，他将在西班牙了解到的法西斯罪行，写成《丧钟为谁而鸣》（1940）。不久，他的婚姻又走到尽头。和上次一样，没过多久，海明威又迎娶了第三任妻子。1937年，他出版长篇小说《有的和没有的》，写一个渔夫为生活所迫，沦为一个走私犯和人口贩子的故事，揭示了渔夫走上罪恶之路完全是社会造成，并提出了通过共同行动解决社会问题的可能性。

从西班牙回来之后，海明威到了古巴，定居在哈瓦那郊区。很快，战争的阴云在欧亚密布，法西斯日益猖獗。海明威于1941年到亚洲采访，并且到了中国，曾给予坚决抗日的中国人民赞扬鼓舞。太平洋战争爆发后，海明威将自家游艇改装成巡逻艇，在美国海岸巡逻了两年，为美军提供情报。1944年，海明威赴欧洲采访，一次因飞机事故头部受伤。他仍深入敌后采访，战后获铜星奖章。盟军攻克柏林之前，海明威从欧洲战场回到哈瓦那。不久，他第三任妻子也离开他。第四任太太威尔什便来到他身边。经过几年的蛰伏，在他写完中篇小说《过河入林》（1950）之后，1952年，他的《老人与海》横空出世，这位一直被认为是创作上的悲观主义者给了世界文坛一个大大的惊喜。

海明威凭《老人与海》先获1953年的普利策奖，翌年又获诺贝尔文学奖。

得到荣誉的同时，疾病也开始缠身，他一次狩猎时受了重伤，断了右肩、手臂及腿，造成严重脑震荡。后又遭森林大火，身体大面积烧伤，正是这次烧伤，使海明威无法到斯德哥尔摩领诺贝尔文学奖。在治疗烧伤过程中，他开始酗酒，他的主动脉炎进一步恶化，使他丧失了大量记忆。他不堪忍受伤痛折磨，最后选择自己父亲的自杀之路，用猎枪结束了自己的生命。

有人说，海明威是因无法再创作，无法再写出《老人与海》那样的作品而自杀，他们引用海明威的话为证："我站着写，而且是一只腿站着，我采取这种姿势，使我处于一种紧张状态，迫使我尽可能简短地表达我的思想。"当他无法站着写作，他就告别这个世界。

海明威是在写成长篇小说《海流的岛屿》初稿，无法修改出版那会儿自杀的，时间是 1961 年 7 月 2 日。

2002 年 11 月 11 日，世界上唯一的"海明威故居博物馆"在古巴开馆，菲德尔·卡斯特罗出现在开馆仪式上，并发表了三十多分钟的"即兴"演说。果然如海明威生前在《菲德尔》一文中赞扬的那样，卡斯特罗的演讲极为精彩。可惜的是，此刻，两位好朋友一个在人间，一个早已去了天国。

温斯顿·丘吉尔

获 奖 者：温斯顿·丘吉尔（Winston Churchill，1874—1965），英国
政治家、历史学家、传记作家。

获奖理由：由于他在描述历史与传记方面的造诣，同时由于他捍卫崇高的
人的价值的光辉演说。

获奖作品：《第二次世界大战回忆录》（纪实回忆录）。

温斯顿·丘吉尔是 20 世纪上半叶世界著名的政治家。丘吉尔曾两度担任英国首相。他曾镇压过英国工人运动，参与镇压苏丹、南非反殖民主义的战争。他极端仇视共产主义，在任英国陆军大臣时千方百计反对新生的苏维埃政权。列宁这样评价他："几年来，英国陆军大臣丘吉尔使用一切手段，包括从英国法律的角度来看，合法的乃至非法的手段，支持所有的反对俄国的白卫军分子，向他们提供军事装备，他是苏俄的最大仇敌。"但在第二次世界大战当中，他坚定地反对德国法西斯主义，并做出"必须联合俄国"的战略性决策。在开辟第二战场方面，苏英彼此背弃承诺，但他还是顾全大局，与美、苏、中等国休戚与共，最后完成消灭法西斯、拯救世界和平的壮举。就其个性而言，他勇敢又有智谋，他专横又善于团结有才能的人。他随机应变，永不背叛信仰。面对复杂的丘吉尔，我们的评价体系显得异常苍白。

因对第二次世界大战做出卓越贡献，在国内和国际赢得崇高荣誉的丘吉尔，从 1945 年至 1951 年，完成了他一生中最重要的著作六卷本《第二次世界大战回忆录》。该书是丘吉尔作为英国首相兼国防大臣对亲身经历的第二次世界大战的全景式回顾。

丘吉尔站在政治战争的最高点，俯瞰长达二十余年的全球风云变幻，展现战争的起因、发展、变化、结局及各国之间错综复杂的合作及矛盾。因此从政治、经济、军事、外交及意识形态方面面看，《第二次世界大战回忆录》是一部第二次世界大战的实录，史料真实翔实，具有极高的历史价值。同时，该书也是研究丘吉尔的重要资料。

在写作原则上，丘吉尔秉笔直书，力求客观公正并"竭尽所能极其谨慎地核实材料"。他在《第二次世界大战回忆录》之序言中写道：

> 我恪守的一个原则：对于在战争或政策上的任何措施，除非事前我曾公开或正式发表过意见，或提出过警告。我绝不作事后的批评……本书记下了那些诚实而善良的人的行为，但愿不致有人因此而轻蔑他们，却不扪心自问，不检讨自己履行公职的情形，不吸取过去的教训作为他自己的未来行为的借鉴。

作为一位公正的政治家，他并不因意识形态的不同而放弃公正。比如他是坚定的反共派，但对第二次世界大战苏俄在希特勒侵略欧洲之时趁火打劫，吞并四面临国的领土一事，却能保持冷静客观的态度。

丘吉尔这样对待历史的态度及其作品的造诣，深深打动了瑞典文学院的评委。1953 年，他们舍去英国福斯特、美国海明威、冰岛拉克斯内斯斯及西班牙希梅内斯等大名鼎鼎的作家，将诺贝尔文学奖授予了丘吉尔。其授奖词极为感人：

> 一项文学奖本来意在把荣誉给作者，而这一次却相反，是作者给了这项文学奖以荣誉。

丘吉尔，于 1874 年 11 月 30 日出生在英国牛津郡的布伦海姆宫。其父是位公爵，父亲曾任英国财政大臣。母亲是美国富豪之女，善琴棋书画。

1881 年，他入贵族子弟学校，顽皮而学业最差。此后，他到哈罗公学、桑赫斯特皇家军事学院求学，始刻苦读军事书籍，梦想成为军事统帅。1895 年，他以军事观察员和记者身份，参加西班牙平息古巴民族解放运动的战争，因作战英勇，获西班牙十字勋章。从此，他迷上写作，后到第四骠骑兵团任中尉，被派往殖民地印度。他开始研读历史和哲学书籍，可谓自学成才。一年后，印度发生反抗英殖民者的武装起义，丘吉尔参加英军远征镇压，以随军记者身份亲临战场，并写出《马拉坎德野战军纪实》(又译《1897 年马拉坎德野战军故事——边境之战插曲》)。同年，他又写了小说《萨伏罗拉》，具有憎恨马克思主义的色彩。

1898 年，丘吉尔被编入英军赴苏丹作战部队，参加骑兵团战斗。次年，他辞去军职，出版了两卷本《河上的战争》一书。该书记录了他亲临苏丹战争的经历，反映了英国征服埃及、苏丹的这段不光彩的历史，一定程度上暴露了殖民主义的嘴脸。

同年 10 月，南非爆发英布战争，丘吉尔作为随军记者又奔赴南非参战。在一次侦察活动中，丘吉尔成为布尔人的俘虏，但侥幸逃回英国。关于此次经历，他写了两本关于英布战争的书，给他带来丰厚的政治资本，翌年跻身国会，成为议员。在政治上，他游刃有余地穿行于保守党与自由党之间，于 1906 年担任殖民地事务部次官，出版为其祖父树碑立传的《伦道夫·丘吉尔爵士》(两卷本)。

1908 年，他当上了贸易大臣，后改任内政大臣，曾以暴力镇压工人运动。

1911 年，丘吉尔出任海军大臣。第一次世界大战中，由于他的轻敌和冒险，英国海军被德潜艇打得落花流水，丘吉尔被赶出海军。1917 年，他任军需大臣，因研制了坦克等新型战器，得"坦克之父"称号。

1922 年，丘吉尔在竞选中落败，翌年出版五卷本《世界危机》一书。这是他的"英雄创造历史"观的标本。

1929 年至 1939 年，他离开政府，著书立说，调色作画，著有《我的少年时代生活》(1930)、《随想和奇遇》(1932)、《伟大的同代人》(1937) 和六卷本《巴尔巴罗传》(1933—1938) 等书。

时光到了 1940 年至 1945 年，丘吉尔迎来了属于他的最辉煌的时期。

1940 年，"天将降大任于是人"，在大英帝国面临存亡的关头，丘吉尔当了首相。他的就职演说，让英国人热血沸腾：

> 我无所奉献，除了热血、劳苦、眼泪和汗水……你们会问，我们的政策是什么？我的回答是，竭尽我们的一切力量，从海上、陆地和空中进行战争……你们会问，我们的目标是什么？我们可以用一个词来回答，胜利！

是的，他兑现了自己的诺言，他与美、苏、中及世界人民一起，以胜利结束了这场世界反法西斯战争。

1965 年 1 月 24 日，经历了人生风雨，战争洗礼，饱尝毁誉，为人类做出贡献的九十岁老人，与世长辞。仅凭他在告别这个多灾多难又充满希望的世界时，留下的"我是世界公民"这句话，我们就应该永远祭悼他。

第四十五届（1952年）

弗朗索瓦·莫利亚克

获 奖 者：弗朗索瓦·莫利亚克（François Mauriac，1885—1970），法国作家。

获奖理由：因为他在他的小说中剖析了人生的戏剧，对心灵的深刻观察和紧凑的艺术。

获奖作品：《爱的荒漠》（小说）。

莫利亚克是位富有正义感，倾向于进步，又多产的作家。1936年至1939年西班牙反法西斯内战爆发，佛朗哥反动派向民主共和发动进攻时，他坚定地站在共和派一边，并发表了不少文章抨击独夫佛朗哥。第二次世界大战期间，他又积极参加反对德国法西斯，支持戴高乐将军的"抵抗运动"，直至法国得到解放，得到戴高乐将军的高度赞扬，为此，他于1958年获得"荣誉团大十字勋章"的荣耀。在莫利亚克逝世时，戴高乐尊称德艺双馨的他为"嵌在法国王冠上最美的一颗珍珠"。

1925年创作的长篇小说《爱的荒漠》，使莫利亚克获得法兰西学院的小说奖，翘楚于法国文坛，后凭此小说中"剖析了人生的戏剧，对心灵的深刻观察和紧凑的艺术"获第四十五届诺贝尔文学奖，这给他带来世界性声誉。

《爱的荒漠》是部反映人在欲望和信仰的激情间矛盾痛苦的心理状态的小说。

功成名就的医生库雷热，与妻子并无感情，内心空虚如寸草不生的荒漠，后与一名年轻寡妇玛丽亚邂逅。但这位伤感、妖娆，曾为给儿子治病给富人当情人的少妇，并不接受库雷热的情感，于是他心如枯井，痛苦不堪。库雷热的儿子雷蒙，整天浪迹于巴黎夜总会，也爱上了玛丽亚。父子与少妇陷入三角恋爱。以罪恶为耻，不甘堕落、向往纯洁爱情的玛丽亚夹在父子间虽不做出选择，灵魂却踟蹰徘徊在善与恶、幻想与现实间，孤独如在荒漠之中。多年后，雷蒙与玛丽亚相遇，谁都没走出情感的荒漠。

法国知识分子精神的萎靡和思想的空虚，由此得到形象的呈现。

《爱的荒漠》通篇独具匠心地采用追叙和独白的艺术手法，并熟练运用意识流的表现技巧，巧妙而和谐地将往事与现实融为一体，浑然天成。

作家无意构筑一个复杂的故事，也没有将人物命运置于跌宕起伏之中，而是浓墨重彩地刻画人物内心冲突和情感的大澜大波或涓涓细流的变化。为了写出人物丰富的精神世界，作者调用了精神分析、潜意识、内心独白、时空交叉等现代艺术手段。有人引用中国评论家罗大冈先生对《爱的荒漠》的评价，来证明此小说的艺术成就：

> 莫利亚克的艺术深度在于表现了资产阶级保守落后的精神世界和现代文明、现代生活的强烈矛盾，表现了他自己内心深处的传统思想与现代派思潮之间的矛盾。

其实罗大冈先生的眼界是有局限的。他所执的批评武器早已陷入困顿，再无杀伤力。莫利亚克的艺术深度表现的是 20 世纪人类的传统精神世界与现代文明、现代生活的强烈矛盾，而非"资产阶级"独有。至于莫利亚克自己内心深处的矛盾，是传统文明与现代文明之间的矛盾，而不是与"现代派思潮之间的矛盾"。这已被历史证明，毋庸赘述。

弗朗索瓦·莫利亚克，于 1885 年 10 月 11 日出生在波尔多一个银行家家庭。他一岁丧父，由虔诚的天主教徒母亲抚养成人。他童年在教会学校就读，受浓厚的宗教气息熏陶，沉湎于宗教文化和文学作品中，并成为一个笃信宗教的教徒。

1906 年，莫利亚克到巴黎文献典籍专科学校深造，几个月后即辍学，开始文学创作。1909 年，他有散发忧郁情感的诗集《握手》(又译《合手敬礼》)问世。翌年，他又有诗集《向少年告别》出版。从 1912 年始，他由写诗转向创作小说，不久即发表《长袍法官》(1913)，后又出版《白袍记》和《身戴镣铐的儿童》等。这些小说多以家乡波尔多为背景，写欲望和信仰间的矛盾。

第一次世界大战爆发后，莫利亚克像法国青年一样，应征入伍，参加救护伤兵工作。他因病退伍后，笔耕不辍，发表《血肉斗》(1920)、《优先权》(1921)、《给麻风病人的吻》(1922)、《火流》(1923)、《吉尼特里克斯》(1923)等。这些小说，给莫利亚克带来很高声誉。两年后出版的《爱的荒漠》更是奠定了他在法国文坛的地位。

1927 年，《苔蕾丝·德斯盖鲁》出版，同样引起轰动，莫利亚克乘势一连创作了《苔蕾丝看病》《苔蕾丝在旅馆》和《黑夜的终止》三个系列长篇。

他出版于 1932 年的《蛙蛇窟》，再次让法国文坛惊喜。小说深刻揭示了自私、贪婪、残忍的老律师家庭深刻的矛盾。这个家庭只有相互间的猜忌、仇恨，没有温暖，没有亲情，形同"蛙蛇窟"一般。小说写到老律师将要告别这个蛇窟前，"上帝"给他指点迷津，他顿悟自己一生的罪孽与错误，灵魂得到涅槃。因该作有绝妙的心理刻画，被公认是他最好的小说之一。这年，莫利亚克被推举为法国作家同人公会(类似作家协会)主席，1933 年被选为法兰西学院院士。

1933 年至 1941 年，莫利亚克又为法国文坛奉献了五部长篇，包括自传小说《弗隆特纳克家的秘密》(1933)、《黑天使》(1936)和《法利赛女人》(1941)等。

莫利亚克多才多艺，喜爱诗歌，精于小说，在戏剧方面也颇有造诣，创作了《阿斯摩泰》(1938)、《错爱的人们》(1945)和《地上的火焰》(1951)等，这些反映现代社会灵与肉冲突的作品受到好评。

晚年，莫利亚克写了不少政论文、传记和回忆录，如《战争回忆》(1940—1946)、《内心回忆》(1959)、《新内心回忆》(1965)、《政治回忆录》(1967)、《希望》(1970)、《讲演》(1970)。这些回忆作品具有历史价值，富有浓郁的文学气息。其中写于 1964 年的传记《戴高乐》，可见他站在正义和人类的进步立场，表达他支持戴高乐，反抗法西斯，维护民族独立的政治观点。此书可视为历史的见证。

莫利亚克一生创作了一百多卷文学作品，其中小说二十六部、诗集五本、戏剧四部。他的作品既继承了法兰西古典主义文学传统，又借鉴了当时的文学潮流及文学风格，使他站在历史和现代交会处充满希望地对世界说：

我们所看到的真正的历史和所有的罪行已堕入梦的深渊中去了……

这正如诺贝尔文学奖在其授奖词中所说：

莫利亚克的小说可以比作窄口深井，在底部能看到一泓神秘的活水在黑暗中闪烁。

莫利亚克的小说，总给人留以希望。但在他的内心中，总有一曲哀歌在吟唱，那是他对人类生存状态的忧患。

1970年9月1日，也就是莫利亚克说完那句话六年之后，八十五岁的老人怀着遗憾，告别了穷其一生也没有走到尽头的"爱的荒漠"。

第四十四届（1951 年）

帕尔·费比安·拉格克维斯特

获 奖 者：帕尔·费比安·拉格克维斯特（Pär Fabian Lagerkvist, 1891—
1974），瑞典小说家、剧作家和诗人。
获奖理由：由于他在作品中为人类面临的永恒的疑难寻求解答所表现出的
艺术活力和真正独立的见解。
获奖作品：《大盗巴拉巴》（小说）。

帕尔·费比安·拉格克维斯特，是 20 世纪上半叶瑞典最有影响力的，被称为"现代古典主义巨人"的作家，也是继拉格勒芙、海登斯塔姆和卡尔费尔德之后第四位获得诺贝尔文学奖的瑞典作家。同时，他与赫尔史特龙和拉格勒芙等被选为瑞典文学院"十八个不朽者"之一。他的影响超越了瑞典国境。

拉格克维斯特以写于 1950 年的长篇小说《大盗巴拉巴》获诺贝尔文学奖。

进入 20 世纪 50 年代，拉格克维斯特的作品几乎全部关乎上帝形象和神的价值的主题，即探求什么是人类的悲惨与崇高的命运，尘世生活与奴役刑罚，以及摆脱苦难与建立信仰从事斗争等博大命题。《大盗巴拉巴》，写的就是基督为救赎众生，以无怨无悔的大爱不惜选择钉死在十字架上的故事。作者还通过个寓言式的故事，来谴责和抨击二战期间法西斯的暴力、血腥和野蛮的毁灭人类的罪行。

一个女子，被一群强盗轮奸，卖到耶路撒冷妓院后，老鸨见其怀孕，便将她赶出娼门。她在路边生下一个男婴，然后断气。留下的孩子，就是小说的主人公巴拉巴。

巴拉巴在匪徒巢穴中长大。在弱肉强食、生死搏命的生存法则下长大的巴拉巴，成为一个杀人越货、桀骜不驯、冷酷无情、毫无信仰，让人闻风丧胆的江洋大盗。为了生存和自保，他躲过生父一刀，脸上留下永久的伤疤，竟将生父推下悬崖。

巴拉巴带着脸上的伤疤，内心怀着痛楚无奈和仇恨，以冷酷血腥报复世界。但小说安排这个恶魔与善良博爱的耶稣一起被钉在十字架上。耶稣为救赎众生，难逃一死，死前耶稣对众生说："放下巴拉巴，钉死我吧！"耶稣以自己的死，换回巴拉巴的生，巴拉巴听到这话，大为惊骇。钉在十字架赴死的原本是自己，而圣子却自愿当替罪羔羊，换回自己的自由。他的心被深深震撼，开始对上帝之子关于爱与自由的预言进行无尽的思索，从此，巴拉巴比任何人都更接近耶稣。

巴拉巴死里逃生，再回到强盗老巢，似判若两人。他那勇猛、果断、足智多谋的性格，被沉默寡言、独处发呆、平和冷静取代。其间，他从被玩弄的兔唇姑娘身上感悟到爱的真谛，矿工沙哈宽容的基督精神也浸润着他。经过漫长而艰辛的对信仰的质询和追寻，他终于皈依基督信仰，完成了灵魂的涅槃。

最后，立地成佛的巴拉巴在面对死亡来临之际，冲着茫茫黑夜说道："我把我的灵魂交给你了！"这暗示人类为建立自己的信仰而进行的探索和斗争，将永远地继续下去。小说写基督为救赎世人，不惜赴死，歌颂这种大爱。正是这无怨无悔的大爱，动摇世间世人的仇恨，让世人变得坚定、温暖，灵魂获得永生。

《大盗巴拉巴》寓意深刻，充满哲理。小说对美与丑、善与恶、神与人、人性与兽性、理想与现实等对立的矛盾都进行了深入的分析与解剖，并使之和谐地统一在人物身上。作者在塑造巴拉巴等人物形象时，还着重刻画其丰富的内心世界，使之成为复杂饱满鲜活的"这一个"。

《大盗巴拉巴》问世之后，因其表现了人道主义的博大主题，受到广大读者和瑞典批评家的好评，成为轰动一时的畅销书，也享有较高的国际声誉。瑞典文学院对该作的评语是：

由于他在作品中为人类面临的永恒的疑难寻求解答所表现出的艺术活力

和真正独立的见解。

拉格克维斯特，于 1891 年 5 月 23 日出生在瑞典南部斯莫兰省维克舍镇一个铁路员工家庭。维克舍地处偏僻，世风保守，拉格克维斯特的童年在清贫闭塞的小镇度过。1910 年，他从当地中学毕业，翌年考入乌普萨拉大学文学系就读。开始给各地报刊写文章，后因生计问题辍学，赴巴黎时，对表现主义和立体主义有了兴趣。1913 年，他发表《文学和形象化艺术》一文，抨击囿于传统而衰落的文学，肯定从传统中解放出来的现代绘画。到巴黎后，他认为人类最主要的思想是对死亡的认识。之后，他相继发表随笔诗歌集《主题》（1914）、论文《评瑞典的表现主义者》（1915）、小说集《铁与人》（1915）等，在文坛崭露头角。

1916 年，他出版的诗集《苦闷》，以痛苦的反省来探索人生存在的意义，反映他当时悲观低沉的"苦闷"。《苦闷》吸收了当时西方流行的表现主义手法，被认为是瑞典文学新的第一捧薪火，给瑞典文坛带来重大影响，也使他成为一流诗人。

第一次世界大战期间，拉格克维斯特对戏剧创作颇有兴趣，作品有《天堂的秘密》（1919）、《一次也看不见》（1923）、《他又活了一次》（1927）等。那时，他的思想已摆脱悲观情绪，精神上有了新的人道主义信仰，"善是必将取得胜利的，因为它具有世界上最伟大和最强壮的力量，这是恐怖和邪恶所无论如何敌不过的"。这一段时间，他出版短篇小说集《永恒的微笑》（1920）、诗集《人们为什么快乐》（1921）、小说《邪恶的故事》（1924）、长篇小说《现实的客人》（1925）、诗集《心中的歌》（1926）、论文集《征服生活》（1927）等。这些作品，都洋溢着明朗的旋律，给人以力量。

20 世纪 30 年代和第二次世界大战期间，是拉格克维斯特创作思想艺术走向成熟的高产期，其主旋律是针对法西斯反人类的残暴，发出的反对政治暴虐、极权主义和专横势力的强大声音，对人的生存状态做形而上的思考，主张用人道对抗野蛮。这证明拉格克维斯特已经成为一位博爱理想的拥护者，一位宣扬人道主义的战士。他出版的作品有诗集《营火旁》（1932）、《天才》（1937），随笔散文集《握紧的拳头》（1934）、《那个时代》（1935）等。其中，1933年发表的剧本《绞刑吏》，最为精彩。它是寓言式作品，借批判中世纪暴政为名，影射在世界上泛滥嚣张的国际法西斯主义。其1936年创作的剧本《一个没灵魂的人》，写一个杀人犯因良心发现变成博爱主义者的故事，将反法西斯主义的斗争与提倡宗教的博爱混为一体，有些荒诞。到1944年，他出版长篇小说《侏儒》。小说以文艺复兴时期的意大利宫廷为背景，描写一个侏儒成为国王的宠臣之后，变成仇视美好、残暴专横、迫害一切的罪孽代表。这是一部毁灭人和人性的悲剧。

进入20世纪50年代，拉格克维斯特也步入暮年，出版了长篇小说《女巫》（1956）、《托比亚斯三部曲》（1960—1966）、《希罗德和玛利亚尼》（1967），还有诗集《夜晚的土地》及剧本《皮尔格门》等。上述作品，皆与宗教有关。有趣的是，作者总是说自己是"一个严谨的无神论者"。的确，纵观他的创作生涯，他总是以人类善与恶之间的关系构架他的作品，其间的人道主义精神灼灼闪光。

1974年7月11日，用笔耕耘一生，再无力握笔，笃信善的力量将战胜丑恶的拉格克维斯特老人，在斯德哥尔摩的寓所里与世长辞。

威廉·罗素

获 奖 者：柏特兰·亚瑟·威廉·罗素（Bertrand Arthur William Russell，1872—1970），英国哲学家、数学家、社会学家。

获奖理由：表彰他所写的捍卫人道主义理想和思想自由的多种多样意义重大的作品。

获奖作品：《幸福之路》（哲学）。

罗素是著名哲学家、文学家、思想家、数学家、社会学家和社会活动家。一辈子著述甚丰，竟有七八十种，论文数千篇，涉及极为广泛，对哲学、数学、科学、文学、社会学、政治、历史、宗教诸方面皆有研究，素有"百科全书式思想家"之美誉。其著作具有世界影响。

1920年，罗素结束苏俄之行，又到中国讲学并游览各地，轰动中国学界。他到北京大学演讲，受到热烈欢迎，"急进的青年们开会欢宴"（鲁迅《打听印象》）。罗素即席讲话："你们待我这么好，就是要说坏话，也不好说了。"他将中国之行的所见所思，写进《中国问题》一书中。其中在"游览西湖"一节，还"称赞"杭州轿夫抬过自己后，休息时"谈着笑着，好像一点忧虑都没有似的"。见此，鲁迅几次写文章，对于罗素没看到劳动者的痛苦，有只见其"'笑嘻嘻'仿佛有点微词"云云，有些不得要领。可见，罗素中国之行，令中国学界颇为关注。

罗素写于1930年的《幸福之路》，是一本关于生活哲学的作品，而不是纯粹的哲学著作。纯哲学的著作在其毕生的著作中占不足三分之一，而绝大部分，是他感兴趣的社会和人生的种种问题，属于社会思想和政治方面的通俗著作。

《幸福之路》没有深奥难懂的哲学道理，只是他将自己的人生经历或已经证实过的关于幸福的思考总结起来，力求帮助世人找到不幸福的原因，让更多人获得属于自己的幸福。该书分前后两部分。前者罗素分析找不到幸福的原因。他说："不幸福的人一般是因为深陷在自我沉溺之中而不能自拔。"他从世界观、伦理道德观、生活习惯等方面，来分析"自我沉溺"的缘由及危害。后者则阐述追求到幸福的途径及方略。罗素耐心地分析个人兴趣、情爱、家庭、工作、休闲与幸福的关系，以及分析人们会产生幸福感觉的原因。如果说，人的不幸福来自社会和自身两个方面，那么幸福也应由这两个方面创造。人或许无力改变外部世界环境，但在个人范围内，得到幸福其实并不难做到。他现身说法道：

> 少年时，我憎恨人生，老是站在自杀的边缘上，然而想多学一些数学的念头阻止了我。如今，完全相反了，我感到了人生的乐趣；竟可说我多活了一年便多享受一些。这一部分是因为我发现了自己最切实的欲望是什么，并且慢慢地实现了不少。一部分是因为我终于顺顺利利地驱逐了某些欲望。但最后的部分，还须归功于一天天的少关心自己。

"少关心自己"，多投身有利社会民生的工作，就会找到幸福。罗素表达这些思想时，不是靠哲学的理论，也不是居高临下、夸夸其谈地说教，而是以友人间亲切交流的方式，让你如沐细雨春风。

罗素并不是抽象地说幸福，而是为其提供了新的层面，即更广泛的定义和内涵。他认为幸福分两部分，即一种是现实的、肉体的、情感的，另一种是幻想的、精神的、理智的。前者人人都可享受，而后者只有知识阶层才能领略。幸福不分等级，教育造成差异。罗素谋求的不是探讨哲学理念，而是改善世界的生存状态，让世人都能得到幸福。

正是罗素的《幸福之路》一书所表现的"捍卫人道主义理想"，使他摘下诺贝尔文学奖的桂冠。瑞典文学院给出的获奖理由是：

表彰他所写的捍卫人道主义理想和思想自由的多种多样意义重大的作品。

1872 年 5 月 18 日，在威尔斯屈尔莱克的一个非常显赫的贵族家庭里，诞生了一个男婴，他就是后来大名鼎鼎的柏特兰·亚瑟·威廉·罗素。其祖父约翰·罗素是著名的自由党思想家，曾在 1852 年和 1865 年两度担任大英帝国首相。

1874 年，罗素不满三岁，其母和姐姐患白喉去世。次年，过度悲伤的父亲也命丧黄泉。罗素和一个哥哥与祖父母相依为命。他年少时颇为孤独，由保姆和家庭教师为其启蒙。他十一岁始学数学，很快掌握几何学，令家人惊异。他十八岁即入剑桥大学，先修数学，后修哲学。他有幸得到剑桥大学的著名数学家、哲学家怀特海及哲学家麦克泰戈和穆尔等人的关照，如他所言"我的任何事情都很顺利"。

1894 年，罗素在家人反对下，坚持与大他五岁的美国小姐史密斯结婚。次年，罗素大学毕业后，留剑桥工作。两年后，他偕妻子到柏林，研究政治学和经济学，曾研读马克思《资本论》。1896 年，他出版《德国社会民主》，第二年又出《论几何学的基础》。1900 年，他完成《数学原理》这一数学研究领域里程碑式的著作。

罗素不是学院派学者，而是积极参与政治的社会活动家。在接触英国改良主义组织"费边社"领导人之后，他曾受影响，曾为自由贸易斗争。他还考虑妇女的权利问题，并为此发动过争取妇女选举权的活动。

第一次世界大战时期，罗素撰写文章，在和平会议上发表演说，反对英国参战。1915 年，他出版反战小册子《战争恐惧之源》，次年又发表政治著作《社会重建原则》，探讨婚姻、教育、教会等问题，提出与众不同的观点。因他积极参与反战活动，1917 年，法院借口他写的一张传单，判其有罪，罚一百一十英镑，以抵六十一天监禁。朋友凑钱，他才免了牢狱之灾。次年，他又因写一篇反战文章，被投入监狱，在狱中完成《数学哲学导论》。

1920 年，罗素访苏俄并会见了列宁。研究过《资本论》的罗素，既承认"此刻俄国有公正的政府"，但同时又指出苏俄是"一个封闭的暴虐的官僚制度，它有一个比沙皇时代更严密的特务体制"。

1938 年秋，欧洲反法西斯斗争浪潮高涨之时，罗素偕全家到美国，先任芝加哥大学和加利福尼亚大学教授，后又担任纽约市立学院教授。结果受到圣公教一些人的反对，说罗素信仰不可知论，其著作是"好色的、贪欲的、纵欲的、色情狂的、不虔诚的、思想狭隘的、虚假的、使人失去道德感觉的"。这些攻击，并没有影响罗素继续在美执教，几年后他才回英国。

罗素一生未担任过政府公职。作为学者，他曾经说过震聋发聩的话："我不喜欢共产主义，因为它不民主；我不喜欢资本主义，因为它赞成剥削。"从 20 世纪 50 年代始，罗素积极参加世界和平运动，反对核战争，为此，获世界和平奖。晚年，他因反对核武器静坐示威，被拘禁七天。罗素反对美国侵略越南，1967 年出版了《在越南的战争罪行》。

1967 年，罗素出版对自己一生的总结《自传》，对后人研究罗素极具价值。

1970 年 2 月 2 日，已经九十八岁高龄的罗素，在威尔斯的梅里奥尼斯郡家中去世。世界各地都悼念这位有真知灼见的伟人。

第四十二届（1949年）

威廉·福克纳

获 奖 者：威廉·卡斯伯特·福克纳（William Cuthbert Faulkner, 1897—1962），美国作家。

获奖理由：他对当代美国小说做出了强有力的艺术上无与伦比的贡献。

获奖作品：《喧哗与骚动》（又译《声响与愤怒》）（小说）。

第一次世界大战之后，美国文学进入一个非凡的时代。每位作家都有独特的风格，他们仍不习惯承袭传统，也无传统可继承，多在不久远的历史里发掘被埋没的人物和真理，创建了属于美国的文学花坛。在作家群落里，有写《红字》的霍桑、写《白鲸》的麦尔维尔、写《哈克贝利·费恩历险记》的马克·吐温、写《妇人的肖像》的詹姆斯，等到19世纪末和20世纪初，又涌现了一支浩大的作家队伍，有诺里斯、克雷恩布雷斯、亚当斯、海明威、欧茨、斯坦贝克、辛克莱及福克纳等，不胜枚举。可是说起来，威廉·福克纳在这一群体中算不上是一位出类拔萃的作家。他只是当时以写南方历史、风格、人情为主要题材，被认为是"南方文学"派的作家中有成就的作家。

福克纳一生花费心血最多，自己最喜欢的作品是《喧哗与骚动》。书名缘自莎士比亚《麦克白》的台词："人生如痴人说梦，充满着喧哗与骚动，却没有任何意义。"《喧哗与骚动》讲述的是一个拥有广袤田地、成群黑奴的家族由显赫到败落，由盛而衰后，一家三代思想混乱、道德沉沦的故事。这家主人康普生夫妇有四个孩子：昆丁、凯蒂、杰生及班吉。女儿凯蒂是小说的中心人物。她从小受到严格的教育，受道德约束，但她具有反叛性格，凡事自己做主。她大胆追求爱情，放荡轻佻，怀孕后被迫嫁给一个男人，后丈夫得知真相，将她抛弃，她只好靠出卖肉体为生。哥哥昆丁，带有贵族气质，无法承受妹妹凯蒂给家庭带来的羞辱，选择投河自尽。杰生代表"新南方"思想，眼中只有金钱。因凯蒂丑行，杰生丢掉银行里的职位，开始仇恨一切。班吉，先天脑残，没有思维能力，从小受姐姐凯蒂保护，但姐姐离开后，受哥哥杰生虐待，杰生甚至设计阉割了他，最后把班吉送到疯人院里去。老康普生去世，凯蒂回来参加父亲葬礼，杰生以为是来继承遗产。对杰生的狠毒，他家的黑人老仆愤慨地骂他："如果你还算是个人的话，你也只是冷酷无情的人，先生！"

《喧哗与骚动》共分四部分。前三部分，分别是班吉、昆丁和杰生的思想意识流，流畅明快、深刻尖锐地揭示人物的精神世界。第四部分，又回到传统的现实手法进行总结性描述。

意识的活动是迅速而无序的，会从一个思维跳跃到另一个思维，甚至有时是一连串的思维流动。这看似会打乱小说的时间顺序，缺乏逻辑性，宛如痴人说梦，扑朔迷离，但在福克纳的引导下，从人物内心走到客观时，就会对整个环境背景和人物经历留下深刻完整的印象。

福克纳在接受诺贝尔文学奖发表演说时，这样说意识流：

> 隐藏在所有意识流变体小说背后的，并不仅仅是柏格森所谓的"绵延"或者是詹姆士在心理方面提出的意识的流动，而且有一种更加重要的东西，一种文学、艺术、感性的东西在发挥作用。

是的，在意识流的理解和运用上，福克纳超越了普鲁斯特，也越过了乔伊斯，这是不争的事实。

《喧哗与骚动》充满先锋意识和独创性，它的思想内涵却是传统的。小说中深藏着福克纳对南方家乡和人民的深情，充满了刻骨铭心的乡愁。

瑞典文学院对福克纳小说的评价是：

因为他对当代美国小说做出了强有力的艺术上无与伦比的贡献。

福克纳，于 1897 年 9 月 25 日出于在美国密西西比州的新奥尔巴尼。其祖上曾是权势显赫的庄园主。曾祖是一名军人、实业家、政治家，还是小说家，出版过《孟菲斯苍白的玫瑰花》，福克纳承袭了这一天赋。到其父辈时家道中落，只是个拥有一家店铺的小业主。

1902 年，五岁的福克纳随父迁居到该州奥克斯福镇，开始接受小学和中学教育。他对多门功课感到不屑和厌烦，经常逃学，高中未毕业即辍学。父亲在家族中毫无才干，一事无成，而母亲却坚强骄傲。父母的性格影响到福克纳，时而软弱，又时而倔强。失学期间，他或画画，或到银行当小职员。第一次世界大战尾声，福克纳被征入伍，到加拿大皇家空军学校受训，很快退伍重返小镇。这段自由生活，反而勾起他继续求学的欲望。1919 年，年已二十二岁的他入密西西比大学读书。一年后又离校，开始自己的文学创作之旅，没有收入，他必须到书店打工，任邮务所所长，代理童子军教练。

1924 年，通过友人菲尔·斯东介绍，他自费出版诗集《大理石的农牧神》。这首长诗于 1919 年曾在《新共和》杂志上发表。1924 年秋，他意外地认识了原来雇主的丈夫、大名鼎鼎的小说家伍德·安德森。正是慧眼识珠的安德森，发现这位年轻人身上存在的文学天赋及敏锐深邃和宏大的气魄。安德森面授机宜，让他尝试写小说，并且要以他最为熟悉的南方历史和社会生活作为题材。

1925 年，福克纳旅欧期间，创作了以第一次世界大战为背景的长篇小说《士兵的报酬》。这部在安德森帮助下出版的小说，描写战后重返家乡的士兵，不仅受到战争的折磨，又遭遇家庭变故的痛苦。那场战争，引起不少作家的思考，与《士兵的报酬》同时出版的，欧内斯特·海明威创作的同题材的《太阳也升起来了》（1926），都是表现战后美国社会"迷惘的一代"普遍悲观情绪的。1927 年，福克纳的第二部长篇《蚊群》出版，这是一部讽刺小说，表现新奥尔良一群不拘小节的三流作家、艺术家的人生百态。出版后水波不兴，福克纳开始反省，这时他想起安德森对他的告诫，把笔锋转向他所熟悉的南方自己的家乡。于是便有他营造的庞大的"约克纳帕塔法"世系小说，新鲜出炉。借此，他走向了文学创作的高峰。

所谓"约克纳帕塔法"世系，是指福克纳以约克纳帕塔法城为广阔背景构建的小说系列，反映作者自南北战争以来，对历史、人类、生活、环境等重大问题的思考。小说系列可分四组：反映沙多里斯家族生活的《沙多里斯》（1929）、《不被征服的人们》（1948）；以康普生家族为描写对象的《喧哗与骚动》（1929）；写塞德潘和麦卡斯林家族的《押沙龙，押沙龙！》（1936）、《去吧，摩西》（1942）和《坟墓闯入者》（1948）；叙述斯诺潘斯家族生活，被称为"斯诺潘斯三部曲"的《村庄》（1940）、《小镇》（1957）和《大宅》（1959）。

从《沙多里斯》，已可见其小说进入一个新境界，将贵族世家沙多里斯家族的衰败尽现笔端。《去吧，摩西》由七个故事组成，是关于白人和黑人间的暴力、压迫、乱伦、正义、相处、博爱的探讨和思索。《喧哗与骚动》是其中最成功之作。

除庞大的"约克纳帕塔法"世系小说之外，其写于1954年的小说《寓言》，堪为佳作。它以二战法国战场一次兵变为背景，表述福克纳反战思想及对和平的渴望和思考，其间杂糅了《圣经》基督遇难情节，其影射颇为明显。此作连获国家图书奖和普利策小说奖。福克纳也是中篇小说大师，其《殉情》《夕阳》《早晨的胜利》等，皆为佳作，至今为读者津津乐道。他的唯一戏剧《修女安魂曲》曾在百老汇上演。

1946年，美国文学理论家马尔科姆·考莱编选了《袖珍本福克纳文集》，其为该书写的序言，对福克纳赞誉有加，使福克纳这位有深度、广度，有乡土气又有历史感的作家，在美国文坛受到重视。而安德烈和让－保尔·萨特对福克纳的赏识和推举——"在法国青年心目中，福克纳是神"——更让福克纳声名大振。

福克纳穷一生创作生涯，写了十九部长篇、七十五篇中短篇小说，还有大量诗歌、散文和一部戏剧。其文学造诣，为他赢得了美国"南方文学领袖""南方文艺复兴"代表人物的地位。

不少中国论者，在评价福克纳作品时，认定他是个思想复杂的作家，他的作品虽揭露了美国南方社会的深刻矛盾，同情劳动者被剥削的处境，但充满对生活失望后的变态心理和精神恐惧，认为世界已走向末日。此乃是对福克纳的亵渎。其实，相反，福克纳对生活是充满希冀和信心的，他在获诺贝尔文学奖后发表的著名演说便是证明，他说：

　　我拒绝认为人类已走到了尽头……人类能够忍受艰难困苦，也终将获胜。

他拿到奖金后，全部捐献出来，成立福克纳文学奖，用于支持和奖励文学新秀。

在福克纳看来，文学创作是创造，是道义，是劳动，作家应该"是一辈子处于人类精神的痛苦和烦恼中的劳动，这劳动并非为了荣誉，更非为了金钱，而是想从人类精神原料里创造出前所未有的某些东西"。

1962年7月6日，也就是福克纳最后的一部小说《掠夺者》出版不到一个月，他因两次从马背上摔落受伤，导致心脏病突发，在医院去世。

第四十一届（1948 年）

艾略特

获 奖 者：托马斯·斯特恩斯·艾略特（Thomas Stearns Eliot, 1888—
　　　　　1965），英国诗人、评论家、剧作家。
获奖理由：因为他对当代诗歌做出的卓越贡献和所起的先锋作用。
获奖作品：《四个四重奏》（长诗）。

艾略特是英国的现代诗人、剧作家和文艺理论家。他的诗歌创作，开创了欧美诗歌新的诗风，他的文艺理论奠定了欧美新批评派之基础，他的戏剧也别有建树，所以他成为欧美文坛颇有影响力的作家之一。

艾略特写于 1943 年的长诗《四个·四重奏》，是其诗歌的登峰造极之作。诗中借用诗人认为值得纪念的四个地方为题目，包括《烧毁的诺顿》《东库克》《干燥的赛尔维其斯》和《小吉丁》，力图展现他的哲学、宗教思想及世界观。诺顿是英国乡间玫瑰园遗址，东库克是诗人祖先的村庄，赛尔维其斯是美国马萨诸塞州的一处礁石，吉丁则是英国 17 世纪内战时的小教堂。四个地方，时空交错，且代表春、夏、秋、冬四季和亚里士多德提出的组成宇宙的气、火、水、土四元素。作品表达诗人对有限与无限、过去和未来、生与死，这种哲学对立的存在乃至整个世界进行饶有兴趣的思索。《烧毁的诺顿》，写得最为出色。

　　现在的时间和过去的时间，

也许都存在于未来的时间，

而未来的时间又包容于过去的时间。

假若全部时间永远存在，

全部时间就再也都无法挽回。

过去可能存在的是一种抽象，

只是在一个猜测的世界中，

保持着一种恒久的可能性。

过去可能存在和已经存在，

都指向一个始终存在的终点。

足音在记忆中回响，

沿着那条我们从未走过的甬道，

飘向那重我们从未打开的门，

进入玫瑰园。我的话就这样，

在你的心中回响。

但是为了什么，

更在一缸玫瑰花瓣上搅起尘埃，

我却不知道。

　　时间有过去、现在和将来，但实际上所有时间都是同时存在的。人类的悲剧，在于永远无法把握又无法逃脱这一自然法则。艾略特在抽象又感人的意向中提出，对于每个人来说，过去的一切，甚至未来，都归结于现在，便是当下的存在。

　　《东库克》探讨时间、宗教及无限循环的问题；《干燥的赛尔维其斯》则表述诗人关于人在世界和各自命运中超脱的思考；《小吉丁》谈老年和死亡这一命题。在他看来，死即是生，精神超越生命。艾略特的《四个四重奏》是哲学思想凝聚成的诗章，带读者在具体的历史时空中探索永恒与时间的辩证关系。在艺术上，乃是遵照贝多芬的四重奏的手法，运用复调、对位、和声和变奏来构建诗歌的筋骨，将欧美传统哲学思想特别是自己的哲学理念，灌注于诗的肌理之中，文字自然流畅，语言具有韵律节奏美感。

《四个四重奏》出版伊始至当下，评论界对之一直格外有兴趣，议论纷纷，褒贬不一，但主流评价极为一致，用美国文艺批评家哈罗德·布罗姆的话说，便是："你也许跟艾略特搏斗了很久，但仍然终生迷恋他最好的诗作。"艾略特在诺贝尔文学奖颁奖会上，发表题为"诗的意义"的演说，铿锵有力而标新立异地诠释自己的诗：

> 诗歌通常被认为是最具有地方色彩的艺术，绘画、雕塑、建筑和音乐都可以被所有能听或能看的人欣赏。但是语言，尤其诗的语言，是一件不同的事。似乎，诗歌把人们分离开来而不是团结拢来。

艾略特从来不指望自己的诗受所有人的抬爱，他原本是为喜欢他诗歌的人写诗的。即便如此，瑞典文学院还是高度评价了他的诗：

> 因为他对当代诗歌做出的卓越贡献和所起的先锋作用。

托马斯·斯特恩斯·艾略特，于1888年9月26日降生在美国密苏里州圣路易斯市一个书香门第。祖父是望族之后，华盛顿大学的缔造者。父亲是商人，母亲当过教师，喜欢写诗。艾略特是六个孩子中唯一的男孩儿。美国人不重男轻女，但不妨碍溺爱"这一个"，这或许让艾略特反而并不快乐。

1906年，艾略特入哈佛大学读哲学系，喜爱文学的他，对新人文主义者欧文·巴比特反浪漫主义的醒世格言及桑塔亚纳的怀疑论极感兴趣。

四年后，艾略特到法国巴黎大学进修哲学和文学，接触哲学家柏格森及作家波德莱尔和马拉美等，特别是受到马拉美的"事物的纯净状态"，即一个人对事物产生抽象空洞感觉，脱离现实诗风的影响。

1911年，艾略特重返美国哈佛大学，学习印度哲学和梵文。他学习有成，很受哈佛重视之时，突然于1914年秋转到德国求学，但因第一次世界大战爆发而未能如愿。次年，他进入英国牛津大学深造，修希腊哲学。与他同行的美国诗人艾肯，将艾略特的诗稿交给著名诗人庞德，便有了二人结成深厚友谊的机缘。在庞德的帮助之下，艾略特的诗出现在许多杂志上。1915年，艾略特模仿法国象征派诗人拉夫格风格之《阿尔弗雷德·普鲁弗洛克的情诗》发表，其对爱情和生活的复杂心理刻画深刻，得到文坛的关注。就在这一年，二十七岁，一直埋头读书的艾略特，认识了有过多次爱情史的舞蹈家薇薇安。爱情来得迅猛，不久二人便利落完婚，令艾略特父母大为惊骇，使家庭充满忧患，导致艾略特决心定居伦敦。婚后，经济拮据，艾略特不得不承受繁重的工作量，去当教师，同时兼任杂志编辑。他终于完成哈佛大学的博士论文，但因拒绝回国而失去学位。多亏朋友帮助，1917年，艾略特得到一个在银行工作的机会，他才有时间投入诗歌创作，该年出版了诗集《普鲁弗洛克及其他》。心情大好、深受鼓舞的艾略特并不知道，此诗集是由庞德夫妇匿名出资，由《自我主义者》杂志印刷发行。艾略特凭此诗集获英国诗坛一席地位。小有名气的艾略特创办了文学评论季刊《标准》，《标准》不久成为有影响的杂志。1927年，早就萌生加入英国国籍并英国教会想法的艾略特，终于如愿以偿。也是这一年，他将1909年到1925年发表的所有诗歌，结集《一九〇九年——一九二五年诗集》，其中包括1919年与1920年出版的短诗以及长诗《荒原》（1922）等诗作。

长诗《荒原》发表在《标准》上，美国《骤风》杂志转载，后来出书。当时西方批评家予以热捧，称《荒原》是现代诗歌的里程碑，是20世纪西方文学中划时代的作品。该诗共分五章：《死者葬仪》以荒原象征人的精神状态；《对弈》将上流社会与普通百姓生活对照，表现道德堕落，精神枯萎；《火诫》表现陷入情欲而跌进庸俗；《水里的死亡》宣扬死不可避免，向上帝投降才能得到重生；《雷霆的话》祈求上帝的雷霆，有了水，荒原才能活命，而人的精神才能走出苦境。

在艺术上，《荒原》有模仿借鉴维吉尔、莎士比亚等巨匠作品的痕迹。但那极具个性的象征主义遮蔽了这些大师的光芒。诚如艾略特所说："诗人必须变得愈来愈无所不包，愈来愈隐晦，愈来愈间接，以便迫使语言就范，必要时甚至打乱语言的正常秩序来表达意义。"这也是西方批评家所看重的，他们甚至认为《荒原》远远超过《四个四重奏》。

《荒原》对当时的西方世界社会现实有揭露和批判，有对十月革命的恐惧，宣扬只有宗教才能给人类干涸得像"荒原"一样的精神，洒下甘霖和琼浆。

1929年以后的艾略特，无法摆脱人类社会的种种矛盾，将更浓的宗教色彩带入他的诗歌。1930年，他写了《玛丽娜》与《灰星期三》。前者诗人借莎翁《泰尔亲王配力克里斯》中女儿寻父的故事，象征自己从宗教中找到生活意义；后者直接宣扬宗教禁欲、斋戒教义。作品在艺术上，继续结构严谨的特色，增加暗喻，具有自立和谐的诗风。

艾略特从20世纪20年代开始写剧本，多是关于宗教的。1934年上演的《磐石》宣扬宗教战胜困难，一路取得胜利；1935年创作的《大教堂凶杀案》写12世纪英国主教与国王的矛盾的故事，宣扬为宗教而献身。1939年，他创作了《全家重聚》，叙述犯罪和灵魂救赎的故事。后来，他又写了《鸡尾酒会》（1950）、《机要秘书》（1954）和《政界元老》（1959）等，将宗教变成现代社会滑稽剧。其戏剧并无大成就。

作为文艺理论家，艾略特极具贡献。其"非人格化"理论，主张不能主观表现自我。以诗为例，他说："诗不是放纵情感，而是避却情感，诗不是表达个性，而是避却个性。"他认为诗人的感情必须转化为非人格的东西，才能进入诗歌。他说："我们的文明包容了极大的多样性和复杂性，而这种多样和复杂性作用于一种高雅的情感时，就一定会产生纷繁复杂的结果。诗人必须变得越来越能领悟万物，借用引喻，表达简洁，以便使意到言随，必要时使言意分离。"他的"非人格化"理论，成为欧美"新批评派"的理论基础。多元化的文学形态，需要多元化的文学批评，时至今日，艾略特的文学理论仍值得认真研究。

艾略特的婚姻，一开始就不顺遂，妻子有精神方面的疾病，使婚姻难以和谐，后病情加重，不得不住进疗养院。直至1933年，深爱着妻子的艾略特迫于无奈，与妻子分居。对此，艾略特痛苦地说："自从和妻子薇薇安结婚以来，婚姻对我来说就像噩梦。"直到二十三年后，六十八岁的艾略特才娶为他工作了八年的女秘书弗岚切为妻，过上幸福的家庭生活。

1965 年 1 月 4 日，艾略特在妻子的守护下，在伦敦家中去世。家人遵照艾略特的遗嘱，在其墓碑上镌刻着：

　　请记住托马斯·斯特恩斯·艾略特，一位诗人。我的开始就是我的结束，我的结束就是我的开始。

第四十届（1947 年）

安德烈·纪德

获 奖 者：安德烈·保尔·吉约姆·纪德（André Paul Guillaume Gide，
1869—1951），法国作家、评论家。

获奖理由：内容广博和艺术意味深长的作品——这些作品以对真理的大无
畏的热爱和敏锐的心理洞察力而表现了人类的问题和处境。

获奖作品：《田园交响曲》（中篇小说）。

被称为"20 世纪前半期统治欧洲文坛"的作家安德烈·纪德，在改革开放
前的中国影响甚微，像中国的《外国文学史》《欧洲文学史》等文学史作
品中，都惜墨如金，只字不提。是否因纪德 1936 年访问苏联归来后，在《苏联
归来》一文中，抓住当时苏联社会缺陷，加以揭露攻击，抑或又因在第二次世界
大战期间，他在以戴高乐为首的抵抗力量和对立的卖国贝当政府之间，立场摇摆
不定，不得而知。但历史也曾证明，自 1932 年始，纪德曾参与国际反法西斯运动，
并宣称信仰共产主义。同样，历史还证明苏联社会的确存在诸多弊端。历史是面
镜子，它告诉我们，纪德是一个思想复杂、性格矛盾、灵魂孤独、有些病态，却
才华横溢、极富艺术个性的作家，一个熟谙小说、戏剧、散文、评论多种文艺体
裁的"全才"。

纪德于 1919 年出版《田园交响曲》，与 1902 年发表的《蔑视道德的人》、
1909 年出版的《窄门》构成一个系列三部曲。它们都揭示了两个相互矛盾的东西：
宣扬"绝对自由""享乐第一"，又告诫人们放纵欲望、利己主义，必然导致人性

沉沦。《田园交响曲》的故事并不复杂，描写一个乡村牧师收养一个盲女，待之如同亲生，关怀备至，费尽苦心，启发其心智，使她脱离蒙昧，借助音乐《田园交响曲》，让她感知、领略美妙的外部世界，盲女从感恩到爱上牧师。牧师最终突破世俗道德束缚，接受了盲女的爱情，一步步堕入情网，并在给盲女做复明手术前，与她发生肉体关系。但盲女复明后，发现自己所爱非父亲般的牧师，而是牧师的儿子。她无法摆脱良心的谴责，选择自杀……

小说刻画了两个鲜活不朽的"这一个"，牧师和盲女。他们的交集、他们的灵魂间精神法则与肉体法则的矛盾冲突，构成了这两个人物丰富的人性内涵。

《田园交响曲》是纪德酝酿了二十五年之久的中篇小说。虽然篇幅不长，并以日记体来表达，却活画出牧师的鲜明个性和淋漓尽致地呈现出他悸动的心灵世界。世俗和宗教道德下的爱情观孰是孰非，小说最后没做出结论，而是将这一困扰人们的诘问，交给读者给予答案，也颇有新意和深意。该小说让瑞典文学院将第四十届诺贝尔文学奖颁给纪德，其理由是：

> 内容广博和艺术意味深长的作品——这些作品以对真理的大无畏的热爱和敏锐的心理洞察力而表现了人类的问题和处境。

纪德，于1869年11月22日出生在巴黎一个知识分子家庭。其父保尔·纪德，是巴黎大学法学院教授。其母朗迪克斯为富家之女。这个家庭充满古老诺曼底文化和普罗旺斯文化双重文化及浓郁的加尔文宗教的影响，纪德从小处于紧张而忧郁的环境，形成病态的性格。作为独子，纪德从小就受到严格的教育，八岁入阿尔萨斯学校读书，次年因"不良习惯"，被该校开除，父亲的书房成了他的乐园，他可以读大量有关文学、宗教、哲学、历史等方面的书籍，从此喜欢上文学，并萌发创作欲望。不幸的是，其父在1880年去世，纪德随母亲搬到外祖父家，寄人篱下。母亲清教徒式严苛的管束，让纪德性格中又多了一种叛逆。独特的生存环境，让纪德敏感早熟，十四岁时爱上了比他大三岁的表姐隆多，遭到母亲反对，他却一往情深。二十岁时，他通过学士学位考试，向隆多求婚，遭到拒绝。但是，

1891 年他叩开了文学大门，完成散文日记体小说《安德烈·亚尔德的记事本》。小说讲述了一个既相信上帝又渴望爱情的少年亚尔德，在所爱的表姐嫁人后，精神受煎熬，转而从创作中寻觅安慰的故事。属于那种纯粹的柏拉图式爱情的小说。

1895 年，纪德母亲病故，他与心仪已久的表姐隆多修成正果，走进婚姻殿堂。但那是徒有其名的畸形婚姻。他的文学之路，却顺畅起来。19 世纪末，他结识了一批醉心于象征派的诗人，如皮埃尔·路易、保尔·瓦雷里等著名诗人。特别是受这一诗派的领导人物马拉美的影响，纪德写了一些宣扬象征派的文章，如《纳尔斯的论文》（1891）、献给表姐隆多的诗集《安德烈·瓦尔特的诗歌》（1892）和幻想小说《乌里安旅行记》（1893）。

纪德是善变的。他患了肺结核病后，于 1893 年 10 月至次年 7 月，为治病，有了一次北非突尼斯、阿尔及利亚的旅行，是与好友画家阿·洛朗斯结伴而行的。纪德在旅行中，决定选择冲出宗教和家庭的束缚，寻求自由自在的生活。回国不久，年底，他再次踏上北非土地，结识了大名鼎鼎的英国唯美派代表作家奥斯卡·王尔德。王尔德在两年前发表的《社会主义制度下的人的心灵》，提倡艺术是个人享受，对纪德产生影响。纪德也抛弃道德观，构建了自己的以鼓吹个人自由，放纵欲望、极端利己主义的"非道德主义"思想王国，人称"纪德主义"。此刻，纪德厌倦了象征主义。

两次北非之行，让纪德更平添了不少荒诞色彩。他从 1894 年底第二次访北非开始动笔，历时三年完成于 1897 年的长篇小说《地上的粮食》（又译《大地的果实》），就是通过文学来宣扬"纪德主义"人生观的宣言书。该书风靡一时，影响深远。该作是激情四溢又没有严格章法的散文体小说，如果加上"颂歌"和"寄语"，全书由十卷组成，是取材于《圣经》故事，贯穿古老传说，渗透尼采哲学的作品。小说叙述一位哲圣对其弟子进行讲经说教的故事，以富有诗意的断想，宣扬人们要丢弃道德规范和精神束缚，去尽情纵欲，享受追求"自我"的生活，自由自在地去认识"自我"和周围的世界，"重要的是你看，而不是所看到的东西"，这里有为后来的萨特存在主义所采撷的成分。在该书 1927 年再版时，他在"前言"中写道：这是一部"为接受生命中某些差点失去的东西而康复"的作品，

"当我写这部书的时候，文学界有一股非常强烈的造作和封闭气息；我觉得迫切需要使文学重新接触大地，赤着脚随便踩在地上"。其写作动机和观念，一目了然。

进入20世纪，纪德的精神世界依然充满矛盾。1902年，他出版了《蔑视道德的人》，将精神世界的矛盾表现得淋漓尽致。主人公米歇尔因病去北非休养，为异国风情所陶醉，自由自在地生活，疗好了病。后再游北非，收养男孩，对因不适应那里环境而病的妻子却疏于照顾，妻子病故。极端个人主义酿成人性沉沦的悲剧，米歇尔的灵魂备受煎熬。有明显自传色彩的此作，确立了纪德在法国文学界和思想界的主要位置。

1909年，纪德创作的《窄门》，则从宣扬纵欲跳到另一极端，提倡克制、约束欲望和对宗教忠诚。写一个少女为了忠于上帝而不惜忍痛割爱，因为她知道，通往天国之门太窄，是容不得两个人同时升天的，少女最终孤独悲郁而死。纪德安排这一悲剧性结局，正是反映他思想的一贯矛盾性——自我约束、克制必然带有消极悲观成分，具有神秘主义色彩。

1914年，纪德出版另一重要作品《梵蒂冈的地窖》，塑造一位绝对自由，无缘由杀人和无动机救人的"英雄"。故事围绕一伙歹徒企图抢夺梵蒂冈教皇的财富展开，充满虚幻性，也有讽刺意味。在艺术上，有借鉴俄国陀思妥耶夫斯基的痕迹，他写的长篇论文《陀思妥耶夫斯基》，可见其对这位俄国作家深刻的研究。其实，尼采的"超人哲学"，对纪德的影响更大。

第一次世界大战爆发后，纪德一心皈依宗教，研究《福音全书》，寻找"戒条、律己"，同时参加战地救护难民的活动，精神暂时统一。1925年，他再度访问北非，回来后创作小说《伪币制造者》（1926）及《伪币制造者日记》，把目光投向社会矛盾和世人的生活状态，对黑人劳动者被白人压榨，表示愤慨。这是一部严肃的表现广阔社会生活和法国各类知识分子命运和精神世界的，具有现实主义精神的小说。尽管小说中人物来无影去无踪，故事结果也没有交代清，但书中的人物形象尚属完整。有趣的是，纪德小说中那个叫爱德华的作家，也写了一部与本小说同名（《伪币制造者》）的小说。有论者曰，这是纪德告诉读者，爱德华就是自己。

也未必，不过是一种小说技巧而已。

自 1930 年起，素有"非道德主义"者之称的纪德，思想偏偏毫无征兆地突然向左转，积极参加国际反法西斯运动，甚至宣称信仰共产主义。对思想复杂而多变，不断向两极摇摆的纪德来讲，这并不让人感到惊奇，特别是能站到反人类的法西斯的对立面。

这是一切有起码良知的知识分子的共同选择。当然，纪德拥护苏联的社会主义革命，他未必真了解社会主义革命。唱唱高调，说说时髦话，原本同样是一些知识分子的常态。因此，当纪德访苏归国，写《苏联归来》，便劈头盖脸地批判苏联社会某些问题，也不足为奇。纪德者，乃自由主义作家，注定摆脱不了自身的矛盾和局限。

第二次世界大战后，纪德隐居在北非突尼斯，寂寞而孤独地靠重温经历过的如梦似幻的过往生活，打发落拓的晚年生活。

1947 年，纪德荣获诺贝尔文学奖后，风烛残年的他，回到巴黎，有不胜衣锦还乡的荣耀，1951 年 2 月 19 日病逝于巴黎，享年八十二岁。

不知为什么，在回顾纪德一生的时候，笔者突然想起《田园交响曲》中盲女死前，念念不忘圣·保罗的那句话："我以前没有律法是活着的，但是诫命来到，罪又活了，我就死了。"纪德是否在提倡人们大胆去追求真、善、美，满足爱欲，哪怕它需要背负世俗的指责？莫非，这就是瑞典文学院认定纪德小说所表现的"人类的问题和处境"？

第三十九届（1946年）

赫尔曼·黑塞

获 奖 者：赫尔曼·卡尔·黑塞（Hermann Karl Hesse, 1877—1962），
瑞士作家。

获奖理由：他那些灵魂盎然的作品——它们一方面具有高度的创意和深刻
的洞见；一方面象征古典的人道理想与高尚的风格。

获奖作品：《荒原狼》（长篇小说）。

黑塞对抽象的"爱国主义"充满反感和蔑视。他写于1927年的《荒原狼》，就公开站到正走向法西斯、与全世界为敌的"祖国"德国的对立面。后来，他致信同胞挚友托马斯·曼："亲爱的托马斯·曼，我不指望你与我的态度和观点一致，但我希望你出于对我的同情，尊重我的态度和观点。"他再次表达他退出"祖国"的艺术家协会的坚决态度。其实早在第一次世界大战伊始，同在瑞士避难的黑塞与罗曼·罗兰都坚决反对这场不义之战。所不同的是，他们分别来自敌对的德国与法国。有趣的是，罗曼·罗兰在战火连天的1915年获诺贝尔文学奖，而黑塞则在自己的"祖国"被盟军和红军支解瓜分后的1946年获得诺贝尔文学奖。

《荒原狼》是黑塞最有创意和深意的长篇小说。小说以德国魏玛共和国时代为背景，反映知识分子忍受现实压抑和本能反抗之间的情感冲突。小说主人公哈里·哈勒尔是位中年艺术家，才华横溢，为人正直，但与现代生活方式格格不入，疏于与外界交往，陷入孤独甚至精神分裂的境地。后来他读到一部《评荒原狼》，开始相信自己身上同时存在"人性"和"狼性"。他从此开始主动频频参与各种社会活动，发现与他交往的人身上，普遍存在一种狭隘的民族主义倾向，这与他的反战思想言论常常发生矛盾冲突，受到他们的痛斥或讥讽，这让他陷入窒息、孤独的深渊。他偶遇酒吧女郎赫尔米娜，开始以纵情声色、肉欲欢愉来麻醉自己。由酒吧女介绍，哈勒尔结识了音乐家帕布洛和另一位给他带来肉欲享受的姑娘玛丽亚。帕布洛深深影响着哈勒尔，哈勒尔视他如莫扎特、歌德等，象征着一个有信仰、令他愉悦的世界。一次，哈勒尔发现赫尔米娜在亲近帕布洛，妒火中烧，"狼性"附体，非理性、兽性战胜了理性和人性，他杀死了赫尔米娜。

黑塞借助哈勒尔等这些鲜活的人物形象，试图反映第二次世界大战知识分子精神挣扎中的孤独、彷徨和苦闷，并显露出小说的人道主义的光辉。在艺术上，《荒原狼》是部极富超现实主义风格的小说，娴熟地运用梦幻形式、象征意味和意识流等艺术手法，使小说中人物的内心世界展现得丰富多彩又淋漓尽致，被其好友托马斯·曼誉为"德国的《尤利西斯》"。该小说一举夺得该届诺奖，并得到很高的评价：

> 他那些灵魂盎然的作品——它们一方面具有高度的创意和深刻的洞见，一方面象征古典的人道理想与高尚的风格。

赫尔曼·黑塞，于 1877 年 7 月 2 日生于德国南部卡尔夫镇一个虔诚的基督教牧师家庭。其外祖父及父母都曾远赴印度传教。父亲有德、法血统，母亲有瑞、法血统。黑塞从小所受的教育有多文化背景。十五岁时，在父亲安排下，他进玛尔布隆神学院，接受教会的神学教育。后来，他在《魔术师的童年》回忆录中，这样描述童年所受的教育，"这幢屋子里交结着许多世界的光芒。人们在这里祈祷和读《圣经》，研究和学习印度哲学，还演奏许多优美的音乐。这里有知道佛陀和老子（中国老冉）的人，有来自许多不同国度的客人"。黑塞说，"这样美的家庭是我喜欢的"，但是"我希望的世界更美，我的梦想也更多"。此外，他还喜爱家乡美丽的高山流水，还有古老的传说。这种特殊的教育，使天赋异禀的黑塞，九岁便开始写诗。但追求自由的他，更向往大千世界，曾深夜翻过高墙逃离刻板的神学院，被警察抓回到父亲那里。倔强的黑塞让父亲选择，要么失去儿子，要么让他自由。父亲最终妥协。十五年后，黑塞的长篇小说《在轮下》叙述了这段生命轨迹。

十七岁时，黑塞携着简单的行囊，只身到一家钟表厂当学徒，后又到蒂宾根城一个书店打杂。在窗外春秋变换的十年间，他沉醉于书的海洋里，歌德、席勒等世界名人的作品滋养着他、激励着他。他在1898年自费出版诗集《浪漫之歌》，次年又出版了散文集《子夜后一点钟》，没有引起文坛注意。直到1904年，这个书店的伙计，后来也经营一家书店的黑塞，出版了长篇小说《彼得·卡门青》，才引起巨大反响。小说叙述一位年轻音乐家彼得，忍受不了社会盛行的冷酷虚伪，怀着绝望返回故乡，从乡民和大自然中寻觅快乐的故事。小说所写，实际上是黑塞自己的生活经历和生命体验。此乃他后来成名作《荒原狼》的试笔之作。

《彼得·卡门青》出版后，黑塞把书店易手，移居盖恩豪夫乡间，在僻静的环境中，开始专业作家之旅。他出版了中篇小说《在轮下》（1906），描写神学院里一对性格迥异的少年身心受到残害的故事，抨击旧的教育制度。接着，他出版了两个短篇小说集《此生此世》（1907）和《邻居》（1909），次年，另一描写知识分子心灵孤独的长篇小说《盖尔特鲁德》出版。

1911年，黑塞远道去访印度，"去寻求东方的智慧"。在那个国度里，他对印度和中国哲学思想有所了解，加上少年在神学院所获取的关于印度、中国文化的知识，对东方文化产生浓厚兴趣，写了访问记《来到印度》（1913），并以此题材于1922年创作长篇小说《席特哈尔塔》，献给在第一次世界大战中结成挚友的罗曼·罗兰，在印度广受好评。1915年，他出版由《初春》《怀念克努尔普》和《结局》组成的关于流浪汉故事的三部曲小说《克努尔普》。

与同时代欧洲特别是德国作家相类似，黑塞也受到同胞哲学家尼采哲学的影响，醉心于从哲学、宗教和心理学方面，探求解救人精神之路。其作品《德米安》（1919）、《席特哈尔塔》（1922），都是这方面的代表作。

1933年，黑塞获得瑞士国籍。瑞士是一战期间，黑塞受到德国一些人攻击，无家可归时，慷慨给予庇护，让他安身立命的国家。

继《荒原狼》（1927）之后，1930年黑塞又出版《纳尔齐斯和戈尔德蒙德》。从此，他一直隐居在瑞士南部风景秀丽的蒙塔纽拉。1932年，他发表了《东方之旅》。这是一部自传色彩很浓的小说，讲主人公H.H（黑塞自己姓名的缩写）一生自我救赎的精神苦行之旅，是个朝圣者的神话故事。

从1931年至1943年，黑塞历时十三个年头，在遥远的德国法西斯战车碾压世界的炮火隆隆中，完成了一生中最长的也是最后的小说《玻璃球游戏》。这是一部对世界的文明命运特别是艺术命运进行思考，充满人道主义精神的寓言式小说。小说描写主人公精神贵族克乃希特，在现实的启发和学者的教育之下，从象牙塔回归社会，似冒险家想以教育拯救人类的堕落，不惜牺牲自己的故事。小说具有复杂的内涵。作者把西方古老文化与东方文明，包括中国的老庄哲学，杂糅于一炉，使小说具有玄妙丰富的意味，故至今世界一些学者还在对其分析研究。

被称为"德国最后一个浪漫派的骑士"，具有世界影响的批判现实主义作家黑塞，于1962年8月9日，在瑞士蒙塔纽拉病逝，享年八十五岁。

第三十八届（1945年）

加夫列拉·米斯特拉尔

获 奖 者：加夫列拉·米斯特拉尔（Gabriela Mistral，1889—1957），
智利女诗人。

获奖理由：她那由强烈情感孕育而成的抒情诗，已经使得她的名字成为整
个拉丁美洲世界渴求理想的象征。

获奖作品：《柔情》（诗集）。

诗集《柔情》，是诗人米斯特拉尔献给母亲和儿童的诗篇：

哦，不，上帝怎么能让我的乳房的蓓蕾枯干，

在使我腰围膨胀之时

整个山谷里还有谁比我更穷困，

如果我的乳房不曾变得润湿。

一如妇人们放在门外取夜露的水瓶，

我把我的乳房放在上帝之前，

我替它取了新的名字，

我叫它灌注者，

我向它祈求丰富的生命之液，

饥渴地等待着，我的儿子即将到来。

诗者以女性独特的眼光和体验，描写少女变成母亲的生活和心理过程，其间洋溢着一种伟大的自我牺牲的奉献精神。不是上帝的恩赐，自己就是创造生命的那个上帝。

因为你睡着了，我的小人儿，

落日不再炽热，

现在再也没有什么比露珠更明亮，

比你所熟知的我的脸更白皙。

因为你睡着了，我的小人儿，

我们看不到公路上任何东西，

除了河流无一物叹息，

除了我无一物存在。

平原化作雾气，天空静止了呼吸

寂静君临一切，

我不仅是歌声轻摆，

我的婴儿入睡，

整个世界也随着摇篮的晃动入睡。

这一首摇篮曲，呈现了一幅母子相依，情意融融的美妙图景，昭示母性对人类繁衍生息的伟大贡献。诗还表达了人世间博大的母性最本真、最纯洁、最无私、最柔情、最崇高的舐犊深情，让人联想到鲁迅"无情未必真豪杰，怜子如何不丈夫"的诗句，对母性油然产生敬意，我们的灵魂也得以净化。

米斯特拉尔，于1889年4月7日出生在智利北部科金博省的弗考尼亚镇。其实，加夫列拉·米斯特拉尔是她的笔名，其呱呱降生之后，父母为她起名卢西拉·戈多伊·阿尔卡列亚（Lucila Godoy Alcayaga）。1914年，她二十五岁时，以笔名加夫列拉·米斯特拉尔发表《死的十四行诗》一诗。此笔名由她喜爱的意大利诗人加夫列拉·阿米诺及另一位她喜爱的曾在 1904 年获诺贝尔文学奖的法国诗人弗雷德里克·米斯特拉尔的名字组成，以示对他们的尊崇和怀念。

其祖父是西班牙移民，她身上有西班牙、巴斯克和印第安等血统。其家境贫寒，她生下没多久，在小学任教的父亲病故。她从小便帮给富家当用人的母亲干活，料理家务。米斯特拉尔因家里贫困，整日为生计忙碌，无缘上学读书。但她天资聪慧，以顽强的毅力在家自学求知。父亲留下的教材成了她的课本，或由略通文墨的母亲指导，或找邻家学生帮助，强烈的求知欲让她到各处向有文化的人求教。她喜爱文学，尤钟情诗歌，每得诗集，夙兴夜寐地读抄。经过刻苦求学，十四岁时，她就开始写诗，大胆给省城报刊投稿，偶尔竟能发表，并得到编辑的好评，成为小镇才女。

十六岁时，她以才学受聘到当地小学当教师。翌年，他与铁路小职员相爱，不料爱情蓓蕾尚未怒放，她的性格懦弱的男友因生活不得志而饮弹自杀。

这晴天霹雳般的打击，没有击倒米斯特拉尔，她将悲痛忧伤、怀念转化为诗，以祭悼亡友，便有组诗《死的十四行诗》（1914）发表。第一首如下：

　　　人们把你搁进阴冷的壁龛，
　　　　我把你挪到阳光和煦的地面。
　　　人们不知道我要躺在泥里，
　　　　也不知道我们将共枕同眠。

　　　像母亲对熟睡的孩子一样深情，
　　　　我把你安放在日光照耀的地上。
　　　　土地接纳你这个孩子的躯体，
　　　　准会变得摇篮那般温存。

　　　我要撒下泥土和玫瑰花瓣，
　　　　月亮的薄雾缥缈碧蓝，

将把你轻灵的骸骨禁锢。

带着美妙的报复心情，

我歌唱着离去。

没有哪个女人能插手这隐秘的角落，

同我争夺你的骸骨！

　　诗人以爱情和死亡为中心，以哀婉凄恻的诗句，倾诉对逝去恋人悲痛、惆怅的深情。该诗获当年圣地亚哥"花节诗歌比赛"的一等奖。为了怀念早逝的恋人，她一生都保护着他们纯洁而又短暂的爱情，独身不嫁。

　　1918 年，米斯特拉尔到阿雷纳斯角女子中学当校长，两年后又奉调至圣地亚哥女中任校长。1922 年，她又应邀前往墨西哥，参加那里的教育改革工作。同年，她的第一部诗集《绝望》（又译《孤独》）在美国出版。较之《死的十四行诗》，其题材有所开拓，女诗人以女性独特的抒情笔触，叙述她与亡故恋人的忠贞不渝的爱情及阴阳两隔间的痛苦的思念。情感真切、深沉、细腻，意境清新而悠远，突破了欧洲诗歌对拉丁美洲诗歌的束缚，另辟蹊径，开创了拉丁美洲新的诗风。

　　1924 年，米斯特拉尔有一次美国和欧洲之旅，游历中，女诗人又出版了诗集《深情》（又译《柔情》）。从该年开始，诗人米斯特拉尔开始了职业外交官生涯，受智利政府派遣，先后到西班牙马德里、葡萄牙里斯本、意大利热那亚、法国尼斯和美国洛杉矶等地任领事衔，参与 20 世纪 30 年代草创国际联盟的工作。

　　1938 年，米斯特拉尔利用公务之余，创作出版诗集《有刺的树》。诗的内容和诗风已有大变，诗人开始赞美大自然并站在人道主义立场为世界人民特别是犹太民族和印第安人的痛苦不幸而疾呼，艺术形式上已有明显的现实主义风格和从民歌中汲取的民间色彩。

　　米斯特拉尔晚年，长年担任智利驻联合国的特使，同时还兼几个大学的客座教授。1955 年，她出版了收官之作——诗集《葡萄压榨机》。该诗集汇集了诗人七十多首诗，是她怀着炽烈的情感为自己祖国和人民唱的赞歌，同时也表达了她对人类命运的关注。

当然首先是米斯特拉尔的诗，"使她的名字成为整个拉丁美洲的理想的象征"，而所担负的外交之职，让世界文坛有机会关注她，也为她获诺贝尔文学奖提供了有利因素。

1957 年 1 月 10 日，米斯特拉尔因患癌症病逝于美国纽约州赫姆泼斯迪特，享年六十八岁。

第三十八届诺贝尔文学奖为她的诗所做的评价如下：

> 她那由强烈情感孕育而成的抒情诗，已经使她的名字成为整个拉丁美洲世界渴求理想的象征。

我们可视为她的墓志铭。

第三十七届（1944年）

约翰内斯·扬森

获 奖 者：约翰内斯·威廉·扬森（Johannes Vilhelm Jensen，1873—1950），丹麦小说家。

获奖理由：由于借着丰富有力的诗意想象，将胸襟广博的求知心和大胆的、清新的创造性风格结合起来。

获奖作品：《漫长的旅行》（小说）。

约翰内斯·威廉·扬森在1944年获诺贝尔文学奖，既是应运而得，又有幸运成分。

第二次世界大战爆发后，德、意法西斯铁骑踏遍欧洲，欧洲人民饱受战争劫难，诺贝尔文学奖被迫中止了四年。抗击法西斯的斗争要进行到底，生活也要继续下去。瑞典文学院开始物色一位拥有充分人道主义作品并在欧洲有影响的作家，他们选中著有史诗性著作《漫长的旅行》的丹麦作家扬森，决定在反法西斯战争已见胜利曙光的1944年，继续颁发诺贝尔文学奖。

扬森与勃兰特、耶勒鲁普、彭托皮丹和兰尔生等是20世纪最有声望的丹麦作家。耶勒鲁普、彭托皮丹二人获第十七届诺贝尔文学奖，二十七年之后又一丹麦人扬森荣获此奖，真似有神助。

《漫长的旅行》是扬森于1908年动笔，花费了十四年心血，到1922年才完

---

*　1940年—1943年，因第二次世界大战未颁奖。

成的长篇巨著。共分六卷，一说分别是《冰河》（1908）、《船》（1912）、《失去的天国》（1919）、《诺尔纳·盖斯特》（1919）、《克利斯朵夫·哥伦布》（1921）和《奇姆利人的远征》（1922）；另一说，按顺序是《冰川》《失去的世纪》《肯勃兰斯人的进军》《诺娜女神》《船》和《基督的哥伦布》。

且不必纠缠译名各异，小说是按达尔文进化论的观点描写人类的进化过程。分别为：写古冰河时代猿人的生存状态（《冰河》）；表现北欧海盗时代海盗的活动（《船》）；描写斯堪的纳维亚一个民族英雄寻找天国的故事（《失去的天国》）；呈现丹麦母权社会时代，婚姻由野蛮向文明过渡的过程（《诺尔纳·盖斯特》）；叙述哥伦布艰苦发现美国大陆的历史故事（《克利斯朵夫·哥伦布》）；最后一部，表现青铜器时代丹麦人的生活和民族风俗（《奇姆利人的远征》）。《漫长的旅行》以人类学家的目光，通过小说形式，塑造了大量鲜活的人物形象，从类人猿写起，直到哥伦布发现美洲大陆，构成了一部规模宏大、气势磅礴、风格优美，极富想象力，又有渊博人类学知识的史诗性巨著。第三十七届诺贝尔文学奖，也不吝以"由于他借着丰富有力的诗意想象、将胸襟广博的求知心和大胆的、清新的创造性结合起来"之美誉，将他送上文学最高殿堂。

1873年1月20日，约翰内斯·威廉·扬森降生于丹麦日德兰半岛的希默兰镇。父亲是位兽医，母亲来自农村，熟悉民间传说，扬森在乡野故事中度过童年。十七岁时，酷爱读书，特别喜欢北欧神话和丹麦古典文学的扬森，就读一所格陵兰教会学校。他毕业后，考入哥本哈根大学医学院。1895年毕业后，他并未从医，而是选择了钟爱的文学创作。

1895年，扬森在《拉夫恩》周刊上发表长篇小说《卡塞亚的宝物》，接着发表《亚利桑那血祭》。前者为惊悚小说，后者则写惊险故事，一经发表，受到普通市民欢迎，却受到丹麦著名评论家勃兰兑斯的批评，认为扬森的作品"不是以我们的生活为题材"。

1896年，其长篇小说《丹麦人》出版。这是一部以丹麦王国的古老传说为题材的小说。当时欧洲小说界象征主义和印象主义正在风行，扬森的作品受到影响。勃兰兑斯抨击了"非常抽象的理想主义"，认为"这种理想是对现实的逃避"。两年后，扬森投入崇尚现实主义的文艺批评家布朗德斯门下。老师主张文学应该反映社会生活。扬森抛弃了象征主义和印象主义，开始创作现实主义作品《希默兰的故事》。该小说以自己家乡日德兰半岛的希默兰镇为背景，反映希默兰一家几十年的生存状态和社会风貌，辅以乡间的趣闻逸事。《希默兰的故事》由三部曲（有三十四个篇章）组成，分别发表于 1898 年、1904 年与 1910 年。小说质朴清新，粗犷而壮阔，深受丹麦各界好评。

接着，扬森又出版悲剧性历史小说《国王的失败》三部曲，由《春之死》《巨大的夏日》和《冬》组成，描写的是 16 世纪丹麦国王克里斯蒂安二世主张政治改革新，与贵族斗争，悲惨而死的波澜壮阔的一生。

自 1896 年始，扬森曾多次出国旅游，先后到美国、法国、西班牙、新加坡、埃及、巴勒斯坦等地，他的足迹还踏上过中国，先到上海，然后乘船逆流到武汉访问。

1904 年，日俄战争爆发时，扬森远渡重洋到美国访问。归国后，创作了以美国为背景的一部小说《德奥拉夫人》。它以曲折离奇情节的侦探推理为外壳，意在揭示美国社会问题，充满幽默讽喻，被誉为"丹麦之《浮士德》"。1905 年，他又出版《车轮》，此亦为当代题材小说。次年，他出版叙事诗集，写冰岛中世纪传奇故事。

扬森在书写神话方面，亦有贡献，自 1907 年至 1944 年，耗时三十七年，创作了以神话作为题材的小说，多达一百几十篇的短篇小说后来结集编成九卷本《神话集》。这一关于神话的浩瀚工程，表现了自然界前进的力量，是唤起人们对人类童年时代回忆的作品。当然，从扬森这些以他丰富、成熟的创作所表现出的复杂意识里，我们可以清晰地发现尼采的超人哲学和东方宗教教义相杂糅的某些方面，既包含了欧洲神话，又有浓郁的东方色彩。其实这与英国作家约瑟夫·鲁德亚德·吉卜林的创作风格很相近，吉卜林是靠展示印度人狡黠和东方式的撒谎智慧的《基姆》获得 1907 年诺贝尔文学奖的，故丹麦人称扬森为"丹麦的吉卜林"。

扬森不仅擅长小说，其诗歌和散文也风光无限。其诗集有《诗集》（1906）、《世界的光明》（1926）和《日德兰之风》（1931），散文、艺术史随笔有《哥特的复兴》（1901）、《新世界》（1907）、《北欧精神》（1911）、《时代的序言》（1915）、《进化与道德》（1925）、《动物的演变》（1927）和《精神发展的历程》（1928）等。

除了文学，扬森在人类学方面也多有建树。他一生写过不少关于人类学的著作。他早期误入歧途，接受人类优劣论观点，后兴趣转向达尔文进化论，1928年著的《精神发展的历程》是其人类学代表作。

1950年11月25日，扬森病逝于丹麦首府哥本哈根，享年七十七岁。

第三十六届（1939 年）

弗兰斯·西兰帕

获 奖 者：弗兰斯·埃米尔·西兰帕（Frans Eemil Sillanpää，1888—1964），芬兰作家。

获奖理由：由于他在描绘两样互相影响的东西——他祖国的本质，以及该国农民的生活时——所表现的深刻了解与细腻艺术。

获奖作品：《少女西丽亚》（又译《女仆席丽亚》）（小说）。

西兰帕是迄今为止芬兰唯一获诺贝尔文学奖的作家，他的富有生命力的作品深受芬兰乃至整个斯堪的纳维亚半岛人民的喜爱。

1931 年，西兰帕创作了给他带来无上荣光的长篇小说《少女西丽亚》。小说以 1918 年芬兰内战为背景，讲述了古老的农民家庭关于女仆命运的故事。古斯塔继承了一个历史悠久的农庄后，厄运如影随形般不断降临，他与女仆西尔玛相恋，父亲竭力反对，并将西尔玛赶走。父亲离世后，西尔玛重返庄园与古斯塔结婚。接着，西尔玛的家人不断蚕食古斯塔的家产。西尔玛懦弱，古斯塔经营无方，农庄昔日风光不再，夫妻感情也消磨殆尽，只有小女儿西丽亚给夫妻以慰藉。

农庄负债累累，全部家当并长工被罗伊马拉吞并。古斯塔离开世代生活的农庄，到南方谋生。西尔玛病故后，他靠做木工与女儿西丽亚相依为命。

岁月如流，西丽亚出落成一个美貌姑娘之时，古斯塔却不幸去世。邻居米科借帮助料理后事为机，侵吞了古斯塔的遗产，并以监护人身份，硬让孤女去给人当用人。西丽亚在第一家险遭东家弟弟的强暴，又受别人怀疑，只能到邻村另一家做女佣，再次反抗凌辱而出走。在好心人的介绍下，她来到鳏居老教授朗多家当女佣，受到爱护，偶然结识了到此地度假的青年阿尔马斯。西丽亚爱上了他，但阿尔马斯因要照顾其母而离去。身心受到了打击的西丽亚，心力交瘁地来到老教授朗多的妹妹家，在朗多和妹妹热心关照下，幸运地到基埃里卡家，开始新的生活。

在这家，西丽亚负责挤奶。不久，内战爆发，她目睹叛军开枪扫射，尸体堆积成山。当叛乱被镇压，西丽亚的精神已崩溃，身体也患肺病，她匆匆赶到朗多教授家探望之后，住进东家基埃里卡寓所的浴室，怀着对父亲、对爱情的眷恋，怅然告别了这个让她痛苦一生的世界。

这是一个带有牧歌风味的古老故事，通过西丽亚短暂的人生经历，展示了芬兰在传统与现代文明交替时期广阔的社会风貌，特别对女性生存状态和心理困境进行了深切的观照，并深情地讴歌了主人公西丽亚的人性之美。小说既有深刻的现实主义意义，又有浓郁的诗意。正如西兰帕自己所说："《少女西丽亚》所说的一切，虽都无足轻重，但又壮丽凡非。"

通过《少女西丽亚》，我们注意到西兰帕是位具有对普通人的命运进行熟练描写的作家。在他的小说中，显示出普通人蕴藏着巨大的能量和人性之美。

诺贝尔文学奖授奖词中，这样褒奖西兰帕：

　　　　我们当中没有一人懂芬兰语，我们只能通过译本来欣赏您的作品，但对您作为一个作家的精湛技巧没有丝毫疑问。这种技巧是不同凡响的。即使译成外国语言也能清晰地显现出来。淳朴简洁，真实客观，没有丝毫做作，您的语言像清澈的泉流在流淌，反映出您的艺术家的眼光捕捉到的一切。您的选材极为慎重考究，简直可以说，面对显而易见的美的事物您多少有点畏缩迟疑。您要在简单的日常生活中创造出美，成功地做到这点的方法，始终是您的诀窍。人们不是看到您作为一个作家在书桌前写作，而是看到您作为一位水彩画家在画架前挥笔，通过您，人们往往习惯于让自己的眼睛以一种新的方式去观赏。

西兰帕，于1888年9月16日出生在芬兰南部海曼居莱地区一个农民家庭。父亲是忠厚老实的农民，家境虽贫寒，却想方设法让孩子读书。西兰帕二十岁时，考入赫尔辛基大学生物系，后对文学感兴趣，毕业时连学位也没拿到，只好返回家乡。

1913年结婚后，他在家中开始写小说。第一个短篇小说是他回乡务农两年后写的。1916年，他的长篇小说《人生和太阳》出版。小说以乡村为背景，以明朗的格调和抒情叙述，写了一个大学生暑假回乡度假时，与一位乡间姑娘相遇相爱的经历，带有浓重的自传色彩。

1919年，他出版了另一部长篇小说《神圣的贫困》（又译《赤贫》或《谦让的遗产》），给西兰帕带来了不小声誉。该小说以1918年芬兰内战为背景，以现实主义手法描写主人公托沃拉六十年苦难人生经历，反映内战中芬兰贫苦农民的悲剧性命运和芬兰历史的真实景象。这标志着西兰帕对芬兰民族命运的忧患意识和艺术上的日趋成熟。同年，他还有短篇小说集《我亲爱的祖国》出版。

1923年，发表中篇小说《黑里图和拉纳尔》，讲城市青年拉纳尔与乡下女仆女儿黑里图的爱情悲剧故事，似是《神圣的贫困》的续篇。随后，西兰帕到一个出版社任编辑。20世纪20年代，西兰帕出版了《天使保护的人》（1923）、《地平线上》（1924）、《棚屋山》（1925）和《忏悔》（1928）等。

进入20世纪30年代，西兰帕的文学创作进入高潮期，出版了给他带来极大荣耀的《少女西丽亚》（1931），还陆续发表《一代人的命运》（1932，又译《一个人的道路》）、《夏夜的人们》（1934）两部长篇小说。

西兰帕一生坎坷多病，育有八个儿女，却无力抚养，常常陷入穷困潦倒的境地，只能靠酗酒度日，一度住到精神病院。直到暮年，西兰帕有了较丰厚的稿酬，才过上了体面的日子。

1945年，西兰帕完成最后一部小说《人生美好和悲惨的生活》。晚年，西兰帕于1953年和1956年各出一部回忆录，告诉世人，作为一个作家，他一生与祖国和人民休戚与共的经历。

1964年6月3日，西兰帕以七十六岁在赫尔辛基病逝。芬兰人民沉痛悼念这位给自己国家带来荣耀的最优秀的作家。

第三十五届（1938 年）

赛珍珠

获 奖 者：赛珍珠 [原名珀尔·赛登斯特里克·布克（Pearl Sydenstricker Buck），1892—1973]，美国作家。

获奖理由：她对于中国农民生活的丰富、真切和史诗气概的描写，以及她自传性的杰作。

获奖作品：《大地》（小说）。

布克将她在中国的经历，演绎成长篇小说《大地》，并凭此摘得本届诺贝尔文学奖桂冠。她在授奖大厅发表获奖演说时，这样介绍中国人：

> 他们是一个合成的形象：身材瘦小，脑门突出，两腮无肉。鼻子又扁又尖，双目黯然无神，戴着眼镜，一口卖弄学问的腔调，说些除了他们自己与别人毫不相干的规则，而且无限自负，既轻视普通人也轻视其他文人，他们穿着破旧的长衫，走路摇摇摆摆，一副傲慢神态……

这很像鲁迅先生笔下的中国文人，相信当代中国读者读后，会五味杂陈。

《大地》是布克长篇三部曲《大地上的房子》的第一部，其他两部分别是《儿子》和《分家》，叙述的是 19 世纪中国农民依附土地，在土地上挣扎并寻求生存的故事。

《大地》是《大地上的房子》三部曲中最为精彩的一部。小说描写主人公农民王龙，为获得土地奋斗了一生的命运图景。王龙出身贫寒，吃苦耐劳，娶了地主黄家的丫鬟为妻，过着面朝黄土背朝天的日子。时局变幻，地主黄家家道中落。王龙用从土地里刨出的钱，不断购买黄家的土地，遂成富农。不料突遭旱灾荒年，王龙家被灾民抢劫，难以为继，一家逃到南方城市，以拉黄包车或讨饭勉强糊口。在一场武装暴动中，趁机发了横财，回到家乡，造房买地，雇用长工、用人，还讨了两房姨太太，俨然成为大财主，过起荒淫无耻的生活。但为了守住这份家业，他花钱让孩子读书、经商。大儿子挥霍无度，二儿子还算精明，三儿子读书后参加革命，日后当了官。就在王龙回到老屋后的弥留之际，老大、老二商量，他一咽气，就将王龙视为生命的土地卖掉，王龙带着即将失去土地的彻骨遗憾，离开了这个世界。

《大地》表现了中国农民对土地的深深眷恋、依赖及其创造生活的力量，歌颂了他们俭朴、勤劳、善良的美德。

瑞典文学院的评语简短而剀切中理：

> 她对于中国农民生活的丰富、真切和史诗气概的描写，以及她自传性的杰作。

历史小说家詹姆斯·托马斯这样评价布克：

> 赛珍珠是自马可·波罗以来，描写中国最有影响力的西方作家。

《大英百科全书》（1979年版）高度赞誉了《大地》，认为：

> 作者以深切的同情描写了一个中国农民和他奴隶身份的妻子，如何通过斗争，为自己赢得了土地和生存的权利。

1980年，美国麦克米伦公司出版的《20世纪美国文学》一书中，对《大地》

也给予充分的肯定：

> 《大地》所表现出来的文字上恰如其分的和谐、细节的真实性、史诗般的结构和带有普遍意义的主题，达到了完美的境地。

《大地》出版于1931年，翌年即获美国普利策小说奖，1935年获威廉·迪恩·豪威尔勋章。在1938年获诺贝尔文学奖之前，1936年，《大地》早已被改编成电影，在世界公演，饰演女主角的雷恩娜获奥斯卡金像奖。

珀尔·赛登斯特里克·布克，于1892年6月26日生于美国弗吉尼亚州希尔斯保罗一个长老会传教士的家里。她幼年即随父母远渡重洋，到中国江苏，在镇江度过童年。其父深谙中国儒学和佛学，母亲对文学、音乐也有造诣。在这样的家庭里，虽在异国，布克受到良好的教育。

1910年，十八岁的布克回到美国，入弗吉尼亚州伦道夫·梅康女子学院读心理学（一说文学）。四年后，她毕业获学士学位，留校任心理学教师。那年11月，布克再到中国，在镇江教会学校润州中学和崇实女中教英语。1917年，她与传教士、经济学家约翰·辛格·布克结婚。不久，她与夫婿一起到安徽宿县工作。丈夫致力于农业改造工作，布克在学校教英语，这段生活经历，为布克的文学创作积累了丰富素材。五年后，夫妻二人再到南京。

1922年到1931年这十年里，布克先后受聘于南京大学、东南大学和金陵大学担任英语和英美文学教师。她住进金陵大学一座幽雅的独院，生下女儿，直到离开中国。其间，布克曾用两年时间，回美国康奈尔大学深造，取得文学硕士学位，然后再度回到中国。

1927年，北伐军攻克重镇南京，布克对此不满，曾著文予以批评，后又因1931年其《大地》出版，在中国受到好评，鲁迅先生曾在1933年11月15日写《与姚克书》，对布克有这样的批评：

中国的事情，总是中国人做来，才可以见真相，即如布克夫人，上海曾大欢迎，她亦自谓视中国如祖国，然而看她的作品，毕竟是一位生长在中国的美国女教士的立场而已，所以她之称许"寄庐"也不足怪，因为她所觉得的，还不过一点浮面的情形，只有我们做起来，方能留下一个真相。

鲁迅批评其反对北伐军攻占南京，一针见血，但对《大地》不是中国人所著就不能"留下一个真相"，就不大公允。马可·波罗不就是"描写中国最有影响力的西方作家"嘛！斯诺那本关于中国革命的著作《红星照耀中国》呢？

1933年，布克将《水浒传》（七十回本）译成英文，将这部中国古典文学名著介绍给全世界，功德无量，却又遭鲁迅批评，认为其书名 *All Men are Brothers*（《四海之内皆兄弟》），"取皆兄弟之意，便不确，因为山泊中人，是并不将一切人们都作兄弟看的"（《致姚克》1934年3月24日）。译中国书名难，这是世人皆知的，以《水浒传》为例，有译成《水边的故事》，有译成《一百零五个男人和三个女人的故事》，布克之书名已够精妙，何必求全责备。就在这一年，布克完成了《大地上的房子》三部曲之后两部《儿子》和《分家》。同在这一年，布克想找一位中国作家写一本向世界介绍中国全貌的书，最后选中林语堂，于是便有《吾国与吾民》于1935年在美国出版。这本由布克作序的书，在美国一炮而红，傲慢的美国人被中国历史文化的魅力深深吸引，对"东亚病夫"不得不刮目相看。

1934年，布克与第一任丈夫离婚，后嫁给一个出版商，并在他创办的《亚细亚》杂志当编辑。她积极参加美国人权运动。

1935年，在中国先后居住了三十年的布克定居美国，完成两部传记：一曰《战斗的安琪尔》，一曰《流放》。前者是关于其父的传记，后者写的是其母的传记，都是描写美国传教士在中国的生活历程。

第二次世界大战爆发后，布克于1941年创办"东西方协会"。她还曾在抗日战争期间，在纽约大都会艺术剧院主持过演出中国抗战街头剧《放下你的鞭子》的仪式。1964年，布克建立"布克基金会"，将私有财产七百多万美元用于公益事业。

布克后半生在美国度过，她晚年的创作也始终在写中国，写她在南京金陵大学小院的生活。1941 年，她出版了长篇小说《龙子》，该作以日寇惨绝人寰的南京大屠杀为背景，描写 1937 年至 1941 年南京人民的生活与斗争，表达她对中国抗日积极支持、声援的立场。在这之后，布克还发表了《群芳亭》和《同胞》，都是叙述中国人民勇敢勤劳的故事的。

回顾布克的创作生涯，硕果累累，粗略统计仅长篇小说和短篇小说集就有五十部之众，晚年的作品有《龙子》（1941）、《帝国的妇女》（1956）、《北京来信》（1957）、《德行以及有关五洲的其他故事》（1969）等。

1973 年，八十一岁的布克在佛蒙特州丹比逝世，葬在宾夕法尼亚州普凯西的绿山农场，墓碑上镌刻"赛珍珠"三个汉字。这是珀尔·布克生前的遗愿。

Pearl Buck（珀尔·布克），取其父姓及名而合成中文名"赛珍珠"，其间有浓厚的中国情结。正如她在 1938 年诺贝尔文学奖颁奖仪式上的讲话：

> 我属于美国，但恰恰是中国小说而不是美国小说决定了我在写作上的成就。我最早的小说知识，关于怎样叙述故事和怎样写故事，都是在中国学到的。今天不承认这点，在我来说就是忘恩负义……我认为中国小说对西方小说和西方小说家具有启发意义。

第三十四届（1937年）

加尔

获 奖 者: 罗杰·马丁·杜·加尔（Roger Martin du Gard，1881—1958），法国小说家。

获奖理由: 由于他的长篇小说《蒂伯一家》中表现出来的艺术魅力和真实性，这是对人类生活面貌的基本反映。

获奖作品: 《蒂伯一家》（长篇小说）。

长篇小说《蒂伯一家》是加尔的代表作。加尔凭此获得第三十四届诺贝尔文学奖。从1920年动手至1940年收官，该八卷本鸿篇巨制，熬去作家整整二十年的漫长时光。它们依次是：（一）《灰色的本子》（1922）；（二）《神甫》（1922）；（三）《美好的季节》（1923）；（四）《诊断》（1928）；（五）《奈尔利那》（1928）；（六）《父亲之死》（1929）；（七）《1914年的夏天》（1936）；（八）《尾声》（1940）。该长篇叙述了一个富有的前议员、天主教徒两个儿子安多尼和雅克，以及一个新教徒罗姆生的女儿达尼埃尔等相关的人，在第一次世界大战前后的经历及命运的故事。这是一部现实主义力作，它强烈地反对不义战争，揭露大战背后推手的战争罪恶，谴责第二国际的背叛政策。小说以蒂伯一家为中心，塑造了一群性格鲜活的文学形象，展示大战前后法国社会各阶层的动向及心态，并通过这些群像的悲剧命运，揭示法国乃至欧洲各国的社会悲剧图景，借以表达作者对战争与和平的深刻思考。

《灰色的本子》写安多尼和雅克兄弟俩及达尼埃尔的家庭状况。安多尼不忍父亲的专制，毅然出走，专心于医学。达尼埃尔的父亲放荡，母亲善良。达尼埃尔与雅克偷看卢梭和左拉的书，并以鸿雁传书，谈情说爱，被校方勒令退学，于是二人逃到马赛。

《神甫》中，雅克被找回家，送到教养院，哥哥安多尼不忍弟弟受罪，不顾父亲禁令，将其接回家，并前去会见达尼埃尔。

《美好的季节》中，雅克考上巴黎高等师范学校，与学校生活格格不入，又爱上了一个女孩贞妮，要娶其为妻。父亲坚决反对，雅克再次离校出走。哥哥安多尼爱上邻居拉雪儿姑娘。但拉雪儿已有两个追求者，最终去了非洲。达尼埃尔此时开始为心术不正的商人绘画和创办期刊，作为一位女性过上自由富足的生活。

《诊断》中，哥哥安多尼终于成为医生，医术高明，又具仁心，常免费为穷人治病。其父蒂伯身患绝症，他不忍将真相告之。某部长代理人梅尔患花柳病来安多尼处治疗，告诉他世界大战已不遥远。安多尼爱上了一女子吉丝，后才知吉丝早在三年前已与弟弟雅克相爱。此刻，吉丝收到雅克来信，拟去伦敦找他。

《奈尔利那》（又译《小妹妹》）中，安多尼偶尔从瑞士的一本杂志上，读到了一篇小说，他觉得是消失多年的弟弟雅克写的。他到瑞士，果然见到雅克。雅克过去几年流浪欧洲，经历不少苦难，最后在洛桑与一批国际职业革命者走到一起，一边采写新闻，一边写作小说。兄弟俩一起回到巴黎。

《父亲之死》中，老蒂伯身患绝症，内心恐惧。人之将死，其心亦善，他反省自己对家庭孩子的专制跋扈，请求家人原谅。安多尼在抢救病危的老父时，接触到他很多信札，特别是整理遗嘱时，发现在专制的背后，父亲还有一颗让人动容的慈悲灵魂。

《1914年的夏天》与《尾声》中，雅克在父亲的葬礼之后，重返瑞士。在友人的帮助下，他窃取了奥地利特使的机密文件。国际革命者的领导人并不想利用这一文件来制止这场战争，而是不经别人的同意，悍然独自销毁文件，来制造流血革命。雅克与贞妮相逢，一见钟情。雅克常带她参加各种社会活动，在集会上发表演说，号召工人罢工，政府也想借此煽动狂热民族情绪。雅克幻想破灭，准备带贞妮回瑞士，贞妮因陪伴母亲，暂留下，成为永诀。

战争爆发，雅克驾机散发传单，飞机不幸坠落，雅克与机共亡。哥哥安多尼也应征入伍，中毒气被送到南方治疗。他自知生命已走到尽头时，突然接到拉雪儿的项链，她已殒命非洲。达尼埃尔也被炸断大腿，悲观不已。幸免于难的贞妮与吉丝相依为命，共同抚养雅克的儿子让·保尔。

后来，安多尼想让保尔认祖归宗，他准备将自己所经历的一切和对未来的希望，写入一批信件，交给保尔，好让蒂伯家族香火相传。当他写完最后的"让·保尔"时，与世长辞……

有人说，《蒂伯一家》可与罗曼·罗兰的《约翰·克利斯朵夫》、普鲁斯特的《追忆逝水年华》、托马斯·曼的《布登勃洛克一家》相比肩。它们彼此除了同是自传体和家族小说，其艺术个性、美学趣味、哲学思想并没有可比性。《蒂伯一家》的贡献，在于它把第一次世界大战法国社会的图景，做了形象、深刻的反映。

诚如瑞典文学院的评语：

> 由于他的长篇小说《蒂伯一家》中表现出来的艺术魅力和真实性，这是对人类生活面貌的基本反映。

在法国美丽的塞纳河畔，1881年3月23日，有个婴儿降生在一个殷实的家庭中，取名为罗杰·马丁·杜·加尔。其父有头有脸，是巴黎塞纳区法庭的诉讼代理人。杜·加尔读高中时，受到法文教师梅勒利奥的器重，有意识地引导他亲近文学、美学。他喜欢上左拉和托尔斯泰的作品，或许过于偏科，加尔的学习成绩平平。1898年，他考入巴黎大学文学系，两年后并未通过学位考试，而后转入巴黎国立文献学院求学，对古文字学和档案学做了认真的钻研，同时对历史和时政也有兴趣，养成了客观严谨的治学态度，这深刻影响了他后来的文学创作。

1905年，加尔大学毕业后，任职于巴黎国家古文学文库，得益于工作的方便，他既在这里阅读了大量的古典文学典籍，又广交各界名流，成为罗曼·罗兰和安德烈·纪德等小说家的朋友。

1906 年，加尔结婚了，有了一次游历北非的蜜月之旅。后来他还研究过精神病学，对日后的文学创作大有补益。1908 年，他出版了长篇小说处女作《成功》。该小说叙述了两位年轻作家不同的创作经历：一位凭借天资聪颖，太过强调灵感，终未成气候；另一位靠刻苦学习，努力探索而一举成名。此作表达了加尔的求实精神。

1913 年，加尔又出版了长篇小说《让·马洛瓦》，已将目光投向社会生活。"德雷福斯案件"原本是法国另一位作家法朗士的人生转折点，也成了加尔关心并写入小说的重要事件，借此反映两个世纪前法国年轻人出现的思想混乱状态。小说写主人公巴洛瓦曾为理想而奋斗，但因敌不过生活现实中的矛盾而困惑，而痛苦，最后皈依宗教的故事。小说在思想境界方面并没有超越他的前辈法朗士，但在艺术上有其创造，如将主人公的相关叙述、对话、书信和社会资料，经过巧妙的剪辑编排，融合成一个艺术整体，独特而别致。

第一次世界大战爆发后，加尔应征入伍，担任海上运输给养工作。1919 年，加尔复员，回到巴黎，与安德烈·纪德和演员兼戏剧评论家雅克·柯波等人，聚集在老康姆勃剧院，创作了喜剧《大肚子》（1924）、《如此大胆》（1928），以及《沉默的人》（1931）、《非洲的秘闻》（1931）、《乡村邮递员》（1933）等作品。作品良莠不齐，但生活气息浓郁。

1941 年，加尔开始写长篇小说《德·莫特上校的日子》，因晚年多病，终未完成。

1958 年 8 月 22 日，加尔病逝。阿尔贝特·加缪十分推荐加尔的作品，称他为自己创作道路上的良师。

第三十三届（1936年）

尤金·奥尼尔

获奖者：尤金·格拉斯顿·奥尼尔（Eugene Gladstone O'Neill，1888—1953），美国剧作家。

获奖理由：由于他剧作中所表现的力量、热忱与深挚的感情——它们完全符合悲剧的原始概念。

获奖作品：《天边外》（戏剧）。

美国是多产的小说王国，戏剧却一向落后，到了20世纪才有生气。在这个世纪的美国戏剧家中，尤金·奥尼尔是最成功的一位。他对美国近代戏剧的风格有巨大贡献。

1920年，奥尼尔创作的三幕话剧《天边外》在百老汇上演，一举获得普利策奖，后来又荣获第三十三届诺贝尔文学奖。

《天边外》是一部现代悲剧。哥哥安朱、弟弟罗伯特同时爱上邻家姑娘露丝，却埋藏于心，不敢表白。罗伯特好幻想，向往大海，想去航海旅行。出海前，他大胆向露丝表白爱慕之情，竟然被欣然接受。欣喜万分的罗伯特决定放弃出海远行，留下来与露丝相厮守。

单纯的安朱遭到打击，决定替罗伯特登船远航。世事难料，留在家里、好幻想的罗伯特，不善经营农场，日子过得艰难困苦，而露丝也发现结婚后两人并不

---

* 1935年诺贝尔文学奖没有颁发。

相爱。罗伯特一直郁闷不乐而患肺病，不久贫病交加而死。而原本单纯的安朱，转而成为投机商人，对生活感到厌倦。露丝也在岁月的磨蚀下，变成枯槁邋遢、麻木冷漠的妇人，此时才意识到自己真爱的是安朱。他们三人却因人生错位被生活无情地塑造。该剧反映了作者对人的消极态度。它分为三幕，每幕一场在室外，一场在室内，看到天边和不见天边交替出现，寓意理想与现实距离遥远渺茫。该剧继承了古代悲剧的"原始概念"，保持着悲剧情节，赢得世界的赞誉。

瑞典文学院的评语是：

> 由于他剧作中所表现的力量、热忱与深挚的情感——它们完全符合悲剧的原始概念。

尤金·奥尼尔，于 1888 年 10 月 16 日诞生在纽约百老汇大街一家旅舍里。父亲是一位演员，一生都在演大仲马的名著《基度山伯爵》的主角，因而闻名于世。在这样一个演员世家里，奥尼尔自然从小就受到艺术的熏陶，但动荡、杂乱无章的演员生活，也让奥尼尔难以受到良好的文化教育。但偏偏就是这位梨园世家子弟，因获诺贝尔文学奖而名载史册。

奥尼尔于 1906 年考入新泽西州的普林斯顿大学，仅读了一年，就离开了该校，因为在他看来，只有社会教育即"生活经历"，才是他真正得到教育的学校。果然，他穷其一生以社会生活为课堂，在纽约当过信托公司职员，到洪都拉斯淘过金，登上挪威货轮干过水手，进父亲剧团打杂卖过票，1912 年担任过康涅狄格州《伦敦新电讯报》的记者。生活的磨砺，不仅让他对美国社会有了深刻的了解，为后来的艺术创作积累了丰富的素材，更为他在戏剧领域取得辉煌成就奠定了坚实基础。

1912 年，奥尼尔不幸患了肺病，在疗养院治病，在安静却百无聊赖的环境中，开始认真研究戏剧，走上了最早的戏剧创作之路。两年后，他进入哈佛大学乔尔·皮尔斯·贝克教授所主办的戏剧训练班深造。就在这一年，已成为马萨诸塞州普罗温斯剧团编剧的奥尼尔之话剧《东航加迪夫》公演，引起社会关注。

《东航加迪夫》是部独幕剧，讲的是一个水手在航海中受伤，孤独无助等待死亡降临的悲剧故事，暗喻人的命运无法掌握。虽略显浅薄，但其悲剧气氛浓郁，已见奥尼尔的艺术个性。接着，1917年后，他用两年多时间，先后创作了三个独幕剧，分别是《远航归来》《鲸鱼油》和《加勒比海的月亮》，皆是以海员生活为题材的戏剧，着意表现海上生活艰辛孤单甚至无望的生存情景。

1920年，除创作了影响巨大的《天边外》，他还写了《琼斯皇帝》多幕剧。该剧叙述了从监狱逃出的囚犯琼斯，来到太平洋上的一个小岛，以欺骗手段赢得岛上土人的信任后，自封"琼斯皇帝"，作威作福，但把戏被识破，逃跑路上被土人杀死的故事，有惩恶扬善的思想。

两年后，三十四岁的奥尼尔又推出了多幕剧《毛猿》，回到他所熟悉的航海生活。邮船烧锅炉的杨基，整天在条件恶劣的炉间劳作，被人瞧不起，甚至被船主女儿道格拉斯视为"毛猿"。悲愤中，杨基企图用爆炸报复老板未果，便到动物园去和大猩猩交朋友，不幸被愿亲近人类的猩猩拥抱而死。这是对冷漠社会的批判。这一年，奥尼尔因创作的《安娜·克利斯蒂》，获普利策奖。

1924年，奥尼尔创作了《上帝的女儿都有翅膀》，通过美国社会黑人和白人的通婚悲剧，表现双方民族心理存在着巨大的心理隔阂，而根源是美国社会根深蒂固的种族歧视，批判锋芒直指这一难以调和的社会痼疾。

后来，奥尼尔创作了《大神布朗》（1924）、《榆林下的欲望》（1924）、《萨拉路笑了》（1927）、《奇异的插曲》（1928）和《悲悼》（1931）等剧作。其中《奇异的插曲》让他第三次获普利策奖。这期间，奥尼尔还担任过纽约戈登剧院编剧，曾任肯尼思·麦克戈雅等几家剧团的经理，并于1934年任《美国观众》主编。不幸的是，奥尼尔被震颤性麻痹症缠身，只能卧床治疗，告别了他钟爱的戏剧。那年，他才四十八岁。

正当所有人都惋惜一颗巨星将无奈陨落剧坛之时，十二年之后，1946年，奥尼尔竟又重现江湖，发表了《送冰者来了》剧本。该剧是一出多幕剧，叙述一群纽约无政府主义者（知识分子），在社会生活的挤压之下堕落消沉的悲剧。主人公哈里·霍普的破败别墅里，常聚集一群充满幻想的同伙，他们穷极无聊地苟活，除了送冰者希科，偶尔给他们带来一些快乐外，别墅里毫无生气与希望，不得不作鸟兽散，只留下孤独的霍普受着绝望的煎熬。该剧反映出第二次世界大战后美国社会充斥着一种无处不在的空虚图景，被认为是奥尼尔一生的艺术结晶。《送冰者来了》让他第四次摘取普利策奖。

奥尼尔于 1953 年 11 月 27 日在波士顿逝世。

奥尼尔毕生致力于戏剧创作，使美国的戏剧与文学有机地结合在一起，并注入美学元素，形成有文学价值的戏剧艺术，使之与小说、绘画、音乐相媲美，这让奥尼尔成为 20 世纪美国民族戏剧的奠基人。正如美国评论界所说：

在奥尼尔之前，美国只有剧场；在奥尼尔之后，美国才有戏剧。

第三十二届（1934 年）

路伊吉·皮兰德娄

获 奖 者：路伊吉·皮兰德娄（Luigi Pirandello，1867—1936），意大
利小说家、戏剧家。

获奖理由：他果敢而灵巧地复兴了戏剧艺术和舞台艺术。

获奖作品：《六个寻找作者的剧中人》（一说《寻找自我》）（戏剧）。

皮兰德娄是位多产的作家，穷其一生，共创作长篇小说七部，短篇小说三百
多篇（结集为《一年里的故事》），七本诗集。他五十岁后所创作的四十
多个剧本，带给他更多的荣誉，并以《六个寻找作者的剧中人》荣膺诺贝尔文
学奖。

《六个寻找作者的剧中人》出版于 1921 年，翌年在罗马和伦敦上演，即让沉
默的舞台巨浪滔天，轰动欧洲。

该剧上演的是"戏中戏"，剧情是，某剧场的舞台上，经理、导演排练皮兰德
娄的戏剧《各尽其职》的当儿，突然闯进六个不速之客，他们自称是被该剧作者
抛弃的剧中角色，现在要找作者把关于他们的戏排出来。六个人不管别人排什么，
而是拖住导演，各讲各的故事。其实这六个人原本是一家人：爸、妈、儿子、女儿、
小男孩儿、小女孩儿。妈因与爸的秘书偷情，被赶出家门，与姘夫后生了三个私
生子：女儿、小男孩儿、小女孩儿。十年后，姘夫病故，被迫回到原来的城市，因
遭人陷害，女儿沦为娼妓，而来的嫖客正是前夫。接下去，小女孩儿不幸落水夭亡，

小男孩儿为妹妹夭折痛不欲生，饮弹身死，这原本是在演戏，但当大家发现小男孩儿用的是真枪，所有剧中人都大骇失色，母亲见此，尖声大笑，疯狂地跑下舞台……

这是一出充满怪诞的戏剧，"戏"中人同"戏中戏"，有机地混合在一起，演绎的是一个支离破碎的家庭，充满敌意，个个相互隔膜，情感无法沟通的人间悲剧。

"其特殊的生活内涵"极为丰富，剧中的爸爸道出了原委：

> 我们大家都有一个内心世界，每个人都有一个自己特殊的内心世界！先生，假如我说话时，掺进了我心里对事物的意义和价值的看法，而听话的人，照例又会用他心里所想的意义和价值来加以理解，我们怎么能够互相理解呢？是的，每个人在别人面前，总是装得一本正经，人们失去了归宿，也就失去了名字，我究竟是谁？谁又知道呢？

皮兰德娄这样诠释自己的艺术观：

> 我认为生活是一种滑稽可笑令人悲哀的片段；由于我们在"自我"之中，因此没有可能了解到这是为什么，这就需要我们在现实产生的现象面前去欺骗自己……我的艺术则是充满着对所有这些自我欺骗的人们的同情，然而，这种同情不应该跟随在命运对人的嘲弄后面，成为对人类另一种欺骗。

皮兰德娄这种艺术理论，对当时乃至后来产生过一定的影响，抑或说他的荒诞派喜剧，开当时欧洲的戏剧之先河。所以本届诺贝尔文学奖的绣球，毫无争议地抛给皮兰德罗，理由是：

> 他果敢而灵巧地复兴了戏剧艺术和舞台艺术。

即便是现在，其戏剧艺术仍有美学意义。

皮兰德娄，于1867年6月28日诞生在西西里岛凯琴铁城（现称阿格利琴托市）。其父是当地富有的硫黄商人。皮兰德娄很早就被其父指定为家业继承者，并按父亲之意进技术学校学习。然而，他偏偏对生意毫无兴趣，热衷于文学。中学毕业，他即到西西里岛首府帕勒莫市的帕勒莫大学就读语言文学专业。二十岁时，他又转到罗马大学深造。因与教授相处不睦，他遂出国到德国波恩大学读语言系。1891年，他大学毕业，并以毕业论文《论凯琴铁的方法》获博士学位，次年归国，定居罗马，进入新闻界，撰写理论文章，同时兼高等师范学校文学教师。这期间，他出版了诗集《玛勒戈康杜》。

皮兰德娄二十七岁时，在父亲的授意下与硫黄富商的女儿波杜莱纳成婚。是否获得真正爱情不清楚，但得到岳父一批可观的财富，是有案可稽的。有了钱，他心无旁骛，专心搞文学。1901年，他出版了第一部长篇小说《被抛弃的女人》，让他在文坛崭露头角。

1903年，皮兰德娄生活上受到重创，父亲与妻子投资的硫黄矿发生坍塌事故，父亲和妻子破产，他的生活一落千丈，妻子受刺激，精神失常。他到罗马大学教书谋生，妻子被送到医院治疗。日子虽尚可对付，但让他对人类的命运产生怀疑，开始思考给这乱世寻求一条哲学的规律来。果然，从其1904年写的《已故的帕斯加尔》，便可看到其思想和风格上发生了变化。作品写一个荒诞的不可知的外部世界和一个充满种种焦虑的现代人的内心世界二者间发生的冲突，企图证明在现实的社会里，到处都充满荒唐、古怪和迷乱。皮兰德娄从朴素的现实主义，走向了变幻莫测的怪诞之中。其长篇《老人与青年》（1913）、《一个电影摄影师的日子》（1925）都属这类作品。

多亏皮兰德娄在1921年写出了《六个寻找作者的剧中人》和翌年创作的《亨利四世》这样为世界所公认的传世之作，不然，他的偏执怪诞会毁了他和他的作品。

皮兰德娄一生亦有污点，他曾在1924年加入意大利法西斯党，这一选择以被迫为由，是不足信的。当然，他没有为法西斯做帮闲的勾当。他那时的作品，揭露意大利墨索里尼法西斯政府的黑暗尽管蜻蜓点水，仍遭到法西斯评论家攻讦，这证明他还算没有失节。

1926 年至 1934 年，皮兰德娄组建并率罗马艺术剧团赴欧美各地巡回演出，给处在经济危机的欧洲，送去了具有新风尚的荒诞剧，让慌恐的欧洲大众得到艺术享受。

回到意大利也就是获得诺贝尔文学奖两年后，于 1936 年 12 月 10 日，路伊吉·皮兰德娄在罗马病逝。

第三十一届（1933 年）

蒲宁

获 奖 者：伊凡·亚历克塞维奇·蒲宁（Ivan Alekseyevich Bunin，1870—
  1953），俄国作家。
获奖理由：由于他严谨的艺术才能，使俄罗斯古典传统在散文中得到继承。
获奖作品：《米佳的爱情》（小说）。

1933 年，蒲宁以法国作家的身份获得第三十一届诺贝尔文学奖，却是整个俄罗斯文学的荣耀。从他获诺奖到他去世，苏联政府都一直保持沉默。纵观蒲宁一生的文学创作，其内容多描写俄罗斯社会生活图景，其艺术手法也继承了以列夫·托尔斯泰为代表的现实主义传统。正如后来苏联诗人特瓦尔多夫斯基在《蒲宁文集》第九卷代序中说：

> 蒲宁在时间上是最后一位俄罗斯文学经典作家，如果不想有意降低对创作技巧的要求，有意培植淡而无味、语言贫乏、没有个性的散文和诗歌，我们就没有权利将它的经验置诸脑后。在一个艺术家以严持戒律的苦修态度来精雕细刻方面，在俄罗斯文学创作的洗练方面，蒲宁的文笔一反那种为形式而形式的人所玩弄的小花样，显得鲜明、质朴，从时间上来说确实是最为接近我们的典范。

《米佳的爱情》写于1924年，讲的是大学生米佳失恋的悲剧故事。米佳是个乡下庄园主家的少爷，在外地与少女卡嘉热恋。"每次约会结束，卡嘉都跑到米佳的宿舍里，两人进入长时间的狂热亲吻，最后才分开"，"每当米佳解开卡嘉的上衣，少女的酥胸便秀美而圣洁地展现在米佳的面前"，"令人心颤的温柔将米佳带入即将昏厥的极乐之中"。他们没有跨越最后的界限，而米佳的情欲则越来越强，使他陷入其中，不能自拔。他便躲到自家风景怡人的庄园里，但他的情欲则更加强烈。苦闷中，经庄园管家的怂恿，米佳按捺不住肉欲冲动，诱惑并占有了庄园女工阿莲卡的肉体。但他仍然摆脱不掉与卡嘉情感的纠缠，已经失去了爱情忠贞的他，甚至怀疑卡嘉在肉体上也背叛了自己。当终于盼来卡嘉迟迟发来的提出分手的信后，陷入绝望和痛楚的米佳，拔出手枪，饮弹自杀。小说完成了一幅俄罗斯贵族精神的风情画卷。

小说再现了俄罗斯旧时代的社会风貌，写出复杂的人性。特别是作者用细腻的笔触，对人物心理的描写及营造的没落贵族伤感和焦灼的生存氛围，让我们看到俄罗斯文学的深厚底蕴和蒲宁极富个性的艺术气质。

第三十一届诺贝尔文学奖将桂冠戴在蒲宁头上，正是：

由于他严谨的艺术才能，使俄罗斯古典传统在散文中得到继承。

蒲宁，于1870年10月22日出生在俄国中部沃罗涅什镇。祖上曾显赫过，到父亲时已家门败落。故蒲宁中学毕业，便自谋生路，干过小职员、报社杂役，卖过书。据说上过大学，只念一年便退学，这并不影响他对文学的热爱和读书的专注。他阅读了大量俄国普希金、莱蒙托夫的经典作品。他曾在上过大学的哥哥指导下，进行写诗的训练。1887年，他写过《献在曼德逊墓前》等小诗，发表在《祖国》杂志上，歌颂故乡的田园生活。二十一岁时，他出版第一部诗集《在露天下》，十年后，因诗集《落叶》获俄国科学院颁发的普希金奖金。他的诗作，主要受普希金浪漫主义诗风影响，流露出对往昔贵族地位的留恋惋惜的情感。

比较起来，蒲宁更钟情于小说，1897年短篇小说集《在天涯》出版，引起文学界关注。一年后，其写贵族走向没落的《安东诺夫卡的苹果》，1901年反映俄国农村生活的《新路》，1903年描写死守庄园的苟且偷生的贵族的《末》，先后发表。

1901年，蒲宁的中篇小说《乡村》发表，作者的视野由贵族日渐走向没落的庄园，拓展到俄罗斯广阔的社会生活，表现出他对农民和俄罗斯民族命运的忧患意识。从1911年至第一次世界大战爆发，蒲宁陆续发表了中短篇小说《苏霍多尔》《欢乐的庭院》《蟋蟀》《夜话》《扎哈尔·沃罗比约夫》《干旱的溪谷》和《莠草》等。

1905年，蒲宁有一次周游世界之旅，足迹踏遍欧洲、非洲和亚洲许多地方。他游历各地自然美景，饱览异国风土人情，在愉悦中写下不少游记，如《海神》《太阳庙》等。1909年，蒲宁被推选为俄国科学院院士。

1914年，第一次世界大战爆发，蒲宁再次出国游历，其间发表了《弟兄们》（1914）、《旧金山来的绅士》（1915）、《轻盈的气息》（1916）等小说。虽表达了他对世界大战的憎恨，但作品中依然有对贵族命运的悲悯色彩。这种情感逐渐演化成对十月革命的抵制，对新生苏维埃政权的敌视。

1920年10月26日，蒲宁没有像阿·托尔斯泰、高尔基那样迎接无产阶级政权，而是以决然告别祖国的方式，踏上驶往法国的最后一艘邮轮。五十岁的蒲宁向养育他的祖国，投去难忘的一瞥，怀着逃亡的侥幸、离别的惆怅复杂情感，开始了漫长的流亡生涯。

蒲宁到了法国，定居巴黎，成为逃亡到法国的白俄知识分子的领袖。在法国，他靠创作和怀乡排遣忧郁，写了很多小说，有《完了》（1923）、《米佳的爱情》（1924）、《阿萨涅夫的生活》（1927）、《莉卡》（1933）、《幽暗的乡间小径》（1938）等两百多篇中短篇小说。

写于1926年的《不幸的日子》，1927年至1933年的自传体长篇小说《阿尔谢尼耶夫的一生》，是他苦闷悲观情绪下的作品，其间充溢着俄国理想贵族社会消亡的忧郁情感，是一个自由主义作家灵魂的哀鸣。但蒲宁流亡期间，对俄罗斯的乡愁，一直在温暖着他，也一直在折磨着他。他写过作家论《托尔斯泰》（1939）和《啊，屠格涅夫》（未完成，残稿于1955年出版）。1939年和1941年，作为流亡者，他先后两次致信阿·托尔斯泰和捷列晓夫，表达愿意回到祖国的渴望，因德国进攻苏联而未果。德国占领法国期间，蒲宁放弃手中的笔，曾参与营救苏军俘虏和抗击德寇的地下斗争。

1950 年，蒲宁出版了最后的著作《回忆与描写》，文中对高尔基进行了批评。蒲宁是个复杂的自由主义作家。

1953 年 11 月 8 日，蒲宁平静地在巴黎逝世，法国文化界厚葬了他。

第三十届（1932年）

约翰·高尔斯华绥

获奖者：约翰·高尔斯华绥（John Galsworthy，1867—1933），英国小说家、剧作家。

获奖理由：为其描述的卓越艺术——这种艺术在《福尔赛世家》中达到高峰。

获奖作品：《福尔赛世家》（小说）。

高尔斯华绥是20世纪英国杰出的现实主义小说家和戏剧家，无论以其艺术技巧笔致总是那么绮丽、活泼，而且富于幽默辩论，或是以他细致而深刻的反映重要社会现象的优秀作品来说，都永远保有生命力。这很合乎逻辑。他创作的《福尔赛世家》（1906—1921），是其登峰造极的作品。

《福尔赛世家》由《有产业的人》（1906）、《骑虎》（1920）和《出租》（1921）三部曲组成，写的是以福尔赛一家为主体，发生在1886年至20世纪20年代的故事。《有产业的人》是高尔斯华绥最成功的小说。小说充分地呈现了庞大而分支众多的福尔赛家族之全貌，惟妙惟肖地塑造了"维多利亚女皇"时代贵族的众生相，描写了他们特有的心理状态、党同伐异的风气、因循守旧的生活、浸透着铜臭的灵魂。作为这个家族精神代表的索米斯，娶了贫穷却美丽的妻子伊林，以为他让她过上阔绰的生活，住进为她盖的豪华别墅，给她买了珍贵的宝石别针，就可以占有爱情。伊林厌恶与美和艺术格格不入、只有贪欲的丈夫，爱上了建筑师波辛尼。丈夫洞察这一切后，开始迫害没钱的波辛尼。波辛尼不明不白死于车祸后，伊林的心却永远回不到心里只有"财富意识"和对财富有"占有欲"的索米斯那里。小说通过索米斯这一形象，揭露了拥有财富者自私自利、唯利是图的本性。

继《有产业的人》后，第二部是《骑虎》，写索米斯与伊林离婚后，得到财产继承人地位，娶法国女子安耐特为妻，生了女儿芙蕾。而伊林独居十二年后与前夫堂弟小乔里恩成婚，生儿子乔恩。第三部《出租》写芙蕾与乔恩的爱情纠葛。芙蕾如其父，"占有欲"强烈，执意要得到乔恩。乔恩按母亲的意愿，远走加拿大。芙蕾只好与一贵族青年马吉尔结婚。后来福尔赛洛宾山的房子挂起"出租"牌子，象征这世家已经落花流水般败落。

《福尔赛世家》三部曲中，还包括一些插曲，与三部曲有机地联结成一体。插曲之一《残夏》（1918），讲的是老福尔赛对离开索米斯的伊林纯洁的爱情故事。伊林的美丽、善良，在他一生的最后日子里，给他带来莫大的欣慰。

《福尔赛世家》以散漫的叙述，讲了一个庞大的福尔赛家族四代人的命运，呈现了那个时代流动性的英国社会生活的宏大图景。约瑟夫·康德拉致信高尔斯华绥说：

> 我认为你的创作源泉、构思和结构都把伟大的民族艺术在历史道路上向前推进了一大步。

高尔斯华绥，于 1867 年 8 月 14 日出生在英格兰南部的萨利郡。父亲是当地著名的律师，还兼着数家公司的董事。高尔斯华绥先在哈罗中学读书，后考入牛津大学法律系。1890 年，他获得律师许可证。但他并没入行当律师，而是去周游世界。他的旅游生活的收获之一，就是在一艘邮船上与英国作家约瑟夫·康拉德不期而遇，成为莫逆之交。从此，大他十岁的康拉德很慷慨地指导尚未开窍的高尔斯华绥走上文学之路，直到后来青出于蓝而胜于蓝。

1895 年，高尔斯华绥开始以笔名约翰·辛约翰发表作品，同时与艾达邂逅相爱。他在其鼓励下创作了长篇小说《岛国的法利赛人》（1904），刚刚引起文坛关注的他，与艾达走进婚姻殿堂。

《岛国的法利赛人》尖锐地批评了上层贵族社会的不公平及虚伪和无理的傲慢。小说主人公谢尔顿，在一次旅游中结识一位与贵族决裂的比利时人费朗。费朗让谢尔顿看清英国社会从前习以为常的丑恶生活现象。他回英国后，更感到社会的虚伪和道德败坏，终于与贵族未婚妻安东尼亚断绝关系，逃离了原来的生活。

在《岛国的法利赛人》发表之前，他研究屠格涅夫、福楼拜、莫泊桑，学习他们"观察人生的方法及结构故事的手段"，以笔名发表长篇小说两部、短篇小说两篇，都未引起人们的注意，而第一次以本名发表的《岛国的法利赛人》却收获了好评。

到第一次世界大战前，高尔斯华绥已成名于英国文坛，除《福尔赛世家》三部曲之外，还创作了《庄园》（1907）、《友爱》（1909）、《有教养的人》（1911）、《安静的旅邸》（1912）和《深色的花》（1913）等小说。《安静的旅邸》写一个叫塞剌勒的小差役，每天夜间他的差使是提灯照街，方便行人。但在灯笼照耀下，街道的肮脏便显现出来，一些公民抗议，塞剌勒以扰乱"善良公民"罪名而被法庭问责。他在法庭为自己辩护说："可敬的法官，你当然是公正的人，你们不法取缔的灯光照到残破丑恶上面，因为在灯光之下，还有美丽的东西呀……先生们！容我请你们注意，这个灯光不偏不倚地指示出每件东西，好像永远使那美丽的东西被云雾遮蔽而显得黯淡，这正因为人类深深地怀疑着和谐以及正义的本能！"他一针见血地揭示了社会和法律的虚伪与不公。

高尔斯华绥除小说之外，在戏剧方面也极有天赋，硕果累累。甚至，他在戏剧方面的名声超过小说的。他的有关戏剧的专著也不可小觑，如《关于戏剧的几点意见》一文，认为剧作家应根据社会需要，按照自己的意图，真实地描写生活，反映社会问题。根据这一原则，他创作了《银匣》（1906）和《法网》（1910）两部名剧，皆将批判的锋芒指向英国法律的正义无法伸张的种种不公。此外，他还有《正义》（1910）、《鸽子》（1912）等剧作。

1909年，高尔斯华绥创作的《斗争》，是他戏剧的代表作，描写伦敦一家铝板公司工人罢工运动的故事。作者对工厂主的剥削表示愤怒，对劳工的贫困处境予以同情。作家的人道主义立场，得到英国著名评论家马塔拉姆的好评，指出：
"它不是工业历史的记录，而是历史的预言。"

第一次世界大战爆发后，四十七岁的高尔斯华绥应政府之命，前去检查身体，准备服兵役，因年纪大且高度近视，被派到一所法美合作的医院，为伤兵进行按摩。他的妻子艾达也被安排在这所医院，做护理工作。

第一次世界大战结束后，高尔斯华绥在哈姆斯特园林小木屋中，再次专注于文学创作。后又在访美时，在里维拉、梯罗尔等旅馆中写作，他对朋友说："别渴求有女人的生活，这毫无意思，重要的是你的写作。"其作品有《骑虎》(1920)、《出租》(1921)、《忠诚》(1922)和《逃跑》(1926)等。

1924年至1928年，高尔斯华绥又创作了第二个长篇小说三部曲《现代喜剧》，由《白猿》(1924)、《银匙》(1926)和《天鹅之歌》(1928)组成。内容与《福尔赛世家》相关，写这个世家年青一代亦即英国贵族最后一代芙蕾、马尔吉、诗人沙特等人灵魂空虚，生活弥漫着不安和彼此不信任的气息，政治舞台也充满无聊忙乱的腐朽风气。马吉尔当了议员，自认为正直之人，臆想解决社会失业等困境，结果只是空想而已，与其所谓抱负形成绝妙的讽刺。而小说最精彩的部分，是将主人公马吉尔及其他相关人的个人感情，写得非常深刻，且富于抒情意趣。比如芙蕾对伊林的儿子复杂痛苦而强烈的感情，构成了整个悲剧故事最精彩的片段之一。

《福尔赛世家》和《现代喜剧》两个三部曲长篇巨著，都是以英国20世纪20年代广阔的社会生活为背景的，以编年史方法真实地反映了英国社会的全貌，但高尔斯华绥并未完全否定英国的社会制度，他把希望寄托在福尔赛世家后代身上，削弱了其作品的批判力量，这在第三个三部曲《尾声》中一目了然。作品表现了贵族社会虽已日薄西山，但终会出现"健康"因素，来改良这个社会。《尾声》包括《女侍》(1931)、《开花的荒野》(1932)和《河那边》(1933)三部小说。比较起来，三个三部曲，第一个三部曲《福尔赛世家》中的《有产业的人》最为精彩。

高尔斯华绥一生共写长篇小说二十部，剧本二十六个，短篇小说、散文、书信、诗歌共十二卷，这些作品都是现实主义力作。他强调作品要反映社会生活，"小说并不是说教，它只是提供生活的图画和实例"。

高尔斯华绥虽曾拒绝接受爵士荣誉，却欣然领取了玛丽特勋章，事情复杂，不必拿这些事判断他的政治立场。

高尔斯华绥荣获诺贝尔文学奖后不到半年，于1933年1月31日，逝世在他喜爱的哈姆斯特的园林小木屋中，享年六十五岁。

第二十九届（1931 年）

埃利克·卡尔费尔德

获 奖 者：埃利克·阿克塞尔·卡尔费尔德（Erik Axel Karlfeldt，1864—
1931），瑞典诗人。

获奖理由：他在诗作的艺术价值上，从没有人怀疑过。

获奖作品：《荒原和爱情之歌》（诗集）。

根据诺贝尔奖的宗旨，是不给逝者颁奖的。卡尔费尔德是特例。鉴于卡尔费
尔德在诗歌创作上的成就，瑞典文学院曾几次要颁给其诺贝尔文学奖，但
卡尔费尔德为人谦逊，并以在瑞典文学院任职多年（诺贝尔文学奖评委、终身秘
书），为避嫌起见，不接受诺贝尔文学奖。瑞典文学院只能在其到退休年龄并辞
去职务时，再拟颁奖给他。岂料这位伟大诗人，于 1931 年 4 月 8 日在斯德哥尔
摩仙逝。瑞典文学院还是集体决定破例将本届诺贝尔文学奖授给已逝世的卡尔费
尔德。

《荒原和爱情之歌》是卡尔费尔德于 1895 年出版的第一部收录小诗四十六首
的诗集。诗人声称这部诗集是献给"我的祖先们"的礼物。诗歌是对祖先古老生
活和田园风光的赞美，充满对宗教幻想和中世纪神秘时代的向往，在强烈的思乡
和怀旧之中，不乏寄托着年轻诗人特有的对现代社会生活的困惑和失望。

其中《春风小景》一诗：

小河在平原湿土潺潺流过，

桦树的树皮缺口里流出了液汁。

高山上苍鹰发出了求偶的枭叫，

在寒冷的长夜中凄凉而可怕。

哦，快乐的南风吹过荒野，

它马上会带来一个节日的夜晚。

为这一带的五旬节增添光彩，

到处弥漫着柏油燃烧的浓烟。

乞丐吊儿郎当边走边舞着棍棒。

修鞋姑娘收摊子挪到了太阳底下，

放开喉咙大声招揽，

声音就像乐师给琴弦擦松香，

紧紧抓住用橡树皮包底的小提琴。

大路上远远传来手推车的辚辚声，

——赶车人的儿子从磨坊回家。

刚到门口孩子便张大了嘴巴，

屋里妇女们聚集在窗前。

　　五旬节，,是北欧的传统节日，仅次于圣诞节。这首诗以极富乡野趣味的景色，为五旬节营造了环境。接着，"欢乐的南风"承载了节日的气息，各色乡人纷纷登场，渲染了节日快乐的气氛。而最后一节，如同电影的蒙太奇，巧妙剪裁画面，如同中国画的留白和舍弃，留下丰富的艺术想象。

　　卡尔费尔德，于 1864 年 7 月 20 日降生在瑞典东部福尔卡纳一个律师家庭里。父母都是知识分子（一说他家祖祖辈辈都是农民）。他从小就受到良好的家庭教育，童年和少年在风光秀丽的乡村度过，受到大自然濡染和民间历史传说的陶冶。

卡尔费尔德在家乡读完小学，然后到韦斯特罗斯市读中学，勤奋好学。他中学毕业后考入乌普萨拉大学文学系，因家庭经济困难数度辍学。他的父亲因负债累累，伪造本票和汇票，被捕入狱两年，庄园被拍卖，家道中落。但卡尔费尔德始终没有放弃学业，断断续续求学，终获文学学士学位。1898年，他又获瑞典文学和英国文学两科硕士学位，1904年被选为瑞典文学院院士，三年后成为该院所属诺贝尔文学奖评委会委员。1912年，他被任命为这个委员会的终身秘书，1917年被母校授予哲学博士学位。翌年（一说1920年），他被提名为诺贝尔文学奖获得者，因其坚拒被撤销。

自1895年出版第一部诗集《荒原和爱情之歌》，引起瑞典文坛的广泛关注之后，他又先后出版了《弗里多林之歌》（1898）和《弗里多林的乐园和达拉克林绘画韵文》（1901）两部诗集，让他驰名诗坛，各种荣誉也接踵而至。

1906年，诗人又出版了抒情诗集《花神和果树女神》，诗风的成熟和诗意的深化，让欧洲诗界注意到卡尔费尔德的诗。他的诗与19世纪末欧洲的艺术潮流一脉相承，其恬淡、冷静、超脱的人生观，其怀旧、清高、自我追求的思想境界，又极富个性而与众不同。

1918年，诗人又推出《花神和女战神》诗集，其欢快明丽和对生活美的崇拜，以及包蕴的宗教信仰，使其诗达到了艺术的高峰。1927年，最后一部诗集《秋天的号角》的出版，为他的诗画上了完美的句号。

是的，诗人一生太过刻意追求诗的艺术形式上的完美，其诗明显具有比较浓郁的宗教幻想、神秘、复古的感情色彩，与当时复杂的社会生活疏离，而缺乏时代意义，这是历史和他个人的局限造成的，但"他在诗作的艺术价值上，从没人怀疑过"（瑞典文学院的颁奖词），他的诗因美而有永恒的魅力。这是一个悖论。

第二十八届（1930年）

辛克莱·刘易斯

获 奖 者：辛克莱·刘易斯（Sinclair Lewis，1885—1951），美国作家。

获奖理由：由于他充沛有力、切身和动人的叙述艺术，以及他以机智幽默
　　　　　去开创新风格的才华。

获奖作品：《巴比特》（小说）。

有人说，当瑞典国王将诺贝尔文学奖的奖章同证书交到刘易斯手上，华灯璀璨的大厅响起热烈掌声的时候，获奖者激动得流下了热泪。获此殊荣，作家激动，人之常情。而更让人感兴趣的，是他在此刻发表的获奖感言："美国人已是一个成熟的民族，能够冷静老练地思考对其所生存的大地进行任何剖析批判，无论这些剖析批判是多么带有嘲弄性。"而意味深长的是，刘易斯的作品，恰恰具有揭露和批判性，他是以独特的讽刺才能和他创造的一系列异常鲜明和有特色的美国人形象而获诺贝尔文学奖的。

《巴比特》于1922年出版，刘易斯在这篇小说里，塑造了一个美国兴旺发达时期的市侩巴比特的典型，以探讨那时自鸣得意的美国人心理特征，具有文化观照和艺术欣赏的双重价值。

巴比特是个一帆风顺且训练有素的房地产经纪人，有文化素养和规范化的家庭生活道德，是共和党可尊敬的党员，真尼兹城上等人俱乐部会员。虽极端愚蠢、扬扬自得，却偏偏时不时感到苦闷和不满。他要尝试过"真正的生活"，放荡不羁，

甚至要造反，投入自由主义者阵营，发表异端思想，染上革命情结。

自由主义者名声让他失去社会上显要人物的支持，他的生意也陷入僵局，为了扭转这一被动处境，他"浪子"回头，重回传统势力怀抱，恢复保守派政治立场。他重做市侩之徒，进入"正派公民联盟"，帮友人竞选市长，自己再度成为"促进俱乐部"成员，生意也兴旺起来。他可以暗里怂恿儿子与女友私奔，在公众场合却依然以道貌岸然的伪君子形象示人。《巴比特》成功塑造了20世纪20年代美国的市侩形象，但这些人物都是制度下的畸生儿、牺牲品，将这一视角对准美国社会，《巴比特》又何尝不是戳穿美国"精神文明"的力作呢。瑞典文学院更看中刘易斯的文学才华，将第二十八届诺贝尔文学奖的绣球投给了他：

> 由于他充沛有力、切身和动人的叙述艺术，以及他以机智幽默去开创新风格的才华。

刘易斯，于1885年2月7日降生在美国明尼苏达州苏克萨特镇。其父是一位乡村医生，母亲的父亲也是医生。他是父母第三个孩子。他六岁时母亲去世，继母是个严厉的女人，刘易斯从未把她当成母亲。

刘易斯身体瘦弱，性格孤僻，常受邻居的孩子嘲笑愚弄。后到该镇高中学习，十七岁时，他离开庸俗、偏狭的苏克萨特镇，到俄亥俄州奥柏林学院读预科。翌年，他入耶鲁大学文学院求学。他在低年级时，便显示了文学才能，在《耶鲁大学杂志》发表了一首诗歌。到高年级时，他已成为这份校刊的编辑，同时还兼纽约《大西洋记事》杂志的助理编辑。尚未毕业，他就离开学校，参加小说家厄普顿·辛克莱办的带有社会主义性质的"赫利孔山村落"的劳动公社，在这里当看门人。1907年秋，他又重返母校耶鲁大学，读完最后一个学年，毕业时获文学学士学位。

从1908年至1916年，刘易斯先后在艾奥瓦州《滑铁卢报》、旧金山联合出版社、华盛顿《沃尔特评论》、纽约《历险》等传媒和出版社担任过助理编辑和编辑。这期间他出版了第一部小说《我们的雷恩先生》（1914），没有引起什么反响。从此，刘易斯开始自己的写作生涯，写了不少浪漫气息的通俗小说。

1914 年，其貌不扬的刘易斯娶了第一位妻子，离异后已经四十三岁。他又和一位很有名气的专栏作家、女记者萝茜·汤普森拉着手走进婚姻殿堂，不幸五年后再次离婚，从此孑然一身。

1920 年，刘易斯付出了很多心血，出版了长篇小说《大街》，令他没想到的是，该书甫一问世，竟然成为人们争相抢购的畅销书，也使他获得很高的声誉。

《大街》以美国"古弗草原"小镇为背景，反映上流社会一成不变、呆板腐朽的生活，镇民自命不凡和因循守旧。女主人公米尔福德聪明伶俐，才能平平，大学毕业后嫁给一个朴实而缺乏想象力的医生肯尼考特，定居在充满沉闷、闭塞、狭隘气氛的古弗草原小镇。米尔福德希望组建一个艺术团体，丰富小镇文化生活，而居民拒绝她的倡议。不久，因丈夫只关心病人，米尔福德爱上镇里的小裁缝埃里克。她便成了镇民攻击的对象，令她愤然离开丈夫，带着女儿到华盛顿过独立自由的生活。后来丈夫来找她，虽然没有了爱情，但丈夫无辜，她又回到丈夫身边。她回到死气沉沉，镇民却踌躇满志的古弗草原小镇，继续忍受镇上那条"大街"带给她的压抑。从此，她把希望寄托在女儿身上，希望女儿长大之后，"说不定会看到全世界工人联合起来，人类的飞船正在驶向火星"。

《大街》并不是一部无可挑剔的小说，但显示了刘易斯对社会的尖锐的批判眼光。小说不仅用巨大的观察力和艺术手段透视了美国小镇的社会风貌，而且在展示地方风情方面，堪称文学教科书般经典。

1925 年，刘易斯又出版了《艾罗·史密斯》。两年后，其《艾尔默·甘特立》问世。

《艾罗·史密斯》这部长篇小说，写的是无孔不入的生意人如何侵入科学的领域，使它屈从于金钱的利益，以及为征服它，科学家在科学实验中表现出来的勇气和毅力。刘易斯这篇小说得到《微生物的猎人》作者、著名学者克拉夫的热情帮助。

《艾尔默·甘特立》则写了一个酒徒兼色鬼飞黄腾达的故事，抨击了美国社会中那些掠夺成性的市侩。

刘易斯是出于对美国热烈的信仰，而对其种种社会弊端进行揭露和批判的，小说中表现出爱国主义和民主主义的成分。1926年，他被授予普利策小说奖，他拒绝了。1936年，他又获得母校耶鲁大学文学博士学位。两年后，他成为美国艺术文学院院士。在获得这些荣誉的同时，刘易斯除《巴比特》外，再无优秀作品问世，引起评论界非议。晚年他旅居欧洲，怕与此有关。

20世纪30年代以后，一贯勤奋的刘易斯一连写了十几部作品，长篇有《不会在这里发生》(1935)、《教堂里欢乐的一天》(1940)、《卡斯·蒂姆白兰》(1945)，此外自编《短篇小说选》(1935)、散文集《世界如此广阔》(1951)等。他还曾对电影感兴趣，改编了电影《杰伊霍华哥》(1934)、《这里不会发生》(1936)。

1951年1月10日，独身在意大利的刘易斯，因心脏病突发，在罗马逝世，享年六十六岁。刘易斯走了，但他开创的小镇风情、以市侩典型嘲弄"美式生活"的经典小说，一直影响着美国文学。

第二十七届（1929年）

保尔·托马斯·曼

获 奖 者：保尔·托马斯·曼（Paul Thomas Mann，1875—1955），德国作家。

获奖理由：由于他那在当代文学中具有日益巩固的经典地位的伟大小说《布登勃洛克一家》。

获奖作品：《布登勃洛克一家》（小说）。

小说《布登勃洛克一家》（1901），其副标题为"一个家庭的没落"。小说写一个有钱有势的望族祖孙四代由盛而衰的故事。故事发生在1835年至1876年的商业城市吕贝克。祖父老约翰·布登勃洛克开设了一家大粮栈，在社会上威望颇高。他是德国经济上升阶段一位稳健的自由主义者。儿子小约翰继承父业后，便有了一个竞争对手——暴发户哈根斯特罗姆。竞争惨烈，生意清淡，又加上女儿婚事上失算，他感到经营粮栈非常困难，却没有办法应对，只好守着家传箴言"白日精心于事物，然勿作无愧于良心之事，俾夜间能坦然就寝"，苦苦支撑。第三代托马斯接手粮栈后，与竞争对手哈氏的斗争已非常激烈。因战争和投机失利，托马斯屡遭打击，家道开始败落，连祖父建的房子也落到哈氏手里。托马斯死后，儿子汉诺多病，胆小怕事，更无法在弱肉强食的社会生存。小说以汉诺死亡结束。

这部小说展示了一幅19世纪末德国社会生活的广阔图景，反映了德国社会在进入帝国主义时期的矛盾。

小说中的人物既有共性又有个性，真实地揭示出物欲横流社会里各色人等自私腐朽的面目和灵魂。小说对人生抱有消极悲观的情绪，明显受叔本华的悲观主义哲学的影响。在艺术风格上，托马斯·曼受到俄国现实主义风格特别是列夫·托尔斯泰的影响。

托马斯·曼，于1875年6月6日出生在德国北部靠近波罗的海的卢卑克城。其家族很多人都参加过市政管理工作，属于上层阶级。父亲是有名的大粮食批发商，还是国会议员。母亲是具有德国和巴西混合血统的贵族后裔。具有严格道德观的父亲与极富艺术气质的母亲之间鲜明的对照，成为后来托马斯·曼文学表现的主题。

托马斯·曼还有个大他四岁的同胞哥哥亨利希·曼，也是当时德国最杰出的作家之一，以长篇小说《臣仆》闻名于世，不仅是伟大的社会活动家，还是不屈不挠的反法西斯战士。可谓一门二杰。

托马斯·曼童年时代在家乡度过，中学毕业后，便到德国文化中心慕尼黑求学。他十六岁那年，父亲病故，家道开始中落。1892年，全家迁到慕尼黑。托马斯·曼半工半读，在慕尼黑读完大学。求学期间，他对文学、音乐、历史和哲学非常喜爱，并对上古、中世纪以及文艺复兴时期的历史和艺术有精湛的研究。同时，他也开始尝试文学创作。

1894年，他的短篇小说处女作发表在慕尼黑一家杂志上，名为"堕落的女人"，是写妓女生活的，受到社会好评。四年以后，该作被他选入自己的短篇小说集《曼的朋友小个子菲利》一书中。

自从当了职业作家后，他结识了不少在慕尼黑的文人，与哥哥亨利希·曼等共同参与《二十世纪》和《辛卜利其斯木斯》杂志的编辑工作。他还认真研读他最崇拜的叔本华、尼采等人的哲学，后又醉心于海涅、冯达诺和施笃姆等德国小说家的作品，对俄国的列夫·托尔斯泰、陀思妥耶夫斯基也极为推崇。这些世界文坛巨匠的著作，滋养托马斯·曼登上宏伟的文学殿堂。

1896年，在继承了父亲的遗产后，兄弟俩结伴游历意大利。他们除了整日徜徉于古罗马留下的古老街巷和教堂，让自己的艺术观念升华，还各自酝酿自己的小说创作。托马斯·曼的编年史小说《布登勃洛克一家》就是在这里开始落笔的。1901年，该小说一俟在德国出版，立刻风靡了德意志和欧洲。

1902年，托马斯·曼的短篇《特利斯坦》发表。小说以一个疗养院为背景。一位富商的妻子来疗养院疗养肺病，被一个乖僻颓废的艺术史家爱上了。一次，他趁别人都外出郊游，让商人妻子为他弹奏瓦格纳的乐曲《特利斯坦》。她因过于亢奋，后病情加剧，不久死去，看似是由艺术史家的挑动所致，但真正的死因是其夫的平凡庸俗已种下戕害她的种子。小说揭示了这些庸俗的人是侵害人们美好精神的刽子手。

《特利斯坦》是托马斯·曼很有代表性的短篇，它以形式严谨、心理分析深刻著称。又如其《托尼阿·克略格尔》（1903）、《伤心的人》（1903）、《高贵的王室》（1909）、《威尼斯之死》（1911）、《玛丽欧和魔术师》（1930）、《绿蒂在魏玛》（1939）等中短篇小说，描绘了历史更迭时德国的社会面貌，呈现了德国人内心世界的图景。

1905年，在文坛已享有声誉的年轻作家托马斯·曼，与慕尼黑大学一位教授的千金凯茜·普林肖姆相爱结婚，携手共度二十多年幸福安康的日子，育有六个儿女。

第一次世界大战的爆发，改变了托马斯·曼不过问政治，专门创作的平静生活。他第一次选边站队，便错站在自己国家一边，认为这是一场德国人保卫国家荣誉的爱国主义战争。他的日耳曼主义立场，遭到自己的哥哥和罗曼·罗兰的批评，彼此发生了激烈的笔战。但托马斯·曼是个坦荡的人，当他认识到自己错了的时候，在1918年发表《一个不参与政治的人的反省》一文，痛心地悔悟自己的错误立场。几年后，魏玛共和国建立时，他成了著名的民主人士。瑞典文学院将诺贝尔文学奖颁给他，也含有对其立场肯定之意。当德国法西斯主义在德蔓延之际，他多次著文和发表演说，告诫同胞要提高警惕。果然，1933年，希特勒上台，德国成为法西斯主义的策源地。托马斯·曼从此客居瑞士。

1924年，托马斯·曼出版了深有寓意的第二部长篇小说《魔山》。小说写的是第一次世界大战前夕，挪威形形色色上层人物颓废的精神状态，以及社会病态。

1933 年至 1943 年，托马斯·曼断断续续用了十年的时间，完成了以《圣经·旧约》中的约瑟夫相关传说为题材的四卷本长篇小说《约瑟夫和他的兄弟们》。第一、第二两部写于 1933 年至 1934 年，分别是《雅各布的故事》和《年轻的约瑟夫》。它们讲的是犹太人受苦受难的故事，赞扬犹太人的善良和高贵品格，以历史影射现实，驳斥希特勒种族主义灭绝犹太人的谬论。第三部《约瑟夫在埃及》，出版于他在瑞士侨居期间的 1936 年。第四部《赡养者约瑟夫》完成于 1943 年的美国。这部长篇巨著史诗性地表现了犹太人反抗法西斯斗争的宏伟图景，托马斯·曼自己评价说："正因为这部小说是不合时宜的，所以它是合时宜的。"这句极富哲理的话，诠释了其创作意图和作品的现实意义。可惜，中国出版的《欧洲文学史》没有这种眼光，只字未提。

1936 年，由于托马斯·曼坚决反对纳粹主义的立场，他的书在德国被焚烧，公民权被剥夺，家产被没收，他被波恩大学授予的名誉博士学位也被褫夺。

1938 年，他应邀去美国游学，曾在普林斯顿大学、加利福尼亚大学讲学。第二次世界大战中，他利用有线广播向他的同胞发表总题"德国听众们"的演讲，多达五十余次，号召同胞起来推翻希特勒罪恶政权，建立民主德国。他于 1944 年获得美国国籍。

1939 年，他在美完成长篇历史小说《绿蒂在魏玛》，写诗人歌德年轻时与情人绿蒂的故事。小说采用意识流手法，以歌德大量的内心独白，再现了诗人卓越的思想与矛盾的性格。该作与以前托马斯·曼写的《歌德和托尔斯泰》（1923）、《歌德——资产阶级时代的代表》（1932）、《叔本华》（1938）等，是他对曾经崇拜的叔本华、尼采、瓦格纳错误思想的清算。而 1946 年写的政论文《反对布尔什维克主义是我们时代的大蠢事》，则表现了他的思想倾向性。

1947 年，托马斯·曼写了重要的长篇《浮士德博士》，副标题为"由一个友人讲述的德国作曲家阿德里安·莱弗金的一生"，写的是莱弗金复杂的人生故事。1951 年，他写的长篇小说《被挑选者》，主题宣扬赦罪，故事取材中世纪，目的是主张对第二次世界大战战败的德国采取宽大政策。其最后一部长篇《骗子菲利克斯·克鲁尔的自白》第一部，尖锐讽刺了上流社会尔虞我诈、自私自利的丑恶现象。可惜，托马斯病故，未完成原计划的若干部。

1949 年，纪念歌德诞生两百周年时，托马斯·曼在西德的法兰克福和东德的魏玛分别发表演说。1955 年，席勒逝世一百五十周年时，他又到这两处发表演说，这两次演说引起很大的震动和强烈的反响。

1952 年，托马斯·曼选择到瑞士苏黎世定居。在刚刚接受西德政府授予的德国最高勋章不久，1955 年 8 月 12 日，具有坚定民主信念的 20 世纪一流作家托马斯·曼病逝于苏黎世。

第二十六届（1928 年）

西格里德·温塞特

获 奖 者：西格里德·温塞特（Sigrid Undset，1882—1949），挪威女
　　　　作家。
获奖理由：主要是由于她对中世纪北国生活之有力描绘。
获奖作品：《克里斯汀的一生》（又译《新娘·女主人·十字架》三部曲）
　　　　（小说）。

欧洲经济危机时的 1920 年至 1922 年，离婚后的温塞特创作进入高峰期，同时，她把注意力从现代生活转向中世纪挪威妇女的地位和命运。潜心三年，她写出了给她带来荣耀的《克里斯汀的一生》。这部长篇三部曲，包括《新娘的花环》（1920）、《汉莎堡的女主人》（1921）和《十字架》（1922）。

　　该作继承了挪威文学严肃庄重、理性大气的优秀传统，思想厚重，故事起伏跌宕，人物性格复杂，风土人情绚丽多彩，有令人震撼的真实感。

　　小说以中世纪为背景，通过对几个庄园和庄园中人物的日常生活的描写，再现了挪威的自然风貌、历史事件、风俗人情，展现了王宫节日、政治阴谋、瘟疫蔓延、斗殴比赛、流行艺术等丰富的社会生活图景。特别是小说中女主人公克里斯汀，长久地追求爱情，张扬自然人性及其悲剧性的结局，映现了挪威整个社会的生存状态。小说还观照了挪威民族的灵魂世界，具有文化性、史诗性。而最后，碰得头破血流的克里斯汀皈依宗教，在朝圣的道路上，寻求灵魂的自我救赎，让小说有点花容失色。

第二十六届诺贝尔文学奖颁给温塞特的理由是：

> 主要是由于她对中世纪北国生活之有力描绘。

茨维塔耶娃这样评价《克里斯汀的一生》：

> 与《克里斯汀的一生》相比，《安娜·卡列尼娜》（列夫·尼古拉耶维奇·托尔斯泰著）只是一个片段而已。

此语虽显得偏颇，却可见其对温塞特的厚爱。而中国的《欧洲文学史》（人民文学出版社）根本未将这位继瑞典的西尔玛·拉格勒芙，意大利的格拉齐娅·黛莱达之后第三个获诺贝尔文学奖的女作家西格里德·温塞特纳入法眼。

温塞特，于 1882 年 5 月 20 日降生在丹麦开伦特堡。其父是挪威考古研究开拓者之一英格华尔德·马丁·温塞特，其母是丹麦贵族后裔。这个充满历史文化气息的家庭环境，使温塞特从小就对历史特别对挪威中世纪历史产生兴趣。或许出于研究历史的原因，这个家族以严格闻名于世，这也形成温塞特性格的冷静、孤僻和倔强。她童年的大部分时光，在挪威首都奥斯陆的祖父家中度过。我们从她后来 1934 年写的自传体小说《逝去的岁月》（又译《七年》）里，可知她童年生活的快乐和孤寂。

温塞特十一岁时，父亲病故，家道中落，但不影响继续求学和过着舒适的生活。大学毕业后，十七岁的她到一家法律事务所做律师助手，一直干了十年。职场生活单调乏味，她便以读历史和文学著作来充实自己，并开始酝酿小说创作。1907 年，她写了长篇小说《玛特·欧利夫人》。

这是一部以日记体反映挪威知识女性生活的作品，把她这许多年所经历的生活和对社会的体察都写进去了。小说以现实主义手法描述了当时挪威的社会生活、时代风尚，写出了妇女在社会生活中受到的不公平境遇，以及她们为谋求精神独立、在家庭生活中的合理地位时所引起的种种冲突和矛盾。她的关于妇女题材的探索，与同时代的意大利女作家格拉齐娅·黛莱达有异曲同工之妙，成掎角之势，形成了一种文学合力。《玛特·欧利夫人》出版之后，尽管该作没有在社会和文坛引起关注，但这并没有影响温塞特写妇女问题的热情。

1909 年，离职后的温塞特到罗马去旅游，徜徉于古罗马遗迹之时，与同胞画家安德斯·卡斯图斯·斯瓦斯塔邂逅，他们一见钟情。但斯瓦斯塔那时不仅已是有妇之夫，而且育有三个儿女，其中一个还是智障儿。爱情有时会让人失去理智，三年后，温塞特还是走进教堂，与已离婚的画家结婚。这桩婚姻维持了十四年，又劳燕分飞。从此，温塞特一直过着独身生活。

在 1911 年结婚那年，温塞特出版了第二部长篇小说《珍妮》，写一位年轻的女艺术家珍妮，到罗马研究古代建筑绘画，同时爱上一家父子的复杂遭际。如果说《玛特·欧利夫人》描写的是知识女性为改变其社会地位而斗争，那么《珍妮》所探求的是欧洲男人和女人间性爱的人性问题。离婚后，温塞特带着三个孩子，来到挪威东南部的利勒哈默尔小城，用了两年时间，建造了当地豪华的新居"比耶克贝尔"及一个大花园。她每天可以带着孩子在花园里玩耍，在这里眺望小城和乡村美丽的风景。

到 20 世纪 20 年代，温塞特的创作逐渐成熟，创作了《克里斯汀的一生》。完成这部力作后，原来挪威人信奉的路德教派基督教，尊为国教，但她正式信奉罗马天主教。温塞特这一反叛行为，被人解释为是她对日益腐败保守的社会风气不满所致。有些牵强，难道罗马天主教就真的使她能看到社会风气好转了吗？当然，有一点是值得注意的，温塞特的宗教信仰改变，的确直接影响到她以后的创作。1925 年至 1927 年，她创作了四卷本长篇小说《赫斯迪弗汀船长》，接着又出版了《在荒野》(1929)、《燃烧的荆棘》(1930)，大都是写宗教问题的，从中可见她对宗教独特的认知。

到了 20 世纪 30 年代，温塞特又重返现代题材，创作了长篇小说《伊达·伊丽莎白》(1932)、《忠诚的妻子》(1937) 等作品。1939 年，她还出版了一部历史小说《多蒂娅太太》。这些作品从心理学和伦理学层面更深入地刻画人物。她还翻译了一些世界名著给自己的同胞。也是这个时期，温塞特以笔为武器，抨击德国纳粹主义并参加了反法西斯的抵抗运动。1940年，德国入侵挪威，她被迫流亡到瑞典，后又由苏联、日本到美国，在那里侨居五年。在美国，她创作了《重返未来》（1942）、《挪威的幸福生活》（1942）和《席格特和他勇敢的伙伴》（1943）等小说。

纵观温塞特的创作生涯，她以妇女题材创作的小说，特别是对于挪威中世纪时代生活图景的展示，对于普通人日常生活绘声绘色的描写，对于妇女复杂心理的刻画，极有深度，极富艺术魅力。但其作品中呈现的维护正统观念的思想意识及强烈的宗教色彩，又为人所诟病。

1945年，挪威光复，温塞特返回故乡。

1949年，温塞特在利勒哈默尔"比耶克贝尔"与世长辞，享年六十七岁。

亨利·柏格森

获 奖 者：亨利－路易·柏格森（Henri-Louis Bergson，1859—1941），
法国哲学家。

获奖理由：丰富而生气勃勃的思想，及表达的卓越技巧。

获奖作品：《创造的演变》（又译《创造进化论》）（哲学著作）。

拉·科拉柯夫斯基这样评价柏格森：

几乎没有一个当代哲学家，敢夸耀他们完全没有受到柏格森的影响（不管是直接的还是间接的）。尽管很少有人提到和引证柏格森，但柏格森的存在，却是不能从我们的文明中消失。

第一次世界大战前，法国兴起过一场思想变革运动（有人称为"精神革命"），在哲学、文学、思想和政治等意识形态领域内，进行了深入的探索和讨论，亨利·柏格森引起人们的重视。他以心理唯灵论学说反对、批判当时流行的实证主义学说和社会主义学说，影响了法国哲学界。

柏格森反对过度的理智主义和唯科学主义，认为直接掌握意识现象和生命现象是人类的直觉，他揭示出当时哲学的错误在于认为智慧是全部认知的最重要的和唯一的工具。他的观点是，只有直觉才能在运动现实中直接掌握生命现象和意识现象，直觉排除了分析，本能地、直接地把握精神并抵达到精神意识深处。

关于小说创作，柏格森认为，作家在小说中所刻画的人物性格，是不能与在一刹那与这个人物打成一片时所得到的感受相比的。小说描述这一人物的特点，其目的是同其他人做比较，而比较出来的东西是共有的，并非专属的东西，因而我们便无法感觉到内在的东西。描写只能让人停留在相对事物之中，而得不到绝对的东西，要想得到绝对的东西，只能依靠直觉，直觉能使我们进入到对象的内部、发现本质。

文学艺术在柏格森的哲学思想中，占有相当重要的地位。他的哲学认为文学艺术是持续创造力的最为丰富的证据之一。

柏格森的哲学思想，在20世纪前半叶曾产生过深刻的影响，为认识世界提供了多一种角度。

柏格森在1927年以哲学论著《创造的演变》（1907）获得第二十四届诺贝尔文学奖，其颁奖词是：

> 丰富而生气勃勃的思想，及表达的卓越技巧。

此处言该作创造出了惊人宏伟的诗篇，读者可以毫不费力地从中获得巨大美感。它不用世界通常的概念法或抽象法，而是以严谨简洁的风格并施以精彩的比喻、华丽的辞藻、优美的文体，将枯燥的哲学变得如诗般的富有美感力量。

《创造的演变》通过论证"生命冲动"的理论和直觉主义方法，对方法论哲学体系予以批判，既反对唯心主义，也反对实在主义与实证主义。他力图以"实在""生命冲动"颠覆亚里士多德、笛卡儿、康德等建立的哲学理念。其提出的生命哲学的影响，远远超出了哲学范畴。

柏格森，于1859年10月18日出生于巴黎一个有犹太人血统的英国家庭。他幼年在伦敦度过，九岁重返巴黎。早在孔多塞中学读书时，他就对自然科学和古典文学产生浓厚兴趣。1878年，他考入巴黎高等师范学校，其在数学与文学上的才华超过同窗。三年后毕业，他曾任中学教师。1888 年，他发表《直觉意识的研究》论文，次年获文学博士学位。1900 年，他被委任为法兰西学院哲学教授。这一期间，他发表了《智力与记忆》（1896）、《形而上学等论》（1903）、《创造的演变》（1907）、《生命的意识》（1911）等哲学著作。

柏格森从五十二岁开始，赴英、美讲学，并于 1913 年任英国精神研究学会主席，五十六岁进入法国法兰西科学院从事国际事务和政治活动研究。其著作有《精神的力量》（1919）。晚年，他创作了《道德和宗教的两个源泉》（1932）、《思想和运动》（1934）等。

柏格森早年受英国哲学家斯宾塞的影响，形成了自己的系统理论。他反对过度的理性主义。

柏格森认为，文学艺术是持续创造力的最为丰富的证据之一。正如画家画画，一幅肖像是由模特儿、画家性格及各色颜料来诠释的。要想动笔前预见这幅画会画成什么样子，是荒唐的。我们生活的每一个瞬间都是一种创造，画家就是创造这一瞬间的。生命同意识一样，每时每刻都在创造某种东西。

又如，柏格森研究喜剧，让人坠入云中雾中，却有他自己的逻辑。

> 我们在一般性和象征性之间运动，就像在一个有篱笆的园子里，我们的力量和其他的力量进行有效的较量，在行动所选择的土地上，被行动联结，被行动吸引。我们生活在事物和我们之间的分界线中，生活在事物和表面上，但是这两者相隔甚远，通过分离，使得灵魂更加远离生命，我不说这种分离是有意识的，经过推理的，有系统的。由思考所致的分离是天生的，是结构意义的天生分离和有意识的天生分离，而这种分离通过看到的、听到的或想到的方式表现出来。如果这种分离是完整的，如果由于任何一种知觉使灵魂不再依附于行动，那么这个灵魂是一个在世界上还未被看到的艺术的灵魂，这个艺术灵魂在所有方面都是出类拔萃的……

上面这段话的基本观念，是源于他的唯灵论哲学观，具有唯心主义味道。他反复提到脱离生命的"灵魂"，让我们领略了他的神秘主义。

第二次世界大战爆发之后，年迈的柏格森坚决反对德国纳粹疯狂屠杀犹太人的罪行，与他的同行德国哲学家尼采为希特勒迫害犹太人助纣为虐，形成对照。柏格森不与占领军合作，表现了他的风骨。

1941年1月4日，在凄风苦雨中，柏格森在巴黎逝世。

第二十四届（1926年）

格拉齐娅·黛莱达

获 奖 者：格拉齐娅·黛莱达（Grazia Deledda，1871—1936），意大
利女作家。

获奖理由：为表扬她理想主义所激发的作品，以浑柔的透彻描写了她所生长
的岛屿上的生活，在洞察人类的一般问题上，表现的深度与怜悯。

获奖作品：《邪恶之路》（长篇小说）。

1 9世纪70年代，意大利罗马解放，教皇被剥夺世俗权利，意大利的独立和
统一最后完成。然而，意大利民主革命发展并不平衡，君主立宪政权没有进
行广泛的社会改革，国内大部分地区仍然保留着固有的土地所有制，社会各阶层
矛盾日趋尖锐。妇女受歧视这一重大社会问题，也没得到解决。黛莱达通过自己
的奋斗，在二十一岁时，以细腻笔触描写撒丁岛农民和牧人的生活，表现新生文
明与撒丁岛古老文明的冲突，以及后者解体消亡的小说《邪恶之路》，受到瑞典
文学院的青睐：

　　　　为表扬她理想主义所激发的作品，以浑柔的透彻描写了她所生长的岛屿
　　　上的生活，在洞察人类的一般问题上，表现的深度与怜悯。

她继瑞典的拉格勒芙之后，成为欧洲第二位获得诺贝尔文学奖的女性作家。
《邪恶之路》写于1896年，故事是这样的。小伙子彼特罗来到小岛，给富家

当长工。这家的美丽小姐玛丽娅爱上了彼特罗。她在疯狂地品尝到爱情的甜蜜后，突然意识到彼此身份悬殊，不可能长相厮守，然而这毕竟是两情相悦的爱情，她陷入了痛苦的深渊。正在这时，母亲给她找到门当户对的男人，玛丽娅便嫁给财主弗兰切斯科。

这对深陷爱情旋涡的彼特罗来说，不啻是一声惊雷。失去理智的他，杀死了情人玛丽娅的丈夫，走上了一条罪恶之路。

彼特罗最终发了财，娶了成为寡妇的玛丽娅，但两人早已没有往昔热恋偷情的欢愉，婚姻并不美满。面对妻子，彼特罗深感内疚、自责。玛丽娅最后得知杀害弗兰切斯科的是彼特罗，也背负了沉重的罪恶感。两个曾经相爱的人，从此以忏悔而求得自我救赎⋯⋯

小说将爱情悲剧置于弥漫着历史、宗教、民俗的田园风光的大背景里，唱出一曲哀婉的牧歌，充斥着忧郁和伤感。

黛莱达，于 1871 年 9 月 27 日诞生在意大利撒丁岛努奥罗城。其家族在此地很有声望，父亲是努奥罗城的市长。在那个妇女受到普遍歧视的欧洲，市长女儿也得不到受良好教育的权利。天资聪慧、性格好强的黛莱达，不为其囿。家中丰富的藏书成了她求知和认识世界的大教室，在这里，她孜孜以求。

努奥罗城位于意大利撒丁岛的中部，岛上风景秀美，海天辽阔，是她亲近大自然的乐园。而岛上古老的传说，在夏夜星空下，由亲人和乡邻给她讲述。秋天的海滩上，老渔夫的劳作和谈话，常常使她流连忘返。大雪纷飞的冬天，壁炉边，用人哼唱的民谣，伴着她度过漫漫长夜。

这样的自然和人文环境，早早打开了黛莱达的文学之门，背着大人，她把听到的故事与经历的现实生活，放在她熟悉的撒丁岛背景里，编织成一篇篇小说，然后背着家人偷偷投给岛上的杂志。终于，在她十五岁多一点时，她的小说《世家》出版了。这一新闻很快在撒丁岛上传播开来，为岛民所津津乐道。一个小姑娘写的朴实动人、戏剧性强且具撒丁岛风格的小说，被印成书赫然摆在书店的柜台架上出售，怎能不让撒丁岛轰动。

创作的闸门被打开，黛莱达几乎每年都有新书问世，如《东方的星辰》（1891）、《撒丁岛的精华》（1892）、短篇集《撒丁岛的故事》（1894）、《正直的灵魂》（1895）、《邪恶之路》（1896）、《在蔚蓝色的天上》（1898）和《山上的老人》（1900）等。

在上述作品中，黛莱达多以撒丁岛为背景，以写实主义的艺术手法写那里的风土人情、贫穷生活和保守落后的思想。作品在浓郁的撒丁岛乡土气息下，通过善与恶的故事，写出社会的罪与恶，表现下层人物的悲惨命运。《山上的老人》是这一时期有代表性的小说，故事把读者带到人类原始时代。在那时人的意识中，原本就存在正直良心与贪欲诱惑不可调和的矛盾，人们贪欲的私心，是造成社会悲剧的恶魔。小说提出一个重大的问题：人怎样克服自私的天性？

1899 年（一说是 1897 年），二十四岁的黛莱达与一位在财政部供职的小职员莫德桑尼结识相爱，结婚地点是卡利亚里。后来，她随丈夫的调动到罗马生活。他们的婚姻稳定而和谐，作为名作家的黛莱达，又是贤妻良母。她虽然离开了撒丁岛，但一直心系故乡，那里赋予她丰富的生活，给她太多的创作灵感，她的灵魂栖息在故乡。

婚后的黛莱达，在创作上如同她的生命，从青春进入成人，褪去了纯洁、天真的风格，进入了一个旺盛的时期。其作品以数量惊人而闻名于文坛，作品的思想更见深刻，艺术上也日臻成熟。这段时间，她创作了颇有影响的长篇《伊利亚斯·波尔托鲁》（1903），讲述的是一个神秘的创造者，爱上兄弟的新婚妻子而受到道德谴责的故事。其《灰烬》（1904）写了一位女子，受到男子玩弄而愤恨自杀的悲剧。其《常青藤》（1906），则描写仆人为主人自我牺牲，赞颂人与人相互信赖和帮助的美德。其《风中芦苇》（1913）是其中最为精彩的一部。小说以撒丁岛一位庄园主一家三代的命运为主线，通过人物之间的各种经历和冲突以及与外界的矛盾，艺术再现了世纪之交撒丁岛的世俗社会生活和人们的精神图景。但小说过分渲染宿命论，如小说中埃菲克斯对主人所说："我们都是风中芦苇，我的女主人！我们只是芦苇，命运是风。"故其现实主义受到削弱。

1920 年，四十五岁的黛莱达与丈夫在罗马安居乐业，其小说艺术更为成熟，但理性主义也更为突出。其间，她写了长篇《母亲》（1920），描写一位母亲梦中儿子经受不了情欲诱惑不去做牧师，她一觉醒来，所发生的一切在现实中重演。其《孤独者的秘密》（1921）、《飞向埃及》（1925）和《阿纳莱娜·比尔希尼》（1927）等小说，多以撒丁岛为广阔背景，心理描写、内心世界的挖掘颇见功力。

1927年，黛莱达获诺贝尔文学奖不久，被诊断为乳腺癌晚期。她与病魔抗争了九年，1936年，在接受了最后一次宗教祝福后，她被安葬在罗马。由于撒丁岛民众的强烈要求，第二次世界大战后，黛莱达的遗骨隆重地下葬于她故乡的一座教堂里，被鲜花簇拥。

第二十三届（1925年）

乔治·萧伯纳

获 奖 者：乔治·萧伯纳（George Bernard Shaw，1856—1950），英
国戏剧家。

获奖理由：由于他那些充满理想主义及人情味的作品——它们那种激动性
讽刺，常蕴含着一种高度的诗意美。

获奖作品：《圣女贞德》（戏剧）。

自从莎士比亚及其同期作家相继逝去后，英国的戏剧由盛而衰，沉寂了近两个世纪。直到20世纪出现了以萧伯纳为首的几位伟大的戏剧家，英国的戏剧才得到复兴。

萧伯纳几乎在文坛活跃了一个世纪，贡献了五十一个剧本、五部小说和一百多篇文艺评论。他成为第三个获得诺贝尔文学奖的英国人。

谈到萧伯纳获诺贝尔文学奖，有一情况不得不提，很多文学史和专著，特别是中国人撰写的英国文学史和外国名著读书籍，如《外国文学史》（人民文学出版社）、《欧洲文学史》（人民文学出版社）、《外国文学名著题解》（中国青年出版社）等，在介绍萧伯纳时，都没有提及他写于1923年并以此获诺贝尔文学奖的《圣女贞德》，甚至《诺贝尔文学奖获奖作家传》（江西人民出版社）一书里，也不提一字。

这部被誉为"收获空前绝后的成功"（《诺贝尔文学奖经典导读》）之《圣女贞德》，是一部什么样的作品呢？这是一部描写法国青年爱国者贞德，在英法百年战争中领导法国农民反抗英军被俘牺牲的悲剧。

当英法战争已经进入第九十二载的 1429 年，法军溃败，半壁疆土已被英军侵占，军队萎靡，政府无能，百姓饱受战争涂炭，艰难困苦。倘英军继续挺进，法兰西必得灭亡。就在国家命悬一线之际，一位十七岁的姑娘贞德挺身而出，声称自己受到上苍的启示，来拯救国家，赶走英人。在人民拥戴之下，贞德掌握了兵权，率振奋起来的法国军队与英军斯杀，很快收复重振奥尔良，保住了法兰西疆土。他们多次打败英军，促成查理七世继承王权加冕。圣女贞德率部与英军交战之际，遭到与英国勾结的法国教会一个主教戈尚的出卖而被俘，英人以重金买到贞德。经英国当局的宗教裁判，贞德被定为异端女巫罪，处以火刑。1431 年 5 月 30 日，在她的祖国鲁昂，她当众以烈火焚身，留下惊天地泣鬼神的呐喊："你们这些人不配和我生活在一个世界里！"这一冤案，几百年后才得以平反昭雪，贞德被天主教封为圣女。

萧伯纳不仅赋予圣女贞德民族英雄的光环，还在她身上融汇了当时法国的诸多社会问题，将贞德塑造成为一位宗教改革和妇女解放的先驱者。

《圣女贞德》的成功，是萧伯纳在剧中，颠覆了以往文学作品对贞德着重于浪漫情感的描写，强调贞德精神中的社会、宗教、妇女解放的诸多内容。剧中贞德身上超自然与神秘的色彩，也为该剧增添了动人的魅力。

《圣女贞德》的结尾，当是点睛之笔，多年后，法院重新审理她的案件，要为贞德雪冤，封圣，朝拜。但这一结果，并非法律的力量，国王查理一语道破玄机：出于政治需要。

更精彩的是梦幻式的收场，所有人最后都在国王查理的梦中重现，对贞德犯罪的人不断忏悔。当贞德调侃地问"如果一切重来，你们是否还选择烧死我"，所有人都做出肯定的回答。贞德听罢，仰天悲叹"上帝啊，你的国度要到何时才能降临"，将人们留在无限感慨和反思中……

正是这部《圣女贞德》，让瑞典文学院把第二十三届诺贝尔文学奖的花环戴在萧伯纳头上，并高度评价：

由于他那些充满理想主义及人情味的作品——它们那种激动性讽刺，常蕴含着一种高度的诗意美。

萧伯纳，于 1856 年 7 月 26 日诞生在爱尔兰都柏林。童年的他，生活是不幸的。父亲原是个小公务员，后来经商失败，无力养家糊口。母亲是位有才华的音乐家，在 1872 年，去伦敦靠唱歌和教音乐养活家人。萧伯纳十五岁中学毕业后，因经济困难无力上大学读书，便去给一家房地产公司打杂。到二十岁时，他到伦敦去与母亲一起生活，无学可上，他经常到大英博物馆潜心读书，有机会还去参加各种文学活动，有时到社会团体参与辩论，与文学结下不解之缘。

1879 年，萧伯纳的第一部长篇小说《未成熟》写成，可惜未得到出版商认可，不能出版。后经威廉·阿契尔的举荐，他入新闻界，为报刊写文艺评论。过了两年，他去听美国经济学家亨利·乔治关于土地问题的演说，深受启发，开始大量阅读经济书籍和研究经济问题。其间他研读了马克思的《资本论》。虽然如他所说，"马克思使我对于历史和文化的事件，张开了眼睛，给我一种完全新鲜的宇宙观"，使他有了"一个目的和使命"，但是萧伯纳并没有继续研究马克思主义学说，未能成为马克思主义者。这与历史、思想局限有关。

1884 年，英国有一股改良主义思潮，萧伯纳参加了知识分子发动的改良运动的大本营"费边社"，并成为该社的思想领袖之一。其政治主张是用渐变的方式从资本主义向社会主义和平过渡，反对暴力革命。萧伯纳比"费边主义"一般成员要激进一些，但他没有突破费边主义和政治原则，所以列宁评价萧伯纳说，他是"堕入费边主义者中间的一个好人，他比一切周围的人左得多"。这自然不是表扬。就在改良主义在英国兴起之际，萧伯纳创作了长篇小说《业余社会主义者》（1884）、《凯雪尔·拜伦的职业》（1886）、《不合理的姻缘》（1887）和《艺术家的爱情》（1888）等。这几部小说，题材广泛，内容丰富，涉及社会、宗教、婚姻和艺术诸问题，较深刻地揭露鞭笞了正在走向成熟的资本主义社会的种种丑恶现象。

19 世纪 80 年代，英国的戏剧舞台上，大多是模仿法国的内容庸俗、题材狭窄的戏剧。萧伯纳受易卜生的影响，反对"为艺术而艺术"，主张戏剧应积极反映社会和人生，并开始以戏剧作品，驰骋在英国戏剧舞台。

说起萧伯纳闯入戏剧界，不得不提 1888 年，马克思的女儿爱琳娜邀他参加易卜生《玩偶之家》的业余演出。他置身戏中，感受到易卜生戏剧的力量。不久，他又听了曾给予他帮助的剧评家威廉·阿契尔朗诵易卜生剧本《培尔·金特》。他听得入了迷，"一刹那，这位伟大诗人的魔力打开了我的眼睛"。从此，他潜心研究易卜生和他的剧作，其成果是写出了后来成为近代欧洲戏剧史上重要论著的《易卜生主义的精华》（1891）一书。萧伯纳在 19 世纪最后十年，先后写了三个戏剧集。第一个是《不愉快的戏剧》，包括《鳏夫的房屋》（1892）、《荡子》（1893）和《华伦夫人的职业》（1894）。其中《鳏夫的房屋》是他的第一部剧作，写的是靠出租贫民窟房屋而发财的房产主，其女被培养成高等人，而不知父亲收入的来源，当她的未婚夫知其财富来源后，扬言要与之解除婚约。谁知他后来知道自己家的财产也是同一来源时，不仅改变要解婚约的主意，而且同意与岳父一起经营房地产。该剧剥开了有钱人的虚伪本性。《华伦夫人的职业》写华伦夫人不愿意过姐姐靠劳动维持贫寒生活的日子，就选择出卖自己和别人色相的皮肉生涯，在各地经营娼妓旅馆。女儿用她的肮脏钱，读完大学，后得知母亲身份，愤然独自到伦敦谋生，过上干净的自食其力的生活。剧本直击当时英国社会之要害，被当局禁演长达三十年。

第二个戏剧集《愉快的戏剧》，包括《武器与人》（1894）、《侃第达》（1895）、《风云人物》（1895）和《不可预测》（1897）四部。总的看，这四部剧本，已没有第一个戏剧集的批判锋芒，而有妥协的味道。《侃第达》和《不可预测》中的主人公放弃了改造社会和争取妇女平等的斗争。

第一次世界大战前后，萧伯纳思想矛盾明显，已向消极方面转化，故当上了伦敦市参议员。他仍笔耕不辍，创作了《勃拉旁德队长的转变》（1900）、《魔鬼的门徒》（1901）、《人与超人》（1903）、《英国佬的另一个岛》（1904）、《巴巴拉少校》（1905）、《伤心之家》（1913—1919）等剧本。《勃拉旁德队长的转变》写上尉放弃向欺凌他母亲的富豪叔叔复仇的企图。《魔鬼的门徒》写一个公开驳斥基督教的魔鬼的门徒，最后变成一个皈依宗教的牧师。《人与超人》要求发展人类"生命力"，将矛头对准压抑人类"生命力"的虚伪道德。《英国佬的另一个岛》揭露英帝国对爱尔兰的侵略行径。《巴巴拉少校》则撕掉英国民主制度的假面具，将其内阁说成由一群坏蛋所组成。

应该说，萧伯纳对英国社会的批判是犀利、辛辣的。但是因其政治上是个改良主义者，他的批判是有很大局限性的。《伤心之家》副标题为"一部因俄国风格写成的英国主题的狂想曲"，此剧中，他的思想矛盾表现得很充分。

1929 年，世界爆发了严重的经济危机。萧伯纳创作了《苹果车》，预言英国将依附美国的历史趋势，不幸言中。

1931 年，萧伯纳访问了苏联。高尔基在莫斯科为其过七十五寿诞时，写信祝福他："你活了一个世纪的四分之三，对于人们的保守倾向和庸俗见解，用你尖刻的俏皮话给以致命打击。"萧伯纳目睹了这个有着崭新制度的国家，很理性地在宴会上说："列宁创始的这个尝试如果成功了，世界将进入一个崭新的世纪；如果失败了，我死的时候一定是满腹悲哀的。"

1933 年，萧伯纳曾应邀到中国访问，受到宋庆龄、鲁迅等文化界的欢迎。萧伯纳告别时，写了《给中国人民的一封公开信》，说："一旦中国人民团结起来的时候，还有谁能抵挡她！"细心琢磨，萧伯纳应该是个智者。

在第二次世界大战期间，萧伯纳始终站在世界人民一边。

1950 年 11 月 2 日，萧伯纳逝世。全世界的剧院为悼念他，一度停演默哀。

第二十二届（1924 年）

弗拉迪斯拉夫·莱蒙特

获 奖 者：弗拉迪斯拉夫·莱蒙特（Władysław Stanisław Reymont，
1867—1925），波兰作家。

获奖理由：是由于他的伟大的民族史诗式的作品《农夫们》。

获奖作品：《农夫们》（长篇小说）。

2O 世纪初，波兰文学因显克微支和莱蒙特两度摘取诺贝尔文学奖，为世界所关注。波兰一直被俄、奥、德宰割，直到 1917 年欧洲大战结束，波兰才复成为一个独立完整的国家。在黑暗的 19 世纪和 20 世纪初，波兰作家创造了一种具有独特色彩的民族文学，从奥若什科娃、显克维支、普鲁斯、柯诺普尼茨卡、热罗姆斯基到莱蒙特，作品的主旋律便是争取民族独立。

从 1904 年至 1909 年，莱蒙特用五年时间，创作了长篇四部曲《农夫们》。小说以秋、冬、春、夏四季各为一卷，把在俄国统治下一年间农民的耕耘劳作的苦乐与波兰四季的自然风光全景式呈现出来。我们可视为绘出了 19 世纪末和 20 世纪初波兰农村和农夫生活的广阔图景，或可说是民族的仇恨与反抗，农夫的爱、恨、情、仇，个人命运与社会冲突的"波兰农村的百科全书"。

故事发生在农村，围绕着土地展开。波利那是一个拥有三十亩地的老鳏夫。在动荡的时局和严酷的现实面前，他感到极度不安。儿子安蒂克及其妻汉卡只顾自己，女婿和女儿也整天算计着他的土地。耐不住孤独的波利那，续弦了，对方是村里的美女雅格娜。将女儿嫁给波利那的寡妇多米尼柯娃，也觊觎着他那三十亩地。不久，儿子与雅格娜的私情，被波利那发觉，他放火烧了他们幽会的草垛，贬雅格娜为仆人，把家产管理权委任于儿媳汉卡。不久，村民为夺回被别人霸占的森林，发生了一场械斗，参战的波利那被看守森林的人打成重伤。儿子安蒂克杀了致父重伤的人。命案发生后，安蒂克被捕入狱。父子重新和好。波利那临终前嘱咐汉卡，要不惜重金赎回其夫，继承家业。波利那挣扎着来到自家土地上，抓一把泥土，倒在田里死了。不久，安蒂克出狱，汉卡执掌了家政大权，将雅格娜轰出家门。

其实，这只是小说的一条贯穿首尾的主线，小说还纵横交错地勾连了一众人物，精彩地呈现他们各自的命运，特别是对形形色色的人物细腻生动的刻画，让读者见到那一个个农夫活的灵魂。

瑞典文学院认为《农夫们》是部"伟大的民族史诗式的作品"，故将诺奖的绣球投给莱蒙特。

当然，也有学者认为，《农夫们》"写的是一个女英雄（其悲剧的命运，有类于哈代的黛丝），以及一家父与子之间因为她的恋爱而引起的嫉妒"，雅格娜是唯一对土地没有贪欲的人，称其为英雄，没什么不妥。小说并不是"讨论什么问题，悬示什么教训，他只是用强烈的写实之笔，把他的故事及背景写出，使大家自然感到其中的悲剧情调与一种强烈的乡土的气息"（邹郎《世界文学史·下》）。比起一些学者对该作的宏大主题的诠释，邹郎的评价更接近《农夫们》的真相。

莱蒙特，于 1867 年 5 月 7 日诞生在波兰中部罗兹城郊外的大科别拉村。父亲是村教堂里的风琴师，家境贫寒。他的母亲和几位舅舅都参加过 1863 年反抗沙俄统治的民族起义。他从小受爱国思想熏陶，产生强烈的民族情感，读中学时拒不讲官方规定的俄语，被校方开除，遂到华沙随姐姐学裁缝，继而干过小贩，还到草台戏班子里跑龙套糊口。混得稍好时，他干过小职员，或充当过修道士，但大多时间居无定所，到处流浪。他自己后来回忆这段风餐露宿的生活经历说："这种职业，这种贫困，这些可怕的人们，我已经受够了，我说不出我受过多少苦。"

但是，正是这种颠沛流离、艰苦而又丰富多彩的流浪生活经历，让他尝尽人间种种苦楚的同时，对沙俄统治下的波兰社会有了切身的感受和认识，特别是对围绕土地问题所出现的激烈斗争这一波兰社会矛盾的主要症结，感受尤深。这为他后来的文学创作提供了真实、丰富的生活基础。

莱蒙特的写作生涯大约始于二十岁，以写诗和短篇小说开端，如《母狗》（1892）、《汤美克·巴朗》（1893）等。1893 年，莱蒙特将上述几篇小说结集出版了第一本小说集。其内容大多反映城市、农村底层贫民、流浪艺人的苦难生活。艺术上叙述真实、结构严谨、语言精练，已有其风格。

真正引起社会关注莱蒙特的，是 1895 年，他受一家报纸之邀，随一群教徒前往钦斯托霍瓦朝圣，回来后发表通讯，题为"光明山朝圣"，反响颇大，遂引起各界注意。这一年，他又出版长篇小说《女喜剧演员》，次年又捧出该小说的续篇《烦恼》。两部长篇皆以他熟悉的流浪艺人生活为题材，表现有才华的艺人因不被社会重视，生活堕落、精神沉沦的苦痛，这不啻是对社会的控诉。1899 年，莱蒙特又创作了长篇小说《福地》，以敏锐的洞察力撕开城市有钱有势阶层尔虞我诈、弱肉强食、相互倾轧的本性，以及社会黑暗的内幕，表现出鲜明的民主主义思想。

1910 年后，莱蒙特又相继推出了《幻想家》《在普鲁士的学校里》《吸血鬼》等中短篇小说。

1913 年至 1918 年，他出版了《一七九四年》三部曲。《一七九四年》以该年华沙起义为题材，展示了波兰的衰落和被瓜分的经历，以及波兰人民以满腔爱国热情进行英勇斗争的悲壮图景。

1925 年 12 月 5 日，莱蒙特在波兰首都华沙逝世，享年五十八岁。他正是在告别这个世界的前一年，收获了诺贝尔文学奖的荣耀。

第二十一届（1923 年）

叶芝

获 奖 者：威廉·勃特勒·叶芝（William Butler Yeats，1865—1939），
爱尔兰诗人、剧作家。

获奖理由：由于他那永远充满着灵感的诗，它们透过高度的艺术形式展现
了整个民族的精神。

获奖作品：《当你老了》（一说《丽达与天鹅》）（诗歌）。

诗歌《当你老了》是叶芝献给情人毛特·戈妮的：

> 当你老了，头发白了，睡意昏沉，
> 炉火旁打盹，请取下这部诗歌。
> 慢慢读，回想你过去眼神的柔和，
> 回想它们往日的浓重的阴影。
>
> 多少人爱你青春欢畅的时辰，
> 爱慕你的美丽，假意或真心。
> 只有一个人爱你那朝圣者的灵魂，
> 爱你衰老了的脸上痛苦的皱纹。
>
> 垂下头来，在红光闪耀的炉子旁，

凄然地轻轻诉说那爱情的消逝。

在头顶的山上，它缓缓踱着步子，

在一群星星中间隐藏着脸庞。

叶芝在这首诗里表达了对毛特·戈妮真挚的爱恋。

这首诗，只有三节、十二行，却装满浓浓的爱意，手法极为婉转，毫无谈情说爱、山盟海誓的俗套，而是优雅含蓄地诉说自己对爱的忠贞守望。特别是当美人已迟暮、风采逝去的时候，再来真情地倾诉不变的爱慕，尤显出矢志不渝的深情的可贵。小诗充满现实主义精神，以朴实无华的语言、丰富的想象、舒缓的旋律来诉说那歌谣般的爱情故事，深深打动读者。

1889年，叶芝出版了第一部诗集《奥辛的漫游及其他》后，住到伦敦，结交了生于爱尔兰，被鲁迅多次无端嘲笑丑化的英国唯美派代表诗人奥斯卡·王尔德等，受到深刻影响。他还和一群年轻诗人建立后来成为英国最重要的世纪末文学社团的"诗人俱乐部"。他与剧作家格雷戈里夫人等共同发起爱尔兰文艺复兴运动，一度加入爱尔兰共和兄弟会，支持爱尔兰民族运动。在那里，他结识了该运动的领导人之一女演员毛特·戈妮，将之视为理想的化身，并深深地爱上了她，为她写了不少情诗。1917年，叶芝又与已成为别人妻子的毛特·戈妮重逢。在向其养女求婚失败后，他又向英国女诗人乔治·海德里斯求婚。10月20日，两位诗人举行了隆重的婚礼。不久，叶芝在库尔公园附近，买下了巴列利塔寓所，更名为"图尔巴列利塔"，就在这里安度后半生。他的长女安·叶芝后来继承了他家传统，成了著名的画家。

叶芝一直深爱着毛特·戈妮，他晚年写的《当你老了》便是证明。叶芝是爱尔兰20世纪著名诗人和文艺复兴运动的领袖之一，艾略特称他为"我们时代最伟大的诗人"。

叶芝，于1865年6月13日降生在都柏林，祖辈曾当过爱尔兰教堂的教区长，祖父是一位房地产开发商。到他父亲时，以绘画谋生。叶芝的兄长杰克，后成为一位著名画家，两位姐妹也热衷于艺术，曾参加过著名的"工艺美术运动"。叶芝也曾学过美术，但他对诗歌更感兴趣。

叶芝童年是在海边的斯立格小镇度过的。他常常驻足海滨，欣赏优美景色，看渔人捕鱼，听他们讲民间故事，这些经历后来都成了他诗歌的背景和内容的源泉。出于父亲绘画工作的原因，他家曾在1874年搬到伦敦，他在那里入葛多芬小学求学。1880年，因家境拮据，全家又重返都柏林，住到郊外的皓斯。1881年，叶芝在伊雷斯摩斯·史密斯学校接受教育。他受父亲影响，也曾想做一个画家，曾到都柏林艺术学校专习美术。但皓斯那连绵起伏的青山、茂密无边的森林更让他流连忘返，那里流传的精灵的传说，更让他着迷，他家的女仆出身渔家，能讲各类传奇故事，听后让他浮想联翩。后来，他将这些传说故事收录整理，出版了《凯尔特黄昏》。叶芝的父亲的画室，是艺术家诗人聚会的艺术沙龙，叶芝在这里结识了很多都柏林的诗人和作家。那时他已阅读了大量的莎士比亚等文学巨匠的作品，有机会便与来画室的诗人作家讨论相关的文学问题。

1885年，二十岁的叶芝在《都柏林大学评论》杂志上，发表了他的第一篇文学作品——散文《塞缪尔·费格林爵士的诗》。两年后，叶芝全家再度搬到伦敦。

在伦敦期间，叶芝多次赴巴黎，去接触当时法国的象征派诗人，这对他的创作产生不小的影响。1889年，叶芝出版处女诗集《奥辛的漫游及其他》。

接着，他又有诗集《茵纳斯弗利岛》（1890）、《芦苇间的风》（1899）、《在七座森林中》（1903）、《绿盔》（1910）、《责任》（1914）等问世。

《茵纳斯弗利岛》是叶芝早年的抒情诗，显露出诗人早期诗歌的艺术特点。在诗人眼里，传说中的茵纳斯弗利岛，是理想的彼岸。踏上小岛，过隐居生活，那令人烦恼而昏暗的社会被隔在岛外。诗美化了这种逃避现实退隐到田野的牧歌式的生活，又赋予小岛乐土的象征性，因而具有一种动人的艺术力量。

> 我就要动身走了，去茵纳斯弗利岛，
>
> 搭起了一个小房子，筑起了泥巴墙。
>
> 支起了几行芸豆架，一排蜜蜂巢，

独自住着，听荫下蜂群嗡嗡地唱……

午夜是一片闪亮，正午是一缕紫光。

傍晚到处飞舞着红雀的翅膀……

不管我站在车行道或人行道上，

都在我心灵的深处听到这波浪声响。

　　20世纪初，叶芝为支持爱尔兰新芬党领导的民族自治运动，重回都柏林。他还热心于爱尔兰的戏剧改革运动，与格雷戈里夫人、约翰·沁等戏剧家创办"艾比剧院"，上演爱尔兰历史和生活的戏剧。叶芝创作了诗剧《胡里痕的凯瑟琳》（1902）、《国王的门及其他》（1904）、《黛尔丽德》（1907）和《金盔》（1908）等剧本。《胡里痕的凯瑟琳》喊出爱尔兰要求独立的呼声，其他剧本多取材于爱尔兰历史传说和神话，表现爱尔兰的民族精神，为"爱尔兰的文艺复兴"做出了杰出贡献。叶芝的诗歌到了20世纪20年代，在爱尔兰民族运动的影响下，已从唯美主义向现实主义转化，战斗性与现实感取代了虚幻与朦胧。他创作于1916年的《一九一六年的复活节》，很有代表性。该诗是为纪念1916年爱尔兰共和兄弟会起义壮举而作。这次起义，矛头直指英国统治，宣布爱尔兰共和国成立，因遭到英统治者残酷镇压，领导人或被杀戮，或被监禁，那其中有叶芝的朋友。他的诗为民族斗争流血的烈士而歌：

我用诗把它写出来——

麦克多纳和康诺利，

皮尔斯和麦克布莱，

现在和将来，无论在哪里

只要有绿色在大地，

是变了，彻底地变了，

一种可怕的美已经诞生。

在诗人笔下，这些为民族独立而抛头颅洒热血的先烈，不仅表现出自身的高贵品格和价值，同时也为民族赢得了尊严，带来了希望。诗所具有的悲壮之美，深深打动了整个爱尔兰人民，激发了他们的爱国热情。

经过艰苦卓绝的斗争，换取爱尔兰自治权之后，这位为参与民族独立鼓与呼的诗人叶芝，当上了爱尔兰的参议员，成为货币委员会主席。此后，叶芝的诗歌，随着身份的变化，有些贵族主义的倾向。晚年，他又对东方哲学产生兴趣，翻译了印度古代哲学经典《奥义书》。很明显，他后期的哲学思想强调善与恶、生与死、美与丑矛盾统一，并追求圆满和永恒，可见其深受东方哲学的影响。研究他这时的诗作《驶向拜占庭》(1928)和《拜占庭》(1929)，会发现这些诗歌视拜占庭为永恒的象征，歌颂古代贵族皇室的文明，认定那是个没有俗世间生死哀乐，一切都高度和谐的极乐世界。

叶芝于1938年创作的《新诗集》，次年创作的《最后的诗》，皆是其诗歌艺术成熟结下的果实。他摆脱了象征派玄奥神秘、意象繁杂的桎梏，使诗变成表现人生、情感命运的载体，同时，他的诗歌还创造性地在内容上将生活哲理与个人情感融为一体，在艺术上把象征主义与写实主义巧妙结合，使诗的形象蕴含多层次意象和完整丰富的思想内涵。

1939年1月28日，七十四岁的叶芝，病逝于法国的芒通。九年之后，诗人的遗骨被迎回祖国爱尔兰，葬在故乡斯立格，那里是他童年的乐园。

第二十届（1922 年）

哈辛特·马丁内斯

获 奖 者：哈辛特·贝纳文特·伊·马丁内斯（Jacinto Benavente y Martínez，1866—1954），西班牙剧作家。

获奖理由：由于他以适当的方式，延续了西班牙戏剧之灿烂传统。

获奖作品：《利害关系》（戏剧）。

从莎士比亚算起，随着法国的莫里哀、意大利的哥尔多尼、德国的席勒、俄国的奥斯特洛夫斯基等优秀剧作家相继涌现，戏剧这一艺术门类，在欧洲大行其道。比利牛斯半岛的西班牙，也诞生了不少杰出的戏剧家。19 世纪中期，便有洛尔伽、阿尔贝蒂等，最杰出的当属马丁内斯。

马丁内斯于 1907 年创作的《利害关系》是一部社会讽刺喜剧，写列昂德与克利斯平两个骗子到一个城市行骗，而发生的令人意外和啼笑皆非的故事。两个骗子化装成主仆，在一次宴会上，装扮成显贵的列昂德，结识了当地富商夫妇，而且受到他们独生千金的垂爱。富商老婆也想攀上这门亲事，但狡猾的富商心怀疑虑。正在此时，两个骗子在外地行骗的丑行东窗事发，检察官前来缉捕。克利斯平让列昂德躲起来，自己到处游说受过他骗的债主，说一旦列昂德被抓，债主的债务就都化为泡影，不如大家促成这桩婚事，不愁要不到债款。众债主不去揭穿真相，检察官也做顺水人情，富商同意了这桩婚事。订婚之后，富商千金和列昂德真的产生感情，列昂德向未婚妻坦白了一切，俘获芳心，终成秦晋之好。

我们可视《利害关系》展示了一幅 19 世纪末西班牙市民唯利是图，不择手段，追逐财富的群丑图。借这一剧本，马丁内斯以喜剧的方式对当时西班牙城市社会世态、弊端揭示得体无完肤，虽未触及社会矛盾的本质，却给人带来很深刻的思考和启示。对此，诺贝尔奖评委会主席佩尔·哈尔斯特指出：

> 我没细谈他的艺术作品的局限性，而是试图指出他的艺术技巧在他的国家和他的时代表现出的主要优点。我相信，几乎没有一个与他同时代的戏剧家曾经如此多方面地忠实地把握生活，并且如此迅速地表现出来，借助其朴实而又高雅的艺术技巧使之得到持久的流传。西班牙的文学传统，包括了强有力的、大胆的、扎实的现实主义，以及丰饶多产的生长力和喜剧精神上无与伦比的魅力，这种喜剧精神是快乐的，建筑在现实的基础上，而不是依赖谈话的机智。马丁内斯表明他属于这个流派，他以他特有的形式创造出一种包含着许多古典精神的现代喜剧。他表明自己是一种古老而又高贵的文学风格的杰出信徒，也就是说，他是一个重要的人物。

属于这类社会讽刺喜剧的，还有《主妇》（1901）、《星期六的夜晚》（1903）、《秋天的玫瑰》（1905）、《快乐而自信的城市》（1916）等，值得注意的是，马丁内斯在创作这些喜剧时，吸吮了莎士比亚、莫里哀、易卜生等前辈戏剧家作品的乳汁。有论者说，马丁内斯超越了这些前辈。笔者存疑。

马丁内斯，于 1866 年 8 月 12 日降生在马德里的一个儿科大夫家里。1885 年，十九岁时，马丁内斯奉儿科大夫父亲之命，考入马德里大学攻读法律系。喜欢演戏的马丁内斯与之格格不入，尚未毕业，他便逃之夭夭。

莫里哀是马丁内斯的偶像。他逃离马德里大学法律系后，刻意模仿 17 世纪的莫里哀生活经历，先后进马戏团和各地剧团，由跑龙套到成为正式演员，在各地巡演。他在跑江湖过程中，结识了社会各阶层人物，经历各种生活，闻听各种新闻。在这广阔的社会大课堂中，他有了丰富的阅历，收获了丰富的知识，为后来的文学创作，积累了大量的素材。

1893年，马丁内斯终于出版第一本作品《诗集》。次年，他的剧本《别人的窝》问世，并在马德里首次公演。该剧是一部具有沙龙气氛的绅士喜剧，以轻松活泼且又文雅的对话、令人捧腹的情节，鞭笞绅士暗地里淫乱私通等，受到观众的好评。三年后，他又创作了喜剧《你所了解的人》。1898年，其讽刺上流社会的喜剧《野兽们的盛宴》公演。至此，马丁内斯继埃切加赖之后成为西班牙重要而有影响的剧作家。

马丁内斯的另一类戏剧，是以农村为背景，揭示女性复杂社会心理的作品，如1908年写的《太太的女用人》，1913年写的《热情之花》。《热情之花》写的是农民埃斯特万爱上继女阿卡西亚的爱情故事。这是乱伦之爱，埃斯特万甚至不惜杀死继女的未婚夫，事情败露之后，在四邻引起愤怒。埃斯特万之妻准备将女儿送进修道院。就在离开之前，阿卡西亚才感到自己确实爱着继父。他们决定一起远走高飞，被妻子发觉，在她呼求村民帮助时，埃斯特万开枪射杀了她，乱伦之爱终结。剧本表现了人与社会、情与理的矛盾冲突。1920年，该剧在美国纽约百老汇戏剧中心演出，广受欢迎，后来还被改编成电影。

1931年，马丁内斯因支持西班牙统一和社会改革，遭到右派的攻击，他的戏剧被禁止在西班牙上演。到1936年，西班牙发生内战，他曾遭到逮捕，后在西班牙右派的统治下，度过了一段消沉的生活。其作品也消弥了往昔的锐气，如《女贵族》（1945）已失去对社会改革的热忱和对黑暗批评的锋芒。

马丁内斯一生未婚，旅游成了他晚年的主要爱好。1954年7月14日，马丁内斯在马德里病逝。

马丁内斯为振兴西班牙戏剧，奋斗了一生，做出了重大的历史性贡献。第二十届诺贝尔文学奖颁给了他，正是表彰其：

> 由于他以适当的方式，延续了西班牙戏剧之灿烂传统。

除了戏剧之外，他的文学遗产中，还有长篇小说《为了让猫保持纯洁》和短篇小说集《刺菜蓟花》等。

第十九届（1921 年）

阿纳托尔·法朗士

获 奖 者：阿纳托尔·法朗士（Anatole France，1844—1924），法国
作家、评论家、社会活动家。

获奖理由：他辉煌的文学成就，乃在于他高尚的文体、怜悯的人道同情、
迷人的魅力，以及一个真正法国性情所形成的特质。

获奖作品：《苔依丝》（长篇小说）。

人生有许多巧合。1921 年，七十七岁高龄的法朗士，上半年先加入法国共产
党，下半年又以法国味十足的小说《苔依丝》荣获第十九届诺贝尔文学奖，
可谓双喜临门。

法朗士，于 1844 年 4 月 16 日出生于巴黎。父亲是个旧书商，让法朗士有机
会在书的海洋里徜徉。少年的他，已阅读了大量的文学作品及哲学著作，从博览
群书中获得了丰富的知识。在校园里，别看有一肚子诗书的他成绩平平，却极鄙
视那些自命不凡而不学无术的贵族同窗。他愿意与出身贫寒而好学的同学相处，
经常结伴踯躅于繁华的巴黎街巷。因自己出身平民家庭，他自小便同情下层人的
艰辛，对社会充满怀疑。

1862 年，他高中毕业后，便进入新闻界工作，为报刊撰稿，成为《时代报》"文
学生活"专栏作家，又当了编辑。

二十四岁时，法朗士加入并成为"巴那斯派"的诗歌社团体"当代巴那斯"

的骨干之一。

1873 年，他出版处女作《金色诗集》，正式跨进文坛。三年后，他创作了三幕诗剧《科林斯人的婚礼》，便告别"巴那斯派"，专心于小说写作。

1881 年，他出版长篇小说《波纳尔之罪》，引起了法国小说界关注。小说写一个酷爱书籍、知识广博的藏书家波纳尔，同情一个书商的遗孀，竭力帮助她和其女。遗孀成为贵妇后，为答谢波纳尔，帮他找到一部珍贵的手稿。接着波纳尔又搭救一备受折磨的孤女逃出寄宿学校，而犯"拐骗罪"。好不容易把孤女抚养成人，以自己藏书做嫁妆，替其完婚，又因从这些充作嫁妆的书中取出几本书，而被控"盗窃罪"。小说就是通过叙述善良、急公好义的波纳尔在社会上的不幸遭遇，表达对不公社会的愤慨与批判。

接着，法朗士又创作了长篇小说《苔依丝》（1890）和《佩克多女王烤肉店》（1893）。前者以古埃及为背景，后者则写 18 世纪法国的社会生活。小说的共同特点是为爱情、友谊和知识唱赞歌的同时，又流露出怀疑主义的色彩。我们要特别说说《苔依丝》。我国编写的《欧洲文学史》（人民文学出版社）一书，介绍法朗士创作时，只字未提获诺贝尔文学奖的《苔依丝》。这部小说在意识形态上，或许不是法朗士的代表作，但在小说艺术上，绝对不是法朗士最差的作品。

《苔依丝》写年轻的巴尼福斯教士，是个基督教规的修行者，以耶稣的博爱普度众生。他在尼罗河畔的沙漠中苦苦修行十年。一天，他想起从前曾在亚历山大剧场见过的美丽放荡的女演员苔依丝，于是找到她，试图救赎她淫乱的灵魂。在布道的同时，他深深爱上了苔依丝。后苔依丝病危，他陷入无尽的悔恨，向她忏悔，借上帝之名欺骗了她。而苔依丝在巴尼福斯的帮助下，在一间陋室修行，灵魂得到救赎。小说以世俗生活批判宗教的禁欲主义，体现法朗士的人道主义思想，反对政教合一、争取自由进步的态度。瑞典文学院的卡尔费尔德对《苔依丝》的艺术评价，有代表性：

尽管我们的存在是脆弱的，但美依然无处不在，而作家赋予它具体的形式和风格。法朗士的博学和深思，使他的作品具有一种罕见的庄重，而同样重要的是他为完善自己的风格而付出的辛勤努力。他塑造的语言是最高贵的语言之一。

第十九届诺贝尔文学奖的颁奖词是：

他辉煌的文学成就，乃在于他高尚的文体、怜悯的人道同情、迷人的魅力，以及一个真正法国性情所形成的特质。

1893 年，法朗士与妻子德·沙维尔离婚。他们是 1870 年走进婚姻殿堂，一直过着安定和谐的生活，但到 1883 年，他认识了风韵迷人的德·卡耶尔夫人，为之倾倒，心迷意乱。他把卡耶尔夫人写进了小说《红百合花》里。怀着爱情写的纯粹爱情小说，让他拥有很多读者的同时，也让一个组建了二十三年的家庭破裂了。他与卡耶尔夫人的爱情之花，直到 1908 年卡耶尔去世，绽放了二十五年，才蓦然凋零。

19 世纪 90 年代初，法朗士参与了"德莱福斯事件"。德莱福斯是个犹太人，就任于法国国防部，1894 年，因受大人物的诬陷，被以叛国罪判处终身监禁。这一事件引起法国社会各阶层人士的强烈抗议。政府与工人、农民、知识分子形成尖锐对立。法朗士坚决支持并加入民主阵营，反对当时的法国政府。他经常参加法国工人的活动。法国作家左拉于 1898 年以"我控诉"为题，发表严正声明，强烈抗议法国政府的丑行。左拉受到法国政府的审讯。原本法朗士因与左拉的文学观念相左而不睦，但此刻法朗士放弃前嫌，坚决站在左拉和他的支持者一边，要求重新审查"德莱福斯案件"。须知，当时的法国政府对法朗士不薄，前不久刚授其国家荣誉勋章，选其为法兰西学院院士。法朗士不是不珍惜这些荣誉，但他更看重社会公正和正义，他在法庭之上，为左拉的正义行动辩护，他慷慨雄辩，痛斥政府黑暗，令法庭的听众肃然起敬。后来，德莱福斯无罪释放，证明左拉、法朗士等顺应民意的胜利。对法朗士来说，"德莱福斯事件"是他人生的重大转折，正如法朗士自己所说，"是德莱福斯事件，把我引向了社会主义"。这对他的文学创作也产生了重大影响。

1897 年至 1907 年，在卡耶尔夫人爱情的滋养下，法朗士用将近十年光阴，创作了四卷本长篇小说《当代史话》。其中包括《林荫道上的榆树》（1897）、《奥希埃的模特》（1897）、《红宝石戒指》（1899）和《贝日莱在巴黎》（1901）。小说的主人公是外省教师、拉丁文学者贝日莱先生。作者赋予他当时进步知识分子的特质。通过他，小说揭露了德莱福斯事件中封建贵族和教会的阴谋活动，借此对当时的政治和社会风尚做了深刻的批判。请听贝日莱自白：

> 我们消灭了老的特权阶层，只是为了让后来的、无耻的、最强暴的特权阶层取而代之。18 世纪的革命竟然是一次为了贪图国家财产的人的革命，人权宣言竟成为私有者的宪章。

这是贝日莱对法国资产阶级共和国的尖锐批评。法朗士借贝日莱的话，描绘出一幅第三共和国特定历史阶段的广阔画面，有乌托邦色彩。

1908 年，法朗士创作了寓言小说《企鹅岛》，假借一个企鹅建立的企鹅国，来影射第三共和国社会，对其议会制度、外交政策、科学文化和社会风尚予以批判。企鹅国发生战争，企鹅岛变成废墟，后又出现新的企鹅国。可惜企鹅贪婪、自私、愚蠢和凶残的本性，并没有变化。小说里的历史循环论，社会变革徒劳无益的悲观主义结论，明显是消极的。

1912 年出版的《诸神渴了》，写的是 1793 年雅各宾专政的历史，法朗士把革命写成毫无意义的血腥屠杀。

法朗士晚年，思想表现激进。1905 年，他积极赞扬俄国工人武装起义。第一次世界大战爆发，他表示愤慨。在此期间，为了拥护法国文化，他写了《走向光荣之道》一书，以表示支持战争的决心，但后来，他发现自己错了，悔恨地说："这是我一生之中最愚蠢的行为。"1908 年，他加入国内工人运动，担任法俄人民友好协会主席。他在晚年出版了回忆录《小皮埃尔》和《花的岁月》，洋溢着对生活眷恋的感情。

1924 年 10 月 12 日，法朗士安详地病逝在美丽的卢瓦尔河畔圣卡莱萨的自家别墅里。法国人民极为沉痛地为法朗士举行了隆重的葬礼。

第十八届（1920 年）

克努特·汉姆生

获 奖 者：克努特·汉姆生（Knut Hamsun, 1859—1952），挪威小说家、
戏剧家、诗人。

获奖理由：为了他划时代的巨著《大地的果实》。

获奖的作品：《大地的果实》（又译《土地的成长》）（长篇小说）。

1945 年，挪威因纳粹德国战败而重获新生。在人们拥上街头，欢庆解放的时候，一队可耻的叛国者，当众被押解归案。其中有一步履蹒跚的白发老人格外引人注目，因为他就是曾在 1920 年获诺贝尔文学奖，为国家赢得过荣耀，而又在第二次世界大战期间投向纳粹德国怀抱，在祖国沦陷后为虎作伥的克努特·汉姆生。面对这位老人，挪威人民的心中复杂而沉重。

汉姆生，于 1859 年 8 月 4 日生于挪威中部洛姆地区。其家世代为农。他三岁那年，举家迁居到北极圈以北的哈马罗依岛的汉姆生农场，故他改原名彼德森为汉姆生。其家境贫寒，兄姐众多，母亲多病，父亲务农兼裁缝，苦度岁月。八岁时，汉姆生被送到裁缝叔叔家学徒。因生活艰辛，他没有受到过任何正规教育。但哈马罗依岛有广袤的森林、巍峨的雪山、众多的沼泽湖泊、广阔的海域及丰富的鱼类，这壮观美丽的大自然，是汉姆生的乐园，不仅陶冶着少年的灵腑，也对他后来文学创作的自然主义倾向产生重大影响。十三岁以后，汉姆生在杂货店打工，做过鞋店学徒，当过码头工人、学校教师、修路工、新闻记者等，这些生活经历、人生冷暖，为他后来的文学创作提供了丰富的素材。

二十岁时，汉姆生出版了中篇小说《弗丽达》，仍默默无闻。为生活所迫，他曾两度流落到美国，在芝加哥做过电车售票员，也在北达科他州当过农业工人。其间，他大量阅读美国马克·吐温的作品。一直在美国底层生活的汉姆生，对美国社会的实质有了一定的了解，这对他后来的创作有一定的影响。

汉姆生于1888年从美国返回挪威，定居斯堪的纳维亚，以文学创作为生，次年便写了《现代美国的精神生活》。他把学到的马克·吐温的幽默个性，为自己所用，对美国生活方式进行了嘲讽。

1890年，已三十一岁的汉姆生与一位离过婚的挪威女人结婚。同年，他的长篇小说《饥饿》先发表在丹麦的《新土地》上，后以单行本出版，使他步入文坛。《饥饿》描写的是一位年轻作家，在困难中忍饥挨冻的生存故事。实际上，是汉姆生十年多痛苦而绝望生活的真实写照。小说的主人公穷困而潦倒，常以冷水充饥，但他活得尊严甚至高贵。比如一次，他竟为一个乞丐典当了自己的衣服，接济了他。因他的种种好义行为，他被视为当时社会上的英雄。《饥饿》也成了反映当时挪威生活的有代表的小说。易卜生和列夫·托尔斯泰，曾对《饥饿》脱离社会实际、凭借想象虚构的人生和故事提出了批评，但更多的作家对《饥饿》新颖的社会观点和抒情风格表示赞赏。

汉姆生继续在长篇领域攀登，相继出版了《神秘的事物》《牧羊神》和《维多利亚》等作品，奠定了他在文坛上的地位。《神秘的事物》偏重于心理描写。但从其中可以清楚发现，汉姆生是以作品含蓄地表达他对易卜生为代表的挪威文学界的反驳。《维多利亚》写的是爱情故事，重要的是小说把男女主人公写得性格鲜活，他们的爱情真挚而热烈。上述三个长篇，所写的都是社会上无视社会约束的叛逆者，一群所谓的"不合群的英雄"。当然，从中也让我们明显地发现，汉姆生受到"尼采主义"的影响。

1906年，成名而有钱的汉姆生与妻子离婚。过了两年，五十岁时，他迎娶了小他二十三岁的女演员玛丽·安德生为妻。之后，他又创作了《贝罗尼》《罗莎》

《最后的喜悦》等小说，但真正为他赢得荣耀的是写于 1917 年的长篇三部曲《大地的果实》。两年后，汉姆生凭此戴上第十八届诺贝尔文学奖的桂冠。

《大地的果实》表现深受尼采哲学影响的、回归大自然的哲学观念。小说主人公艾萨克独自来到挪威北部荒原，凭着强壮的身体和坚强的毅力，辛勤耕作。后娶勤劳的兔唇姑娘英格尔为妻，然后生下两个健壮的儿子，接着又生下也是兔唇的女婴，趁丈夫不在，英格尔将其掐死、埋葬。不久，英格尔罪行败露，被判八年徒刑。在狱中，英格尔治好了兔唇，学会了缝纫。刑满释放后，她回到荒原家里，不再甘心辛劳作，向往城市生活，整日缝衣打扮。艾萨克却一直默默劳动。受到丈夫的感召，英格尔感到羞耻，重新成为一个勤劳的农妇。孩子终于都长大了。长子一味贪图享受，欠下一大笔债务，逃往美国。次子却如父亲，辛苦劳作，不为外部花花世界的诱惑所动，也不为母亲偏爱哥哥而生怨气，他一直扎根土地，过着踏实的劳作生活。作品中反对西方现代文明、竭力追求自给自足农耕生活的观念，表现得格外清楚。它在向读者宣告，人类只有回归大自然，生活在原始的自然生活中，才能保持精神上的纯洁和高尚，唯此，也才能反抗横流的物欲，摆脱剥削者的压迫。汉姆生所精心塑造的离群索居、辛勤耕作的艾萨克，便是他心目中的英雄。小说所持的历史观，明显受"尼采主义"的影响。

《大地的果实》甫一发表，毁誉不一，评说纷纭。有人说，汉姆生此作，使他成为反抗世纪末流派的新浪漫主义的领军人物。他挽救了文学创作中泛自然主义倾向，并形成了新的艺术格调。有人认为《大地的果实》这样表述农村生活、赞美耕耘，称得上"古典之作"，是汉姆生回归大自然、回归真实人生的哲学观念的一次大亮相、大展示。他的非理性主义和印象主义风格，影响了整个欧洲。德国的托马斯·曼、美国的辛格，都认为汉姆生是位文学大师。

直到现在，西方评论界认为：

> （《大地的果实》）是一部劳动的史诗，作者给这部史诗画上不朽的线条，这并不是一个将人们从内部矛盾当中分割开来的本质上不同的劳动的问题，而是一个全神贯注进行劳作的问题，这劳作以其最纯粹的形式把人们整个塑

造出来，抚慰着分割的精神并使之结为一体，并用一种正规的、未被打断的进程保护着并增加着人们的果实。在作者笔下，拓荒者和第一个农夫的劳动历尽千辛万苦，因而也就带有一种英勇奋斗的特性，就庄严而言，那种英勇奋斗丝毫不亚于为祖国和同胞做出的高贵牺牲。

从赞美劳动的角度解析《大地的果实》，是把灵验的钥匙。但把现代文明与农业文明完全对立起来，则是小说致命的问题。

在"他划时代的巨著《大地的果实》"获得诺贝尔文学奖后，汉姆生又创作了《最后一章》、三部曲《流浪汉》《奥古斯塔》《人生永存》等小说。

第二次世界大战爆发后，深受尼采哲学影响，主张超级英雄统治的汉姆生，积极支持希特勒纳粹。当祖国挪威沦陷于法西斯铁蹄之下，他竟然与之狼狈为奸。第二次世界大战结束后，便有了本文开头一幕，他以卖国贼罪行被捕，并受到审判。考虑汉姆生已是八十六岁老翁，他得到释放，免遭监牢之苦，被软禁在一个养老院里，聊度残生。他曾在寂寞中写下《在树荫的小径上》一书，为自己投降纳粹辩解。被钉上历史耻辱柱的失节者，得不到后人的同情。

1952年2月19日，获得过极高的荣誉又跌进叛国深渊的汉姆生病逝。

历史是公正的。汉姆生死后，尽管他那段不光彩的历史遭到批判，但并不妨碍人们继续阅读和研究一位诺贝尔文学奖得主的文学遗产。

第十七届（1919年）

卡尔·施皮特勒

获 奖 者： 卡尔·施皮特勒（Carl Spitteler，1845—1924），瑞士诗人、
小说家和剧作家。

获奖理由： 对其史诗般的作品《奥林匹斯之春》的特殊赞赏。

获奖作品：《奥林匹斯之春》（长篇叙事诗）。

施皮特勒从 1900 年至 1905 年，利用五年的时间，创作了两卷本叙事诗《奥林匹斯之春》，以气势宏大、情绪激昂的笔触，将古代希腊神话故事中的正义和邪恶，神性、人性与兽性的冲突，都化作纸上烟云，形象生动地表现出来，并赋予古代希腊神话博大的人性和人道主义精神。长叙事诗为施皮特勒赢得欧洲优秀诗人的荣耀，获得第十七届诺贝尔文学奖。人们将他视为歌德以来最伟大的诗人。

卡尔·施皮特勒，于 1845 年 4 月 24 日诞生于瑞士巴塞尔附近利斯塔尔小城的一个官吏家庭。小城历史悠久，曾是巴塞尔主教的驻地，多中世纪教堂和各种名胜古迹。这给施皮特勒留下了深刻印象，他后来一生以《圣经》为主要题材创作，或可源于此。

---

* 1918 年诺贝尔文学奖没有颁发。

有的书上说，施皮特勒四岁时，因其父工作调动，全家迁往伯尔尼，又有资料证明，施皮特勒在利斯塔尔自家幽静的庄园里，宁静而快乐地度过了他的幼年和少年生活，后才去巴塞尔上中学，在那里成了后来的作家魏德曼的同窗。1865年，二十岁的施皮特勒考入巴塞尔大学学法律，后又转学至苏黎世大学等院校学神学。毕业后，他拒绝当神父而到中学任教。

1871年，施皮特勒先后到俄国圣彼得堡、荷兰赫尔辛基，做过几年家庭教师，后应同窗魏德曼之邀，去他当校长的伯尔尼市女子中学任历史教师。因向魏德曼继女求爱被拒，他拂袖离校，全力从事文学创作。

1881年，施皮特勒创作的长篇叙事诗《普罗米修斯和厄庇米修斯》发表。这篇叙事诗以诗的形式，讲述了古希腊神话中的普罗米修斯和厄庇米修斯兄弟俩的故事。一天，上帝的使者来找兄弟俩，说谁若愿服从上帝的意志，即可得到统治人类的王位。哥哥普罗米修斯严正拒绝，而弟弟厄庇米修斯欣然接受，当上了人类之王。普罗米修斯被流放异乡。当上人类之王后，厄庇米修斯整天沉湎于酒色，忠邪不辨，昏聩无能，拒绝上帝女儿潘拉多的规劝，与恶魔贝赫陌特勾结，还把上帝的三个孩子押在贝赫陌特那里作为人质，结果中了贝赫陌特的奸计，上帝的三个孩子身处险境。在上帝使者的央求之下，身处逆境却仍然保持崇高灵魂的普罗米修斯前去与贝赫陌特交战，打败恶魔，解救出上帝的三个孩子。在哥哥的正义精神的感召下，弟弟厄庇米修斯幡然醒悟，兄弟二人重修旧好。

这部叙事诗，虽源于《圣经》，却赋予了哲学寓意，明显受到尼采和叔本华哲学思想的影响。让施皮特勒没有想到的是，《普罗米修斯与厄庇米修斯》发表之后，并没有在文坛上造成影响。这时，施皮特勒已经成婚并已生子，经济上的拮据，让他无法做职业作家。这之后五年，他不得不重执教鞭，在一所中学里教希腊文。1885年至1892年，他先后在《巴塞尔新闻报》和《新苏黎世报》当编辑。为人作嫁衣裳的同时，他出版过诗集《特殊的世界》（1883）和《蝴蝶》（1889），发表过中篇小说《少尉康拉德》（1891）及一些歌剧、文艺评论等。

1892年，家境一直不景气的施皮特勒，意外地从岳父那里得到一笔不菲的遗产。他断然辞去编辑工作，偕全家移居到瑞士中部古老的文化名城卢塞恩。每天走在典雅的文艺复兴时的街巷，听着人们用德语交谈，凝望着矗立在希尔斯广场上歌德的故居，他感到文学的召唤。

从 1900 年至 1905 年，在弥漫着文化气息的古城，他创作了给他带来极大声誉，让瑞士也极为荣耀的长篇叙事诗《奥林匹斯之春》。该叙事诗写的是古代希腊神话故事。世界之王阿南克下命令，罢免收获之神克罗诺斯的王位，让自己的女儿赫拉继承，并承诺能成为赫拉丈夫者获王位。山上诸神为讨好赫拉，各显神通。意外的是，多才而英勇的阿波罗不敌善搞阴谋诡计的宙斯而出局。宙斯娶了赫拉而夺得奥林匹斯山之王位。不料宙斯恶习不改，受风流成性的爱神兼美神阿芙洛狄忒的勾引，开始放荡不羁，与赫拉反目成仇，奥林匹斯山一场新的更惨烈的斗争，已拉开序幕……

根据施皮特勒自己的解释，《奥林匹斯之春》表达的是，在邪恶与愚笨统治的世界上，人必须与命运和兽性的力量进行搏斗。这是作者对小说的阐释，毋宁说是创作主旨。作为读者，我们发现史诗表现了神话与现实的撞击。该作在高度赞扬具有超自然能力的诸神的同时，更在意表现人类社会的种种弊端及人性的弱点。

瑞典文学院诺贝尔文学奖评委会主席哈拉德·雅恩，这样评价施皮特勒的史诗的艺术风格：

> 他的风格富有变化，充满各种语气和色彩，从庄严、哀婉过渡到极其严谨的明喻和写意刻画，再转为对大自然的生动描绘。诚然，他对大自然的描绘与希腊的自然风光完全不同，那是他的祖国阿尔卑斯山的风景。他所使用的六步抑扬格，在格律和音韵的运用上充分显示出他驾驭语言的能力；他的语言恢宏有力，活泼生动，而且有明显的瑞士色彩。

罗曼·罗兰等外国作家，也给予很高评价。

施皮特勒在 19 世纪末和 20 世纪初，出版了描写七个宇宙神话的《叙事诗》（1896）、文艺评论集《文学上的比喻》（1892）、散文随笔集《可笑的真理》（1898）、诗集《草地上的钟声》（1906）、小说《伊玛果》（1906）、喜剧《两个反对女人的小男人》（1907）等。

《伊玛果》是一部心理分析小说，探讨的是他梦幻创作才情与中产阶级间的道德冲突问题。但小说因总是试图通过更新古希腊罗马的文化，来克服他生活年代艺术缺失和苍白无力的人道主义说教，故而有明显的脱离现实，而沉湎于唯心主义形而上学的冥想的缺陷。但其心理精神分析，对后来的弗洛伊德学说产生过影响。

1914年底，第一次世界大战爆发，施皮特勒在苏黎世发表著名演说《我们瑞士人的立场》，这是他应新瑞士协会的邀请，发表的强烈反战立场，对发起战争者进行严厉批判，主张瑞士中立的演说。事后，《我们瑞士人的立场》印成传单，在全境散发，其影响极大。

施皮特勒晚年，主要工作有：一是将《普罗米修斯和厄庇米修斯》重写，后改名"受难者普罗米修斯"；二是忙着写回忆录《我早年的经历》，对自己童年时代做了有激情和有魅力的回顾。这位被誉为"没有国土的国王"的诗人，于1924年12月29日病逝于古老的卢塞恩城的宅第。

第十六届（1917年）

卡尔·阿道尔夫·耶勒鲁普 / 亨利克·彭托皮丹

（一）耶勒鲁普

获奖者：卡尔·阿道尔夫·耶勒鲁普（Karl Adolph Gjellerup，1857—1919），丹麦作家。

获奖理由：是由于他那为高尚理想，所激发的丰富而多彩的诗歌。

获奖作品：《磨坊血案》（长篇小说）。

虽然瑞典文学院对耶勒鲁普的诗歌评价甚高，但真正使他获诺贝尔文学奖的作品是长篇小说《磨坊血案》。同时，他的戏剧创作也颇有影响。

《磨坊血案》写于1896年，是耶勒鲁普用德语创作的一部重要的长篇小说，描写的是纠缠在情欲和理智间的悲剧故事。

在西兰岛上，一个普通的磨坊主克拉森，背着妻子，与女仆莉泽一直有一种暧昧关系。妻子预感到这会给这个家带来不幸时，先忧郁死去。克拉森一方面受到莉泽的诱惑，另一方面陷入对妻儿的深深负罪感中。按世俗规定，克拉森应娶护林人的妹妹，有教养的汉娜为妻，最后他还是选择了莉泽。他去办二人订婚手续时，却发现莉泽正与另一个男人在磨坊的磨盘上调情，他怒火中烧，开动磨轮，

---

* 此次诺贝尔文学奖，授予两位同一年都出生于牧师家庭的丹麦作家。

将偷情的男女活活碾死。克拉森后来幡然醒悟，备受良心谴责。在磨坊毁于暴风雨时，他也结束了自己的一生。

《磨坊血案》就像一个象征，在一个庸琐的、循环的现实世界，与另一个神秘的世界间，或许存在着某种联系。小说以充满神秘的浪漫主义手法深刻地表现人物的犯罪到自我精神救赎的思想过程，受到文坛好评。从中还可看到作者受俄国小说家陀思妥耶夫斯基小说的影响痕迹。但这并不影响他和另一同胞彭托皮丹同获第十六届诺贝尔文学奖。

耶勒鲁普，于1857年6月2日出生在丹麦西兰岛上的洛霍尔特。因父亲是牧师，他从小受到基督教神学的影响。可怜他三岁丧父，便寄居在母亲的堂兄菲比杰家。十七岁，他进入哥本哈根大学神学院深造。原本想子承父业，但在神学院接触了各种新思想、新思潮，特别是大量阅读达尔文和英国斯宾塞、德国歌德的作品后，他逐渐对宗教的教义和观念产生了怀疑，遂对文学产生浓厚兴趣，开始诗歌、小说创作。

1878年，耶勒鲁普大学毕业，获神学硕士学位。就在这一年，年仅二十一岁的耶勒鲁普以笔名"爱泼戈纳斯"署名的第一部长篇小说《一个理想主义者》出版，让编辑、读者惊叹不已。

《一个理想主义者》描写了一个年轻博士大胆批判神学宗教，主张人的精神应皈依宇宙，人的灵魂应属于理念，使当时年轻人的思想掀起波澜的故事。其思想显然受德国浪漫主义和黑格尔哲学思想影响，他的同胞丹麦作家德拉克曼和文艺理论家勃兰兑斯对他的影响更直接。特别是勃兰兑斯关于丹麦现实主义的理论和他对欧洲19世纪文学发展的具有权威性的《19世纪文学主流》一文，指引这位文坛新秀耶勒鲁普走进了广阔的文学天地。作为拥护者和追随者，他曾称他的导师勃兰兑斯为"我们圣灵的勇士"，并把他创作于1881年，表达自己激进自由主义立场、堪称珍品的诗集《红山楂》献给他所崇敬的这位导师。接着，耶勒鲁普又创作出版了第二部长篇小说《青年丹麦》（1879）及《安提柯》（1880）等小说。1881年，他发表著名论文《遗传与道德》，拥护和支持达尔文主义，获得大学金质奖章，同时受到丹麦教会的指责。为之愤慨的耶勒鲁普，创作了第三部长篇小说《日耳曼人的门徒》，予以回击。这部小说宣告耶勒鲁普正式与基督教决裂，比起《一个理想主义者》《青年丹麦》仅反映青年基督徒的自由主义立场与正统教义的矛盾，要决绝彻底得多。《日耳曼人的门徒》通过青年牧师尼斯·约特从信奉到彻底背离宗教，反映青年一代丹麦人告别宗教，崇尚自由主义立场的精神风貌。这部小说明显带有作者的影子，比如小说中的约特，与虔诚教徒、庄园主的女儿克里斯钦娜订婚，但他背叛宗教信仰后，决心解除这桩婚约，而只与自己志同道合的德国姑娘结婚，这和耶勒鲁普的婚姻极为相似。

1883 年，二十六岁的耶勒鲁普在经历一段反对宗教的写作之后，得到一笔不太丰厚的遗产，便有了一次漫长旅游。他先后到德国、瑞士、意大利、希腊和俄国，对其文学艺术采访考察。这次游历，使他对意大利、希腊的美学思想，对叔本华的哲学，对俄国的小说风格，都有了深入了解，导致耶勒鲁普抛弃勃兰兑斯的文学理论体系，转向古典主义和新浪漫主义。写于 1885 年的《漫游的岁月》，表现了他文学观念的明显变化。他扬弃了丹麦的自然主义文学观念，推崇德国歌德和席勒的人文主义，并且在他的创作实践中实实在在地体现出他文学观念的转变。1884 年，他创作了一部诗体剧本《布伦希尔德》。该剧取材古代流传的西古德与布伦希尔德间的爱情传说。他们偶然邂逅，一见钟情，立下誓言。后经人揭穿，双方皆已有家室。布伦希尔德设计杀死西古德，自己又自尽于西古德身旁。这一宣扬爱情至上，却与道德相悖的悲剧，遭到非议。他又发表有关法国大革命的五幕历史剧《圣茹斯特》和诗体剧《塔米里斯》。

1889 年，他出版长篇小说《明娜》，作品取材于现实生活，讲述的是一个纯情动人的爱情故事。主人公是德国一位叫明娜的家庭女教师，小说通过她与两位男子的爱情纠葛，讴歌顽强、勇敢的日耳曼精神。明娜这一形象缘自耶勒鲁普的夫人。他娶了德国夫人后，一直侨居在德国的德累斯顿，长达三十年。就在这里，耶勒鲁普完成了名作《明娜》《磨坊血案》《我的爱情之书》《从春到秋》及五幕历史剧《哈格巴特与西格娜》、悲剧《海尔曼·万德尔》、五幕剧《亚纳王》、短篇小说集《十克朗》等。也是在这里，他与德国许多作家、诗人和剧作家频繁交往，并受到他们文学、人文精神的影响，完成了他的"日耳曼化"过程。为此，他激烈动荡的思想，受到格外注意。

1919年10月13日，已具有更多日耳曼气质的丹麦作家耶勒鲁普，安详地在德累斯顿市郊的卡罗兹查终老，享年六十二岁。

（二）亨利克·彭托皮丹

获 奖 者：亨利克·彭托皮丹（Henrik Pontoppidan，1857—1943），丹麦小说家。

获奖理由：他对当代丹麦社会的真实的描述。

获奖作品：小说三部曲《乐土》（又译《天国》或《希望的土地》）。

彭托皮丹富有现实主义精神的小说，可视为丹麦民族的秘史（巴尔扎克说过，"小说被认为是一个民族的秘史"）。其作品以气势恢宏的史诗长卷，记录了丹麦人民半个多世纪广阔的生活图景。他从1881年发表文学作品伊始，一生共出版了四十多部作品，其中，主要是长篇小说《乐土》（1891—1895）、《幸运的彼尔》（1898—1904）、《死人的王国》（1912—1916）和《男人的天堂》（1927）。影响最大的是三部曲《乐土》。

长篇小说三部曲《乐土》，写于1891年至1895年，是一部以丹麦19世纪末农村生活为背景，以丹麦青年埃曼纽尔等人物命运变迁为主线，展示丹麦那段历史时期社会生活图景和人生百态的有深度和广度的现实主义巨著。

小说的主人公名叫埃曼纽尔，是一个青年牧师。他厌倦哥本哈根的都市生活，来到西兰岛乡村，任牧师教职，与一位农民的女儿汉希娜相爱结婚。他希望通过自己的努力，改变乡村面貌。村民在他的带领下，赶走了横行乡里的教区主教，由他取而代之。他拒绝领取主教不菲的俸禄，想通过自己的双手自食其力。但他只好空想，不懂耕耘，常与妻子发生冲突。他的孤独和不切合实际的空想，让村民渐渐冷落了他，而他所热爱的乡土也远不如想象中完美，于是，他丢妻弃子，重返哥本哈根，他对宗教的狂热，受到周围人的敌视。这时，他与一漂亮女子邂逅，陷入爱情与宗教的激烈冲突中。他甚至妄称自己是上帝派到人间的天使，是人类的基督。人们不得不将他送入疯人院，他在孤独和妄想中默默死去。

《幸运的彼尔》是一部八卷本的长篇小说，写出了社会环境对人的命运的巨大影响，同时表达了作者对现实社会的谴责。鉴于小说主人公彼尔与彭托皮丹有着惊人相似的经历，可视为自传性小说。出身牧师家庭的彼尔，只身来到哥本哈根读工程学，后与一位富商的干女儿结婚，毕业后在水利工程中大显身手，成绩卓著，人称他为"幸福的彼尔"。幸运和成就，使彼尔飘飘然，原来的雄心壮志渐渐淹没在养尊处优、妄自尊大之中，再加上父母相继离世，他心灰意懒地回到老家故土，又与牧师女儿再组家庭。但乡土的田园生活最终也未能疗治他灵魂的创伤，结果是他与这位妻子离婚后，到西海岸当一筑路工人度过残年。小说弥漫着浓重的悲观主义色彩。

《死人的王国》表达作者对 1901 年丹麦自由派取得胜利后，其政治经济毫无进展的局面的不满和深深的忧虑。小说的主人公，是一个对一切都厌倦和失望的庄园主托本。他为了祭奠爱情的不幸，宁愿过着与世隔绝的生活。他死后，他的情人阿比尔高这么说："他从一个可怕的世界中解脱出来，凡是还存在希望的地方，都是欺骗。"

彭托皮丹，于 1857 年 7 月 24 日降生在丹麦日德兰半岛一个宗教气氛浓郁的宗教家庭。父亲是一位牧师。彭托皮丹天性放任，酷爱自由，对家庭中令人窒息的宗教气息有天然的抗拒。高中毕业之后，他不顾家庭劝阻，只身到哥本哈根，入理工学院就学，想以工程师职业为国家富强效力。但 1879 年的一次阿尔卑斯山之旅，让他改变了学理工报国的夙愿。在那雪山、森林、湖泊的怀抱里，他心旷神怡，感受到文学的召唤。他兴奋地以阿尔卑斯山民间传说为题材，一气呵成地创作了一个诗体歌剧，带回哥本哈根。不久，他又离开首都，到西兰岛北部村庄当了一名小学教师，并与那里一个庄园主的女儿结婚，教学之余，从事创作。

1881 年，二十四岁的彭托皮丹出版了他的小说集《残翅难展》。他以无情的写实主义的、明晰冷静的风格，描写丹麦乡土生活的作品，使他在丹麦文坛初露锋芒。接着，他出版了《农村景象》（1883）和《农舍》（1887）等作品。19世纪90年代，彭托皮丹还写过不少关于心理、美学和道德问题的小说，如《云》（1890）、《纳泰沃特》（1894）、《加姆勒·亚当》（1895）和《霍伊桑》（1896）等。这些作品表达了彭托皮丹对腐败政权的义愤和嘲笑。

19世纪末，彭托皮丹长期隐居乡间。1927年，他又创作了重要的长篇《男人的天堂》，表达了已到晚年的作家对战争给人类精神造成戕害的担忧。从1930年至1940年，晚年的他完成了四卷本回忆录《走向自我》。

第二次世界大战爆发后，德国纳粹入侵丹麦，彭托皮丹表示强烈抗议。1943年8月21日，彭托皮丹在愤慨中与世长辞。

第十五届（1916年）

魏尔纳·冯·海登斯塔姆

获 奖 者：卡尔·古斯塔夫·魏尔纳·冯·海登斯塔姆（Carl Gustaf Verner von Heidenstam，1859—1940），瑞典诗人、小说家。
获奖理由：褒奖他作为文学新时代的首要代表人物的重要性。
获奖作品：《朝圣和漫游的年代》（诗集）、《查理国王的人马》（小说）。

海登斯塔姆（又译海滕斯顿），是第一位对弥漫于瑞典文坛的写实主义发动攻击的诗人。他深受埃及及东方文化的影响，主张以唯美主义为主导，强调纯粹的民族主义情绪。19世纪末，瑞典王国出现了一个新的既反对现实主义对社会生活的真实观照，又反对自然主义对生活的纯客观叙述的潮流。这种鄙视现实社会，崇尚复古精神的意识观念和审美艺术情趣，被人称为"唯美主义派"或"新浪漫主义派"。海登斯塔姆就是这一流派的领军诗人。

海登斯塔姆于1895年出版《诗集》后，又有《人民集》（1902）和《新诗集》（1915）问世。前者，是表达诗人热爱祖国、思念故土的作品集，诗中洋溢着爱国主义激情。后者，描写中世纪历史风貌，讴歌大自然，抒发诗人的民族主义思想。两部诗集的艺术风格各有不同，但其逃离社会生活、倾心自然的心境，以及高雅、华美、朴实、宁静的诗风，是一脉相承的。请看《朝圣和漫游的年代》中的一首诗《巫婆的忠告》：

你求我："请教会我怎样布网，好让我把幸福牢牢逮住。"

坐下吧，孩子，这轻而易举！

静静等着，双手交叉搁在膝上。

幸福之蝶每天飞舞在我们身旁，乘着金色的翅膀把我们追寻。

可是有谁啊，能教会一个人，稳捉住飞蝶而不折断它的翅膀。

下面是他的《新诗集》中的《天堂般的时刻》：

夏天明亮的夜晚，人们都酣睡了。

田野里葱茏繁茂的青枝绿叶，轻轻发出喜悦的呢喃。

浆果的紫色的茎秆，让苍茫的暮色给它抹上金色。

在纷纷扰扰的人世间，朦胧隐现出了一座天堂。

你啊，绿油油的芳草地，且让石砾在河边的沙滩上闪亮。

你啊，天堂般的时刻，你的露珠涓涓滴滴，

都滴在我们的心上。

从他的诗中，我们读出唯美的味道，他的诗深沉而怀旧、欢快而明朗。它以自然的田野、暮色、草地、沙滩风光，呈现了他营造的神话世界，抒发了他的民族主义情绪。可惜，第二首诗译者出了问题，既然是"明亮的夜晚"，又怎么"让苍茫的暮色给它抹上金色"？到底是"夜晚"，还是"暮色"？大煞风景。

在《新诗集》（1915）出版的二十七年前，没受过高等教育的海登斯塔姆，以诗人的眼睛打量着世界万物，出版了诗集《朝圣和漫游的年代》（1888）。诗人以反纯自然主义的姿态，采用夸张、虚幻、想象的抒情艺术手法，将他漫游地中海和阿拉伯地区的自然风光、民风世俗、传说历史与东方哲学融为一体，构筑成一个令人神往的瑰丽的神话世界，其华丽风格与优雅情调让人想起荷马史诗和阿拉伯的《天方夜谭》。《朝圣和漫游的年代》开启当时瑞典的新诗风，使二十九岁的他，成为"新浪漫主义派"才华横溢、锐意进取的代表诗人。

《朝圣和漫游的年代》诗集出版次年，对唯心主义有着巨大热忱的海登斯塔姆，出版了《文艺复兴》一书，系统地阐述了他的艺术观。他反对纯自然主义，对传统的美学观也充满鄙夷，主张以"新浪漫主义"唯美色彩创造生活的美感，并强调从历史源流和民族主义中发现奋斗精神。这一专著，成为"新浪漫主义"宣言和瑞典诗歌的发展纲要。法洛定、卡尔弗尔特、达里卡里亚、拉绮洛敷等诗人的崛起，发展各自的艺术个性，在瑞典文学界形成了一个生动的局面。

1892年，海登斯塔姆创作了诗体小说《汉斯·阿里诺斯》，描写瑞典民间传说中的传奇人物汉斯·阿里诺斯的一生活动。小说中有不少内容是作者个人的回忆的拓展。该作以歌德的《浮士德》为蓝本，以诗的形式写成。他的文艺个性在小说中得到了实践。作为小说家的海登斯塔姆，其小说成就体现在他创作的五部历史小说中。它们是《查理国王的人马》（1897，又译《查里十二世的人马》）、《伯里奇塔的朝圣者》（1901）、《圣比尔其特朝圣记》（1905）、《福尔根世家》（1905—1907，又译《福尔根家里的树》）和《瑞典人和他们的首领》（1915）。这些历史小说，写的是瑞典古代传说中的人物，经作家的英雄化，表现出强烈的民族主义倾向。《查理国王的人马》写18世纪初瑞典国王查里十二世，统率兵马与俄国、丹麦、挪威等国进行北方战争的故事，讴歌了瑞典军民英勇征战、不畏强敌的英雄主义精神，赞美他们对国家、民族无限忠诚的民族气节。《福尔根世家》取材于福尔根家族的历史，从其11世纪写起，直到后代当上瑞典国王为止。这是一部充满正义与邪恶斗争、云谲波诡宫闱残杀的历史，作品寓意深刻，借古讽今。

海登斯塔姆，于1859年7月6日降生在瑞典南部奥西玛的一座豪门的庄园里。父亲是当时瑞典航海灯塔方面的著名工程师（一说贵族军官）。家境富足，又是独生子的海登斯塔姆，从小体弱多病，但受到严格的贵族教育，喜读书，尤热衷看历史小说和描写大自然的书籍。这样的文化积淀，为他后来的文学创作打下良好的基础。十七岁时，他因患肺病，不得不中断学业，被送到国外疗养。

在长达十二年的疗养游历期间，海登斯塔姆大开眼界，对世界、对艺术、对人生逐渐有了透彻的认识。他到过法国、意大利、瑞士、希腊，又踏上叙利亚、埃及和巴勒斯坦等地观光考察。其间，他曾在罗马学习两年绘画艺术，后兴趣又发生转移。

三年后，海登斯塔姆回到瑞典，不久便与艾米利·尤格拉结婚。因在选择和反对艺术问题上，父子产生矛盾，导致决裂。他便偕新婚妻子再度出游。在瑞士，海登斯塔姆有幸结识了瑞典著名戏剧大师斯特林堡，并成为挚友。他坚定地选择了文学创作的道路，于是便有了 1888 年的《朝圣和漫游的年代》，一举成名。

1912 年，功成名就的海登斯塔姆，当选为瑞典文学院院士，四年后，继拉格勒芙成为瑞典第二位获诺贝尔文学奖的作家。

1940 年 5 月 20 日，思想逐渐倾向于法西斯主义，已淡出文坛的海登斯塔姆，死在奥斯特哥特兰一座古典风格的别墅里。那是他 1920 年为自己建造的可以俯视湖光山色的山庄。

追忆海登斯塔姆，选一首他《朝圣和漫游的年代》中的诗，为他的一生作结：

有人创造，有人煞费苦心却不得其门，有人忽而顿悟世间真谛……

有时现实无味，于是在寻找神往的彼岸，有时不知所措，于是在浪费情绪的错觉。

精神总是寄托在他处，幻想中踏上征途，才发现这一路上原来有许多人，古往今来，来自四面八方，但面向同一方向。

第十四届（1915 年）

罗曼·罗兰

获 奖 者：罗曼·罗兰（Romain Rolland，1866—1944），法国作家、评论家。

获奖理由：文学作品中的高尚理想主义和他在描写各种不同类型人物时所具有的同情和对真理的热爱。

获奖作品：《约翰·克利斯朵夫》（小说）。

罗曼·罗兰是 20 世纪初法国著名作家。他和稍早的埃米尔·左拉、阿尔丰斯·都德、居伊·德·莫泊桑、阿纳托尔·法朗士等，创造了 20 世纪初法国文学的辉煌。在他身上，小说、诗歌、传记、评论、音乐、科学等完美地融为一体，其作品中的人道主义、理想主义和生命烈焰扑面而来，他被称为"法国的托尔斯泰"。

瑞典文学院在宣布罗曼·罗兰获诺贝尔文学奖时，立刻遭到法国政府的反对，结果该奖一直推迟到 1916 年 11 月 15 日，瑞典文学院和外交部正式向法国政府发出电报，罗曼·罗兰才正式登上诺奖颁奖坛。这位"唯一的超乎混战之上的人"，宣布将全部奖金捐献给国际红十字会和法国难民组织，并说：

> 如果这个荣誉有助于传播使法国在全世界受到热爱的各种思想，我将感

---

* 因第一次世界大战爆发，1914 年诺贝尔文学奖没有颁发。

到高兴。

罗曼·罗兰以长篇小说《约翰·克利斯朵夫》获诺贝尔文学奖。

1890年3月，二十四岁的罗曼·罗兰，在罗马郊外的霞尼古勒丘陵上游览，一道"灵光"闪过，给他带来创作"灵感"（见其《回忆录》），他说："我正在做着梦。夕阳的红光笼罩着罗马城，四乡像大海一般，浮托着它。天上的眼睛吸引着我们灵魂。我觉得激荡起来，超出时间的界线。忽然间，我的眼睛睁大了。远远地我望见了祖国……我意识到我的自由的、赤裸裸的存在，那是一道'灵光'。"

为了创作《约翰·克利斯朵夫》，罗曼·罗兰酝酿准备了十年，伏案写作十年。他独自一人租住一套简陋的公寓里，以微薄的教书及写音乐评论的收入，维持他清苦而寂寞的写作生活。他谢绝很多社交活动，深居简出，潜心创作。他大约一年完成一卷，整整熬了十个年头，写出了堪称里程碑式的巨著《约翰·克利斯朵夫》，让世界文坛为之轰动。更可喜的是，它由著名翻译家傅雷翻译并介绍到中国，成为中国读者的阅读经典。

写于20世纪初的《约翰·克利斯朵夫》，反映了罗曼·罗兰前半生即19世纪末的时代气氛、社会现实及帝国主义之间的矛盾。他写这部巨著的十年间，德法两国关系十分紧张，随时有战争爆发的可能。在这样的背景下写出的《约翰·克利斯朵夫》，不可能不把战争的魔影带入其中。而更重要的是，战斗的人道主义一直是该书的主旋律。用罗曼·罗兰的话表述，便是："永远要表现人类的团结，不论它是用多少数不清的形式出现。这应当是艺术的首要目标，也是科学的首要目标。这是约翰·克利斯朵夫的目标。"（1893年10月日记）

1921年，罗曼·罗兰将十卷本《约翰·克利斯朵夫》合成四卷本出版，称为定本。罗曼·罗兰在序中介绍：第一卷，包括克利斯朵夫少年时代在故乡小天地的生活，描写他的感官和感情的觉醒；第二卷，写克利斯朵夫天真、专横、过激，横冲直撞地挥舞着堂吉诃德式的长矛，征讨当时社会的与艺术的谎言，攻击骡夫、小官吏；第三卷，和上一卷的热情与憎恨成为对比，是一片温和恬静的气氛，咏叹友谊与纯洁的爱情的悲歌；第四卷，写的是生命中途的大难关，是"怀疑"与破坏性极强的"情欲"的狂飙，是内心的疾风暴雨，差不多一切都要被摧毁了，但结果仍趋于清明高远之境，透出另一世界的黎明的曙光。

在《约翰·克利斯朵夫》一书的扉页上，作者题赠：

献给各国的受苦、奋斗而必战胜的自由灵魂。

这应该是罗曼·罗兰所浓缩的该小说的题旨和灵魂。"受苦"，既是社会压迫之苦，更是人生普遍的苦难；"奋斗""战胜"，是指自由与博爱的人道主义的胜利。在一定的历史条件下，一定的社会环境中，人道主义具有一定的积极作用，而且可能有一定的进步性。《约翰·克利斯朵夫》的现实主义价值不容怀疑。该小说反对当时的统治势力，不满现状，要求变革，向往光明与进步的政治立场，以及描述小说中英雄人物争取实现自己人道主义理想的过程中，发挥了恩格斯所说的不由作者自主的现实主义，反映了当时政治斗争的一系列现象，使读者对统治者产生反感和仇视，这毕竟是具有深刻进步意义的。

这三部英雄传记，也是罗曼·罗兰的重要作品：《贝多芬传》（1903）、《米开朗琪罗传》（1906）和《托尔斯泰传》（1911）。这些音乐家、雕塑家和作家，都对罗曼·罗兰产生过深刻影响。在他的笔下，这些艺术大师都是敢于正视黑暗现实、鞭挞腐朽社会的英雄，其为追求"真正的艺术"而受苦受难，最后取得的重大成就，就是人道主义精神力量的胜利。比如，他的思想一直受到俄国大文豪列夫·托尔斯泰的影响。早在1887年4月17日，作为师范学校学生的他，就曾写信给托尔斯泰，表达了他对这位大作家的敬仰。他在苦苦等待中收到托尔斯泰的回信，见其中称他为"我的兄弟"，受到极大的鼓舞。后来他连续写了六封信，深深感恩大师的人道主义精神和"勿抗恶"的思想，说这已成为自己的信条和信仰。在《托尔斯泰传》中，他极力宣扬鼓吹托氏的博爱精神。

1913年，罗曼·罗兰完成《约翰·克利斯朵夫》史诗之后，发表中篇小说《哥拉·布勒尼翁》，描写法国文艺复兴末期一个工木匠的故事。那里要求"让每个人在太阳下都有个位置，让每个人都有一块土地"，表现了罗曼·罗兰的人道主义思想。1914年第一次世界大战爆发，罗曼·罗兰站在反对一切战争的和平主义立场，发表《超出混战》（1915）和《先驱者》（1919）两部论文集。

1917年，十月革命取得胜利，罗曼·罗兰曾向苏维埃共和国致敬。1919年，他又写了《精神独立宣言》，三年后与巴比塞展开论战，他担心"革命产生仇恨，加深仇恨"，反对一切暴力，坚持独立精神的个人主义和人道主义立场。这一段时间，他经历了一次精神危机，在接受托尔斯泰的"勿抗恶"思想的同时，又接受印度甘地的非暴力和不抵抗主义思想。法西斯的猖獗、新帝国主义战争一步步逼近，击碎了他非暴力和不抵抗的和平主义幻想。其1931年的著名文章《向过去告别》，就是批判自己，走向反抗法西斯、保护和平的转捩之作。四年后，他访问苏联，与高尔基会面。他创作了长篇小说《母与子》（又译《欣悦的灵魂》）。小说共四卷。前三卷反映20世纪初至第一次世界大战期间主人公安乃德强烈的反战思想。第四卷写安乃德转变只有反战思想而不见行动的弱点。作品着重描写安乃德儿子玛克思想进步的过程，认识到劳动阶级是"世界命运的主人"，"缺乏有组织的劳动阶级的力量，什么都不能实现"，终于积极投入反法西斯主义的斗争烈焰中。

第二次世界大战爆发后，法国沦陷于德寇之手，罗曼·罗兰隐居兹莱，埋头写他的回忆录《内心旅程》（1942），两年后又为友人作传记《查理·贝玑》。

罗曼·罗兰，于1866年1月29日生于法国东南部勃艮第境内的一座古城。父亲是一位律师（一说公证人）。少年时期的罗曼·罗兰，在家乡度过忧郁的童年。故居不大的小院一面是楼房，两面是高墙，一面矮墙外是一条运河。罗兰常俯身矮墙上，长久地注视那条污浊的河和慢慢行驶的泊船。一有空，他会钻到破烂的阁楼上，如饥似渴地阅读莎士比亚的作品，似懂非懂地窥探那里的人间奥秘和世上奇闻（见《约翰·克利斯朵夫》译本序）。他的母亲酷爱音乐，他从她那里学到弹钢琴的技巧和修养，这对他的一生产生重要影响。后来，家境渐渐贫寒，于是举家搬到巴黎。父亲在一家小银行谋得雇员职位，以微薄的工资供孩子上学。从小就患哮喘、身体孱弱的罗曼·罗兰，成为寄托全家未来的全部希望。他深知这一使命。后人曾在整理他的遗稿时，发现一张字条："我答应妈妈，我一定要尽我的力量，做好投考高中的准备。"下面是他郑重的签名"罗曼·罗兰"。

1884 年和 1885 年，他考巴黎高等师范学校，都名落孙山。第三次，二十岁的他终于顺利考入高师。在读高师时，他在日记中写道："不创作，毋宁死！"1885 年高师毕业后，他由校长推荐到意大利罗马，成为法国设在那里的考古学校研究生。从此，他步入罗马的上流社会，以自己的音乐天赋，与德国诗人歌德的后裔玛尔维达·封·梅森堡的贵夫人结成深厚友谊，得到她很多帮助，他称之为"我的第二母亲"。回到巴黎后，他与法兰西学院教授勃莱亚的爱女克洛蒂尔特结婚。1898 年，他先后写了四个剧本：《群狼》《理智的胜利》《丹东》和《七月十四日》。因皆以 1789 年法国大革命为题材，罗曼·罗兰称之为"革命戏剧"。

1936 年，罗曼·罗兰七十华诞，法国劳动人民在人民战线和法国共产党的组织下，为他举行了盛大的庆祝活动，并向他发了贺电。1938 年，他回到故乡，购置了一栋小楼，住了下来。德国入侵法国，蛰居故乡的罗曼·罗兰悲伤不已。纳粹党没有放过他，下令焚烧了他的书籍，并严密监视这位卧床不起的老人。

1944 年，巴黎解放之日，老人抱病到巴黎参加纪念活动。

这年 12 月 30 日，罗曼·罗兰在故乡去世。

《约翰·克利斯朵夫》"中的高尚理想主义和他在描写各种不同类型人物时所具有的同情和对真理的热爱"，不仅为罗曼·罗兰赢得了第十四届诺贝尔文学奖，更是他为自己矗立的文学丰碑。

第十三届（1913年）

泰戈尔

获 奖 者:罗宾德拉纳特·泰戈尔（Rabindranath Tagore，1861—1941），印度诗人、哲学家。

获奖理由:由于他那含义深远、清新而美丽的诗歌；他运用高超的技巧，用英语表达出的诗意盎然的思想，已成为西方文学的组成部分。

获奖作品:《吉檀迦利》（诗集）。

泰戈尔恢复了古印度文学的荣耀，并使之达到一个新的高度，而且对世界近代文学的发展，做出了重要的贡献。中国的郭沫若、徐志摩、冰心等作家，都曾受其影响。他以诗集《吉檀迦利》赢得了第十三届诺贝尔文学奖，理由是：

  由于他那含义深远、清新而美丽的诗歌；他运用高超的技巧，用英语表达出的诗意盎然的思想，已成为西方文学的组成部分。

  老实说，瑞典文学院的颁奖词带有明显的昔日西方文化的霸权主义的傲慢。观"用英语表达"，"成为西方文学的组成部分"等表述，便一目了然。

  1861年5月7日，泰戈尔出生于印度孟加拉邦加尔各答一个望族家庭。他的长辈有许多名人。其父是一位哲学家、宗教改革者。他从小就在"文学与艺术的空气弥漫"的家庭中受到熏陶。他家的接待室，每天晚上都亮着灯，客人来往不绝，吟诗歌舞。早年丧母之后，他寂寞而不快乐。他先后在本地学校求学，后被送到英国学法律。因对学校刻板乏味的生活憎恶，无论到哪个学校读书，都不到一年就退学。他回到印度，其父为他请专家授课，然而泰戈尔更喜欢大自然。他在管理父亲的农庄时，与农友建立了深厚的感情。十四岁，他发表爱国诗《献给印度教徒庙会》，十六岁时发表短篇小说《女乞丐》，次年写长诗《诗人的故事》。二十二岁时，他有了快乐的家庭，后来孩子一个个出世，他为孩子们写了《新月集》。该诗集写出了孩子的美丽、天真烂漫的世界，也写出了母性的神秘、慈爱与美。三十五岁前后，泰戈尔的爱妻死了，接着女儿、儿子也相继夭折，父亲去世，忧伤笼罩了他，于是，他写出了世界上最柔和甜美的情歌，使他的灵魂尖锐而有力。不久，他又去写颂神之歌，不再写情诗。

就是这笼压弥漫的痛苦，加深而成为爱、欲，而成为人间的苦乐；就是它永远通过诗人的心灵，融化流涌而成诗歌。（《吉檀迦利》诗句）

其笔端流溢着诗人灵魂中的余痛，尖锐而有力。

19世纪末，泰戈尔出版了诗集《晚歌》（1882）、《晨歌》（1883）、《画与歌》（1884）、《刚与柔》（1886）、《心灵和渴望》（1890）等。泰戈尔最具影响的诗集，是《吉檀迦利》，这一诗集把他引上诺贝尔文学奖的殿堂。

"吉檀迦利"在印度语中是"献歌"之意。《吉檀迦利》诗集，出版于1910年。不久，他旅居英国时，将这部诗集和《渡船》《奉献集》译成了英语，在英出版。

《吉檀迦利》是泰戈尔奉献给自己信奉的神灵的诗篇。在诗人的灵魂中，神是至高无上的，是主宰宇宙万物的，具有超自然的力量。神又是无所不在、无所不包的精神本体。在泰戈尔的灵魂中、笔下，神不是传统宗教观念中的神，而是富有自然社会、人生等泛神论色彩的，他借此表达追求民主、追求理想而破灭的苦闷彷徨的精神状态。

《吉檀迦利》诗集由一百零三首诗组成，摘录如下：

当你命令我歌唱的时候，我的心似乎要因着骄傲而炸裂，我仰望着你的脸，眼泪涌上我的眼眶。

我生命中一切的凝涩与矛盾，融化成一片甜柔的谐音——

我的赞颂像一只欢乐的鸟，振翼飞越海洋。

诗人没有直视生活，或以象征形象，或直抒胸臆，表达出微妙丰富的情感。

破庙里的神啊，七弦琴的断弦不再弹唱赞美你的诗歌。晚钟也不再宣告礼拜你的时间，你周围的空气是寂静的。

流荡的春风来到你荒凉的居所。它带来了香花的消息——就是那素来供养你的香花，现在却无人来呈现了。

对你来说，许多佳节都在静默中来到，破庙的神啊，许多礼拜之夜，也在无火无灯中度过了。

精巧的艺术家，造了许多新的神像，当他们的末日来到了，便被抛入遗忘的圣河里。

只有破庙里的神遗留在无人礼拜的、不死的冷漠之中……

诗里呈现着寂寞、苍凉、凋败的意象，弥漫着诗人内心孤高、迷茫的意绪。

这种浓郁神秘的印度宗教气息，以及对宇宙、苍穹的表述，赢得了世界的欢呼。《吉檀迦利》把诗的秀美与散文的雄浑巧妙地融合为一体，文字古典简约，构筑了思想情感独具匠心且有古典主义意趣的诗歌经典。

泰戈尔同时又是印度近代的小说家。他的长篇小说《少夫人市场》（1881）、《贤哲王》（1885），是关于本国历史的长卷。《沉船》是他的长篇小说代表作之一，它通过一个大学生曲折的恋爱和婚姻故事，表现年轻人在封建婚姻制度下，争取爱情和婚姻自由的悲剧，深刻地批判包办婚姻的社会习俗。《沉船》采用的批判现实主义方法，让其跻身世界文学名著行列。而《戈拉》是泰戈尔最优秀的长篇小说。小说以泰戈尔少年、青年时代的印度社会生活为背景，把生活场景聚集于印度教徒安南达摩依和梵教徒帕勒席两个家庭，演绎了两对年轻人的恋爱纠葛的故事。他们冲破宗教偏见，"获得了自由"。借此，泰戈尔表达了关于印度要实现民族解放、必须解决宗教偏见这样具有深远意义的思考。

泰戈尔还是印度短篇小说的开山鼻祖。他创作了很多短篇小说，如《河边的台阶》《还债》《是活着，还是死了？》《弃绝》《摩诃摩耶》和《素芭》等。写于1894年的《太阳与乌云》，把批判的锋芒指向英国殖民主义者，揭露其压迫剥削印度人民的罪恶。《加冕》则批判在印度不断滋长的崇洋媚英的洋奴思想，并提倡民族自尊。

泰戈尔又是创作剧本的高手，先后创作了《大自然的报复》《国王与王后》《牺牲》等。

纵观泰戈尔的文学创作，其作品表现了其"自由的、不受拘束的思想"，反抗暴君和英国殖民主义者，批判封建习俗，颂扬贤明君王，讴歌爱情，赞美大自然和生活，并对封建制度下人民的苦痛，表现出深切的同情。泰戈尔是以高超的文学技巧、清新朴素又寓以哲学的艺术风格，表现上述宏大和深刻的思想主题的。

1919年，英国殖民主义者悍然在旁遮普的阿姆黑察，屠杀手无寸铁的印度人民，得知消息的泰戈尔，立即写信给英国总督，愤怒谴责血腥屠杀罪行的同时，严正声明放弃四年前英王授予他的男爵之位。

次年，法朗士、巴比塞、罗素、爱伦堡等世界著名学者作家，在巴黎发起名为"光明团"的运动，呼吁世界永远和平，反对战争。泰戈尔积极参加。同时，他又鼓吹印度独立，曾向英政府请愿允许印度自治。

泰戈尔的诗对中国的诗歌产生过较大的影响，滋养过不少中国诗人。中国曾有以他的《新月集》命名的有影响的新月文学社团。他们被称为新月派，一度成为中国蔚为壮观的诗坛风景。

1924年，泰戈尔应邀到中国访问，在北京等地发表演说，宣传融合了西方哲学与佛教教义，有调和东西方哲学之观，鼓吹生命与活动的哲学，受到欢迎，也遭到抵制，甚至有抗议活动。笔者的七卷本《民国清流》有详细叙述。在中国人民奋勇抗击日寇侵略者的时候，泰戈尔曾猛烈谴责日本帝国主义，声援我国的抗日战争。他写于 1937 年的《敬礼佛陀的人》一诗，辛辣地讽刺了日寇到寺庙中去祈求侵华战争胜利的丑行。

泰戈尔在世界人民反抗法西斯斗争最艰苦的时候，怀着世界人民必胜的信念，于 1941 年 8 月 7 日，在加尔各答仙逝。

第十二届（1912年）

盖尔哈特·霍普特曼

获 奖 者: 盖尔哈特·霍普特曼（Gerhart Johann Robert Hauptmann，1862—1946），德国剧作家、诗人。

获奖理由: 在戏剧艺术领域中富有成果的、多彩而杰出的创作。

获奖作品:《织工》（戏剧）、《群鼠》（诗歌）。

19世纪后期和20世纪初期，霍亨索伦王朝的普鲁士德国的资本主义得到迅速发展，当时的德国文学模仿德国古典文学，同时左拉和易卜生在这个王国正产生影响。有些作家以他们的创作方法，开辟德国文学的新路径，形成了德国自然主义文学运动。其代表作家便有霍普特曼。他是用美的风格，写诗一般的戏剧的作家。

霍普特曼以自然主义文学开始，逐渐走向批判现实主义。他以反映织工和工厂主斗争的《织工》（戏剧），最早地把目光投向工人与工厂主的斗争现实，刻画工人的早期革命。到了晚年，他又转向象征主义和新浪漫主义。

霍普特曼，于1862年11月15日出生在德国西里西亚一个叫萨尔茨布隆的地方。其父是一家旅店业主。有的书上说，霍普特曼的祖父当过纺织工人。霍普特曼十五岁时因家境困难，不得不从中学辍学，到一家农场打工，以谋生计。后来，热爱艺术的他，曾参加艺术考试，名落孙山。1880年，一位画家很欣赏他的艺术天赋，介绍他到布雷斯劳艺术学校学雕塑。不久，他又到耶拿大学艺术系去旁听。这期间，他因"不良行为举止和不够勤勉"而一度被布雷斯劳艺术学校勒令退学。早在他读中学时，来自小镇的他，就与举止优雅的贵族同学格格不入。

1883 年，霍普特曼与哥哥到意大利。他在罗马建立了雕塑工作室。次年，他重返德国，决定放弃雕塑艺术而投身文学。他在柏林大学读科学和文化发展史，加入德国自然主义派作家群，逐渐成了这一流派的代表人物之一。他在哥哥的婚礼上，上演了他创作的戏剧《爱情的春天》，为哥哥的婚姻祝福。正是在这个婚礼上，他赢得了嫂嫂的妹子玛丽·蒂娜曼的芳心，两人私订终身。一年后，他与这位富商的女儿结婚，定居柏林郊区的埃克纳。

生活和心境安定下来的霍普特曼，在自然主义派的刊物《社会》上发表他最早的小说《斋戒日》和《巡路工提尔》，没什么影响。

1889 年，他的第一部剧作《日出之前》，在柏林"自由剧场"亮相，甫一公演，轰动柏林，大获成功。《日出之前》描写空想家青年洛特，心怀改良社会之愿，到矿区了解生活，与矿主之女海伦娜邂逅。但当他得知其家几代皆是酒徒后，放弃了这段爱情，造成海伦娜自杀。该剧将悲剧的原因归咎于家庭道德和精神的堕落，有明显的自然主义和血统论的痕迹，作者对这悲剧除了哀叹，便是苦痛。《日出之前》的严重缺陷显而易见。但是，这出戏与当时德国舞台上演的几乎清一色的沉闷的外国戏和历史剧相比，反映的德国现实生活别开生面，引起观众的强烈反响，震撼了压抑沉闷的社会空气。听听第二幕洛特与海伦娜说的一段话：

> 比如这样的事就是荒谬绝伦的，汗流满面的劳动者在挨饿，而懒汉倒可以生活得很富足。在和平时期，杀人要受惩罚，而在战争的时候，杀人却受到赞扬。刽子手遭人轻蔑，而那些士兵早上挂着佩刀和宝剑这种杀人工具，却趾高气扬地走来走去。

此语大胆地揭露和批判社会贫富不公，以及对普鲁士王朝的穷兵黩武的谴责。德国社会的矛盾重重，民族民主运动日益高涨，霍普特曼放弃了自然主义创作立场，开始以深邃的目光剖析社会现实，表现各个阶层人物的精神状态。1890年写的剧本《和平节》，翌年创作的剧本《寂寞的人们》，便是他走上现实主义新路的产物。这两部剧作，表现的是一群知识分子，在黑暗、保守、落后政府的压制下，对政治革固鼎新感到无望的内心苦痛与沉沦。

从1892年创作《织工》开始，霍普特曼迎来了创作的黄金时代，相继写出《獭皮》(1893)、《汉纳洛的升天》(1893)、《弗罗里安·盖耶尔》(1893)、《沉钟》(1896)、《马车夫汉塞尔》(1898)、《罗斯·贝恩德》(1903)等剧本。《獭皮》通过警察局长魏尔汉，揭露容克权贵自负狂妄、愚昧无能的丑态；《汉纳洛的升天》写救济院里小女孩汉纳洛不堪继父虐待，自杀时的幻觉；《沉钟》是童话剧，属于象征主义，表现生活与艺术的矛盾；《马车夫汉塞尔》《罗斯·贝恩德》表现第一次世界大战中狭隘的民族情绪。在他的剧作中，最出色的还是他早期的《织工》。

《织工》应该说是19世纪40年代以后，描写工人反对剥削，与工厂主斗争的重要作品。该剧以1844年西里西亚织布工人起义为背景，表现工厂主德来西格企图用压低工资的手段，加强对工人的剥削。织工无法生存，自动组织起来，高唱革命民歌向德来西格示威。工厂主搬动警察逮捕织工时，织工奋力反抗，并捣毁工厂主的住宅，然后涌向附近村落，同政府调来的军队搏斗抗争。最后以不愿参加斗争的老织工希尔塞被流弹击毙和织工打退军队而告终。全剧并无工人领袖，只有织工群体和组织起来的织工。历史上的1844年工人起义失败了，而《织工》却以波澜壮阔的斗争胜利结束，表现作者对织工斗争前途必胜的信念。尤其是剧本对"安分守己"的老织工希尔塞的刻画和处理，意味深长。该剧对工厂主德来西格这个人物塑造得也颇为成功，不仅表现出他的残酷无情、狡猾多变的性格，还写出工厂主剥削成性的阶级本质。有论者颂扬说："《织工》是一首在舞台上表演的无产阶级颂歌。"另有论者则说，《织工》作者"笔下的工人缺乏积极的理想，他过分地突出他们的自发斗争中的消极破坏方面的复仇情绪"。

两种议论，无论是高度颂扬还是求全责备，问题出在超越了历史局限。说能从他的作品里看出一个时代、一个国家的真实生活，说他所创造的艺术世界中充满了有呼吸的灵魂，已是很高的褒奖。贬低或拔高，都是对他的亵渎。

《织工》在受到观众欢迎的同时，被俾斯麦下令禁演。德皇威廉二世取消了原定要颁给霍普特曼的"席勒奖金"。

他的诗水平也很高，《群鼠》广受好评："我满怀敬畏地向你致意／你这辉煌的殿堂／哺育我的君主的，伟大摇篮／圆柱支撑着巍巍的宫殿／剑鞘里沉睡着……"

到了1904年，霍普特曼抛弃了妻儿，与年轻的小提琴家马斯切克结婚，在遭到道德谴责的同时，各种荣耀却翩然而至：牛津大学授予他博士学位，奥地利三次授给他格拉巴策奖金等，最荣光的是获得诺贝尔文学奖。1932年，应卡内基国际和平基金会之邀，他到美国参加歌德逝世一百周年纪念活动，并发表演说。在此期间，美国文学艺术院聘其为荣誉院士。

在德国受到谴责与在国外得到太多的荣耀，使霍普特曼在政治与文学上趋于保守。第一次世界大战爆发后，他拒绝批评德国军国主义侵略行径。在受到罗曼·罗兰批评时，他与之发生论战。虽然希特勒上台，纳粹主义疯狂活动，使他对希特勒的本质有所认识，但他没有任何反抗行动。第二次世界大战由纳粹德国挑起，霍普特曼仍然躲在一隅，痛苦地沉默，任凭罪恶的战火蔓延。纳粹倒台之后，霍普特曼曾被遣送到苏联。1946年6月6日，这位后半生并不光彩的老人，因病在西里西亚去世。

第十一届（1911 年）

莫里斯·梅特林克

获 奖 者：莫里斯·梅特林克（Maurice Maeterlinck，1862—1949），比利时小说家、诗人、散文家和剧作家。

获奖理由：由于他在文学上多方面的表现，尤其是戏剧作品，不但想象丰富，充满诗意的奇想，有时虽以神话的面貌出现，还是处处充满了深刻的启示。

获奖作品：《花的智慧》（散文集）、《青鸟》（儿童剧）等。

梅特林克是 19 世纪后半叶比利时最伟大的象征派作家。与他同时，比利时还有维尔哈伦、洛定巴、莫克尔等皆是象征派巨子。

梅特林克步入文坛，有些幸运。1886 年，他从法律专科学校毕业后，又到法国巴黎深造。在那里，他结识了一批象征主义文学家，其中有个叫维利埃·德利尔·亚当的作家，把他介绍到象征主义文学圈内。其实，梅特林克早期的作品具有现实主义特色，比如他到巴黎时创作的短篇小说《屠杀婴儿》，是揭露西班牙占领比利时罪行的作品，虽有悲观主义色彩，但爱国主义的精神在小说中激荡。让梅特林克出名的，却是他在巴黎的一位朋友。他在打字机上，打出那时本名为"马丽尼公主"的剧本，把象征主义带到其中。其中一册，放了麦拉尔梅的书房里，一天，一位文艺批评家无意发现了这个剧本，读了之后，写了一篇充分肯定《马丽尼公主》的评论，称其为"比利时的莎士比亚"，引起文坛重视，梅特林克便自此闻名。接着，他陆续写出了《闯入者》《盲人》《丁泰琪之死》《大公主》《佩列阿斯与梅丽桑德》《青鸟》《莫那·凡那》等剧作。梅特林克在 1902 年，将这些剧本结集出版时，在序中说："在这些剧本里，信仰是在那些不可见而致命的各种势力上。没有人知道他们的意向，但戏剧的精神以为，他们是恶意的，注意着我们的一切行动，而为微笑、人生、和平、快乐的仇人。命运是一个无辜而不自觉的敌人，而加入了他们之内，参与毁坏一切，但一点也不能变更爱与死在人生中所做的残酷固执的游戏，这都是呈现在聪明的人的忧愁的眼光之前的，他预见了将来。"

梅特林克便是他自己所说的那个聪明人。在作品中，他预见了将来，并以敏锐生动之笔，把忧愁之眼所见到的景观都写出来。上面所列举的剧本，其主题及其情调几乎是相同的。《盲人》写的是六盲男、六盲女，黑夜中在一位老牧师的带领下，来到森林里。他们听到萧瑟之风吹过树梢，大海波涛拍击岸边的岩石，落叶上有一只狗在走动。这狗把一个盲人带到老牧师身边，他一摸老人的脸，发现已无生气，他死了。《盲人》的寓意十分明白：我们就是已陷入绝望中的盲人。我们听到大海波涛的澎湃之声，而为我们引路的向导宗教，其实已死了，我们都迷失在深夜茫茫的黑森林中……作品不仅表现了灾难的征兆，还有更多的忧郁。

《七公主》比《盲人》要更隐晦。七个公主同睡在门户锁闭的云石大厅里。远游的王子归来，从窗外看到从小就深爱的最漂亮的公主，他从地道经过死人之墓来到大厅。六个公主都醒了，只有他最爱的漂亮公主因过于困乏而死。作品讲的是灵魂有七个元素，而其中的真我，却是不可知的。于是梅特林克把关于死亡无情而又神秘的力量的玄妙思考，装进了《七公主》。

《佩列阿斯与梅丽桑德》讲少女梅丽桑德在林中与国王相遇，并成为其妻，后爱上国王弟弟，最后被国王刺死的悲剧，表现命运之神驱赶着人类，如一群羊，经过爱的草地而到达死亡之境。这是梅特林克侨居巴黎时创作的大型悲剧。该剧有明显的受法国象征主义思潮影响的痕迹。1902年，法国象征主义音乐大师德西彪，欣然为该剧作曲，歌剧《佩列阿斯与梅丽桑德》风行欧洲，成为象征主义戏剧和歌剧的最有成就的杰作。

幸好，梅特林克写了《青鸟》，摆脱了萦绕在他的其他剧作中关于命运和死亡的象征思考，写两个家境贫寒的孩子，在梦中寻找青鸟而不得。等他们醒来，邻居的孩子生病，提出要把他们养的斑鸠借来玩。他们把斑鸠给了他。这鸟真的变成了他们梦中寻找的那只青鸟。但当他们把它放出来玩时，那鸟又飞走了，不见踪影。该剧象征幸福就在身边，不过只有把幸福赐给他人，才能得到幸福，而幸福是暂时的，所以青鸟飞走了。

梅特林克在大舞台上，通过五彩缤纷的梦幻般的世界，把追求幸福、真谛的故事带给全世界观众。《青鸟》的成功，使梅特林克成为20世纪初欧洲最杰出的象征主义剧作家。

《莫那·凡那》没有什么象征主义，而是宣传"自我牺牲"精神。这是一部历史剧，讲的是古意大利披沙与佛洛林斯两地的战争故事。剧中一改欧洲传统的英雄主义，认为真正的英雄就是牺牲自我和各种成见，以救护城池的人民。全城的人民比任何英雄壮举、英雄气概都更可贵。这种群众英雄观，在英国受到排斥，该剧不能在英伦上演。

梅特林克还是一位杰出的散文家，出版了《谦卑之宝库》《知识与命运》《蜂之生活》《死》《花的智慧》等散文集。《花的智慧》探讨花的生存智慧、时间、道德、灾难、死亡等哲学主题，有18世纪哲学家论著的味道。梅特林克是博学的，他把哲学上的探讨和对自然世界的关心结合起来，从自然界的变化来研究人类社会的发展。特别是他对动植物的观察研究深刻、细腻、独到，并通过这些花草和小生灵的生活、生命的表现，来写人类的生活、生命、命运，让人叹为观止。梅特林克获得诺贝尔文学奖，散文是重要砝码。

梅特林克，于1862年8月29日诞生在比利时根特城的一个公证人家庭里。他曾就读于圣巴布耶稣学院，毕业时取得学士学位，后又学法律，成为律师。一直被文学吸引的梅特林克，与律师行当格格不入。他到巴黎搞话剧，认识了象征派作家麦拉尔梅，进入文学圈，改变其命运。第一次世界大战时，梅特林克的文学创作进入低潮。1932年，因其文学成就，他被比利时国王封为伯爵，尽享殊荣。第二次世界大战爆发后，他流亡到美国，隐居佛罗里达州。1947年，他离开美国，到巴黎定居。两年后，八十七岁的梅特林克刚刚出版回忆录《蓝色的气泡》不到一年，于1949年5月6日病逝于法国尼斯。

第十届（1910年）

保尔·海塞

获 奖 者：保尔·海塞（Paul Heyse，1830—1914），德国作家。

获奖原因：表扬他作为抒情诗人、剧作家、长篇小说家和举世闻名的短篇
小说家，在长期的创作生活中，所达到的渗透着理想的、非凡
的艺术才能。

代表作品：《倔强的姑娘》《特雷庇姑娘》等小说。

海塞的父亲是著名语言学家卡尔·威廉·海塞。海塞，于1830年3月15日出生在德国柏林。其母为犹太银行家千金，酷爱文学，精通英语、法语，热情活泼。在这样一个崇尚文化的贵族家庭，海塞从小就受到浓郁文化氛围的熏陶和良好的教育，其亲人的和睦与对他的关爱，让海塞健康快乐地成长。

1847年，十七岁的海塞受父亲影响，考入柏林大学，子承父业，选修古典语言学和哲学，但他更钟情于文学。他在入大学的第二年，经柏林著名诗人艾曼努埃·盖贝尔的引荐，加入了柏林著名的以艺术史家库格勒为首的文学社团"斯普里河上的隧道"，从此走上了文学之路。

对文学的热爱，让海塞于1849年转入波恩大学，专攻罗马语言文学和艺术史，兼修意大利语、法语、西班牙语。1852年，海塞重回柏林大学，获文学博士学位，同时获得普鲁士政府资助去意大利留学、旅游的机会。古城罗马、水乡威尼斯、艺术之城佛罗伦萨等地的文化深深地打动了海塞，在那里一年多的游学，让他有机会对罗马的古典文学及意大利文艺复兴时期的文学有了深入的考察。这

些宝贵的经历和对意大利文学的熟稔，为他后来的文学创作积累了大量的素材，也为其美学思想和文学风格的形成，奠定了基础。

在意大利游学时，海塞发表了中篇小说《倔强的姑娘》。小说写穷家的姑娘劳拉，性格倔强。她一直对父亲虐待母亲及母亲的逆来顺受耿耿于怀。十岁时，父亲去世，母亲病重，劳拉以羸弱的肩头，撑起生活重担，精心照料母亲。父亲的暴力，使劳拉对男人时刻保持警惕，甚至压抑内心情感，孤独而早熟，让人看不到她的天真和淳朴，她被称作村中带刺玫瑰般的"犟女人"。不同于村里男青年不敢碰劳拉，渔夫安东尼奥一直深深爱着劳拉，并借劳拉乘他的小船之机，以拥抱向她表白了爱情。一开始，劳拉咬了他一口，狠狠推开他。但在安东尼奥为此十分伤心时，劳拉却扑到他的怀中，哭着说："你打我吧……可就是别赶我走！因为我爱你……"压抑的灵魂和绽放的人性毕现于读者面前。

《倔强的姑娘》使海塞在文坛崭露头角。此作给他带来声誉的同时，还让他收获了爱情。回国后，又是经由盖贝尔介绍，海塞结识了艺术史家库格勒的爱女玛格丽特，两人相爱并订婚。那时，海塞没有固定工作、经济拮据，但因有盖贝尔帮助，生活无忧无虑。

1853 年，巴伐利亚大公国的马克西米利安二世大公召请年轻的学者海塞，希望他到首府慕尼黑。海塞应召而往，在那里，与早就欣赏他的盖贝尔一起成为作家集团"慕尼黑诗社"的领军人物。"慕尼黑诗社"崇尚古典主义，倡导维护传统艺术标准和价值，借以反对政治上的激进主义、哲学上的唯物主义、文学上的现实主义。这使"慕尼黑诗社"成为保守的、复旧的贵族文艺的大本营。

海塞自从发表小说处女作《倔强的姑娘》后，创作一发而不可收。穷四十年光阴，他发表了《特雷庇姑娘》(1858)、《安德里亚·德尔芬》(1862)、《尼瑞娜》(1875)、《麦尔林》(1892)等一百八十多篇中短篇小说，其中《特雷庇姑娘》由《台湖河畔》《死湖情澜》等七篇小说组成，发表了《世界的孩子们》(1872)、《在天堂》(1875)、《众峰之上》(1895)、《反潮流》(1904)、《维纳斯诞生记》(1909 年)等九部长篇小说。《世界的孩子们》是一部力道十足的小说。它把海塞的时代都装进了小说里，并有意味深长的寓意：揭示当时世界的"知识荒"。他还创作了二十多部戏剧，如《科尔贝格》（1865）、《哈德里安》（1865）等。

海塞等身的著作，大都是爱情题材的。作家所表现的都是特定时代背景下，那些人物的生存状态和心灵状态，更多地演绎年轻人的心理状态和他们的命运。海塞是一个理想主义者，他的作品常常回避生活阴暗的东西，而热衷于表现人物头脑中的美好愿望和生活中的真善美。受歌德影响，小说流淌着对往事的追怀和回顾，受到知识界的推崇。

我国一些学者认为，海塞的作品是对1848年资产阶级革命失败后动荡的、分裂的普鲁士帝国的一种美化和粉饰，因此他的作品并无进步意义。此论似过于意识形态化，海塞作品分明形象地呈现了那个时代丰富广阔的社会图景和各色人物的精神面貌，特别值得说的是，小说中总是闪烁着人性中美丽、善良的光彩，具有特殊魅力。此外，其作品精巧的构思、诗化的意境、精致的语言，给读者带来美的艺术享受，这是不争的事实。求全责备，不是科学态度。

海塞受歌德的影响巨大。他一生熟读歌德的作品，其对歌德的美学解读堪称权威。后人称他为"歌德的总督"。可时光倒流，刚入道文学不久的年轻海塞，曾将歌德的文学作品摘录了一部分，结成集子交给出版商，以试其鉴赏能力。不久，摘录稿被退回，出版商教训海塞说："有谁会读这些东西呢？东拉西扯，太啰唆了。"海塞冷静地告诉出版商，这些东西是从歌德的《情投意合》中摘录下来的，出版商愕然、愧然。

自从应巴伐利亚国王的邀请前往慕尼黑后，海塞一直定居在那里，直到1914年与世长辞。海塞的思想和文学作品，或许不是世界最有优秀的，但他是19世纪后早期德国最有成就的作家之一。

第九届（1909 年）

拉格勒芙

获 奖 者: 西尔玛·奥特莱·罗雅萨·拉格勒芙（Selma Ottilia Lovisa Lagerlöf，1858—1940），瑞典女作家。

获奖理由: 高尚的理想主义，生动的想象能力，平易而优美的深入灵魂的风格。

获奖作品:《尼尔斯奇妙历险记》《耶路撒冷》《歌史泰·巴林士传说》等。

19 世纪后期，欧洲有许多女性作家，像白莱麦、爱伦凯，还有伊尔甘夫人等，皆史上有名。拉格勒芙是她那个时代，瑞典众作家中最为出色的女作家。

拉格勒芙，于 1858 年 11 月 20 日出生在瑞典韦姆兰省马巴卡·罗奥一座漂亮的庄园里。父亲是世袭贵族，在瑞典军队中以中尉衔服役。拉格勒芙的童年，由家庭教师陪伴，受到良好的教育。其父酷爱文学，母亲也饱读诗书且通晓民间传说和神话，在浓郁文化的熏陶下，文学在她的心里扎下了根。

1881 年，拉格勒芙离开了美丽温馨的庄园，只身来到首府斯德哥尔摩，先到休贝里中学学习，次年考入罗威尔女子师范学院。毕业后，她到南部伦茨克兰女中任教十年。这期间，1891 年，她的第一部小说《歌史泰·巴林士传说》问世，即刻受到文学界关注，也深受读者青睐，成为畅销书。小说中的故事，来源于她的军官父亲早年在庄园里讲给她听的，关于一个年轻牧师种种遭遇的故事。在她尝试写诗和戏剧都不成功的苦闷中，她以这个故事为题材，写了一部中篇小说，参加了《伊顿》杂志的征文活动，没想到一举夺奖。次年，她将此中篇小说扩展成长篇小说《歌史泰·巴林士传说》，又获得成功，随着《圣经》一道，几乎进入每个瑞典的家庭，在国外被译成十二种文字。

《歌史泰·巴林士传说》的主人公叫歌史泰·巴林士，是一个年轻牧师，因触犯教规而被革职，流浪中被埃克布田庄女主人、少校夫人玛格丽特收留，成为她家第十二个食客。小说接下来，就以贵族和食客奢侈放荡及自尊善良的生活为主线，巧妙地将民间广为流传的关于食客的种种冒险故事次第穿插其中，故事套着故事，人物连着人物，既勾连又独立。特别是小说以充满感情、挽歌式的笔调，尽显逝去的贵族和食客的不同命运和灵魂。小说已具大家风范。

1894年，拉格勒芙又创作出版了短篇小说《有形的锁环》，将农夫、渔民、儿童和多种动植物，编织成一条人类的奇特的锁链。这让她声名更隆。自此，她辞去教职工作，成为职业作家。创作余暇，她走出瑞典，先后到意大利、希腊和巴勒斯坦等有灿烂古文化的国度旅行。之后，她写了关于宗教的小说《假基督的故事》和以神话故事为题材的故事集《古代斯堪的纳维亚神话集》。1901年至1902年，她又推出了以旅居巴勒斯坦的瑞典人的生活为题材的长篇小说《耶路撒冷》。该小说的宏大史诗性品格，表现出拉格勒芙的文学创作已趋于成熟。

果然，四年后的拉格勒芙，创作了令童话之王安徒生都为之赞叹的童话小说《尼尔斯奇妙历险记》。童话小说讲的是一个叫尼尔斯的小淘儿，被变成一个拇指大的小精灵，同一只叫马丁的金色家鹅，跟着一群大雁，游历瑞典全国的故事。尼尔斯在旅行中见到了形形色色的事物，经历了各种奇妙的风险：遇到野鹅的捣乱，识破了狐狸斯密尔的诡计不上当，差点被国王铜像踩扁，幸获木偶及时搭救，打败灰田鼠兵团救出小松鼠……尼尔斯和马丁一路上经历种种风险，又欣赏到祖国美丽的山河风光，结识了很多朋友，从他（它）们身上学到许多的品格。尼尔斯变成了勇敢、善良的孩子。家鹅马丁也得到锻炼，变成强者："让它们见识见识，一个家鹅照样干出一番轰轰烈烈的事业！"

该小说写的是尼尔斯和马丁的奇异游记，但作家借这个故事精心地将瑞典的壮丽山川、历史传说、民族神话及现实生活风貌，编织成一幅对瑞典自然地理和社会文化全景鸟瞰的图景，赋予该小说厚重的文化精神和美学旨趣。这是一部集知识性、趣味性、文学性、美学品味为一体的经典童话。

说到《尼尔斯奇妙历险记》的诞生，还有一个背景不得不说。1902年，瑞典国家教师联盟，为培养儿童全面发展，曾想委托一位作家，为孩子们编写一本以故事形式形象生动地介绍地理学、历史学、生物学和民俗学等知识的读物。这一任务，便落在因写《耶路撒冷》而出名，又曾长年当过教师的拉格勒芙肩上。这让她很兴奋又忐忑。为了写好这本书，她走遍瑞典的山山水水，考察地貌，收集调查研究各地的风土人情，还特别观察研究飞禽走兽的活动习性。她潜心写作四年，当这部童话出版上市，即刻得到广大读者尤其是教师和孩子的欢迎。很快，这部书风靡瑞典，接着便在全欧流传，被誉为"20世纪的安徒生童话"，还得到瑞典文学院的赏识。第九届诺贝尔文学奖的桂冠戴在本国人拉格勒芙的头上，为此，瑞典文学界一片欢呼。

获诺贝尔文学奖之后，拉格勒芙重新购回被父亲卖掉的马卡巴庄园，辞去工作，回到充满童年美好记忆的故居，过起田园牧歌式的生活。在这里，她创作了多部小说，有反映命运跌宕的《利尔耶克鲁纳之家》，有写农村经济败落、精神颓靡的《葡萄牙国王》及谴责战争的《被逐》。而她创作的《罗文舍尔德三部曲》则是呈现韦姆兰乡村社会生活的长卷。其对往日田园的追念、关于英雄创业时代的幻想，弥漫其间。她最后一部小说是对贫苦人寄予同情悲悯的《圣诞节故事》。生命最后，她出版了回忆录《马卡巴》。1914年，她被选为瑞典文学院十八个成员之一，她是唯一的女性。

第二次世界大战期间，拉格勒芙用生命和悲悯书写了一段人格传奇。正当德国纳粹对犹太民族施以反人类的大屠戮时，她通过瑞典皇室与希特勒法西斯政府交涉，最终从集中营这种杀人魔窟里救出命悬一线的犹太女作家奈莉·萨克斯女士和她的母亲。被救的萨克斯女士，在1966年获得第五十九届诺贝尔文学奖。

拉格勒芙于1940年3月16日，病逝于她热爱的马卡巴庄园。她一生未婚，却受全世界孩子的爱戴。

第八届（1908 年）

鲁道夫·欧肯

获 奖 者： 鲁道夫·欧肯（Rudolf Eucken，1846—1926），德国哲学家。

获奖理由： 他对真理的热切追求、他对思想的贯通能力、他广阔的观察，以及他在无数作品中，辩解并阐释一种理想主义的人生哲学时，所流露的热诚与力量。

获奖作品：《现代基本概念的历史和批判》《人生的意义与价值》（哲学）。

本文开篇，从 1920 年说起。时任中国北洋政府财政总长的梁启超到德国访问时，曾以"公车上书"发动戊戌变法的政治家和推动新文化运动的中国文学家而享誉国内外的特殊身份，至耶拿登门拜访了世界著名的哲学家欧肯。二人谈笑甚欢，梁启超当面表示他拜读过主人的不少作品，准备归国把欧肯的重要著作特别是他的代表作《人生的意义与价值》，翻译介绍给中国读者。而欧肯曾在 1914 年任日本东京大学客座教授时，接触过不少中国学者。他对中国怀向往之志，拟从日本转道赴中国访问，因第一次世界大战爆发而未实现夙愿。这是欧肯的遗憾，也使中国哲学界失去与大师交流的一次机会。

诺贝尔文学奖，继蒙森之后，第二次授给非文学人士、德国的哲学家欧肯。对获此殊荣，欧肯显得底气十足，信心满满。他曾对报界说，他研究过诺贝尔文学奖规则，认为自己具备了获诺贝尔文学奖的一切条件。瑞典文学院没有让他失望。对于这项荣誉，我们若读欧肯晚年写的自传体《生平的回忆》，会发现他很在意诺贝尔文学奖，并为获此大奖表示了由衷的喜悦和欣慰。他很感激瑞典文学院选中了他，也感谢瑞典文学院聘他为国外院士。

瑞典文学院把第八届诺贝尔文学奖颁给了六十二岁的欧肯，其颁奖词是：

> 他对真理的热切追求、他对思想的贯通能力、他广阔的观察，以及他在无数作品中，辩解并阐释一种理想主义的人生哲学时，所流露的热诚与力量。

六年之后，第一次世界大战爆发前后，欧肯已对马克思主义和社会主义抱有怀疑和敌意，尤其让人失望的是，他对德国政府推行的反动的"大日耳曼主义"持默认态度，而他在自己的言论中，又对其羼杂了宗教成分，使之具有更大的欺骗性。

欧肯，于1846年1月5日降生在德国弗里西亚群岛的首府欧里西城。欧肯五岁时，在当地任邮政局长的父亲病故，与领国家抚恤金的寡母相依为命。微薄的抚恤金只能勉强糊口，营养不良让欧肯屡患重疾。贫穷多病反而让他养成酷爱读书、勤于思考的习惯。母亲是牧师之女，在母亲的支持下，欧肯学习优秀，几次跳级，高中时有幸成为神学家、哲学家罗伊特的弟子。在导师的引导下，他开始走进哲学的博大世界。1863年，欧肯考入建于1737年，已成为欧洲唯心主义哲学中心之一的哥廷根大学哲学系。这所学校位于莱纳河畔，校园弥漫着浓厚的宗教色彩和哲学思辨气息，欧肯师从著名思想家R.H.洛采。这位导师是亚里士多德的解释者、著名哲学家。洛采提倡人类应该有一个统一的精神境界和文化生活的观念，对欧肯深有影响。这个观念对当时弱肉强食、烽火四起的纷乱世界，是有其进步意义的。在洛采的教导下，欧肯获得该校上古史和古典语言学的博士学位。接着，他又入柏林大学深造，康德和黑格尔哲学学派继承人、思想家和哲学家F.A.特伦德伦堡成为他的导师，他专攻伦理学和哲学史。这位导师的理论观点，对欧肯后来的哲学思想体系的形成，影响重大。这期间，欧肯发表了《论亚里士多德的语汇》一文，获柏林大学哲学博士学位，成为研究古希腊哲学家亚里士多德思想体系的著名学者。

欧肯的哲学成就有三方面：宗教伦理学、亚里士多德学说、古典哲学。其哲学体系认为自然主义和理智主义都不能充分解释大千世界。自然主义总是隐含假定的精神世界，而对它的原则予以否定；理智主义则从来没有使经验和逻辑相符合。他还指出那时社会出现的唯物质论令人忧虑。他研究亚里士多德，目的在于探索精神王国的目的性，认为目的论起源于苏格拉底，完善于亚里士多德，结论是精神世界的终极目的是推动物质世界向好、向善发展。有些学者批评他的哲学宣扬充满基督精神的"唯灵主义"，因为欧肯一直认为人的精神至上，根源来自宗教。

《人生的意义与价值》集中反映了欧肯对人类精神世界的探求。该作对当时欧美世界物质生活越来越繁荣，而精神世界越来越匮乏堕落的不争事实，表达了自己的忧虑和思考。总体看，欧肯一厢情愿地从"精神生活哲学"来统一、整合哲学自由主义与理智主义、唯物与唯心的对立，其本质源于他的哲学世界观。

这种世界观，在当时，对于弱肉强食、战争烽火四起的世界是有一定进步意义的。联系欧肯19世纪末的人生经历，我们得知他曾坚决声援受沙俄压迫蹂躏的芬兰人民，以一介书生向沙皇政府的非人道主义提出强烈抗议，博得芬兰人民的尊敬。

欧肯一生都勤奋好学、孜孜不倦，到三十六岁时，才与心仪的具有高雅文化气质的叶林纳·巴索夫相爱结婚。夫妇二人情投意合，妻子对欧肯的学术研究倾力帮助，使其声誉卓著，名垂青史。

1926年9月15日，已在欧洲产生重大影响的哲学家欧肯在耶拿寓所逝世，享年八十岁。

吉卜林

获 奖 者：约瑟夫·鲁德亚德·吉卜林（Joseph Rudyard Kipling，1865—1936），英国诗人、小说家。

获奖理由：这位世界名作家的作品以观察入微、想象独特、气概雄浑、叙述卓越见长。

代表作品：《基姆》（长篇小说）、《消失的光芒》（长篇小说）及《丛林之书》（故事集）等。

1865 年 12 月 30 日，吉卜林生于印度孟买。六岁时，吉卜林被在那里当教授的父亲依照英国人的习惯，将他送回英国，接受严格的教育。十二岁的吉卜林入专门为英国培训海外军事人员的学校联合服务学院学习。在这里，他开始读丁尼生和斯温朋的诗歌，十六岁出版诗集《学生抒情诗》。

1882 年，吉卜林重返印度，在拉合尔的《民政与军事报》担任编辑工作，两年后，其第一部短篇小说《百愁门》在其工作的报纸上发表，诗集《歌曲类纂》同时问世，自此一发而不可收地开始了漫长的文学生涯。

1887 年，吉卜林到阿哈巴德《先锋报》工作，先后出版的小说集有七部之多，如《山中的平凡故事》《三个士兵》《在喜马拉雅杉树下》等，引起印度文坛的关注。这些作品，皆以印度自然风光、奇异习俗为背景，以浓郁的浪漫主义色彩将旅居印度的英国各类侨民的生活、精神状态予以呈现。尽管这些作品难免流露殖民主义的成分，但吉卜林更多是根据自己的观察，艺术地表现了英国殖民者压迫、奴役印度人民的丑恶真相，以及印度人民对殖民统治的憎恨。

1889 年，以《民政与军事报》记者的身份，吉卜林开始了回英国的经由中国、日本、美国"征服世界"的漫长之旅。途中写了大量札记，结集为《从大海到大海》出版。该书是一部特写集，表现的是为了英国的荣誉而远离家国的英国士兵的故事。其笔下流露出对英国士兵的同情，还有对大英帝国的嘲讽："守护在你们临终的床头。"回到英国，他发现已在印度享有大名的他，在本土英国鲜为人知，在文坛上备受冷遇。但金子总会发光，1890 年，慧眼识珠的《民族观察家》主编亨雷，认真阅读了吉卜林寄来的一麻袋文稿，从这些写皇家士兵的小曲中，发现了充满活力的音符，他鼎力促成吉卜林《营房谣》诗集出版，让英国文坛顿时热闹，吉卜林大出风头。

《营房谣》是歌颂维多利亚女王时期英国士兵勇敢战斗的尚武精神的诗作。作品以亦悲亦喜的抒写方式，表现战士的劳苦与艰辛，以及他们的英雄气概、勇敢精神，故被广大士兵喜爱，在军旅中广为吟唱。为此，吉卜林赢得了"英国军队的行吟诗人"称号。

1891 年，吉卜林远渡重洋，到南非游历。在那块陌生的土地上，结识了金刚石大亨西尔并成为朋友，在他豪华的寓所住了两年。他出版了长篇小说《消失的光芒》及短篇小说集《生命的阻力》。《消失的光芒》故事情节非常动人，有些段落异常精彩，但总体看，风格生硬，结构松散。1892 年，吉卜林又重游美国。在这个经济飞速发展的国度，他与美国作家查尔士·贝勒斯梯尔合作了长篇小说《劳拉长》。此外，吉卜林还收获了爱情，他与查尔士的妹妹卡洛琳走进婚姻的殿堂。四年后，因与妻弟彼第发生冲突，回到英国萨塞克斯定居。

在英伦，吉卜林出版《丛林之书》及《丛林之书续集》，写的是印度原始森林中动物的故事。作家以惊人的想象力，为读者展示了一个类似人类的神奇的动物王国。在旖旎风光的动物家园中，动物之间相互依存，按动物世界的法则在秩序中生存繁衍，作品歌颂友谊，崇尚克服困难的毅力及与恶势力斗争的精神。作者勾勒的童话般斑斓的世界，栩栩如生又具有丰富世界的动物命运，深深打动了读者。

19 世纪 90 年代后期，吉卜林又把注意力转向政治，关注机械化了的西方社会里的人们，特别是青年人的精神状态。其中篇小说《勇敢的船长们》，写一个美国富翁的儿子，在船上失足落水，为渔夫所救，后与渔夫一起捕鱼劳作，得到锻炼，成为勇敢和有信念的人的故事。其自传体中篇小说《斯托凯公司》，对强调纪律和秩序，提出质疑。小说有说教意味。

1900 年，吉卜林又一次去南非旅游。在那里，创作了给他带来更大荣誉的长篇小说《基姆》。《基姆》以他熟悉的印度为背景，讲述了一个爱尔兰驻印士兵基姆，伴着一个西藏喇嘛在印度广袤的土地漫游，寻找一条能洗涤一切罪孽的圣河，以及又充当驻印英军间谍的故事。吉卜林塑造基姆这一文学形象，除了探求复杂丰富的人性，还意在表现印度人的狡黠和东方式的处世智慧。正如艾略特所说，读《基姆》，真正闻到了"印度气息"。我国的一些学者，说《基姆》"通过基姆的形象，试图表现自己对东方人的理想"，不着边际，而说"这种人一方面保持着东方古老的宗教信仰和民族习惯，另一方面又能顺从西方人的意志。实际上作者企图调和民族矛盾，流露出浓厚的殖民主义的思想意识"，则未免太过牵强。《基姆》是一位有责任感的作家表达他理想主义的一本书。小说对东西方理念的理解或失之肤浅，但吉卜林对其观察与想象的天赋，让《基姆》成为经典，应该不存争议。

1907 年，过着其乐无穷乡间生活的吉卜林，获得第七届诺贝尔文学奖，瑞典文学院对其评价很高：

> 这位世界名作家的作品以观察入微、想象独特、气概雄浑、叙述卓越见长。

次年，他又接受英国剑桥大学的荣誉学位。

第一次世界大战爆发时，四十九岁的吉卜林站在大英帝国立场，发表了不少诗歌和特写，鼓动青年参军为大英帝国献身。孰料次年，其年仅十八岁的儿子在比利时的罗斯战场上中弹身亡，吉卜林悲痛不已。这种哀伤的情绪一直笼罩着他，并影响了其文学创作。他的诗文开始表达他对世界性灾难的哀痛，而且作品中游荡着超自然的神秘幽灵。那个"有无与伦比的现实观察力，能把实际生活中最琐碎的细节都描写得正确惊人，此外，惊人的想象力使他不但能临摹自然，而且能描绘出内心的意象，他对景物的描写给人一种内心的感受，就像肉眼忽然看到幽灵一样"的吉卜林老迈了，陨落了……

1936年1月18日，吉卜林在伦敦逝世。英国政府和各界名流为他举行了隆重的国葬，威斯敏斯特大教堂里挽歌回荡……

第六届（1906 年）

乔祖埃·卡尔杜齐

获 奖 者：乔祖埃·卡尔杜齐（Giosuè Carducci，1835—1907），意大利诗人、文艺批评家。

获奖理由：不仅是由于他精深的学识和批判性研究，更重要的是为了颂扬他诗歌杰作中所具有的特色、创作气势，清新的风格和抒情的魅力。

代表作品：《撒旦颂》（长诗）、《青春诗》（诗集）等。

卡尔杜齐是 19 世纪中叶至后半叶意大利萧索文坛出现的重要的诗人。他如高塔一般，耸入天空，给意大利文学带来了生气。卡尔杜齐的诗，扬弃了浪漫主义，而引进了新的写实主义。"他有两个性质，古典的与浪漫的：所谓浪漫的，乃是他反抗传统的精神；所谓古典的，乃是他对于古代形式的崇拜。他把新血灌入意大利将涸的血管中。他的情调与题材是极广泛而复杂的。"（邹郎《世界文学史》）

卡尔杜齐以他的前辈，曾风靡全欧的浪漫主义诗人蒙底和福士考洛为师，高举新古典主义旗帜，以崭新的民族诗歌，反映他生活年代民主民族革命的伟大潮流。他的诗富有斗争精神、语言典雅、气质高贵，使其被誉为 19 世纪意大利诗歌的顶峰。

卡尔杜齐，于 1835 年 7 月 27 日出生在意大利中部托斯卡纳的乡村里。父亲是当地名医，积极参加争取意大利自由的政治活动。1849 年，十四岁的卡尔杜齐随全家迁居佛罗伦萨。七年后，他以优异成绩毕业于比萨高等师范学院，到中学任教，同时组织了一个以反浪漫主义为宗旨的文学社团，开始了诗歌创作生涯。1860年，受教育部聘用，他入博洛尼亚大学主持文学讲座，之后在该大学执教四十多年。

1870年，意大利统一，以君主立宪制代替封建割据。卡尔杜齐以诗作《新诗选》等颂扬国家统一，讴歌为民族复兴而英勇斗争的战士，并对当时腐朽的联合政权统治下的贫困黑暗景象，发出强烈不满的箭镞。次年3月，法国爆发巴黎公社革命，工人武装起义，推翻联合政府，实现了人类历史上第一次无产阶级专政。1872年，卡尔杜齐参加第一国际的意大利支部，对巴黎公社革命表示同情和声援。这在意大利诗界，绝无仅有。

早在1867年，卡尔杜齐出版了诗集《轻松的诗与严肃的诗》等，赞颂意大利的民族复兴事业。《悼念马志尼》一诗，将马志尼颂为"照耀整个意大利的太阳"；《致加里波第》一诗，盛赞加里波第为"前无古人的崇高英雄"。马志尼与加里波第都是意大利民族复兴运动中的领袖。而《西西里和革命》一诗，几近一首战斗进行曲：

> 奋起战斗吧，
>
> 各个被奴役的民族，
>
> 我们将在战斗中
>
> 携手前进！

卡尔杜齐一生创作了太多的诗歌，有《致上帝》《致母亲》《生命》等，诗集有《声韵集》《青春诗》《轻松的诗与严肃的诗》等。他的大部分抒情诗，多是以流利而平易的韵文书写的，几乎每首诗都朗朗上口，为读者所喜爱。尤其是写日常生活的诗，如《夏天的梦》《牛》等是对大自然风光的描绘，或对人生道路的回忆，皆以人们熟悉的韵文书写，风靡意大利。

写于1865年的长诗《撒旦颂》是卡尔杜齐的代表作。正是这一长诗，入了瑞典文学院法眼，让他获得第六届诺贝尔文学奖。其颁奖词为：

不仅是由于他精深的学识和批判性研究，更重要的是为了颂扬他诗歌杰作中所具有的特色、创作气势，清新的风格和抒情的魅力。

卡尔杜齐诗中的撒旦，不再是《圣经》中永驻的罪恶之王，而成了象征为人类进步、历史发展的力量，是反对封建君主和教会专制统治的英雄，是自由思想的使者。

《撒旦颂》的确因激烈而曾引起争议，《圣经》中罪恶的化身转向成为圣者，被一些人视为对宗教的亵渎。但是，实际上卡尔杜齐只是将撒旦塑造成一个文学形象，一个反抗排斥和蔑视人权、扼杀自由和人性的教会势力的英雄。他说："我不是反对宗教，而是反对利用宗教做幌子，来愚弄别人，控制别人，要挟别人。"是的，他的充满理性主义精神和对民族诗歌传统创造性发展的诗歌，写出了人民斗争的风云，呈现了本民族的悲欢，具有豪壮的气魄和动人的力量，使他"站在世纪的山顶上"（卡尔杜齐语）。

作为一位一生不拘一格而又战斗不息的斗士，卡尔杜齐一直为意大利的自由而战斗。一是反对教会，一是反对浪漫主义，他认为二者是使意大利羸弱的原因。因其叛逆精神，他曾被当局视为"危险分子"，教育部受命一度不敢录用他。后来，由于意大利国内革命形势出现低潮，卡尔杜齐自身地位也发生变化，他渐渐由激进的民主立场，向自由派转化。到了 19 世纪 80 年代，他已蜕变成君主立宪政体的拥护者。1890 年，他被委任为参议员。他的晚年诗作有《诗的韵律》《再次赞美》等，很明显，他已成为王国的官方诗人。

卡尔杜齐晚年不幸中风，半身瘫痪。离开工作了四十多年的博洛尼亚大学讲坛和政坛后，1906 年 12 月，病榻上的老人荣获了第六届诺贝尔文学奖。惊闻此讯，老人心中五味杂陈。卡尔杜齐出于言不由衷也罢，出于本意也好，但他自己最终否定了《撒旦颂》，称其为"庸俗的歌谣"。此举的是非长短，只能由人评说了。

瑞典文学院秉承诺贝尔文学奖宗旨，认定《撒旦颂》中那种敢于直面人生和与社会问题斗争的精神，还是选中他而不是别人。

两个月后，1907 年 2 月 16 日，这位老人在博洛尼亚与世长辞。

第五届（1905 年）

亨利克·显克维支

获奖者：亨利克·显克维支（Henryk Sienkiewicz，1846—1916），波兰小说家。

获奖理由：作为一个历史小说家的显著功绩和对史诗般的叙事艺术取得的杰出贡献。

代表作品：《你往何处去》《第三个女人》《十字军骑士》等（小说）。

显克维支是继他的同胞克拉士西夫斯基之后最杰出的波兰小说家。他于写实主义在波兰泛滥之际，以优秀的历史与传奇作品在世界文坛博得大名。

显克维支生活的年代，是波兰民族多灾多难的时期，国家一直受着沙俄、奥匈帝国和普鲁士帝国的侵略。波兰人民经受着这些入侵者的欺侮和凌辱，波兰的诗人、作家不甘做亡国奴，他们以文学为武器，来表达波兰民族独立自由的强烈愿望和炽烈的爱国主义情怀。显克维支就是其中一位代表作家，他以高昂的爱国主义激情和鲜明民族色彩的小说，向侵略者宣战，赢得了崇高的荣誉。

1846 年 5 月 5 日，显克维支出生于一个天主教旧贵族家庭。青年时，他在华沙从事新闻记者工作及文学创作活动，曾用"李特沃斯"笔名发表文章。1863 年，波兰发生动乱，还在读中学时，他便将目光注视现实政治及社会问题。1866 年，显克维支考入华沙大学，先后学过法律、医学、文学、历史和语言学。1871 年，俄国沙皇悍然下令，将华沙大学更名为华沙帝国大学。显克维支为抗议沙俄这一侮辱性命令，断然拒绝毕业考试，放弃即将得到的学位，愤怒离校。其爱国之心昭然。

在灰色年代，他创作的短篇小说《炭画》，引起了读者的注意。该小说以精巧的艺术手法，呈现了古代村落的黑暗及村民的悲惨生活图景，深深地映入读者的眼帘，为其悲悯情绪所打动。他的小说《一个校长的日记》，写的是在俄国侵略压迫之下波兰的苦难。有趣的是，俄国检查官却以为小说在揭露德国，故而未予查禁。《得胜者巴特克》以1870年波兰人帮普鲁士攻打法国历史为背景，写一位波兰农民英勇地为普鲁士打法国，并成为得胜者，而得到的报酬却是被德国人驱逐出家乡的故事。《灯塔守者》写一个逃到国外的波兰人，孤独地在西印度看守孤独的灯塔。他因读着密茨凯维奇的诗，沉浸于对故国的深情思念中，忘记了点灯，而被解雇。显克维支根据亲身经历写的《在马里波沙》，与上面的故事异曲同工，讲的是一个奇异的波兰老人客居美国加利福尼亚，几乎天天诵16世纪的波兰《圣经》。他总是用波兰《圣经》的话，与旅美的同胞交谈，倾诉思念家国的情感。这些小说，深藏着亡国的悲哀和对祖国的思念，其国家主义色彩浓郁。他的这些小说为发展波兰的现实主义文学做出了贡献。

1876年，显克维支以《波兰报》特派记者身份经法国到美国旅行访问。但当他曾经向往的国度，在繁荣背后充盈着社会不公，例如失业、种族歧视、世风堕落、妓女泛滥等腐败现象，特别是不少波兰移民生存窘迫，这一切让他甚为失望。他将所目睹的真实美国的观感，写成文章，以"旅美书简"为总题目陆续发在波兰报界，后结集两卷本出版。

19世纪80年代，沙皇俄国在波兰推行反动的俄罗斯化政策，公然宣布禁止波兰人使用自己的民族语言。面对沙俄这一灭绝种族的暴行，显克维支毅然站出来，以小说宣传波兰历史上反抗外族侵略的光荣业绩，激发国人的爱国信念。这就是给他带来荣耀的由《火与剑》《洪流》和《伏沃迪约夫斯基先生》组成的长卷三部曲。它们依次写了波兰抗击乌克兰边境哥萨克人侵略的故事，波兰从瑞典手中夺回自己水源的故事，波兰抵抗土耳其侵略者的故事。三部曲以宏伟的气势、曲折的情节、丰富的想象、流畅的笔触，全景式地展现了17世纪波兰人民抗击外族侵略的壮烈历史画卷，可与密茨凯维奇之史诗《泰达士先生》相映成趣。

而显克维支被公认的巅峰之作，让其扬名世界的，是他的著名历史小说《你往何处去》。这部小说在 1896 年问世，不足两年就在世界引起空前的轰动，仅在英美两国就发行了两百万册。这在那个年代，算是天文数字了。

《你往何处去》讲述的是，罗马帝国尼罗皇帝在位时，指挥官维尼求斯将军与成为罗马人质的丽吉亚公主，在罗马邂逅并一见钟情的故事。皇帝尼罗为笼络爱将，将公主赏给了维尼求斯。孰料，作为基督教徒的丽吉亚公主，不能接受维尼求斯以征服和屠戮一统天下的观念，两人又难以心灵沟通，公主只能选择逃离。

将军为了追回心爱的公主，途中经过基督教徒秘密集会的地方，聆听了关于该教的教义后，与公主不期而遇，两人认识到彼此都深深眷恋着对方。将军返回皇宫后，疯狂的尼罗皇帝为建造尼罗新城，而焚烧罗马古城。将军冲进火场，救出公主，并率民众突围火场。当难民纷纷涌入皇宫，原来一直妒忌将军与公主纯洁爱情的皇后，怂恿皇帝将焚烧罗马城之罪，转嫁给无辜的基督教徒。皇帝开始逮捕基督教徒，施以喂狮、钉十字架、焚烧之酷刑。教徒高唱教歌，无所畏惧。将军目睹皇帝惨无人道之举，勇敢站出来，揭穿真相，搭救教徒。民众看清了暴君尼罗的丑恶面目，尼罗在民众声讨中自杀。

在许多描写没落的罗马帝国与新兴的基督教势力间的冲突的小说中，《你往何处去》是最成功的一部，将之称为世界历史文学长廊中一颗璀璨明珠或历史小说领域的巅峰杰作，有些过誉。但是，作家以史家的视角、文学的手段为我们再现了那段历史真相，并刻画出栩栩如生的皇帝尼罗、将军维尼求斯等历史人物，呈现出人性的复杂，我们从人物身上看到那个特定年代异教主义的道德败坏和妄自尊大，也看到基督教徒精神世界的谦恭自信和仁爱平等。其背景之宏伟，其色彩之丰富活泼，的确在同类作品中，无出其右者。《你往何处去》荣获第五届诺贝尔文学奖，瑞典文学院的评语是：

作为一个历史小说家的显著功绩和对史诗般的叙事艺术取得的杰出贡献。

正是《你往何处去》发出的是对人类理想的呼唤，肯定了人性必将战胜兽性，仁爱定能制服暴政等人类进步理想，它才被译成三十多种文字，被世界广泛阅读。

显克维支在暮年，又创作了《十字军骑士》，写的是 15 世纪初波兰战胜德国的故事，与《你往何处去》及"三部曲"一样，把古代历史真相鲜活地重现于读者面前。晚年，他常常把他的政治观念写进短篇小说里，最能打动人的是《老年的撞钟者》。

显克维支笔墨耕耘一生，最后的一部小说《军团》尚在书写中，七十岁的老人却于 1916 年 11 月 15 日在瑞士佛维病逝，桌上还铺着未尽的书稿。他是在第一次世界大战爆发后，流亡到瑞士的。在那里，他发起组织"波兰牺牲者救济委员会"，救助在大战中受害的波兰士兵和百姓，为自己的民族尽绵薄之力。在皑皑雪山下，他与也在瑞士避难，小他二十岁的法国作家，第十四届诺贝尔文学奖得主罗曼·罗兰相遇，并结下深厚友谊。

显克维支的灵柩回迁华沙安葬，是其去世八年之后。华沙的圣约翰大教堂是他的安眠之所，这里有他永远的乡愁。

第四届（1904 年）

弗雷德里克·米斯特拉尔／何塞·埃切加赖

1904 年，第四届诺贝尔文学奖第一次破例颁给两个人：法国诗人弗雷德里克·米斯特拉尔和西班牙剧作家何塞·埃切加赖。

瑞典文学院认为，这两位作家不仅在文学创作方面有所成就，而且都年事已高，一位七十四岁，一位七十一岁，不必再去花费时间争论他们之间的价值高低，所以将奖金各分一半分给他们，并对这一特殊情况，学院声明他们任何一位都有资格独占此奖。

（一）弗雷德里克·米斯特拉尔

获 奖 者：弗雷德里克·米斯特拉尔（Frédéric Mistral, 1830—1914），法国诗人。

获奖理由：表彰他诗作新颖的独创性和真正的灵感，忠实反映自然景色和乡土感情，还由于他作为普罗旺斯语言学家的重大成就。

获奖作品：《黄金岛》（诗集）。

法国南方罗纳河口的马雅纳，紧临地中海，水草丰美、土地肥沃，古代被称作"普罗旺斯"。中世纪时期，这块土地孕育过一批用当地语言进行创作的诗人，而形成了一种普罗旺斯文化。到 19 世纪，这一古老文化已濒临消亡，于是在 19 世纪中叶，普罗旺斯地区的一些学者作家，发动了一场复兴普罗旺斯文化的运动。其主要组织推动者，就是第四届诺贝尔文学奖得主之一，在普罗旺斯出生的诗人弗雷德里克·米斯特拉尔。

二十一岁的米斯特拉尔，在埃克斯大学法学院获得学士学位后，放弃了成为律师的机会，走上诗歌创作和研究普罗旺斯文化的研究之路。

点燃对家乡普罗旺斯文化研究热情的，是米斯特拉尔在罗耶尔学校读书时的老师丁·卢玛尼尔（1818—1891）。卢玛尼尔是一位一生致力于普罗旺斯奥克语研究的专家。在这位导师引导之下，米斯特拉尔自觉地扛起拯救家乡文化的重担。后来，米斯特拉尔与老师卢玛尼尔建立了"菲列布里热"协会，作为研究、宣传普罗旺斯文化的民间组织。他还与老师卢玛尼尔联手合编极具学术价值的《普罗旺斯年鉴》，在各地建立不少普罗旺斯文化中心，并且费时二十年，广泛搜集资料，编纂了一部两卷本的《菲列布里热词库》，使普罗旺斯文化在全世界重现辉煌。为此，法兰西学院曾四次向他颁奖，并授予十字勋章。

家境殷实的米斯特拉尔，从小便显露写诗的天赋。他是把诗作为普罗旺斯文化运动的一个重要部分创造性进行的。其不少诗歌成为这一时期法国文学中的不朽名著，而广为流传。他最早的诗作《船帆》已显现诗人的才华。1859年出版的长诗《米瑞伊》，使他一举成名。该诗咏叹的是一对年轻恋人的爱情悲剧。农场主的女儿米瑞伊爱上了篾匠之子维森特，因遭到农场主的反对，米瑞伊死在教堂，维森特在悲痛中远走他乡。《米瑞伊》甫一发表，让法兰西诗坛欢呼雀跃。诗人拉马丁高呼："一个伟大的诗人诞生了！"马拉美写信给米斯特拉尔赞曰："您是银河中闪亮的钻石啊！"其长诗被译成多种文字，被世界阅读。法国著名作曲家古诺将《米瑞伊》改编成歌剧搬上舞台，也是好评如潮，在欧洲公演。

其《罗纳河之歌》也是表现爱情生活的长诗，却比《米瑞伊》更深刻丰厚。故事发生在1830年，一艘游艇在罗纳河中顺流而下，年轻英俊的荷兰王子先登上游艇，接着登场的是漂亮的船长女儿安格拉，如同一切浪漫故事，他们之间有了一段短促的"罗曼史"。

游船在风景如画的罗纳河行驶，高傲而热忱的船长尽情享受两岸美景，而安格拉怀着古老的幻想，想象着在一个美妙的夜晚与河神邂逅。荷兰王子为安格拉的自然天性而倾倒。船在缓缓前行，乘客都陶醉于美景之中。天有不测风云，一阵暴风雨掀翻了游艇，刚刚碰出爱情火花的年轻人，双双被浊浪吞没，葬身河底。《罗纳河之歌》既不是社会悲剧，也不是英雄悲剧，而是诗人对自己一生奋斗、失败的一曲忏悔、一首挽歌，有一种英雄壮志未酬的悲叹。作品被改编舞剧之后，赋予了鲜明的生活色彩，广受欢迎。

瑞典文学院给予米斯特拉尔的诗这样的评语：

作品的艺术魅力主要在于对故事情节的连接贯穿手法和我们眼前呈现的整个普罗旺斯的风光、记忆、古老风俗以及居民的日常生活。米斯特拉尔说他只是为牧人和庄稼汉歌唱，他用荷马式的单纯手法做到这一点，但又绝非奴颜婢膝地模仿。有充分的证据显示，他创造了自己独特的描写技巧！

他当之无愧地接受了诺贝尔文学奖的第三年，出版了《回忆录》，那是他一生奋斗经历和对人类命运体验的总结，今天读来，仍具启示意义。

这位一生都以坚定的毅力和巨大的热忱为重振民族古老文化而奋斗的诗人，于1914年3月25日在自己的故乡病逝，魂归故里。

（二）何塞·埃切加赖

获 奖 者：何塞·埃切加赖（José Echegaray y Eizaguirre，1832—1916），西班牙戏剧家、诗人。

获奖理由：由于他独特和原始风格的丰富又杰出，复兴了西班牙戏剧的伟大传统。

代表作品：《伟大的牵线人》（戏剧）。

何塞·埃切加赖的一生，具有传奇色彩。他是自然科学和社会科学的出色学者，是著名的数学家、经济学家、政治家，还当过数学教授、自然科学院和语言科学院双院士。他先后担任国会议员、内务大臣、公共工程大臣、经济大臣、财政大臣和国家银行总裁职务，最后毅然抛弃一切，投身文学艺术领域。如同在其他领域取得显赫成就一样，他在文坛也做出了卓越贡献，成绩辉煌。他为祖国西班牙奉献了百余部戏剧，成为西班牙戏剧艺术唯一的真正代表。

1874年，埃切加赖辞去一切权大任重之要职，举国上下一片惊讶揣测之际，他的戏剧《支票簿》突然在马德里阿波罗大剧院隆重上演，让人们格外惊喜。亮出另辟蹊径、充满浪漫色彩的喜剧，在貌似逗乐的戏剧冲突中，埃切加赖以精雕细刻的艺术技巧，游刃有余地针砭时弊、抨击邪恶，将西班牙经济界的黑暗内幕揭露得入木三分，让西班牙人自豪地拥有了自己的易卜生。

华丽的转身，体现了埃切加赖的文学价值。这之后，他每年都为西班牙奉献三四部剧本。从四十二岁闯剧坛，三十年内，他竟然完成了《疯子与圣人》《伟大的加莱奥特》《疯狂的上帝》《唐璜的儿子》《伟大的牵线人》等百余部剧作。在数量上，他在整个欧洲独领风骚。在艺术上，他让人联想起莎士比亚、易卜生和斯特林堡的艺术风格。他常常把自然主义的戏剧冲突，放到浪漫主义艺术氛围中，展现的却是现实主义主题。他借鉴莎士比亚、易卜生、席勒、雨果、大仲马的痕迹是显而易见的。但，借鉴与模仿常常混杂在一起。在借鉴中创造，才是艺术正道。其实，他刚刚雄心勃勃、意气风发地登上文坛不久，是走过弯路的。比如1875年，埃切加赖继《支票簿》后，又创作了《在剑柄上》。该剧以西班牙本土传说唐璜和他儿子费南多为了年轻女子劳拉发生的冲突为题材，呈现资本社会上升时期年青一代为争取自由和爱情的精神世界。父子的激烈冲突，演变成持剑械斗，却因劳拉的母亲比奥兰出现，矛盾化解，故事以皆大欢喜结束。这是欧洲戏剧流行的主题和艺术套路，完全没有自己。到了19世纪80年代，比他长四岁的易卜生首创的"社会问题剧"横空出世，给埃切加赖以启示。特别是易卜生1877年创作的《社会栋梁》以及两年后问世的《傀儡家庭》，都是讨论社会人生，揭示重大社会主题的现实主义戏剧，深刻地影响了埃切加赖。由此，他才有可能在1881年创作出代表作《伟大的牵线人》等作品。

《伟大的牵线人》讲述的是银行家胡立安及妻子抚养恩人遗孤埃内托斯而发生的恩恩怨怨。银行家夫妇对埃内托斯无私的爱，引起银行家兄弟谢维洛一家人的妒忌。他们中伤银行家年轻的妻子与埃内托斯有奸情，以挑拨离间。最后，两个被流言蜚语折磨得痛不欲生的人，投到对方怀抱。全剧在埃内托斯的愤懑呼号中落下帷幕。

"伟大的牵线人"是谁？该剧告诉观众，是流言蜚语！单是剧名，就颇具讽刺意味，充满悖论，让人清醒认识到诽谤的力量的同时，深刻地谴责这种社会痼疾。在艺术上，埃切加赖刻画人物心理极具功力，并善以情节跌宕和强烈的冲突，营造紧张的氛围，抓住观众的心理。其台词华丽、结构和谐，整部剧充满诗性之美。更重要的是，这一切艺术手段都在为塑造鲜活的人物、揭示复杂的人性服务。一个伟大的作家正是通过这些人物的命运表达他对世界的看法，显然，埃切加赖是悲观的，他在《伟大的牵线人》中发自肺腑的叩问和最强烈的反击，深深地打动了观众，也让瑞典文学院做出公正的鉴赏，将第四届诺贝尔文学奖的绣球投给他：

由于他独特和原始风格的丰富又杰出，复兴了西班牙戏剧的伟大传统。

1916年9月4日，八十四岁的埃切加赖在马德里寓所因病不治而逝世。次年，他生前写的《自传》出版。

第三届（1903 年）

比昂斯滕·比昂松

获 奖 者：比昂斯滕·马丁纽斯·比昂松（Bjørnstjerne Martinius Bjørnson，1832—1910），挪威诗人、剧作家。

获奖理由：他以诗人鲜活的灵感和难得的赤子之心，把作品写得雍容、华丽而又缤纷。

获奖作品：《挑战的手套》（戏剧）。

国歌，往往是一个国家的精神图谱，作家往往以写国歌而无比荣耀、名垂青史。如今，北欧斯堪的纳维亚半岛的挪威，仍在高唱赞美幅员辽阔、历史悠久的祖国的颂歌。"是啊，我们永远热爱这块土地……"这首诗于 19 世纪末就被定为挪威国歌的歌词，其作者便是第三届诺贝尔文学奖得主，挪威著名作家比昂斯滕·马丁纽斯·比昂松。

站在瑞典诺贝尔文学奖颁奖台上时，被昵称为"老熊"的比昂松，身材高大魁伟，气宇轩昂，头发白而上指，长着大眼睛、长眉毛，一脸庄重、无惧和自信，给人们留下深刻的印象。

比昂松和易卜生、约那士·李等对世界文学产生重要影响的作家、戏剧家，开创了挪威文学史上的黄金时代。他们随着时代而变迁，先由浪漫主义转向写实派，以后又转到象征派。比昂松不像易卜生专心从事戏剧文学，对戏剧之外的小说、诗歌、政论等也感兴趣，作品虽多，却远不如易卜生经典。其《新婚的一对》较为有名，写一个女子从姑娘到新妇人的性格。他的小说，大都是写挪威本土社会生活的。青少年时代的比昂松，一直生活在山清水秀、风景绚丽多彩的乡下，家乡的水土滋养了他热爱祖国、怀念民族历史的情感，与辛苦劳作、具有美好品格的农民长期在一起生活，他的精神受到熏陶濡染，对其文化人格及文学创作产生不可磨灭的影响。他最出色的小说《莎尔巴金》与《奥尼》，都是取材于他少年时代的经历。小说以传奇的情调表现雪峰之下，带有原生态色彩的农民生活和恋爱的故事。

在中学时，比昂松就表现出文学的天赋。富有强烈民族感情的他，怀着爱国热情，到挪威悠久的历史长河中，去探寻令民族骄傲自豪的伟业和优秀的文化传统。读历史，他了解到国家长期受丹麦、瑞典压迫的耻辱，民族文化受外来文化围剿而窒息，激发他雪耻的爱国激情。少年比昂松曾奋勇投入民族独立运动，后来以文学创作和政治家姿态登上挪威的文坛和政坛。二十八岁时，他进入首都克里斯蒂安尼亚（现改名为奥斯陆）的基督大学深造，在那里与伟大的戏剧家易卜生和约那士·李相识。

在19世纪后半期，挪威文学史上，比昂松、易卜生、约那士·李、基兰德，被称为"四杰"。正是他的不懈创作，为挪威贡献了那么多经典的文学作品，让恩格斯在1890年说出极为推崇的话："挪威在最近二十年中所出现的文学繁荣，在这一时期，除了俄国之外，没有一个国家能与之媲美。"而比昂松与易卜生后来还成了儿女亲家，这在挪威文学史上是值得称道的美谈。

1853年，比昂松离开基督教大学，极为果断地拒绝传教士父亲希望他子承父业的愿望，开始了作为一位职业作家、社会活动家和政治改革家的生涯，走上了属于挪威的一条为民族、为祖国、为人民，唤醒民族意识、捍卫国家独立的战斗道路。挪威是在比昂松获得诺贝尔文学奖的第三年即1905年得到独立的。这与作为文坛领袖，更是一位颇有号召力的政治活动家比昂松的呼号，是不无关系的，抑或说他是极为有功的，他曾被称为"无冠之王"。

比较而言，在文学创作方面，比昂松的戏剧取得的成就最大，他不仅振兴了挪威的民族戏剧，还影响了整个欧洲的现实主义戏剧的发展。为此，他赢得了欧洲现实主义戏剧奠基人之一的巨大声誉。

1874 年，比昂松在罗马创作了他的两部重要剧本——《破产》和《报纸主编》。

《破产》在挪威资本主义商业社会的大背景下，通过商人铁尔德利欲熏心地骗取金钱、追逐财富，揭示资本主义贪婪狡诈的本性，鞭笞了物欲横流的社会现实。该剧又写铁尔德在投机取巧中破产之后，与家人同舟共济，重整农业，最终走向成功，这让曾经的投机商人铁尔德赢得社会尊重。该剧将铁尔德善恶转变中复杂丰富的人性，表现得淋漓尽致。

《挑战的手套》这部戏剧，以深切的同情展示了商业社会中被侮辱、被损害、被压迫妇女的可悲命运。女主人公斯瓦瓦，在发现未婚夫移情别恋、品性不端时，将手套愤怒地投向他，斥责其玩世不恭的欺骗行为，同时勇敢地向他的恶行挑战。在该剧结尾时，作者又表达了对斯瓦瓦未婚夫抱有希望与等待的善意。

这就是比昂松的戏剧风格。他总是在尖锐的戏剧冲突之后，笔锋一转，便是妥协和解甚至光明。比昂松自己说：

> 我的意识里，很少有别的成分像善恶观念般显得那么重要。可以说，意识的主要作用就是在可分善恶，没有人能不分善恶而过得很自在；常令我不解的是，为什么有人主张创作可无视道德良心和善恶观念。如果真的这样，岂不是要我们的心灵像照相机那样机械，看到景物就拍照，不分善恶美丑吗？

19 世纪，是资本的幽灵发狂地在欧洲施威的年代。比昂松却用自己的笔，任性地抒写着自己崇高的人类理想。比昂松是一位以人道主义为出发点，有良心良知和正义感的作家。

1910 年 4 月 26 日，比昂松在法国巴黎与世长辞，那年，他七十八岁。在这之前不久，比昂松还积极参与世界和平运动。

第二届（1902年）

特奥多尔·蒙森

获奖者：特奥多尔·蒙森（Theodor Mommsen，1817—1903），德国历史学家、学者。

获奖理由：现存的最伟大的历史写作艺术大师，特别是他写了里程碑式的著作《罗马史》。

获奖作品：《罗马史》（历史）。

第二届诺贝尔文学奖，抛弃世界众多杰出的文学作家，授给了德国历史学家特奥多尔·蒙森，再次震惊全球文学界。但是，根据诺贝尔的遗嘱，这一奖项的获得者不一定限于纯文学，只要他的著作具有一定的文学价值，同样属于获奖范围。瑞典文学院评委再三斟酌，决定将这一届诺奖花环授给特奥多尔·蒙森。他们的理由足以让人信服：

在蒙森身上，我们看到了各种才华的聚合，他知识渊博，头脑清醒，能客观地分析史料，也会做出激情的判断……也许，他首先是一位艺术家，而他的《罗马史》是一部伟大的艺术作品。作为文明的灿烂花朵，文学在诺贝尔的遗愿中占有最重要的位置，而蒙森在这方面无疑是具有代表性的。

蒙森获奖实至名归，当之无愧。

蒙森，于 1817 年 11 月 30 日降生在德国最北部的石勒苏益格——荷尔斯泰因州戈登镇，当时属于丹麦。父亲是基督教乡村牧师，母亲是一位教师。蒙森在这样有良好教育风气的家庭长大，从小勤奋读书，并对罗马史着迷。二十一岁时，他考入丹麦的基尔大学法律系，1842 年毕业，获法学博士学位。因才华横溢，他受到丹麦国王的赏识，次年被授予奖学金，条件是到意大利研究古罗马史。他的第一篇关于古罗马的论文是《古罗马社团的起源》，显示了他的历史学才华。文章以清晰的风格和透彻的论述，让他在学术界崭露头角。

在意大利深造期间，为考察古罗马法律的历史发展过程和其真实面目，蒙森的足迹踏遍那里的古迹遗址。意外的收获是，他发现了那里大量镌刻在石碑上或浇铸在铜铁上的古代拉丁文的铭文，为他研究罗马史提供了弥足珍贵的原始资料。1847 年，蒙森返回祖国，受邀到莱比锡大学任法学教授。

1848 年，德国兴起资产阶级运动，试图冲击专制主义，但很快被俾斯麦以血腥平息，从此软弱的资产阶级再无重整旗鼓的勇气。为了改变国家的现状，蒙森也卷入了这场短暂的政治运动。他曾是资产阶级新成立的政府的新闻报道员，并发表指斥俾斯麦专制的演说。在俾斯麦的授意下，他被莱比锡大学解聘。但他仍关心政局，愤而抨击窃取政权，号称"铁血宰相"的俾斯麦推行的穷兵黩武的反动政策。他指出"俾斯麦得逞之时，就是大众倒霉之时"，并和进步知识分子一道，采取不与政府合作的立场。

1852 年，饱受压制的蒙森应瑞士苏黎世大学的诚邀，离开祖国，到该校任法律教授，后又在布雷斯大学任教，在那里侨居六年。这期间，蒙森在罗马、那不勒斯的博物馆及意大利各地古迹遗址，继续收集原始资料，研究并著作了《罗马史》一至三卷。与此同时，他还收获了爱情，与出版商女儿马丽雷默小姐结婚，过起和谐幸福的生活，后拥有十六个儿女。1858 年，蒙森结束侨居生活，回到德国任柏林大学古代史教授，并应柏林皇家学院之邀主编《文典》期刊。到了1874 年，他再度被莱比锡大学聘为教授，后任德意志帝国国会议员。他不改初衷，在议会上常发表抨击俾斯麦"铁血政治"的演说，曾被指为"诽谤罪"，受到司法机关传讯。蒙森愤然退出议会。这期间，他完成了《罗马史》四至五卷。

《罗马史》以宏大气魄、精湛学识描述了古罗马的全部历史发展过程，为埋葬了两千年的文明古国带来了新的生命。该著作以独特的眼光，用准确、生动的笔触，再现了罗马帝国千年内政、财政、外交、法律、宗教、文学及风俗民情等文明风貌。叙事精确生动，人物栩栩如生。《罗马史》这部记录史实的巨著，其内涵极为丰富。比如，写古罗马最杰出的政治家、军事家恺撒的一生，通过对其统治下的古罗马民主政体、科学治国、文化艺术等一系列史实的考证和叙述，肯定恺撒是古罗马兴盛发达的真正的历史英雄。这样写又有以古人之剑，刺时政之弊，强烈揭露俾斯麦暴政的作用，并以此特别昭示：一个国家如果没有强有力的统治者，就只不过是被治理者靠共同的道德观念而聚集的一盘散沙。当然，《罗马史》更成功之处，还在于它揭示了这样一个真理：一个文明大国的崛起，不能只靠某位领袖的功劳，它一定是由罗马子民的血肉筑起来的。

《罗马史》毫不吝啬地将高度赞颂给予了极权主义的恺撒，这源于蒙森的主观激情。这是蒙森的局限，也是历史的局限。

蒙森在荣获诺贝尔文学奖的第二年，平静地病逝在柏林自己的寓所里，离他八十六岁的寿诞只差二十八天。他除了《罗马史》，留给世界的著作主要有《罗马编年史》《罗马铸币史》等。他晚年著有《罗马共和法》《罗马帝国行政法》《罗马刑法》等。

蒙森具有惊人的学识和精力，是为19世纪德国史学界和哲学界立下丰功伟绩的第一流的古典主义学者，一生都在为科学民主奋斗，这使他被当时的人们奉为当代神话式的人物，而广受尊敬。据说，一次德国国会开会，蒙森照例当着俾斯麦的面，发言痛斥其反动政策之后，这位"铁血宰相"拿着一本《罗马史》，客气甚至有些讨好地对蒙森说："尊著《罗马史》我拜读再三，你看，连书皮都磨破了。"可见其受尊崇之高。

蒙森的逝世带有偶然性。他在自己八十六岁生日前夕，在柏林夏洛腾堡寓所的图书室，爬上高高的梯子，找一本参考书，突然中风，从梯子上摔下来，让这个世界失去一位杰出的历史学家。

第一届（1901 年）

苏利·普吕多姆

获 奖 者：苏利·普吕多姆（Sully Prudhomme, 1839—1907），法国诗人。

获奖理由：表彰他的诗作，它们是高尚的理想、完美的艺术和罕见的心灵与智慧结晶的实证。

获奖作品：《孤独与深思》（包括《考验》《意大利速写》《孤独》《战争印象》和《深思》五个诗集）。

当瑞典文学院，把第一届诺贝尔文学奖殊荣颁给法国诗人苏利·普吕多姆时，世界舆论为之哗然。因为他虽在法国有一定的诗名，但对世界来讲，他是陌生的，远不如他同时代的同胞埃米尔·左拉、莫泊桑及俄国的列夫·托尔斯泰等作家声名显赫。世界因此困惑，理所当然。

苏利·普吕多姆获诺奖时，已六十二岁，中风后长年卧床。他每天在床上读书、写作，宁静而与世无争地度过黄昏岁月。诺奖花落谁家，他如同看云起云落，并不太介意。但幸运突然降临，他非常激动。

苏利·普吕多姆，于 1839 年 3 月 16 日出生于法国一个富裕的家庭。父亲是工程师。他从小聪明过人，后考入巴黎大学学自然科学，毕业后当了民用工程师。1860 年，对法律产生兴趣的苏利·普吕多姆，离开工厂，潜心研究法典著作，成为一名法学家，出任律师。四年后，苏利·普吕多姆在法国流行诗风的浸润下，兴趣转向文学，此后将一生奉献给缪斯，用诗体写下关于伦理与哲学的讨论。

1865 年，苏利·普吕多姆出版处女诗集，得到批评家查理·奥古斯丁·圣－佩甫（Charles Augustin Sainte-Beuve）的肯定，一举成名。在第一届诺奖评奖时，他的处女诗集中的《碎瓶》一诗，为其追逐此奖奠定基础。

当时的评委和读者一致认为，苏利·普吕多姆最好的作品，就是抒情小诗。《碎瓶》写瓶子出现一道浅浅的不易被人发现的裂纹，看起来完整无损，实际上，这一裂纹正日复一日地蚕食着瓶体，此瓶随时会粉身碎骨。诗人以碎瓶比作人间，比作因失爱人而致的悲伤之情。此诗将人类细腻多愁的心绪准确表达出来，抒发了诗人内心深处无法愈合的悲伤和痛苦。这股浓郁的哀伤、忧郁及精神渴求，正是对世界正义和人类理想的强烈呼唤。苏利·普吕多姆才华横溢，其诗大都表现法国青年人的思想情绪，描写生活，描写女性，描写青春，描写人类的理想、未来和对爱情的美好追求，对人类的疾苦有柔和的同情。诗中描写的对故乡、国家、人民的怀念，表达出诗人对社会现实的忧虑和伤感等。

以其诗《眼睛》为例：

蓝色的或黑色的，
一切都令人喜爱，
一切都那么美，
无数的眼睛眺着晨曦。
它们眠宿在坟墓深处，
而太阳还在冉冉升起。

无数的眼睛喜悦地注视，
那比白天更为温柔的夜晚。
群星永远闪着光亮，
而眼睛充满黑暗。

噢！它们推动了方向，

不，不，这不可能！
它们转向了某个地方，
朝人们称为不可见的方向！

我们离开了，而倾斜的星座
依旧悬挂在茫茫的夜空，
眼睛渐渐地下垂闭上，
但要说它们死亡，那不真实。

蓝色的或黑色的，
一切都令人喜爱，
一切都那么美，
开启了无边无际的曙光。
在坟墓的另一边，
闭上的眼睛又重新看见。

　　此诗受到当时法国诗风的影响，追求"真实的美"。我们还发现苏利·普吕多姆诗歌的另一面，隐晦、苦涩，脱离生活，一味强调艺术上的精雕细刻。使他一举成名的，是《节日与诗》这部被评论界誉为"当代诗歌中的杰作"的诗集。他的诗集《孤独》和《枉然的柔情》，充满感伤、雅致的独特风格，表现含蓄，吟咏大自然及生灵。
　　其中，《天鹅》一诗云：

在深沉、宁静如镜的湖面下，悄寂无声，
天鹅用宽大的足蹼追逐着波浪，滑行，
它的两侧绒毛
仿佛阳光下崩塌的四月春雪。

牢固的白色桅杆在微风下颤动，

那巨大的翅膀带着它向前，有如缓行的船只，

在芦苇上耸起它美丽的颈项，

时而潜水，时而漂浮在水面上……

它那黑色的喙深藏在鲜艳的胸脯之中，

它沿着松树飞翔，栖息在黑暗和宁静之中，

它蜿蜒飞行，留下了稠密的水草，

在它后面呈现出天空的一颗彗星……

诗歌展示天鹅翱翔和在水上踏浪而行的姿态，构成一幅美丽的画面，如音乐家圣·桑名曲《天鹅》，给人留下天籁般的乐章，使他的诗在精练的语言、和谐的节奏中，呈现诗歌的美感和乐感。

苏利·普吕多姆把诗看成人类通向幸福、友爱的途径，在诗中表达关于正义、幸福、道德这类永恒的主题。他的诗歌《正义》《幸福》，就是力求探索人类意识与现代社会矛盾的富有哲理的诗作。其作品经得起岁月的考验。

苏利·普吕多姆还是一位散文家和理论家，代表作有《论美术》《诗句艺术断想》等。

1881年，他被选为法兰西国家研究院院士。他在荣获第一届诺贝尔文学奖时，致信瑞典文学院：

这项奖金是作家们所力争的最高荣誉，但应归于我的祖国——我的作品之所以赢得这项荣誉，都来自她。

这一年，他在病榻上，将所有作品辑成《苏利·普吕多姆诗文集》出版。

获诺奖六年之后，1907年9月6日，苏利·普吕多姆因久病不治，逝世于巴黎。

跋

o
o
o
o

关于诺贝尔文学奖

文学一直在变革中前行，不断穿越历史隧道，至今文学空间的复杂性已经超出了文学史的论域，呈现出一种更为复杂多元的景观。但是审视自我和社会，拷问人性，一直是文学的视域和生命。

文学是人学，是灵魂的历史，在尘埃与云朵中温暖众生。其审美价值和意义的解读，与任何奖项毫无关系。中国的曹雪芹无缘什么奖项，俄国的托尔斯泰也未摘得诺奖桂冠，但丝毫影响不了他们的作品成为世界文学的经典。

纵观全世界的文学奖项，诺贝尔文学奖在全世界有着相当特殊的地位，它的奖金最为丰厚，仪式最为隆重，影响最为广泛，地位也最为崇高。历史证明，全世界公认的最优秀的作家，除了个别有遗珠之憾，几乎都获得了诺贝尔文学奖，因此诺贝尔文学奖被视为世界最具权威性、最重要的文学奖项。

获奖者和他的作品，因此被载入世界和自己国家的文学史册，同时还往往被当作一个民族、一个国家的荣耀。但获诺贝尔文学奖的作品仅仅是全人类优秀文学遗产的一部分。

诺贝尔文学奖的创始者，是 19 世纪瑞典最著名的科学家之一，被人们称为"炸药大王"的阿尔弗雷德·贝恩哈德·诺贝尔（Alfred Bernhard Nobel，1833 年

10 月 21 日—1896 年 12 月 10 日）。

他在逝世前立下遗嘱，将因发明和制造炸药所得总数约三千三百万瑞典克朗，除少量赠予亲友外，其余全部留作基金。每年利用此款的利息作为奖金，奖励全世界在科学、和平、文学事业上做出杰出贡献的人。

该奖分物理、化学、生物（或医学）、文学、和平五项，后增设经济学奖。从 1901 年开始迄今，诺贝尔文学奖已举办一百一十届，获奖者一百一十四位。

诺贝尔文学奖由瑞典文学院所属诺贝尔文学奖评委会负责评定。

说到诺贝尔文学奖的评奖标准，不得不说说诺贝尔，他在读了一位奥地利优秀女作家贝尔塔·冯·苏特纳（Bertha von Suttner）的号召人民放下武器，呼吁和平的小说《放下武器》后，立刻写信给他的这位朋友说："你大声疾呼放下武器！然而，这话您说错了，因为您自己已拿起了武器，因为您那富于魅力的风格和崇高的思想境界所带来的影响，胜过并将永远胜过步枪、机关枪、大炮以及其他一切杀人武器……但愿您的杰作问世以后，上帝能允许人类消灭战争。"

从诺贝尔上面的话中，我们不难读出，诺贝尔已认识到文学之于人类，具有净化灵魂、崇尚理想的教育意义。为了尊重诺贝尔本人对"文学即人学"的睿智见解，诺贝尔文学奖评委会将其表现人性的广度和深度的唯一获奖标准，写进基本章程中，同时将获奖范围圈定为"具有文学价值的作品"，包括历史和哲学著作。相关人士后来这样解释："这项奖金授予文学界最杰出的作家，他的著作宣传人类最崇高的理想，帮助世人认识人的伟大究竟表现在什么地方。"有时，诺奖的选择，会让固守文学旧梦，希望"追忆逝水年华的人失望，但不得不说瑞典文学院还是勇敢的，坚持基准的"，同时"敢于挑战博彩时代，更敢于直面流行文化的强大外壳"（王晔语）。比如 2017 年，瑞典文学院推出了一位将传统和流行的关系处理得恰到好处的优秀小说家，日裔英国作家石黑一雄，便是证明。

作为独立于政府和社会的组织，瑞典文学院及其所属的诺贝尔文学奖评委会，一直避免干预政治。事实证明，对诺奖的种种猜忌，本身便是一种政治焦虑而已。但诺奖评奖因没有绝对客观的标准，院士的个人政治倾向及美学趣味又有所不同，评奖只有靠民主投票程序最后决定，因此其公正性、严肃性就不免打折扣，诺奖受到某些质疑很正常。同时，即便诺奖不干预政治，政治也会干预诺奖。

我们不妨举1958年诺贝尔文学奖的例子。那年，苏联的诗人帕斯捷尔纳克写的小说《日瓦戈医生》以"对现代抒情诗歌以及俄罗斯小说伟大传统做出的杰出贡献"，获得第五十一届诺贝尔文学奖。鉴于此小说讲述的是一位知识分子在十月革命前后三十多年间的历史变革中遭受的坎坷命运，将批判的锋芒指向尚未崩塌的苏联政权，再加上这届诺奖另一位最具实力、苏共中央委员肖洛霍夫的《静静的顿河》名落孙山，当时苏官方断言瑞典文学院的选择是出于意识形态的考虑，是为了对抗苏联的政治姿态，反应极为激烈，竟然禁止帕斯捷尔纳克到瑞典领奖，并取消其参加列宁文学奖的评选资格。而瑞典政府也有人批评诺贝尔文学奖评奖危及苏瑞两国外交关系。具有讽刺意味的是，七年以后，肖洛霍夫也以"那部关于顿河流域农村之史诗作品中所流露的活力与艺术热忱——他借由这两者在那部小说里描写了俄罗斯民族生活之某一历史层面"的《静静的顿河》，兴高采烈地从瑞典国王手中接过诺奖证书，苏联官方也皆大欢喜。因为政治诉求不同，围绕诺贝尔文学奖的评选，有过几次剑拔弩张，但是当我们清楚了历史真相，不能不对当时的过分政治解读莞尔一笑。

诺贝尔文学奖的评奖流程也有特点。每年9月，瑞典文学院向世界发出邀请，征求提名次年诺贝尔文学奖候选人。从次年2月1日起，诺贝尔文学奖评委会将有效提名交瑞典文学院审核。4月，评委会将初选名单压缩至十五至二十人，再交瑞典文学院审核。到5月底，评委会提出五个人的候选名单。6月，全体院士阅读其作品，然后，每位院士提交推荐报告。9月，对最后的候选者进行近况调查。10月15日前，瑞典文学院公布最终的颁奖决定和赞词。一般情况下，对颁奖结果引起的争议，瑞典文学院及评委会不予回应和置评。

每年12月10日，诺贝尔逝世纪念日，瑞典国王会在斯德哥尔摩音乐厅举行授奖典礼，并由获奖者发表获奖演说。

出于历史的原因，我们对诺贝尔文学奖的由来、性质、特点，特别是对获奖作家的生平、经历和命运，以及其作品的内容、思想、文学价值等缺乏足够的了解，故编撰此书，力求"从多元文化的介入中产生出的历史眼光"，向读者揭示获诺贝尔文学奖作家的创作成就和创作特点，以及其作品在世界文学中的特殊意义。另外，本书还力争揭示作家获诺贝尔文学奖背后那些曲折复杂的人生故事和戏剧，来帮助读者理解诺贝尔文学奖的深层意义。

但是，评价文学作品，原本是一相当主观的活动。评价标准也取决于评者的意识形态、美学趣味、审美能力、自身经验等诸多方面。笔者虽为一职业编辑，与文学打了一辈子交道，但囿于腹中诗书不多、世途阅历不深，特别是在眼角眉梢爬上恁多暮气之年，"隔千里兮共明月"，与海内外文学大师发些相知对晤的幽情与慨叹，已力不从心。前前后后断断续续经十多个春秋画诺贝尔文学奖得主群像，不过是"惊鸿一瞥"，揽片羽于吉光，拾童蒙之香草而已，所论也未必切中肯綮，望读者批评。

戊戌年秋于抱独斋